CHRIS KIGHTLEY • STEVE MADGE

TASCHEN FÜHRER VÖGEL

Alle Arten Mitteleuropas

Zeichnungen: Dave Nurney

Übersetzung und Bearbeitung der
deutschen Ausgabe:
Dr. Michael Lohmann

Für unsere Kinder
Sophie, James, Bryony, Elysia und Chris

BLV Verlagsgesellschaft mbH
München Wien Zürich
80797 München

Titel der englischen Originalausgabe:
Pocket Guide to the Birds of Britain and
North-West Europe
© 1998 Chris Kightley, Steve Madge
and Dave Nurney
Gestaltung und Layout:
© 1998 Helm Information Ltd.,
The Banks, England

Deutschsprachige Ausgabe:
© 1998 BLV Verlagsgesellschaft mbH, München
Das Werk einschließlich aller seiner Teile ist
urheberrechtlich geschützt. Jede Verwertung
außerhalb der engen Grenzen des Urheber-
rechtsgesetzes ist ohne Zustimmung des Ver-
lages unzulässig und strafbar. Das gilt insbesondere für Vervielfältigungen, Übersetzungen,
Mikroverfilmungen und die Einspeicherung und
Verarbeitung in elektronischen Systemen.

Übersetzung aus dem Englischen:
Dr. Michael Lohmann
Lektorat: Dr. Friedrich Kögel
Herstellung: Sylvia Hoffmann
DTP: Vornehm GmbH, München
Einbandgestaltung: Studio Schübel, München

Printed in China · ISBN 3-405-15320-4

Die Deutsche Bibliothek –
CIP-Einheitsaufnahme

Taschenführer Vögel: alle Arten Mitteleuropas
Chris Kightley; Steve Madge.
Zeichn.: Dave Nurney.
Übers. und Bearb. der dt. Ausg.:
Michael Lohmann. –
München ; Wien ; Zürich : BLV, 1998
    Einheitssacht.: Pocket guide to the birds of
    Britain and North-West Europe <dt.>
    ISBN 3-405-15320-4

Inhalt

Danksagung	VI
Einleitung	VII
Gebietsabgrenzung; zur Benutzung dieses Buches; Bedeutung der Namen;	
Rassen oder Unterarten; Größe; Aufteilung der Seiten	
Gefiedertopographie	XI
Erklärung von Fachwörtern	XIII
Empfehlungen für den Feldbeobachter	XVII
Ornithologische Vereine und Literatur	XIX

Bestimmungsteil (nach Familien geordnet)

Seetaucher	1
Lappentaucher	4
Sturmvögel und Sturmtaucher	9
Sturmschwalben	12
Tölpel	13
Kormorane	14
Reiher	16
Löffler	21
Störche	22
Flamingos	23
Kraniche	23
Schwäne, Gänse, Enten	24
Greifvögel (Habichtartige)	56
Falken	70
Fischadler	76
Rauhfußhühner	77
Glattfußhühner	77
Rallen	87
Trappen	92
Triele	93
Austernfischer	94
Brachschwalben	94
Stelzenläufer und Säbelschnäbler	95
Regenpfeifer und Strandläufer	96
Wasserläufer, Schnepfen, Brachvögel und Wassertreter	103
Raubmöwen	128
Möwen	132
Seeschwalben	145
Alke	154
Tauben	158
Flughühner	163
Kuckucke	163

Schleiereulen	165
Eulen	166
Segler	174
Nachtschwalben	176
Eisvögel	177
Bienenfresser	178
Racken	178
Wiedehopfe	179
Papageien	179
Spechte	180
Lerchen	187
Schwalben	192
Pieper und Stelzen	196
Seidenschwänze	204
Wasseramseln	205
Braunellen	206
Zaunkönige	207
Schmätzer und Drosseln	207
Sänger	223
Fliegenschnäpper	245
Bartmeisen	248
Schwanzmeisen	249
Meisen	250
Kleiber	256
Baumläufer	257
Mauerläufer	258
Beutelmeisen	258
Pirole	259
Würger	260
Stare	263
Krähen und Häher	264
Sperlinge	272
Finken	275
Ammern	289

Danksagung

Im Verlauf dieses Projektes haben sich der Verleger Christopher Helm und der Lektor Nigel Redman als geduldig, konstruktiv und ermutigend erwiesen in ihrem Glauben an dieses Buch und in ihrer Unterstützung seines Werdegangs (auch wenn es viele Gelegenheiten gab, bei denen sie daran gezweifelt haben mögen, ob dieses Unternehmen je zu Ende geführt werden würde). Wir möchten außerdem Marc Dando und Julie Reynolds von Fluke Art danken, die so sachkundig Graphiken und Satz gestalteten.

Besonderen Dank schulden wir auch unseren Familien und den vielen anderen Menschen, mit denen wir im Lauf der Jahre Vögel beobachtet haben und gereist sind, besonders jenen Freunden, die uns mit Ideen, Diskussionen und Begeisterung anregten: David Christie, Darrell Clegg, David Cottridge, Dennis Cox, Steve Dudley, Dick Forsman, Roy Hargreaves, Sara McMahon und Arnoud van den Berg.

Schließlich möchten wir all jenen unseren herzlichen Dank sagen, die direkt oder indirekt zum Inhalt dieses Buches beigetragen haben, deren Namen wir übersehen (oder aber einfach nie gekannt) haben.

Einleitung

Gebietsabgrenzung

Dieses Buch behandelt die 385 Vogelarten, die regelmäßig in Nordwest-Europa auftreten, in einer Region, die Norwegen, Schweden, Dänemark, Deutschland, die Tschechische Republik, Österreich, Schweiz, Frankreich, Luxemburg, Belgien, die Niederlande sowie Großbritannien und Irland umfaßt. Das deckt das gesamte Westeuropa, außer Island, Spanien, Portugal und Italien ab, obwohl tatsächlich die große Mehrheit der dort zu findenden Arten in diesem Buch enthalten ist, ebenso wie das Gros der Arten, die in den benachbarten osteuropäischen Staaten vorkommen, wie Polen, Ungarn, Slowakei, Kroatien und Slowenien.

Zur Benutzung dieses Buches

Die Vögel werden in systematischer Reihenfolge behandelt – eine anerkannte, wissenschaftliche Reihenfolge, die auf evolutiver Verwandtschaft beruht –, statt sie nach dem Alphabet, der Größe, der Farbe oder dem Lebensraum anzuordnen. Es ist gut, sich mit der Reihenfolge der Vogelfamilien vertraut zu machen (die mit den Tauchern beginnt und mit den Ammern endet), da in den Familien ähnliche Arten zusammengefaßt werden, wie es auch in den meisten vergleichbaren Schriften der Fall ist, seien es zusammenfassende Handbücher oder regionale Vogelberichte. Wenn manchmal leicht von der strengen Reihenfolge abgewichen wird, so deswegen, weil es vorteilhaft erschien, zwei ähnlich aussehende, aber nicht verwandte Arten auf der gleichen Seite oder auf gegenüberliegenden Seiten miteinander zu vergleichen.

Die verschieden gefärbten Balken mit den Vogelnamen am Seitenanfang sollen dazu dienen, die verschiedenen Gruppen leichter aufzufinden, wenn man schnell das Buch durchblättert (zur Schnellorientierung s. auch Umschlagklappen).

Bedeutung der Namen

Der Name eines Vogels ist wichtig. Er ist mehr als nur eine Bezeichnung einer Art, er wirft auch ein Licht auf verwandtschaftliche Beziehungen. Alle Vögel haben einen deutschen und einen wissenschaftlichen Namen. In den letzten Jahren wurden verschiedene Versuche unternommen, die deutschen Namen der Vögel zu standardisieren, vor allem regional unterschiedliche Bezeichnungen zu vereinheitlichen. Wir folgen in der deutschen Ausgabe der Nomenklatur der »Artenliste der Vögel Deutschlands« der Deutschen Ornithologen-Gesellschaft (Barthel 1993), haben aber teilweise gebräuchliche Zweitnamen in Klammern zugefügt.

Der wissenschaftliche Name eines Vogels (in Lateinisch oder latinisiertem Griechisch) wird nur für diese eine Art verwendet und gilt international. *Phylloscopus collybita* zum Beispiel wird überall als dieselbe Art erkannt, gleichgültig, ob man gewöhnlich seinen deutschen Namen (Zilpzalp, früher: Weidenlaubsänger), seinen englischen Namen (Chiffchaff), seinen französischen Namen (Pouillot véloce) oder seinen schwedischen Namen (Grandsångare) verwendet. Jeder wissenschaftliche Namen besteht aus zwei Teilen – einem Gattungs- und einem Artnamen. Der Gattungsname kommt stets an erster Stelle und beginnt mit einem Großbuchstaben. Zilpzalpe, zum Beispiel, gehören zur Gattung *Phylloscopus* (griechisch: Laubsucher). Der zweite Name ist der Artname; er wird immer klein geschrieben. Im Fall des Zilpzalps ist der Artname *collybita* (griechisch: Geldwechsler – von seinem klingelnden Gesang!).

Der wissenschaftliche Name weist außerdem klar auf die Verwandtschaften zwischen den Arten hin. Das geht aus dem deutschen Namen allein nicht immer hervor: Zum Beispiel hat die Flußseeschwalbe *Sterna hirundo* nichts mit der Rauchschwalbe *Hirundo rustica* zu tun, eine Tatsache, die aus den Gattungsnamen sofort erkennbar wird. Die nahe Verwandtschaft des Zilzalps mit dem Fitis *Phylloscopus trochilus* geht jedoch klar aus dem gemeinsamen Gattungsnamen hervor.

Rassen oder Unterarten

Viele Arten können in erkennbare Rassen oder Unterarten aufgeteilt werden. Um es Vogelbeobachtern zu ermöglichen, sie eindeutig zu benennen, wird ein dritter Name hinzugefügt – der der Unterart. Im Fall des Zilpzalps findet man bei uns drei verschiedene Rassen: Die bei uns brütende Rasse unterscheidet sich von der, die in NO-Europa brütet, und beide unterscheiden sich von der, die östlich des Urals in Rußland brütet. Obwohl die Unterschiede zwischen den Rassen im Feld nicht immer zu erkennen sind, hat jede ihren Unterartnamen: *Phylloscopus collybita collybita* im Fall des westeuropäischen Zilpzalps, *Phylloscopus collybita abietinus* für den in NO-Europa brütenden und *Phylloscopus collybita tristis* für den in Ostrußland vorkommenden, der deutlich heller ist.

Evolution ist von der Defintion her ein andauernder, gradueller Prozeß. In vielen Fällen ist es schwierig, die Trennungslinie zwischen zwei Formen als die zwischen Unterarten oder echten Arten zu definieren. Manche Unterarten unterscheiden sich auffällig voneinander, so daß man sie auch als zwei Arten bezeichnen könnte (was oft auch, wie umgekehrt, früher der Fall war). Aas- und Nebelkrähe sowie Moorschneehuhn und Schottisches Moorschneehuhn sind hierfür gute Beispiele. Wissenschaftliche Untersuchungen über die Artbildung gehen von verschiedenen Definitionen aus, wobei im Augenblick die Tendenz besteht, mehrnamige Formen (oder Taxa) eher als getrennte Arten abzugliedern. Beispiele hierfür sind die Unterarten von Saatgans und Ringelgans, die von einigen modernen Autoren als gute Arten angesehen werden, während Weißkopfmöwe, Strandpieper, Mittelmeer-Sturmtaucher und Schottischer Kreuzschnabel heute allgemein als eigene Arten anerkannt sind.

Größe

Die Größenangaben beziehen sich meist auf eine mittlere Länge. Das ist für den Vergleich ähnlicher Arten eine nützliche Angabe. Minimum- und Maximumwerte werden gewöhnlich nur dann angegeben, wenn es deutliche Größenunterschiede zwischen Individuen oder Geschlechtern gibt. Obwohl uns die Größenunterschiede bei Vögeln gering erscheinen mögen, können sie im Feld, zumindest im direkten Vergleich, oft sehr deutlich sein, vor allem bei Kleinvögeln. Andererseits kann man sich ohne Vergleichsmöglichkeiten, zum Beispiel bei Einzelvögeln in der Luft oder auf dem Wasser, hinsichtlich der Größe oft gewaltig täuschen.

Für Arten, die man gewöhnlich im Flug sieht, wie Greif- und Seevögel, wird außerdem die Spannweite (von Flügelspitze zu Flügelspitze) angegeben.

Reiherente   Moorente   Bergente

Schlafende weibliche Tauchenten, ein Beispiel für subtile Unterschiede in Größe und Kopfform

Aufteilung der Seiten

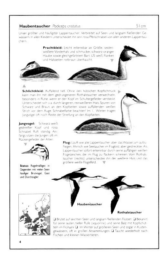

Der Text Dieses Buch soll leicht zu benutzen und zu verstehen sein. Darum wurde der Text in getrennte Abschnitte unterteilt. Jede Darstellung beginnt mit einem kurzen Übersichtsabsatz, in dem oft auf die wichtigsten Merkmale hingewiesen wird, auf die es im Feld zu achten gilt. Dem folgt neben dem entsprechenden Farbbild eine Beschreibung der auffälligsten Gefiederkennzeichen. Jede Artbeschreibung endet mit einer Liste von Hauptmerkmalen, einschließlich Hinweisen darauf, wann und wo man die Art findet, sowie auf Stimme und Verhalten.

Erfolgreiche Bestimmung schließt einen Prozeß des Ausscheidens ein; das Wissen darüber, was und wo man etwas findet, engt den Bereich der Möglichkeiten ein. In diesem Sinn ist ein Schwerpunkt, die wichtigsten Eigenschaften und Unterschiede zwischen ähnlichen Arten hervorzuheben.

Wer mit den verwendeten Ausdrücken nicht vertraut ist, sollte auf die Zeichnungen der Gefiedertopographie ab Seite XI und/oder das Glossar ab Seite XIII zurückgreifen.

Die verwendeten Abkürzungen bedeuten:

PK = Prachtkleid   ♂, ♀ = Männchen, Weibchen
SK = Schlichtkleid   ME = Mitteleuropa
OS = Oberseite   N, O, S, W = Himmelsrichtungen
US = Unterseite   Jan. = Januar (ebenso andere Monate)

Die Abbildungen   Obwohl die Zahl der Abbildungen je Seite untererschiedlich ist, haben wir versucht, soviel verschiedene Kleider abzubilden wie möglich. Wo es deutliche Unterschiede gibt, wurde bei den Abbildungen klar gekennzeichnet, ob es sich um Brut- oder Schlichtkleid, um Männchen, Weibchen oder Jugendkleid handelt.

Die Verbreitungskarten   Die Karten sollen dazu dienen, eine allgemeine Vorstellung von der Wahrscheinlichkeit zu geben, eine bestimmte Vogelart in einem bestimmten Gebiet zu einer bestimmten Jahreszeit anzutreffen.

Die Farben der Karten bedeuten:

Grün = **Standvogel:** das ganze Jahr über im Gebiet zu finden.
Gelb = **Sommervogel:** im Winter wegziehender Brutvogel.
Blau = **Wintergast:** Besucher, v.a. in der Zeit von Oktober bis März.

Leider haben Karten ihre Grenzen. Eine genaue Festlegung der Verbreitung ist selbstverständlich in einem so kleinen Maßstab nicht möglich; außerdem enthalten die Karten keine Aussage über die Häufigkeit. So kann eine Art in einem Gebiet lokal häufig sein, aber anderswo selten, was in der Karte nicht unterschieden werden kann. Der Fichtenkreuzschnabel, der überall auf den Britischen Inseln als Standvogel angegeben ist, ist ein gutes Beispiel. In Wirklichkeit ist er hier in geringen Zahlen dünn und lückenhaft verbreitet. Im Gegensatz dazu kann man der Karte des Schilfrohrsängers entnehmen, daß diese Art in den meisten Teilen Südeuropas nie erscheint; die Karte ist hier einfach leer. Während des Durchzugs ist der Schilfrohrsänger in dieser Zone aber weit verbreitet und häufig. Da solche Informationen in den Karten nicht enthalten sind, sollten sie ausschließlich als Hinweis auf Brut- und Überwinterungsgebiete angesehen werden.

Status   Eine kurze schriftliche Aussage faßt die Information der Karten zusammen und interpretiert sie, insbesondere unter Berücksichtigung der Verhältnisse in Mitteleuropa. Manche Ergänzungen konnten aus technischen Gründen in die Verbreitungskarten nicht mehr eingearbeitet werden.

Population   Im englischen Original werden für Großbritannien und Irland Zahlen über die Brutpaare oder Individuen (bei Gästen) angegeben, was eine gewisse Vorstellung von der Häufigkeit einer Art gibt. Solche meist grob geschätzten Zahlen stehen für alle westeuropäischen Länder zur Verfügung. Abgesehen davon, daß der Schätzbereich oft sehr groß ist, erschien es bei erheblichen regionalen Unterschieden aber nicht sinnvoll, hier Mittelwerte für das gesamte Gebiet zu errechnen.

Wer mehr über Zahl und Häufigkeit von Brutvogelarten in Deutschland wissen möchte, sei auf folgende Quellen verwiesen: G. Rheinwald, Atlas der Verbreitung und Häufigkeit der Brutvögel Deutschlands, Bonn 1993; K. Witt u.a., Rote Liste der Brutvögel Deutschlands, Berichte zum Vogelschutz, 34 (1996): 11–35. Knappe Angaben für die verschiedenen europäischen Länder finden sich in E. Bezzel, Kompendium der Vögel Mitteleuropas, Band 1–2, Wiesbaden 1985 und 1993.

Arten der Rote Liste (RL)   Der Gefährdungsgrad der deutschen Brutvogelarten wird durch mit Ziffern oder Großbuchstaben bezeichnete Kategorien ausgedrückt:

0 = ausgestorben oder verschollen (Bestand erloschen)
1 = vom Aussterben bedroht
2 = stark gefährdet
3 = gefährdet
R = Arten mit geographischer Restriktion in Deutschland
V = Arten der Vorwarnliste

Die entsprechenden Hinweise finden sich in der Namenszeile. Die Zuordnung erfolgte nach der Roten Liste der Brutvögel Deutschlands 1996.

Gefiedertopographie

Federn sind bekanntlich ein einmaliges Kennzeichen der Vögel. Die Federn sind nicht gleichmäßig über den Körper des Vogels verteilt, sie wachsen in vorgegebenen Linien oder Spuren. Obwohl sie sich in Größe, Umriß, Farbe, Funktion und Form stark unterscheiden, ist eine Grundkenntnis der wichtigsten Gefiederpartien (die glücklicherweise bei den meisten Vögeln gleich sind) empfehlenswert, da sie nicht nur unser Verständnis und unsere Freude an Vögeln fördert, sondern auch für die Bestimmung von erheblicher Bedeutung ist. Die genaue Beachtung von Merkmalen wie »hell gesäumte große Flügeldecken« oder »weißer Flügelhinterrand« kann entscheidend zur Bestimmung eines neuen oder wenig bekannten Vogels sein. Andere Aspekte, wie Flügelform, Schwanzlänge und Handschwingenprojektion, können der Schlüssel zur Unterscheidung einiger der schwierigeren Ähnlichkeiten sein. Benützen Sie auch die folgenden topographischen Zeichnungen und Bezeichnungen, wenn Sie einen Ihnen unbekannten Vogel (oder eine »Seltenheit« im Sinne der Deutschen Seltenheitenkommission) beschreiben.

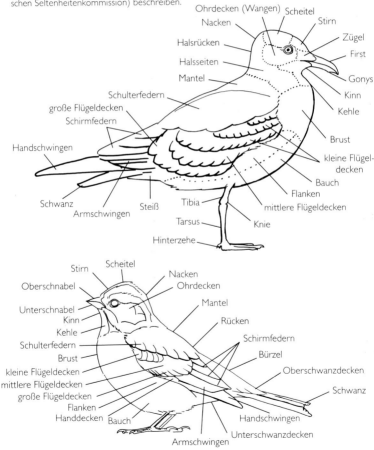

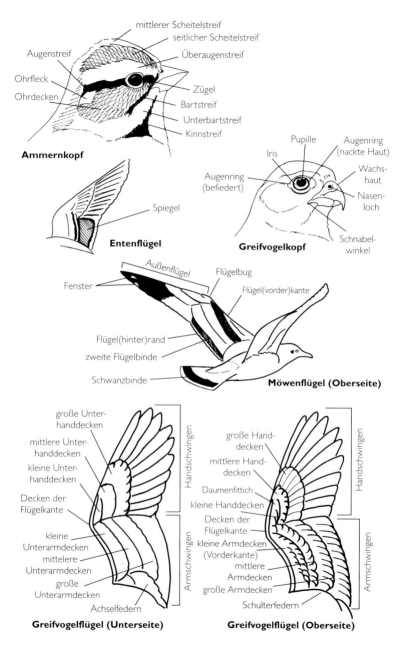

Erklärung von Fachwörtern

Man beachte auch die Darstellungen der Gefiedertopographie auf S. XI–XII.

1. Winter(kleid) Übergangskleid vieler Vogelarten zwischen dem ersten Jugendkleid und dem zweiten Jugendkleid oder Erwachsenenkleid. Es ist in der Regel durch neues (anders gefärbtes) Kleingefieder und beibehaltenes Großgefieder (Schwung- und Schwanzfedern) gekennzeichnet und entsteht meist durch Mauser zwischen August und Oktober. (Beispiel: Amselmännchen im 1. Winter haben bereits den dunklen Kopf und Körper, tragen aber noch die braunen Großfedern des Jugendkleides in Flügel und Schwanz.)

Achselfedern Eine Gruppe von Federn des Unterflügels zwischen Flügel und Körper. Die unterschiedliche Färbung der Achselfedern kann ein wichtiges Artmerkmal sein (z. B. bei Gold- und Kiebitzregenpfeifer).

adult = erwachsen, geschlechtsreif (s. auch Altvogel).

Altvogel Ein Vogel, der die verschiedenen Jugendkleider abgelegt hat und fortpflanzungsfähig ist. Das Alter, in dem dies erreicht wird, unterscheidet sich bei den verschiedenen Arten sehr stark: Viele Kleinvögel erreichen es schon mit 1 Jahr, Möwen je nach Größe mit 2–4 Jahren, Seeadler mit 5 oder mehr Jahren. Man spricht auch von **adulten** (ad.) Tieren.

Arm Der innere Teil des Flügels zwischen Körper und Flügelbug; die Zeichnung dieses Flügelteils ist besonders im Flug ein wichtiges Merkmal, also v. a. bei See- und Greifvögeln.

Armschwingen Die großen Flugfedern, die die innere Hälfte des Flügels bilden (9–15 an Zahl, beim Albatross bis 40).

Augenstreif Ein meist dunkler Streifen, der sich vom Schnabel **durch** das Auge nach hinten zieht. Nicht zu verwechseln mit dem Überaugen- oder Superzilliarstreif (s. dort).

Ausnahmeerscheinung Eine Art, die in einem bestimmten Gebiet und einer bestimmten Zeit nur einige Male erscheint (s. auch **Irrgast**).

Brutkleid siehe Prachtkleid.

Bürzel Gefiederpartie im Bereich Hinterrücken/Oberseite Schwanzwurzel, die oft charakteristisch gefärbt oder gezeichnet ist.

Durchzügler Ein Vogel, der regelmäßig ein Gebiet auf dem Durchzug besucht, dort aber weder brütet noch überwintert.

Farbvariante Auch **Morphe** oder **Phase** genannt. Meist hellere oder dunklere Federkleider von Teilen der Population (z. B. bei Raubmöwen, Greifen, Eulen oder Reihern).

Flügelbinde Manchmal auch Flügelstreif genannt. Kann sowohl in der Ruhe als auch im Flug als helles oder dunkles Band sichtbar sein. Es wird gewöhnlich durch die hellen Ränder der großen Flügeldecken und/oder die Basis der Handschwingen gebildet. Wenn auch die mittleren Flügeldecken helle Spitzen haben, entsteht eine doppelte Flügelbinde.

Alpenstrandläufer (Flügelbinde)

Rotschenkel (Flügelrand)

(nicht im gleichen Maßstab)

Flügelfeld Kann verschiedenes bedeuten: (1) eine auffällige Farbfläche (oft hell) im Flügel, die man weder als Flügelbinde noch als Flügelrand bezeichnen kann (Beispiele: Pfeifente, Gryllteiste, Trauerschnäpper, Schneeammer); (2) ein deutliches helles Band oder Feld im Flug auf dem Oberflügel (z. B. bei verschiedenen Greifvögeln wie Zwergadler oder Schwarzmilan); (3) helle Ränder der Schirmfedern/Handschwingen, die im geschlossenen Flügel ein mehr oder weniger deutliches Feld v. a. bei einigen Kleinvögeln bilden (wie Gelbspötter oder Weidenmeise).

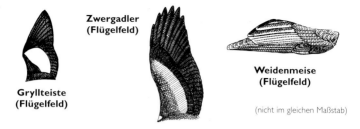

Flügelform Die sehr verschiedenen Flügelformen können wichtige Bestimmungshilfen sein. Benützen Sie die folgenden Zeichnungen bei der Beschreibung ungewöhnlicher Beobachtungen.

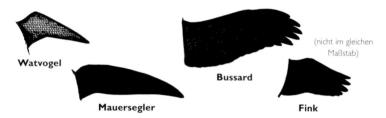

Flügelrand Viele Vogelarten haben im Flug eine charakteristische Zeichnung am hinteren Rand des Flügels (s. auch Graphik S. XIII), was zur Artbestimmung wichtig sein kann (z. B. zur Unterscheidung von Rotschenkel und Dunklem Wasserläufer, Feld- und Heidelerche).

Gefangenschaftsflüchtling Viele heimische und exotische Vogelarten werden, teilweise freifliegend, in Gefangenschaft gehalten und entweichen als Einzeltiere oder in kleinen Gruppen, die für kürzere oder längere Zeit herumstreifen. Vielfach ist nur schwer zu entscheiden, ob es sich bei Seltenheitenbeobachtungen um Wildtiere oder Gefangenschaftsflüchtlinge handelt (s. auch verwilderte Arten).

Gonys Bei einigen Arten deutlich sichtbarer Knick oder Ausbeulung am Unterschnabel. Am auffallendsten bei Großmöwen, wo diese Stelle oft auch durch einen roten Fleck (den **Gonysfleck**) noch hervorgehoben wird.

Greifvogel Neuere Bezeichnung für Raubvogel, womit im wesentlichen tagaktive Beutegreifer (weniger Eulen) gemeint sind (S. 56–76).

Hand Äußerer Teil des Flügels zwischen Karpalgelenk und Flügelspitze, dessen Zeichnung besonders im Flug (von See- und Greifvögeln) ein wichtiges Kennzeichen sein kann.

Handschwingen Die großen Flugfedern, die die äußere Hälfte des Flügels bilden (10–12 an Zahl).

Handschwingenprojektion Die Länge, mit der die Handschwingen (s. dort) im geschlossenen Flügel über die Spitze der längsten Schirmfeder (s. dort) hinausragen (A). Sie wird stets

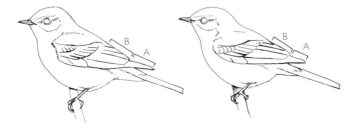

im Verhältnis zur Länge der sichtbaren Schirmfedern (B) angegeben. Im abgebildeten Beispiel hat der Fitis (links) eine relativ größere Handschwingenprojektion (A etwa gleich B) als der Zilpzalp (rechts, A kleiner als B). Obwohl oft nicht einfach zu erkennen, ist dieses Maß besonders zur Bestimmung sehr ähnlicher Arten oft unerlässlich, z. B. bei Kleinem und Zwergsumpfhuhn sowie bei verschiedenen Watvögeln, Lerchen, Piepern und Sängern.

immatur = unreif. Ein Vogel ist immatur zwischen Ablegen des ersten Jugendkleides und Anlegen des Alterskleides. In der Regel benennt man so also nur Jugendstadien von (größeren) Arten, die noch nicht im Jahr nach ihrer Geburt fortpflanzungsfähig sind. Man kann aber auch (kleinere) Vögel im Übergangskleid zwischen erstem Jugendkleid und Alterskleid (s. auch 1. Winter) als »immatur« bezeichnen (s. auch juvenil und adult).

Invasion Unregelmäßiges Massenauftreten einer Art, etwa winterliche Einflüge von Seidenschwanz oder Bergfink.

Irrgast Eine Art, die nur selten in einem bestimmten Gebiet auftritt.

juvenil = jung. Als juvenil wird ein Vogel im ersten Jugendkleid bezeichnet. Da dieses meist ratenweise ins zweite Jugendkleid oder ins Alterskleid gewechselt wird (s. auch 1. Winter) bezieht man oft auch noch das Übergangskleid des ersten Lebensjahres in die Bezeichnung »juvenil« mit ein (s. auch immatur und adult).

Karpalfleck Dunkler Fleck des Unterflügels am Karpalgelenk. Oft ein auffallendes Merkmal im Flug (z. B. bei Fischadler, Bussarden usw.).

Karpalgelenk Gelenk zwischen Innen- und Außenflügel (Arm und Hand), entspricht dem Flügelbug.

Limikolen Hauptsächlich an Ufern lebende **Watvögel**, die in diesem Buch auf den Seiten 93–127 behandelt werden. Unter Einbeziehung der Möwenartigen spricht man auch von **Larolimikolen**.

Mauser Regelmäßiger Vorgang der Erneuerung der Vogelfedern. Man unterscheidet die Vollmauser, bei der das gesamte Gefieder gewechselt wird, von der Teilmauser, bei der meist entweder das Kleingefieder (an Kopf und Körper) oder das Großgefieder (an Flügeln und Schwanz) ausgewechselt wird. Zeitpunkt, Dauer und Reihenfolge der Mauser ist von Art zu Art unterschiedlich.

Morphe siehe Farbvariante.

Nominatform Bei Arten, die später in mehrere Unterarten (s. dort) aufgeteilt wurden, nennt man die zuerst beschriebene Unterart oder Rasse Nominatform; sie trägt als Rassennamen den Artnamen, z. B. *Phylloscopus collybita collybita*.

pelagisch = (die meiste Zeit) auf hoher See lebend.

Phase siehe Farbvariante.

Prachtkleid Auch **Brutkleid** oder **Sommerkleid** (von Altvögeln) genannt. Dies ist das Federkleid (v. a. der Männchen), in dem eine Art sich verpaart und/oder brütet. Es kann durch Prozesse der Mauser (Gefiederwechsel) oder durch Abnutzung entstanden sein. Letztere besteht im fortschreitenden Abwetzen meist heller (verdeckender) Federränder im Herbst und Winter, wodurch die leuchtenden Farben des Pracht- oder Brutkleides hervortreten (z. B. bei Limikolen).

Rasse siehe Unterart.

Schirmfedern Die verlängerten, innersten Handschwingen. Bei geschlossenem Flügen verdecken die Schirmfedern die übrigen Handschwingen und können auch die Armschwingen ganz oder teilweise überlappen. Ihre Farbe, Größe, Zeichnung und Form kann wichtige Hinweise auf Art oder Alter eines Vogels geben, z. B. bei der Bestimmung der Handschwingenprojektion (s. dort).

Schlichtkleid Auch **Winterkleid** genannt. Durch Gefiederwechsel (Mauser) legen v. a. die Männchen vieler Arten nach der Balz-/Brutzeit ihr auffallendes Gefieder ab und sehen dann den Weibchen ähnlich. Das ist besonders auffällig bei Enten, bei denen die Männchen (Erpel) das Schlichtkleid den Sommer über tragen, bei vielen Arten aber schon im Herbst (wenn bei ihnen die Balz beginnt) wieder im Prachtkleid sind. Hier wären also Bezeichnungen wie »Brutkleid« oder »Winterkleid« irreführend.

Schwanzformen Die teilweise sehr verschiedenen Schwanzformen können ein gutes Bestimmungsmerkmal sein. Benützen Sie die folgenden Zeichnungen bei der Protokollierung ungewöhnlicher Beobachtungen.

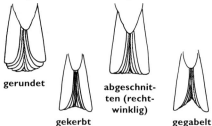

gerundet — gekerbt — abgeschnitten (rechtwinklig) — gegabelt — gestuft (keilförmig) — spitz

Schwanzmuster Die Anwesenheit oder Abwesenheit eines bestimmten Farbmusters auf Bürzel (s. dort) und/oder Schwanz ist für die Bestimmung vieler Arten (z. B. Limikolen) von großer Bedeutung. Benützen Sie die folgenden Zeichnungen bei der Protokollierung ungewöhnlicher Beobachtungen.

weiße Keile an der Schwanzwurzel — weiße Außenfedern — weiße Schwanzecken — umgekehrtes T-Muster — gebändert/gestreift — Subterminalbinde — Endbinde (schwarze Spitze)

Sommerkleid siehe Prachtkleid.
Spiegel Farblich hervorgehobenes Flügelfeld der Armschwingen (bei Gründelenten; s. auch Gefiedertopographie S. XI–XII).
subadult = noch nicht erwachsen. Man bezeichnet damit späte Jugendkleider bei Arten, die erst nach mehreren Jahren das Alterskleid anlegen (s. auch immatur).
Subterminalbinde Dunkle Schwanzbinde kurz vor dem Schwanzende.
Superzilliarstreif siehe Überaugenstreif.
Überaugenstreif Auch als **Superzilliarstreif** und manchmal als **Augenbraue** bezeichnet. Ein meist heller Streifen von unterschiedlicher Länge und Breite, der sich vom Schnabel **über** dem Auge nach hinten zieht. Nicht zu verwechseln mit Augenstreif (s. dort).
verwilderte Arten Viele durch den Menschen in neue Lebensräume (absichtlich oder unabsichtlich) eingebrachte Vogelarten vermehren sich **heute** hier in freier Wildbahn. Ein älteres Beispiel hierfür ist in Mitteleuropa etwa der Höckerschwan, neuere Beispiele sind verschiedene Gänse und Enten bis hin zum Halsbandsittich.
Wachshaut Eine Stelle nackter Haut an der Basis des Oberschnabels, die bei manchen Arten recht auffällig ist (z. B. bei Greifen und Tauben). Die Farbe der Wachshaut kann sich altersmäßig oder jahreszeitlich verändern.
Watvögel siehe Limikolen.
Winterkleid siehe Schlichtkleid.
Zischen In den englischsprachigen Ländern hat sich unter der Bezeichnung »pishing« eine Möglichkeit zur Anlockung von Vögeln herausgebildet, die in einem explosiven Zischen oder einem saugenden Fiepen besteht (s. S. XVIII).

Empfehlungen für den Feldbeobachter

Die Erfahrung lehrt einen vielerlei Techniken, mit denen man seine Fähigkeiten als Vogelbeobachter verbessern kann. Im folgenden geben wir einige Tips, die uns im Feld geholfen haben.

Größenillusion Man täuscht sich sehr leicht in der Größe. Wenn man zwei gleichgroße Vögel durch ein starkes Spektiv beobachtet, erscheint der hintere oft deutlich größer. Vögel ohne Größenvergleich durch andere Arten oder Gegenstände bekannter Größe (z. B. auf dem Wasser oder in der Luft) sind in ihrer wirklichen Größe kaum einzuschätzen, da die Entfernung nicht genau genug geschätzt werden kann. (Beispiele: Krähe und Kolkrabe in der Luft, große und kleine Seetaucher im Wasser.)

Wie man Vögel im Wald findet Wer Vögel im Wald beobachten will, sollte zuerst mit dem bloßen Auge nach Bewegungen im Geäst schauen und dann erst zum Fernglas greifen.

Beobachtung von Meeresvögeln Wenn sie nicht nah am Ufer sind, lassen sich Vögel gegen die offene See mit bloßem Auge schwer finden. Hier sollte man mit Fernglas oder Spektiv Horizont oder Wasserfläche absuchen, oder einen festen Punkt anvisieren, um dann einem Vogel folgen zu können. Man sollte nicht zu hoch über dem Wasserspiegel stehen, weil dadurch das Blickfeld stark eingeengt wird. Wenn ein Schauer naht, sollte man einen Plastikbeutel über sein Glas stülpen, jedoch nicht zu früh, da oft interessante Vögel kurz vor der Wetterfront fliegen.

Beschreiben, wo ein Vogel sitzt In verschiedenen Lebensräumen gelten verschiedene Methoden. An der Küste oder in anderen offenen Landschaften verwendet man das »Uhrsystem«, um einen Ort anderen Beobachtern zu beschreiben, oder man bezieht sich auf deutliche Landmarken. Wenn man von einem bestimmten Punkt aus längere Zeit beobachten will, ist es gut, von Anfang an eine 12-Uhr-Position festzulegen, damit jeder genau weiß, wohin er schauen muß, wenn der spezielle Vogel auftaucht. Das ist weit besser, als wild und ziellos mit einer Hand herumzufuchteln und mit der anderen das Glas halten zu wollen.

Zusätzlich kann man leicht verständliche Beschreibungen geben. So ist es im Wald wenig hilfreich, wenn man einem Freund, der den gleichen Vogel sehen möchte, zuruft: »in dem Baum da drüben« oder: »schau, wohin ich schaue«. Nicht hilfreich ist es auch, wenn man den Baum als »dritte Erle links von der Kirsche« beschreibt, wenn der Partner keine Eiche von einer Birke unterscheiden kann. Rasches und bildhaftes Denken hilft weiter, etwa: »er ist in dem giraffenförmigen Baum« oder: »er fliegt gerade an der Wolke vorbei, die wie Afrika aussieht«. Auch wenn mancher über solche Bemühungen spotten wird, sie können die Chancen für interessante gemeinsame Beobachtungen wesentlich verbessern.

Fehler eingestehen Fehler sind Teil jedes Lernens. Wenn Sie einmal richtig daneben gehauen haben (was jedem passiert, obwohl wenige den Mut und die Ehrlichkeit haben, es zuzugeben), dann verkriechen Sie sich nicht vor Scham; fragen Sie sich, warum Ihnen der Fehler passiert ist, und Sie werden das nächste Mal weiser sein.

Mehr Erfolg mit Optimismus Man kann keinen Vogel herbeizaubern, aber eine positive Einstellung lohnt sich oft. Sie sollten nicht betrübt den Rückzug antreten, wenn die Rohrdommel oder der Adler nicht mehr zu sehen ist, wenn Sie kommen. Bleiben Sie dran, beobachten Sie genau, aufmerksam und geduldig, schauen Sie an den wahrscheinlichsten Stellen – und der Erfolg wird sich oft einstellen. Lassen Sie sich nicht entmutigen von jenen, die sagen: »Wir sind hier schon seit Stunden und haben nichts gesehen«. – Sie können mehr Glück haben, und vielleicht haben die anderen nicht richtig geschaut.

Häufige Arten zuerst kennenlernen Vertraut zu sein mit den gewöhnlichen Vogelarten ist der Schlüssel zum Vergnügen und zur Meisterschaft als Vogelbeobachter. Nur wenn Sie sich ein solides Wissensfundament geschaffen haben und sich darauf beziehen können, werden Sie jene Fähigkeiten entwickeln können, die nötig sind, wenn man mit den heikleren und reizvolleren Bestimmungsproblemen konfrontiert wird.

Durchmustern Sie Vogelschwärme sorgfältig Gewöhnen Sie sich an, all jene Schwärme von Kiebitzen und Drosseln im Feld, von Möwen am Ufer, von Meisen im Wald und von Watvögeln auf Schlammflächen sorgfältig durchzumustern. Es gibt keine bessere Möglichkeit, sich mit den häufigeren Arten vertraut zu machen, ihre Merkmale, ihr Verhalten, ihre verschiedenen Kleider immer genauer kennenzulernen. Als Belohnung wird man dann ab und zu auch einmal mit einer Seltenheit belohnt; Schwanzmeisentrupps ziehen oft andere Arten mit sich, unter denen sich gelegentlich Schmuckstücke wie Gelbbrauen- oder Goldhähnchen-Laubsänger befinden.

Verzagen Sie nicht Wenn Sie einen Vogel beim erstenmal nicht gefunden haben, haben Sie Geduld; Vögel hängen an Gewohnheiten. Meisentrupps, zum Beispiel, wandern oft in Kreisen durch einen Wald. Obwohl es frustrierend sein kann, wenn man die rasch dahinhuschenden Vögel selten gut ins Glas bekommt, und es einem vielleicht nicht gelingt, den heimlichen Kleinspecht im Schwarm zu entdecken, so sollte man doch nicht verzagen; der Trupp kann nach kurzer Zeit wieder auftauchen und Ihnen eine zweite Chance bieten.

Verwenden Sie ein Notizbuch Anmerkungen mit Skizzen an Ort und Stelle (egal für wie untalentiert Sie sich halten) sind die beste Art zu lernen. Sie zwingen einen zu genauer Beobachtung und prägen Details ins Gedächtnis.

Benützen Sie Ihre Ohren Erfahrene Vogelbeobachter stellen einen Großteil ihrer Artenlisten mit dem Gehör zusammen. Zuerst sollte man sich auf die Vogelrufe einstellen. Es gibt keine Abkürzung zum Erlernen von Vogelgesängen, aber man braucht kein gutes Ohr und keine Musikalität, um Erfolg zu haben. Übung und Vertrautheit sind die Grundsteine. Das heißt nicht, daß man stundenlang Tonbänder mit Vogelstimmen anhören muß; man wird auch nicht mit Büchern allein Fachmann. Einiges mag hängenbleiben, aber die eigentliche Kunst erlernt man draußen durch Übung.

Anfangs wird die Aufgabe unlösbar erscheinen – fast jeder Ton wird unbekannt sein. Doch wenn man einmal den Anfang gemacht hat, entwickelt sich das Knäuel wie von selbst. Folgen Sie auffälligen Rufen (auch wenn im Wald 9 von 10 Kohlmeisenrufe sind). Als Regel gilt, je länger man braucht, um den Verursacher eines Rufes herauszufinden, desto besser bleibt er im Gedächtnis. Eselsbrücken können sehr hilfreich sein; schreiben Sie auf, an was Sie ein Ruf erinnert (z.B. erinnert der Gesang des Feldschwirls an das Abspulen einer Angelrute). Wenn auch »wie, wie, wie hab ich dich lieb« nicht eine sehr genaue Beschreibung der Goldammernstrophe sein mag, so bleibt sie doch im Gedächtnis.

Eine der besten Methoden, an die Vogelgesänge heranzukommen, ist, eine Bestandsaufnahme der gewöhnlichen Vögel oder eine Brutvogelerhebung Ihres Ortes zu machen. Setzen Sie sich mit dem Vogelschutzverband Ihres Ortes oder Kreises in Verbindung (s. S. XIX); Ihr Beitrag wird dort sehr willkommen sein. Sie tragen auf diese Weise nicht nur zur Kenntnis der Vogelwelt bei, sondern werden auch Freude dabei haben.

»Zischen« Die Kunst des Zischens (oder »pishing«) stammt aus Nordamerika und besteht darin, sanfte »psch«-Laute von sich zu geben, mit denen man oft versteckte Kleinvögel dazu bringen kann, neugierig sich sehen zu lassen. Die traditionelle Methode setzt auf Reihen wiederholter »psch«-Rufe: »psch-psch-psch-psch…« Man kann aber jedes quietschende oder laut küssende Geräusch machen. Wichtig ist, nicht zu laut zu werden, da man sonst Vögel eher vertreibt. Man sollte sich ruhig verhalten und die Geräusche nur so laut von sich geben, daß sie den Vogel erreichen. Was den Vogel dabei anzieht, wissen wir nicht, aber es funktioniert oft. Meisen, Kleiber, Buchfinken, Bartmeisen und viele Sänger und Grasmücken werden reagieren. (Zischen ist ungefähr die einzige Möglichkeit, einen dieser versteckten Rohrsänger im Herbst zu Gesicht zu bekommen.) Maßvoll angewendet, ist es ein nützliches Hilfsmittel; aber die Wirkung nutzt sich bald ab, und die meisten Vögel reagieren nur ein- oder zweimal, bevor sie wieder verschwinden.

Ornithologische Vereine und Literatur

Adressen

Um eine Vorstellung davon zu bekommen, welche Vogelarten in Ihrem Heimatgebiet zu erwarten sind, empfiehlt es sich, einem lokalen Verein von Vogelbeobachtern (meist Ornithologische Arbeitsgemeinschaften genannt) beizutreten. Die meisten Städte und Kreise haben ihre eigenen Zusammenschlüsse, von denen viele vierteljährliche oder jährliche Berichte über die vorliegenden Beobachtungen aus dem Gebiet herausbringen und regelmäßige Treffen und Exkursionen abhalten. Eine Liste dieser Gruppen sind beim Dachverband Deutscher Avifaunisten (s. u.) zu beziehen.

ALA Schweizerische Gesellschaft für Vogelkunde und Vogelschutz
Im Dentschen 19, CH-4207 Bretzwil

Arbeitsgemeinschaft Wasservogel- und Feuchtgebietsschutz
Villa Liegnitz, D-14471 Potsdam-Sanssouci

Dachverband Deutscher Avifaunisten
Hortensienstraße 25, D-12203 Berlin
Auf der Horst 14, D-48147 Münster

Deutsche Ornithologen-Gesellschaft
Senckenberganlage 25,
D-60325 Frankfurt/Main
Postfach 1220, D-27496 Helgoland

Deutscher Rat für Vogelschutz
Am Obstberg,
D-78315 Radolfzell-Möggingen
Zeitschrift: Berichte zum Vogelschutz

Institut für Vogelforschung
An der Vogelwarte 21,
D-26386 Wilhelmshaven-Rüstersiel

Landesbund für Vogelschutz in Bayern
Eisvogelweg, D-91161 Hilpoltstein

Mellumrat
Balthasarweg 35, D-26131 Oldenburg

Naturschutzbund Deutschland (NABU)
Herbert-Rabius-Straße 26,
D-53225 Bonn

Ornithologische Gesellschaft in Bayern
Lindenstraße 21, D-81545 München
Zeitschriften: Ornithologischer Anzeiger;
Avifaunistischer Informationsdienst

Österreichische Gesellschaft für Vogelkunde
Burgring 7, A-1010 Wien

Schutzstation Wattenmeer
Grafenstraße 23, D-24768 Rendsburg

Schweizerische Vogelwarte
CH-6204 Sempach

Schweizer Vogelschutz (SVS)
Postfach, CH-8036 Zürich

Verband Schweizerischer Vogelschutzvereine
Wülfringerstrasse 265, CH-8408 Winterthur

Verein Jordsand zum Schutz der Seevögel
Haus der Natur, D-22926 Ahrensburg

Vogelwarte Hiddensee
18565 Kloster, Hiddensee

Vogelwarte Radolfzell
Max-Planck-Institut für Verhaltensphysiologie,
78315 Radolfzell

Verhaltenskodex

Vogelbeobachter sind heute eine machtvolle Kraft im Naturschutz. Die Zahl der Menschen, die an Vogelbeobachtung interessiert sind, steigt ständig, und es ist wichtig, daß sie ihre Verantwortung ernst nehmen und jegliche Gefährdung von Vögeln und anderen Wildtieren sowie ihrer Lebensräume vermeiden.

Vogelbeobachter müssen gegenüber anderen Menschen, die durch unsere Aktivitäten beeinflußt werden können, und besonders gegenüber jenen, von deren Sympathie und Förderung die Zukunft der Vögel abhängt, ein Bild der Verantwortung präsentieren.

Folgende Punkte sollten stets unser Handeln lenken:

- Das Wohlergehen der Vögel steht an erster Stelle.
- Lebensräume müssen geschützt werden.
- Die Störung von Vögeln und ihren Lebensräumen muß auf ein Minimum reduziert bleiben.
- Wer einen seltenen Vogel entdeckt, sollte sich gut überlegen, wem er davon berichtet.
- Beunruhigen Sie keine seltenen Durchzügler.

- Befolgen Sie stets die Gesetze und Verordnungen des Naturschutzes.
- Respektieren Sie die Rechte der Grundbesitzer.
- Stellen Sie Ihre Aufzeichnungen dem lokalen Verein (Ortsgruppe, Koordinator) zur Verfügung.
- Verhalten Sie sich im Ausland so, wie beim Vogelbeobachten zu Hause.

Literatur

Bestimmungsbücher, wissenschaftliche Standardwerke, Handbücher und Tonträger

BEZZEL, E. (1985, 1993): Kompendium der Vögel Mitteleuropas. Aula Verlag, Wiesbaden.

BEZZEL, E., & R. PRINZINGER (1990): Ornithologie. Ulmer Verlag, Stuttgart.

GÉNSBØL, B., W. THIEDE (1997): Greifvögel. Alle europäischen Arten, Bestimmungsmerkmale, Flugbilder, Biologie, Verbreitung, Gefährdung, Bestandsentwicklung, BLV-Verlag, München.

GLUTZ VON BLOTZHEIM, U. N., & K. M. BAUER (Hrsg., seit 1966): Handbuch der Vögel Mitteleuropas. Aula Verlag, Wiesbaden (14 Bände).

HARRIS, A., L. TUCKER & K. VINICOMBE (1991): Vogelbestimmung für Fortgeschrittene. Franckh-Kosmos, Stuttgart.

ROCHÉ, J. C. (1995): Die Stimmen der Vögel Mitteleuropas auf CD. Franckh-Kosmos, Stuttgart.

Vogelstimmen-Edition: 7 CDs bzw. MCs zu verschiedenen Lebensräumen. Jeweils 25 heimische Arten mit Text. BLV-Verlag, München.

Einführung in die Vogelkunde und in das Leben heimischer Vögel

BERTHOLD, P. (1990): Vogelzug. Wissenschaftliche Buchgesellschaft, Darmstadt.

BEZZEL, E. (1994): Das Leben unserer Vögel. Neues aus der Vogelwelt. Naturbuch Verlag Augsburg.

BEZZEL, E. (1994): Greifvögel. BLV-Verlag, München.

BEZZEL, E. (1996): BLV Handbuch Vögel. BLV-Verlag, München.

BIBBY, C. J., N. D. BURGESS & D. A. HILL (1995): Methoden der Feldornithologie. Neumann Verlag, Radebeul.

Zeitschriften

EGRETTA. Vogelkundliche Nachrichten aus Österreich. Herausgegeben von BirdLife Österreich, Gesellschaft für Vogelkunde, Wien.

DER FALKE. Das Journal für den Vogelbeobachter. Vogelzug Verlag, Wiesbaden.

JOURNAL FÜR ORNITHOLOGIE. Herausgegeben von der Deutschen Ornithologen-Gesellschaft.

LIMICOLA. Zeitschrift für Feldornithologie. Redaktion und Verlag Limicola, D-37574 Einbeck.

ORNIS. VÖGEL – NATUR – UMWELT. Zeitschrift des Schweizer Vogelschutzes SVS.

DER ORNITHOLOGISCHE BEOBACHTER. Herausgegeben von der ALA, Schweizerische Gesellschaft für Vogelkunde und Vogelschutz.

DIE VOGELWELT. Beiträge zur Vogelkunde. Aula Verlag, Wiesbaden.

Sterntaucher *Gavia stellata* 53–69 cm

Der kleinste der sogenannten Seetaucher. Kann an der Küste mit der (wesentlich kleineren) Trottellumme im SK verwechselt werden. Trägt Kopf und Schnabel »hochnäsig« (Prachttaucher hält den Kopf nur manchmal ähnlich). Geschlechter gleich, aber ♂ deutlich größer.

Prachtkleid: Die Kombination von grauem Kopf, schwarz-weiß gestreiftem Hinterkopf und gleichmäßig dunkelbrauner OS ist einmalig unter den Seetauchern. Die rostrote Kehle erscheint aus der Entfernung dunkel.

Schlichtkleid: Das Weiß von Gesicht und Hals ist ausgedehnter als bei anderen Seetauchern und reicht bis übers Auge, Grau mit dunklen Streifen auf Scheitel und Nacken beschränkt. Erscheint elegant und dünnhalsig. Die dunkle OS ist aus der Nähe deutlich weiß gefleckt.

1. Winter: Mauser unterschiedlich. Manche sehen wie Altvögel aus, manche mit aschgrauem Gesicht und Vorderhals. Oberseite weniger gefleckt, Flanken brauner und Schnabel blasser. Der schwach rostfarbene Kehlfleck der Jungen verschwindet im Herbst.

Der Eindruck der »Hochnäsigkeit« wird verstärkt durch abgeflachte Stirn und schlanken, zugespitzten Schnabel.

Seetaucher im SK sind im Flug schwer zu unterscheiden. Alle haben lange, schmale, spitze Flügel, »Buckel«, Hängekehle und überragende Füße (»keinen Schwanz«). Sterntaucher mit dünnem weißen Hals und hellem Gesicht. Fliegt rasch mit steifen, schnellen Flügelschlägen.

Status: Seltener, regelmäßiger Wintergast, vor allem an der Küste; gelegentlich übersommernd. Im Alpenvorland regelmäßiger Wintergast.

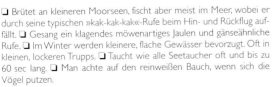

❏ Brütet an kleineren Moorseen, fischt aber meist im Meer, wobei er durch seine typischen »kak-kak-kak«-Rufe beim Hin- und Rückflug auffällt. ❏ Gesang ein klagendes möwenartiges Jaulen und gänseähnliche Rufe. ❏ Im Winter werden kleinere, flache Gewässer bevorzugt. Oft in kleinen, lockeren Trupps. ❏ Taucht wie alle Seetaucher oft und bis zu 60 sec lang. ❏ Man achte auf den reinweißen Bauch, wenn sich die Vögel putzen.

Prachttaucher *Gavia arctica* 58–73 cm

Im PK unverwechselbar. In der Größe zwischen Stern- und Eistaucher, jedoch erhebliche individuelle Größenunterschiede, weshalb im SK und Jugendkleid auf andere Kennzeichen zu achten ist. Ein gutes Merkmal ist der weiße »Sonnenaufgangsfleck« an der hinteren Flanke, gewöhnlich über der Wasserlinie sichtbar, auch wenn der Vogel tief im Wasser liegt (bei anderen Seetauchern weniger deutlich). Geschlechter gleich.

Prachtkleid: Einmalige Kombination von silbergrauem Scheitel, zebrastreifigen Halsseiten und weißgerippetem Rücken. Schwarzer Halsfleck kann aus der Entfernung mit rotem Fleck des Sterntauchers verwechselt werden. Typisch ist das rasche Changieren (bedingt durch den Lichteinfall) von Hell zu Dunkel des samtfarbenen Kopfes.

Schlichtkleid: Kräftiger Kontrast zwischen weißem Vorderhals und dunklem Nacken (vgl. andere Seetaucher). Auf Flankenfleck achten. Der schiefergraue Nacken hebt sich gegen schwärzlichen Rücken und Oberkopf ab.

Jungvogel 1. Winter: Aus der Nähe ist die grau gerippte Oberseite erkennbar, die Altvögeln im SK fehlt.

Dunkler Scheitel reicht bis unters Auge (vgl. Eistaucher). Hellgrauer Schnabel mit dunklem First und Spitze, kräftiger, gerader und gleichförmiger zugespitzt als beim Sterntaucher.

Der Hals ist kräftiger und eleganter geschwungen als bei anderen Seetauchern. Kopf wirkt im Winter eckiger.

Status: Regelmäßiger, seltener Wintergast, hauptsächlich an der Küste; vereinzelt im Sommer. Im Alpenvorland regelmäßiger Wintergast.

Flugbilder: Im Winter schwierig zu unterscheiden; man achte auf Halsmuster des Prachttauchers, zentral sitzende Flügel, weniger hängenden Hals und kontrastreichere Erscheinung. Füße größer als beim Sterntaucher, aber Zehen weniger „bündelförmig" als beim Eistaucher.

❏ Brütet auf größeren Süßwasserseen, oft mit bewaldeten Inseln. ❏ Im Binnenland etwas häufiger im Winter als Sterntaucher. ❏ Verhalten ähnlich wie Sterntaucher, trägt aber Kopf und Schnabel mehr horizontal. ❏ Gesang noch trostloser schallend als Sterntaucher, mit traurigem, hundeartigem Geheul.

Eistaucher *Gavia immer* 69–91 cm

Größter und klobigster Seetaucher. Größe einer Gans, aber tief im Wasser liegend. Man beachte den schweren Kopf und den dolchartigen, waagrecht gehaltenen Schnabel. Kann mit Kormoran verwechselt werden, doch hat letzterer langen Schwanz und erhobenen Kopf/Schnabel. Vgl. seltenen Gelbschnabeltaucher.

Prachtkleid: Der einzige Seetaucher mit schwarzem Schnabel, Kopf und Hals und kräftig gescheckten Rücken. Man beachte den schmalen, unterbrochenen Kragen aus weißen Streifen.

Schlichtkleid: Einheitlich rußschwarzer Oberkopf und Nacken, gewöhnlich dunkler als Rücken (vgl. Prachttaucher). Undeutlicher Augenring. Stahlgrauer Schnabel kann manchmal blaß erscheinen. Durch breite weiße Kerbe über schwarzem Halbkragen ungleichmäßige Verteilung von Schwarz und Weiß. Unterscheidet sich vom Prachttaucher durch größeren, kantigeren Kopf (oft mit »Beule« auf Vorderkopf), dickeren Hals und klobigeren Schnabel.

Jungvogel 1. Winter: Im Unterschied zu Adulten mit helleren Federrändern auf dem Rücken.

Status: Sehr seltener Wintergast, regelmäßig nur an der Küste.

Flug: Schwerer, gansähnlicher als die kleineren Seetaucher. Überragende Füße mit dicken Zehen.

❏ Erscheint allein oder in lockeren Gruppen an Felsküsten und Gewässern zwischen Inseln. Gelegentlich im Binnenland auf größeren Seen und Stauseen. ❏ Taucht mit kraftvollem Schwung; taucht nach etwa 60 sec oft weit entfernt wieder auf.

Gelbschnabeltaucher *Gavia adamsii* 75–100 cm

Wintergast v.a. vor der Küste Norwegens, seltener in der Ostsee, unregelmäßig im Norden Großbritanniens. Im Durchschnitt größer als Eistaucher, sonst in allen Kleidern ähnlich, bis auf den auffällig hornfarbenen, aufgeworfenen Schnabel (selbst hellschnäblige Eistaucher haben stets dunklen Schnabelfirst und dunkle Schneidekanten). Vögel im 1. Winter (Abb.) sind viel heller als Eistaucher und haben größere helle Flecken am Hals.

Haubentaucher *Podiceps cristatus* 51 cm

Unser größter und häufigster Lappentaucher. Verbreitet auf Seen und langsam fließenden Gewässern. In allen Kleidern unterscheidet ihn sein rosa Pfeilschnabel von allen anderen Lappentauchern.

Prachtkleid: Leicht erkennbar an Größe, seidenweißem Vorderhals und schmucker, schwarz-oranger Haube sowie gleichgefärbtem Bart. US weiß, Flanken und Halsseiten rotbraun überhaucht.

Schlichtkleid: Auffallend hell. Ohne den hübschen Kopfschmuck kann man ihn mit dem gedrungeneren Rothalstaucher verwechseln, besonders in Ruhe, wenn er den Kopf im Schultergefieder versteckt. Unterscheidet sich v.a. durch längeren, reinweißeren Hals, Spuren von Schwarz und Braun an den Kopfseiten sowie auffallenden weißen Strich vor dem Auge. Schnabelfarbe beachten! Im 1. Winter tragen Jungvögel oft noch Reste der Streifung an den Kopfseiten.

Jungvogel: Schwarz-weiß gestreifter Kopf und rosa Schnabel. Ruft ständig. Anfangs sitzen die Jungen oft im Rückengefieder der Alten.

Flug: Läuft wie alle Lappentaucher über das Wasser, um aufzufliegen. Ähnlich wie Seetaucher im Flugbild, aber gestreckter. Als Lappentaucher sofort erkennbar durch seine auffälligen weißen Flügelzeichen, die im Flug zu flackern scheinen. Vom Rothalstaucher (rechts) unterscheiden ihn der weißere Hals und das größere weiße Flügelfeld.

Status: Regelmäßiger, in Gegenden mit vielen Seen häufiger Brutvogel, Gast und Durchzügler.

Haubentaucher

Rothalstaucher

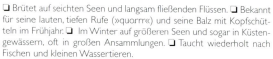

❏ Brütet auf seichten Seen und langsam fließenden Flüssen. ❏ Bekannt für seine lauten, tiefen Rufe (»quorrr«) und seine Balz mit Kopfschütteln im Frühjahr. ❏ Im Winter auf größeren Seen und sogar in Küstengewässern, oft in großen Ansammlungen. ❏ Taucht wiederholt nach Fischen und kleinen Wassertieren.

Rothalstaucher *Podiceps grisegena* — RL:V; 46cm

In allen Kleidern gedrungener und dunkler als Haubentaucher. Kennzeichnend ist der schwarze Schnabel mit gelber Basis, bei Jungen im 1. Winter weniger deutlich. Aus der Ferne »frontlastig« wirkend; keilförmiger Kopf und dolchartiger Schnabel unterscheiden ihn vom ähnlich dunkel wirkendem Schwarzhalstaucher.

Prachtkleid: Sehr charakteristisch (aber in ME selten zu sehen) mit schwarzer Kappe und kastanienbraunem Hals. Kontrastierend dazu hellgraue Wange mit weißer Umrandung.

Schlichtkleid: Stets dunkler als Haubentaucher, mit verhältnismäßig kürzerem und dickerem Hals und insgesamt »rauchigem« Aussehen. In Zweifelsfällen Kopf betrachten:

Rothalstaucher ohne weißen Überaugenstreif, aber mit ausgedehnterer schwarzer Kappe, die das Auge einschließt. Man beachte die schmutzig-weißen Wangen und den »ungewaschenen« Vorderhals. Bei guter Beleuchtung bestätigen die dunklen Augen der Adulten und die gelbe Schnabelwurzel die Bestimmung.

Im Vergleich ist der Haubentaucher im SK deutlich heller, mit längerem, schlankeren, »sauber gewaschenen« weißen Vorderhals. Man beachte die kleinere schwarze Kappe und die reinweißen Wangen mit auffallendem weißen Streifen vor dem Auge. Rosa Schnabel und purpurrote Augen sind in Kombination einmalig unter den Lappentauchern.

Status: Neuerdings vereinzelte Bruten und zunehmende Übersommerung in ME; als Wintergast relativ häufig. Im Alpenvorland regelmäßiger Wintergast.

Jungvogel: Rotbrauner Anflug auf Vorderhals erinnert an Adulte im PK, aber mit verwaschenen, dunklen Streifen auf den Wangen. Junge im 1. Winter nicht immer eindeutig von Altvögeln zu unterscheiden; hilfreich ist der weniger deutlich gezeichnete Schnabel.

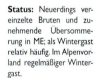

❏ Brütet auf flachen Moorseen und bewachsenen Altwassern. ❏ Im Winter hauptsächlichlich an der Küste, in Flußmündungen und geschützten Buchten. Manchmal auch auf Binnengewässern. ❏ Gewöhnlich einzeln oder gemeinsam mit anderen Tauchern, selten mehr als 2–3 Rothalstaucher zusammen. ❏ Im Winter meist schweigsam; im Brutgebiet klagende Rufe ähnlich der Wasserralle.

Ohrentaucher *Podiceps auritus* RL:R; 35 cm

Geringfügig größer und robuster als Schwarzhalstaucher. Im Sommer unverwechselbar. Im Winter dem Schwarzhalstaucher sehr ählich, aber tiefer im Wasser liegend, mit flacherer Stirn, kleinerer Kappe und kräftigerem, gleichmäßig zugespitztem Schnabel.

Prachtkleid: Einziger Lappentaucher mit dunklen Wangen und kastanienbraunem Vorderhals, Brust und Flanken. Hals wirkt aus der Entfernung schwarz. Dichte goldene Federbüschel hinter den Augen (oft als »Rasierpinsel« bezeichnet) viel auffälliger als die zarten Fächer des Schwarzhalstauchers. Kopf größer und runder als im SK; ohne die steilere Stirn des Schwarzhalstauchers.

Schlichtkleid: Auffällig schwarz-weiß wirkend – ähnlich kleinem Haubentaucher. Insgesamt »sauberer« und kontrastreicher als Schwarzhalstaucher, mit deutlichen Unterschieden in Kopfform und -zeichnung. Aus der Nähe sind ein hellgrauer Zügelfleck und ein roter Hautstreifen zwischen Schnabelwurzel und Auge sowie die weiße Schnabelspitze gute Merkmale.

1. Winter: Wie Altvogel im SK, aber Kopfzeichnung verwaschener und Halsseiten schmutziger (vgl. Schwarzhalstaucher).

Flug: Ohrentaucher (links) fliegt mit schwer hängenden Füßen (wie alle Lappentaucher) dicht über dem Wasser. Weißes hinteres Flügelfeld und weiße »Landelichter« am Vorderflügel. Der ähnliche Schwarzhalstaucher (rechts) hat ein etwas ausgedehnteres hinteres Flügelfeld, jedoch kein vorderes.

Status: Als Wintergast und Durchzügler selten, aber regelmäßig; ausnahmsweise brütend.

Ohrentaucher

Schwarzhalstaucher

❏ Brütet auf Süßwasserseen mit reicher Ufervegetation. ❏ Gesang mit lautem anschwellenden Triller und schnarrendem »jarr«. ❏ Im Winter hauptsächlich maritim, einzeln oder in kleinen Gruppen in Flußmündungen, Fjorden und Buchten. ❏ Im Binnenland am ehesten in kalten Wintern. ❏ Im Winter stumm.

Schwarzhalstaucher *Podiceps nigricollis* RL:V; 30 cm

Leicht erkennbar im PK. Im Winter dem Ohrentaucher sehr ähnlich, aber andere Kopfform, schlankerer, geschwungenerer Hals und dünnerer Schnabel mit leicht aufgeworfener Spitze. Oft hoch im Wasser liegend mit aufgeplustertem Schwanz wie Zwergtaucher.

Prachtkleid: Ganz schwarzer Hals und zarter Fächer goldener Federn hinterm Auge (wie gekämmtes nasses Haar). Kastanienbraune Flanken und weißes Hinterteil, aber aus der Entfernung ganz dunkel wirkend.

Schlichtkleid: Glänzend rote Augen und einfarbige Erscheinung verhindern Verwechslung mit Zwergtaucher. Schwieriger vom Ohrentaucher zu unterscheiden; wirkt »ungepflegter«. Kopf ist bestes Merkmal:

Steile Stirn und hoher Scheitel sind typisch für <u>Schwarzhalstaucher</u>; das Schwarz der Kappe zieht sich verwaschen bis in die Wangen; schmutzig-grauer Vorderhals und dünner, aufgebogener Schnabel.

Der <u>Ohrentaucher</u> hat im Vergleich dazu eine flachere, schnittigere Kappe; der Kontrast zwischen schwarzer Kappe und weißen Wangen ist viel deutlicher; Vorderhals gewöhnlich reiner weiß, Schnabel gerader und mit weißer Spitze. Der helle Fleck zwischen Schnabel und Auge fehlt dem Schwarzhalstaucher.

Status: Mäßig häufiger Brutvogel, v. a. im S und O. Auch als Gast (im Binnenland) häufig.

1. Winter: Bräunlicher als Adulte, mit graueren Wangen und Hals.

❑ Brütet auf dichtbewachsenen Süßwasserseen, bevorzugt zwischen Lachmöwen. ❑ Im Winter an Stauseen und Baggerseen und in geschützten Meeresbuchten. ❑ Meist einzeln oder in Gesellschaft mit anderen Tauchern. An bevorzugten Stellen auch in kleinen Trupps. ❑ Schwimmt bei Störung rasch weg oder taucht bei Gefahr. ❑ Im Winter öfter auf Binnengewässern als Ohrentaucher. ❑ Flügelmuster im Flug gutes Merkmal (vgl. S. 6). ❑ Zur Brutzeit wiehernd-trillernde Rufe wie Zwergtaucher.

7

Zwergtaucher *Tachybaptus ruficollis*   RL: 3; 25 cm

Kleinster europäischer Taucher. Puderquastenformat, kurzer Hals und kleiner Schnabel sind in allen Jahreszeiten typisch. Ein lauter, bibbernder Triller, der aus versteckten Altwassern erschallt, gehört zu den charakteristischsten Wasservogelrufen. Geschlechter gleich.

Prachtkleid: Leuchtend gelber Fleck am Schnabelwinkel (weithin sichtbar), kastanienbraune Kopfseiten und flauschiges Hinterteil unterscheiden ihn vom etwas größeren Schwarzhals- und Ohrentaucher. Schwarzer Schnabel mit weißer Spitze.

Schlichtkleid: Gedämpftere Farben. Kombination von düster-brauner Kappe und OS mit überwiegend hell-sandfarbener US ist einmalig unter europäischen Tauchern. Jungvögel ähnlich, aber mit hell-dunkel gestreiftem Gesicht und rötlichem Hals.

Kopf: Dunkle Augen und hellbraunes Gesicht unterscheiden ihn von anderen kleinen Tauchern im Winter (vgl. rote Augen von Schwarzhals- und Ohrentaucher im SK).

Status: Weit verbreiteter Brutvogel und häufiger Wintergast; stellenweise in größeren Ansammlungen.

Flug: Scheu und leicht vertrieben. Taucht bei Gefahr (versteckt sich oft unter Pflanzen, bis die Luft rein ist) oder flattert halb laufend übers Wasser, um sich in dichter Vegetation zu verstecken. Flügel-OS ohne die weiße Zeichnung der vier größeren Lappentaucher, aber manche Individuen haben weißliche Armschwingen.

❏ Brütet an träge fließenden Flüssen und Stillgewässern mit reicher Ufervegetation. Die Vögel halten sich meist nah am Ufer auf. ❏ Schwimmt federleicht mit gerundetem Rücken und »abgeschnittenem« Ende. ❏ Taucht oft (manchmal mit einem Sprung), aber taucht bald wieder auf wie ein Korken. ❏ Im Winter in kleineren Ansammlungen auch auf größeren, offeneren Gewässern, in Häfen und geschützten Flußmündungen. ❏ Trupps halten zusammen durch scharfe 2–4silbige »bii-ib«-Rufe.

Eissturmvogel *Fulmarus glacialis* — RL:R; 45 cm

Dicklicher Seevogel mit kräftigem Hakenschnabel. Im Flug unterscheidet er sich durch seine schmalen, steif-geraden Flügel und Serien rascher Schläge zwischen Gleitstrecken deutlich von den biegsamen, langsamen Flügelschlägen der Möwen.

Trotz oberflächlicher Ähnlichkeit mit der Färbung von Möwen, erlauben grauer Bürzel und Schwanz und das Fehlen schwarzer Zeichnung an den Flügelspitzen eine rasche Unterscheidung. Das helle Feld in den Handschwingen wird durch Abnutzung deutlicher. Eben flügge Junge sind oberseits einheitlicher silbergrau.

Flugverhalten erinnert an großen Sturmtaucher; einen ähnlich hellen Schnabel hat nur der Gelbschnabel-Sturmtaucher; der Eissturmvogel ist grauer mit ganz weißem Kopf (in heller Variante) und von »halsloser« Erscheinung.

Auf See oder Klippen von Silbermöwe durch cremeweißen Kopf und US, dunklen »Augenschatten« und matter graue OS zu unterscheiden (ohne Schwarz an Flügelspitzen).

Status: Brutvogel auf Helgoland. Seltener Gast an der Küste, im Binnenland sehr selten.

❏ Gleitet mühelos und ausdauernd mit leicht gesenkten Flügeln an Klippen entlang (von hinten können ferne Vögel an Wanderfalken erinnern). ❏ Partner sitzen schnäbelnd und kakelnd dicht beisammen auf Felsvorsprüngen. Brütet gelegentlich auch etwas weiter im Inland. ❏ Im Spätsommer werden die fetten Jungen von ihren Eltern verlassen und müssen dann hungern, bis sie ihre Dunen verloren haben und der Hunger sie aufs Meer treibt. ❏ Läuft beim Flugstart übers Wasser (anders als Möwen). ❏ Die meisten Vögel in unserem Gebiet gehören der hellen Variante an, doch treten im hohen Norden immer mehr völlig graue Vögel (der »blauen« Morphe) auf.

Gelbschnabel-Sturmtaucher *Calonectris diomedea* 45–56 cm

Massigster Sturmtaucher. Schwerer Kopf und einförmig braune OS; manche mit

Status: Sehr seltener, unregelmäßiger Gast an der Küste; im Binnenland nur ausnahmsweise.

schmalem hellen Halbmond am Bürzel (vgl. Großer St.). Dicker, gelber Schnabel typisch. Kopf/Hals matter und verwaschener als beim Großen St. Die breiten Flügel sind charakteristisch gebogen. Spannweite 100–125 cm.

Fliegt bei ruhigem Wetter mit kurzen Gleitstrecken dicht überm Wasser. Bei schwerer See segelt er hoch und stößt dann wie ein junger Tölpel in die Wellentäler.

❏ Brütet auf Inseln des Mittelmeers und des N-Atlantiks, im Hochsommer vor den Küsten W-Europas.

Großer Sturmtaucher *Puffinus gravis* 43–51 cm

Von voriger Art durch deutlich abgesetzte dunkle Kappe, weißen Kragen und weißes Hufeisen an Schwanzbasis unterschieden. Schwarzer Schnabel.

Mit einer Spannweite von 100–118 cm ein stattlicher Vogel.

Dunkle Zeichnung auf Unterflügeln und verwaschener Bauchfleck.

Flug eher steifer als Gelbschnabel-St.

❏ Brütet im S-Atlantik. Im Hochsommer an den W-Küsten. ❏ Ausgesprochener Hochseevogel.

Dunkler Sturmtaucher *Puffinus griseus* 40–51 cm

Größer und langflügliger als Mittelmeer-St., Spannweite 94–109 cm. Insgesamt rußfarben, mit silbrigen Flecken auf Flügel-US. Fliegt bei ruhigem Wetter rasch und niedrig mit kurzen Gleitstrecken zwischen Serien rascher Schläge der schmalen, leicht zurückgebogenen Flügel; fliegt höher über rauher See. Brütet tief in der S-Hemispäre. An der Küste von Juli bis Okt. regelmäßiger, aber seltener Gast; im Binnenland nur vereinzelt.

10

Schwarzschnabel-Sturmtaucher *Puffinus puffinus* 34 cm

Ein kontrastreich gezeichneter Sturmtaucher, besonders in starkem Licht; man achte auf weißen Unterschwanz.

Schlanker Schnabel, »gesenkte Schultern« und lange Flügel lassen ihn recht merkwürdig über dem Wasser erscheinen (vgl. Lummen).

Status: Regelmäßiger, seltener Gast an der Küste; ausnahmsweise im Binnenland.

Vögel in der Ferne wirken bald schwarz, bald weiß beim Hin- und Herfliegen.

❏ Schlankflügliger, schwarz-weißer Seevogel. ❏ Geringe Unterschiede in Größe und Kleidern. ❏ Nur Lummen sind ähnlich gefärbt, aber kleinflügliger; auch fliegen sie schwirrend-geradliniger. ❏ Pelagisch, besucht nachts das Nest in Höhlen grasiger Inseln (z. B. W-Küste Großbritanniens). ❏ Gesellig; Trupps ziehen in Ketten oder kleinen Gruppen. ❏ Bei starkem Wind in wellenförmigem Gleitflug mit kurzen raschen Flügelschlagintervallen. Bei ruhigem Wetter längere Ruderphasen mit kurzen Gleitstrecken dicht überm Wasser.

Mittelmeer-Sturmtaucher *Puffinus yelkouan* 36 cm

Helle Exemplare ähnlich voriger Art, aber mit braunerer OS und dunklerem Hinterkopf und Schwanzende; oft mit dunkleren Unterflügeln. Außerdem etwas größer und kurzschwänziger.

Status: Seltener, aber regelmäßiger Sommergast an europäischen W-Küsten bis Großbritannien, nur vereinzelt im Winter.

Sehr dunkle Exemplare können leicht mit Dunklem St. verwechselt werden, der jedoch größer ist, mit längeren und stärker abgewinkelten Flügeln und stärker gewölbter Stirn. Mittelmeer-St. hat stets eine helle Bauchmitte.

❏ Früher als Rasse des Schwarzschnabel-St. angesehen und als Balearen-St. bezeichnet. ❏ Gefieder variabel, aber stets brauner als vorige Art. ❏ Brütet im Mittelmeergebiet, tritt aber jeden Herbst im Gebiet der Nordsee auf.

Sturmschwalbe *Hydrobates pelagicus* 15 cm

Ihre Kleinheit macht sie auf dem Wasser fast unsichtbar wie ein Stück Treibgut.

Fliegt schnell wie ein dunkler Watvogel oder eine Fledermaus dicht übers Wasser. Wirkt insgesamt schwärzer als Wellenläufer, weißer Bürzel auffällig. Flügel erinnern nicht an Seeschwalben und zeigen nur die Spur eines hellen Bandes auf der OS; Spannweite 37 cm. Schwanz quadratisch.

Status: Regelmäßiger, seltener Gast an der Küste; vereinzelt im Binnenland.

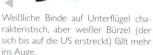

Weißliche Binde auf Unterflügel charakteristisch, aber weißer Bürzel (der sich bis auf die US erstreckt) fällt mehr ins Auge.

❏ Winziger dunkler Seevogel, der üblicherweise von Schiffen aus zu sehen ist, da tagsüber kaum in Landnähe. ❏ Brütet in großer Zahl auf felsigen Inselchen, die aber nur in der Dunkelheit besucht werden. Verrät seine Anwesenheit durch tiefes Schnarren aus Erdhöhlen oder unter Steinen. ❏ Ernährt sich von Oberflächenplankton, das in tanzenden Bewegungen aufgepickt wird. Begleitet auch Fischerboote.

Wellenläufer *Oceanodroma leucorhoa* 22 cm

Bei guter Sicht Unterflügel braun (ohne weißliches Band der Sturmschwalbe), oft mit dunkleren Schwungfedern; Spannweite 48 cm. Bürzelfleck erstreckt sich nicht auf die US wie bei voriger Art.

Status: Regelmäßiger, seltener Gast an der Küste; vereinzelt im Binnenland.

Bei guter Beleuchtung brauner als Sturmschwalbe; hellere Zeichnung auf Oberflügel oft auffällig (wird heller durch Abnutzung). Bürzelfleck weniger deutlich, oft in der Mitte unterbrochen. Gabelschwanz nur aus der Nähe erkennbar.

❏ Größer als Sturmschwalbe, mit längeren, abgewinkelten Flügeln (Flügelform und federnder Flug erinnern an Seeschwalben). ❏ Zur Nahrungssuche niederstoßend und sich abfangend, um mit ausgebreiteten Flügeln zu wassern. Begleitet selten Fischerboote. ❏ Brutverhalten ähnlich voriger Art, aber mehr auf einsame Inseln beschränkt. ❏ Am ehesten nach schweren Stürmen von Okt. bis Dez. an der Atlantikküste zu sehen. Geschwächte Vögel werden manchmal ins Binnenland verfrachtet.

Baßtölpel *Sula bassana* RL:R; 92cm

Unser größter Seevogel mit einer Spannweite von fast 2 m. Im Flug lassen der dolchartige Schnabel und der zugespitzte Schwanz den zigarrenförmigen Körper an beiden Enden verjüngt erscheinen. Kopf und Schwanz ragen vorn und hinten gleich weit über die langen zugespitzten Flügel hinaus, wodurch die gesamte Gestalt »an allen Enden zugespitzt« erscheint und sich dadurch von allen Möwen, Raubmöwen oder Sturmtauchern unterscheidet. Geschlechter gleich. Altersklied wird stufenweise bis zum 4. oder 5. Jahr erreicht.

Altvogel: Leuchtend weiß aus der Entfernung. Der gelbliche Kopf wird im Winter weißlich.

2. Jahr: Unverwechselbar fleckige OS. Kopf gewöhnlich ab dem 3. Jahr weiß.

Jungvogel: Schwärzlich-braun mit weißem Bauch und Halbmond auf dem Schwanz sowie graubrauner Brust. Kann aus der Ferne für Gelb- oder Schwarzschnabel-Sturmtaucher gehalten werden, Flugbild und dunklere Unterflügel sind aber Unterscheidungsmerkmale.

Schwimmt hochliegend mit erhobenem spitzen Schwanz. Fliegt nach kurzem, platschenden Lauf übers Wasser auf.

Status: Stellenweise häufiger Gast an der Küste; im (küstennahen) Binnenland nur vereinzelt. Nichtbrüter können an der Küste ganzjährig beobachtet werden.

3. Jahr: Flügel mit »Klaviertasten-Muster« ist kennzeichnend.

Spektakuläres Sturztauchen mit gestrecktem Hals wie ein Pfeil aus großer Höhe. Das Aufspritzen ist weit zu sehen.

❏ Gesellig. Brütet auf kleinen Inseln in dichten, geräuschvollen, stinkenden Kolonien. ❏ Flug stetig mit gemäßigten Flügelschlägen. Trupps ziehen gewöhnlich in Ketten oder kleinen Haufen. ❏ Bei starkem Gegenwind oft lange niedrige Gleitflüge wie Großer Sturmtaucher. Segelt bei ruhigem Wetter hoch. ❏ Oft sind Delphinschulen in der Nähe nahrungsuchender Tölpel.

Kormoran *Phalacrocorax carbo* 90cm

Großer, schwarzer Wasservogel der Küsten- und Binnengewässer. Langer Hals und Schwanz, schlanker Schnabel und massiger Körper. Kormorane und Krähenscharben stehen gerne aufrecht auf Uferfelsen, Bojen und Pfählen, oft mit ausgebreiteten Flügeln. Kormorane sitzen auch gerne auf toten Bäumen.

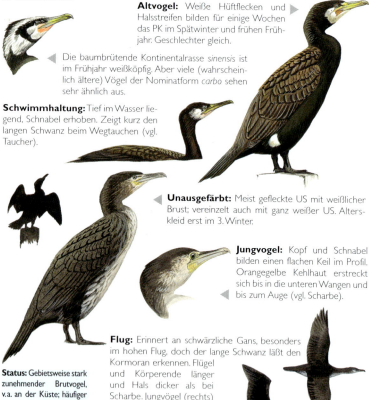

Altvogel: Weiße Hüftflecken und Halsstreifen bilden für einige Wochen das PK im Spätwinter und frühen Frühjahr. Geschlechter gleich.

Die baumbrütende Kontinentalrasse *sinensis* ist im Frühjahr weißköpfig. Aber viele (wahrscheinlich ältere) Vögel der Nominatform *carbo* sehen sehr ähnlich aus.

Schwimmhaltung: Tief im Wasser liegend, Schnabel erhoben. Zeigt kurz den langen Schwanz beim Wegtauchen (vgl. Taucher).

Unausgefärbt: Meist gefleckte US mit weißlicher Brust; vereinzelt auch mit ganz weißer US. Alterskleid erst im 3. Winter.

Jungvogel: Kopf und Schnabel bilden einen flachen Keil im Profil. Orangegelbe Kehlhaut erstreckt sich bis in die unteren Wangen und bis zum Auge (vgl. Scharbe).

Flug: Erinnert an schwärzliche Gans, besonders im hohen Flug, doch der lange Schwanz läßt den Kormoran erkennen. Flügel und Körperende länger und Hals dicker als bei Scharbe. Jungvögel (rechts) ohne hellen Flügelstreif junger Scharben.

Status: Gebietsweise stark zunehmender Brutvogel, v.a. an der Küste; häufiger Winter- und Sommergast auch im Binnenland.

❏ Gesellig; an Küsten, Flußmündungen und Binnengewässern. ❏ Brütet in kleinen Kolonien an felsigen Küsten und Hängen, besonders auf kleinen Inseln. Im Binnenland auf Bäumen nistend. ❏ Fliegt rasch und geradlinig dicht über dem Wasser, aber allgemein höher fliegend als Scharbe; die schnellen Flügelschläge werden durch kurze Gleitstrecken unterbrochen. ❏ Größere Trupps auf dem Weg vom Schlafplatz zu den Nahrungsplätzen bilden Ketten oder Keile wie Gänse. ❏ Lebt von Fischen, taucht mit Vorwärtsrolle. ❏ Fische werden an der Oberfläche verschluckt. ❏ Rennt zum Abflug über das Wasser.

Krähenscharbe *Phalacrocorax aristotelis* 70cm

Dem Kormoran sehr ähnlich, aber kleiner (meist nur im direkten Vergleich erkennbar), mit weniger klobigem Kopf und Hals, steilerer Stirn und dünnerem Schnabel (weniger keilförmig im Profil). Fast ausschließlich an der Küste. Geschlechter gleich.

Prachtkleid: Lockige Haube typisch, jedoch nur Jan.–Apr.; Gelb nur an Schnabelbasis (Kormoran mit orangegelbem Gesicht und weißen Wangen).

Tauchen: Meist (nicht immer) mit Sprung wegtauchend (Kormoran sinkt nur nach vorn ab, springt aber auch gelegentlich).

Schwimmen: Man achte auf kurzen Kopf mit steiler Stirn und schlankem Schnabel.

Unausgefärbt: Gewöhnlich brauner als Kormoran mit deutlich heller Zeichnung am Vorderflügel (kann nach Abnützung sehr hell werden). US von weißlich bis braun mit nur heller Kehle. Beine oft rosa. Volles Alterskleid erst im 3. Winter.

Jungvogel (Kopf): Ohne orangegelbes Gesicht, aber oft heller Augenring; braune (nicht weißliche) Wangen kontrastieren scharf (nicht verwaschen) mit weißer Kehle.

Flug: Hinterkörper endet abrupt hinter Flügeln (längerer Körper des Kormorans verjüngt sich zum Schwanz). Flügel kürzer. Bei Jungen erleichtern die kontrastierenden hellen Vorderflügelflecken die Bestimmung.

Status: Sehr seltener Gast an der Nordsee; vereinzelt im Binnenland.

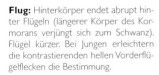

❏ Geselliger Seevogel felsiger Küsten und Inseln, Häfen und Flußmündungen. ❏ Brütet in kleinen, lockeren Kolonien zwischen Steinen oder in Höhlen. ❏ In Häfen kann man sich den Jungen oft bis auf wenige Meter nähern, oft sitzen sie neben Fischern auf Molen. ❏ Gewöhnlich nicht an Binnengewässern, manchmal werden v. a. Jungvögel durch Unwetter ins Binnenland verschlagen. ❏ Flug rasch und im typischen Fall dicht über dem Wasser; überholt Kormoran im Flug. Fliegt selten hoch und vermeidet über Land zu fliegen (vgl. Kormoran). Umfliegt sogar Landzungen. ❏ Oft in Jagdgesellschaften auf dem Meer. ❏ An felsigen Rastplätzen gerne mit Kormoranen zusammen.

15

Rohrdommel *Botaurus stellaris*   RL:I; 70–80 cm

Versteckt lebender Sumpfvogel; selten frei zu sehen. Ausgesprochen tarnfarbenes Gefieder mit beiger, brauner und schwarzer Zeichnung, die hervorragend dem Röhricht des Lebensraumes entspricht, so daß der Vogel nahezu unsichtbar ist – sogar aus der Nähe. Kappe und Bartsteif schwarz. Beine und Schnabel grünlich-gelb. Geschlechter gleich. Junge haben unauffällig braunen Bart.

Erscheint am Boden oft erstaunlich klein, mit schleichendem Gang und gesenktem Kopf (nicht aufrecht wie Reiher). Wirkt von vorn seitlich zusammengedrückt wie Wasserralle. Schiebt sich langsam und behutsam vorwärts, späht vorsichtig durch die Vegetation und starrt gebannt ins Wasser. Erstarrt mit erhobenem Kopf und Schnabel und verschmilzt in dieser »Pfahlstellung« mit ihrer Umgebung.

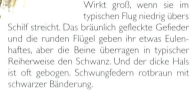

Wirkt groß, wenn sie im typischen Flug niedrig übers Schilf streicht. Das bräunlich gefleckte Gefieder und die runden Flügel geben ihr etwas eulenhaftes, aber die Beine überragen in typischer Reiherweise den Schwanz. Und der dicke Hals ist oft gebogen. Schwungfedern rotbraun mit schwarzer Bänderung.

Status: Verbreiteter, aber abnehmender Brutvogel und seltener Gast – auch im Winter. Überwintert in S-Deutschland.

❏ Brütet in ausgedehnten, nicht verschmutzten Sümpfen mit dichten Röhrichten. ❏ Ihre Anwesenheit ist meist nur durch den tief brummenden Gesang (Febr.–Juni) feststellbar – ähnlich dem Ton, der beim Blasen über eine leere Flasche entsteht. Der Klang trägt bis 5 km weit. Aus der Nähe hört man deutlich ein »atemholendes« »u-u-u-whomp, u-whomp«. ❏ Am ehesten im Juni/Juli bei Futterflügen zum Nest zu sehen. ❏ Im Winter weiter verbreitet, dann auch in kleinen Sümpfen, an Tümpeln und sogar in Kiesgruben; läuft bei Kälte manchmal außerhalb der Deckung herum. ❏ Flugruf ein kurzes »kau«. ❏ Der ähnliche junge Purpurreiher hat längeren Schnabel und schlangenartigeren Hals.

Zwergdommel *Ixobrychus minutus* RL:1; 33–38 cm

Männchen: Schwarze OS und Schwungfedern, satt gelbbraune US und sandweiße Flügelflecken. Gelber Schnabel und grünliche Beine. ♀ ähnlich, aber matter.

Jungvogel: Wie Miniatur-Rohrdommel, aber mit hellen Flügelflecken.

Status: Brutvogel, stark abnehmend; seltener Gast und Durchzügler.

❏ Kleinster europäischer Reiher. ❏ Lokal häufig in Beständen von Rohrkolben und Schilf am Rand von Binnengewässern und Altwassern. ❏ Manchmal kann man Zwergdommeln am Röhrichtrand beobachten, wie sie »erstarren«, um nicht gesehen zu werden. ❏ Man achte auf geringe Größe und auffällig helles Oval auf schwarzem Flügel, besonders in Ruhestellung und bei kurzem Flug übers Schilf. ❏ Der Frühlingsgesang des ♂ ist ein froschartiges »wogh«, das alle paar Sekunden wiederholt wird. ❏ Jagt Fische, Frösche und Insekten.

Nachtreiher *Nycticorax nycticorax* RL:1; 58–65 cm

Altvogel: Geschlechter gleich. Oberkopf und Rücken schwarz, Flügel und Schwanz grau, Gesicht und US weiß. Zur Brutzeit 2–3 lange weiße Nackenfedern; gelbe Beine vorübergehend rot.

Jungvogel: Braun mit oberseits grober weißer Fleckung und unterseits unregelmäßiger Strichelung. Schnabel überwiegend gelblich.

Flug: Wirkt im Flug kompakt und oberseits sehr hell, mit eingezogenem Hals und rundlichen Flügeln.

Status: Seltener bis häufiger Brutvogel, zunehmend; seltener Sommergast.

❏ Brütet kolonieweise im Dickicht langsam fließender Flüsse und in Sümpfen. ❏ Hauptsächlich nächtlich, aber manchmal von Tagesrastplätzen in laubreichen Bäumen am Wasser aufgescheucht. ❏ Fliegt in der Abenddämmerung zur Jagd auf Fische und Frösche, wenn andere Reiher zurückkehren. ❏ Typischer Flugruf ein rauh krächzendes »kwok«.

Rallenreiher *Ardeola ralloides* 43–48 cm

Prachtkleid: Satt orangebrauner Körper mit langer »Mähne« aus weißen und schwarzen Nackenfedern sowie bläulicher Speerschnabel mit schwarzer Spitze – sind einmalig unter europäischen Reihern.

Flug: Erstaunlich weiß im Flug mit charakteristisch braunem »Sattel«.

Status: Seltener Brutvogel; im südlichen ME sehr seltener Sommergast.

Winter und Jungvogel: Deutlich braun gestreift an Kopf, Hals und Brust. Beine und schwarzspitziger Schnabel grünlich-gelb.

❏ Kleiner, weißflügliger Reiher; örtlich häufig in SO-europäischen Feuchtgebieten. ❏ In Ruhehaltung orangebraun (Sommer) oder bräunlich (Winter und Jungvögel); Gefieder tarnt hervorragend in entsprechendem Lebensraum, dadurch oft übersehen, bis der Vogel abfliegt.
❏ Fängt im seichten Wasser Fische, Frösche und Insekten. ❏ Gewöhnlich stumm; manchmal ein rauhes, entenartiges »quak« im Flug.

Kuhreiher *Bubulcus ibis* 48–53 cm

Prachtkleid: Oberkopf, Brust und Mantel orangebraun. Beine Schnabel und Augen werden zur Brutzeit rot, später gelb.

Flug: Wirkt gedrungen im Flug. Dunkle Füße unterscheiden ihn vom Seidenreiher.

Status: Sehr seltener, aber zunehmender Gast, teilweise aus Gefangenschaft.

Winter und Jungvogel: Weiß mit gelbem Auge und Schnabel sowie schwärzlichen Beinen. Unterscheidet sich vom Seidenreiher durch kräftigen, hellen Schnabel (dunkler bei sehr jungen Vögeln), kürzeren Hals und gedrungenere Gestalt.

❏ Kleiner, geselliger, weißer Reiher; im Gebiet hauptsächlich in der Camargue. ❏ Auffallend und ziemlich zutraulich. ❏ Brütet in Wassernähe, im Gegensatz zu anderen Reihern zur Nahrungssuche aber meist auf Weiden, wo er vom Vieh aufgescheuchte Insekten verzehrt. ❏ Ruckt beim Laufen mit dem Kopf und schnappt nach Beute. ❏ Meist stumm.

Seidenreiher *Egretta garzetta* — 60 cm

Ein schlanker Reiher mit dünnem Schnabel, schwarzen Beinen und typisch gelben Füßen. Altvögel im PK mit 2 langen Nackenfedern, flauschigen Schmuckfedern am Rücken und oranger Schnabelwurzel – all das fehlt SK und Jungvögeln, deren Schnabelbasis bläulich ist.

Flug: Mühelos; Hals gebogen, Beine langgestreckt mit sichtbar gelben Füßen. (Junge haben graugrüne Füße.)

Status: Regelmäßiger Brutvogel in S- und W-Europa, von Frankreich bis S-England vorrückend, unregelmäßig in Tschechien und Holland; ME seltener bis sehr seltener Sommergast.

❏ Bewohnt Flußmündungen, Seen und Sümpfe. ❏ Jagt »hektisch« in kurzen, raschen Läufen im seichten Wasser nach kleiner Beute. ❏ Auffallend blendend-weißes Gefieder, aber versteckt sich oft in Gräben und kann leicht mit einer Möwe verwechselt werden.

Silberreiher *Egretta alba* — 85–102 cm

Prachtkleid: Gelbliche Beine, schwarzer Schnabel und lange, duftige Schmuckfedern am Rücken. Ohne Nackenfedern wie Seidenreiher.

Flug: Gemächlich wie Graureiher (vgl. Löffler, der Gleitstrecken einlegt und mit gestrecktem Hals fliegt).

Winter und Jungvogel: Vom Seidenreiher durch langen gelben Schnabel, längeren Hals und längere Beine mit dunklen Füßen unterschieden. Anders als bei anderen Reihern endet die häutige Schnabelwurzel erst hinter dem Auge.

Status: Brutvogel in S-Europa; im südlichen ME seltener Gast; überwintert (zunehmend) in S-Bayern.

❏ Wirkt im Vergleich zum Seidenreiher fast doppelt so groß; mit typischem »Schlangenhals«, deutlich geknickt in der Mitte (wie Purpurreiher). ❏ Brütet in röhrichtreichem Feuchtland in O-Europa, vereinzelt anderswo. ❏ Schreitet aufrecht und gemessen, oft bis zum Bauch im Wasser (vgl. schnelles Herumrennen des Seidenreihers). ❏ Meist stumm.

Graureiher Ardea cinerea   94 cm

Großer, bekannter, leicht erkennbarer Vogel der Flüsse, Seen, Sümpfe, Mündungen und Bäche. Abgesehen von Ausnahmen der einzige Reiher in ME, der sich durch langen Hals und hauptsächlich graues und weißes Gefieder von allen anderen Vögeln unterscheidet – außer vom Kranich, von dem er sich durch lange, gelbliche Beine und dolchartigen, gelben Schnabel unterscheidet. Kann auch mit dunklerem Purpurreiher verwechselt werden.

Altvogel: Kopf, Hals und US überwiegend weiß, mit schwarzem Hinterkopf und dunklen Streifen am Vorderhals. Die blaugraue OS wird beim stehenden Vogel durch einen schwarzen Schulterfleck unterbrochen (fehlt Jungvögeln). Zur Brutzeit tragen Altvögel helle Schulterfedern und verlängerte schwarze Nackenfedern, Schnabel und Beine werden kurze Zeit rot. Geschlechter gleich.

Jungvogel: Unterscheidet sich durch dunkelgraue Beine und Stirn (letztere bei Adulten weiß), dunklen Oberschnabel und verwaschen-graues Gesicht und US. Auch im 2. Jahr mit grauem Scheitel.

Leicht zu übersehen, wenn geduckt und bewegungslos im Gelände oder am Ufer stehend.

Flug: Wirkt mächtig; langer Hals eingezogen, aber Beine ausgestreckt. Dunkelgraue Unterflügel und weiße »Landelichter« am Flügelbug (auffallend bei sich nähernden Vögeln, bei Jungen gelblich) sind typisch.

Status: Häufiger, weit verbreiteter Brutvogel; häufiger Gast. Auch in S-Deutschland Jahresvogel.

Fliegt langsam mit tiefen Schlägen der langen, breiten, stark abgewinkelten Flügel.

❏ Brütet gesellig (ab März) in traditionellen Kolonien. Der Horst wird hoch in Baumwipfeln errichtet; manchmal auch im Schilf. ❏ Sonst meist Einzelgänger; an bevorzugten Stellen können sich aber kleine Ansammlungen bilden. ❏ Läuft aufrecht, langsam stelzend auf der Suche nach Fischen, Fröschen, Würmern und Mäusen. ❏ Kennzeichnender Ruf ein lautes, rauhes »frank« im Flug, bei Störung oder im Abflug.

Purpurreiher *Ardea purpurea* RL: 2; 80 cm

Altvogel: OS purpurgrau mit schwarzer Kappe und schwarzen Nackenfedern, weinroten Schultern und zimtfarbenen Achseln. Gesicht und Hals rotbraun mit schwarzen Streifen. US kastanienbraun bis schwärzlich.

Flug: Wie Graureiher, doch hebt sich der schlankere Körper oft beim Abschlag der Flügel. Typischer U-Bogen im eingezogenen Hals; die langzehigen Füße schleppen wie ein Bündel Zweige nach; helle »Landelichter« am Flügelbug. Unterflügel dunkel – Altvögel mit kastanienbraunen Unterflügeldecken. OS der Flügel bei Adulten gleichmäßiger dunkel als beim Graureiher.

Status: Seltener, in einigen Regionen häufigerer Brutvogel; seltener Sommergast, überwiegend im Süden ME.

❏ Versteckter Schleicher im dichten Röhricht. ❏ Oft bewegungslos wie ein toter Ast, bis man ihn unabsichtlich aufscheucht. ❏ Kleiner und dunkler als Graureiher mit speerartigem, gelben Schnabel und abgeknicktem Hals. ❏ Stimme wie Graureiher.

Löffler *Platalea leucorodia* 85 cm

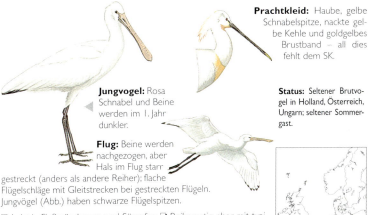

Prachtkleid: Haube, gelbe Schnabelspitze, nackte gelbe Kehle und goldgelbes Brustband – all dies fehlt dem SK.

Jungvogel: Rosa Schnabel und Beine werden im 1. Jahr dunkler.

Status: Seltener Brutvogel in Holland, Österreich, Ungarn; seltener Sommergast.

Flug: Beine werden nachgezogen, aber Hals im Flug starr gestreckt (anders als andere Reiher); flache Flügelschläge mit Gleitstrecken bei gestreckten Flügeln. Jungvögel (Abb.) haben schwarze Flügelspitzen.

❏ Lebt in Flußmündungen und Sümpfen. ❏ Reiherartig, aber mit typischem, langen, löffelförmigem Schnabel. Deutlich größer als Seidenreiher und mehr cremefarben. ❏ Beim Fressen wird der Schnabel seitlich durchs seichte Wasser geschwenkt – ein ausgezeichnetes Merkmal auch auf große Entfernung. ❏ Stumm.

Schwarzstorch *Ciconia nigra*   RL: 3; 95–100 cm

Im Flug OS völlig schwarz. Von unten ist die
»weiße Weste« typisch.

Status: Seltener (östlicher) Brutvogel mit leicht zunehmender Tendenz; seltener Sommergast.

Wenn die weiße Brust verborgen ist, ist die insgesamt schwarze Gestalt im Gelände schwer zu entdecken. Aus der Nähe glänzt das Gefieder, dann auch roter Augenfleck sichtbar; Schnabel und Beine ebenfalls rot.

❑ Etwas kleiner und »finsterer« als Weißstorch – als trüge er einen schwarzen Umhang. ❑ Allgemein scheu und wachsam. ❑ Manchmal mit Weißstörchen auf freier Fläche; bevorzugt aber ungesellige Nahrungssuche auf feuchten Waldlichtungen und Auwiesen. ❑ Brütet in Einzelpaaren, baut Horst aus groben Ästen hoch im Laubwald oder in Felsnischen. ❑ Zieht familienweise oder in kleinen Gruppen nach Afrika.

Weißstorch *Ciconia ciconia*   RL: 3; 100–115 cm

Die breiten »gefingerten« Flügel werden gemächlich geschlagen, dazwischen oft Gleitstrecken. Oft wie Greifvögel segelnd. Weißer Vorderflügel und Schwanz unterscheiden ihn vom Schwarzstorch, aber beide können aus der Entfernung dunkel wirken. Fliegt im Gegensatz zu Reihern mit gestrecktem Hals.

Status: Regional häufiger Brutvogel mit abnehmender Tendenz; häufiger Sommergast und Durchzügler, gelegentlich überwinternd.

Unverwechselbar; weiß mit schwarzen Schwungfedern; langer Schnabel und Beine rot. Aus der Nähe wirkt das Weiß wie von Tabak verschmutzt.

❑ Auffälliger Sommervogel (Feb.–Sep.); bekannt für seine gewaltigen Horste auf Dächern, in alten Bäumen und auf Türmen. ❑ Wenig scheu. ❑ Läuft ruhig und gravitätisch über Felder, feuchte Wiesen und im Sumpfland auf der Suche nach Heuschrecken, Mäusen, Fischen und Fröschen. ❑ Das laute Schnabelklappern der Paare am Nest ist weithin zu hören. ❑ Wandert in großen segelnden Scharen.

Flamingo *Phoenicopterus ruber* 125–145 cm

Altvogel: Unverwechselbar; ein bekannter Zoovogel; von anderen entkommenen Flamingo-Arten durch Schnabelmuster und ganz rote Beine unterschieden.

Jungvogel: Schmutzig graubraun, mit dunklen Beinen.

Flug: Die hellrosa Altvögel zeigen im Flug rote Vorderflügel.

Status: In ME unregelmäßiger Gast, meist aus Gefangenschaft.

❏ Einzige Kolonie in der Camargue (20 000 Vögel). ❏ Gänseartiges Trompeten typisch für (Flug-)Trupps. ❏ In ME und Großbritannien vereinzelt Irrgäste, meist aber Gefangenschaftsflüchtlinge kräftiger gefärbter amerikanischer Arten.

Kranich *Grus grus* 112 cm

Altvogel: Buschige schwarze »Turnüre« (Schwanz), lange schwarze Beine und heller Schnabel sind die wichtigsten Merkmale. Auffallende Kopfzeichnung, aber roter Scheitelfleck im Feld selten zu sehen. Jungvögel brauner, mit kürzerer »Turnüre« und einfarbig sandbraunem Kopf und Hals.

Flug: Kräftig mit gemächlichen Schlägen und Gleitstrecken auf flachen, rechtwinkligen, gefingerten Flügeln. Füße überragend, aber Hals (im Gegensatz zu Reihern) gestreckt. Trupps ziehen in V-Form oder Ketten.

Status: Seltener Brutvogel im N und NO, regional ausgestorben; häufiger Durchzügler.

❏ Sehr großer Vogel der Sümpfe und offenen Felder. ❏ Wesentlich größer als Graureiher, wirkt aus der Ferne hauptsächlich grau. ❏ Das trompetende »krruh« (ähnlich Singschwan) ist über 2 km zu hören. ❏ Langsamer, majestätischer Gang, dabei nach Nahrung pickend.

Höckerschwan *Cygnus olor* 140–152 cm

Der gewöhnliche Schwan. Ein majestätischer, weit verbreiteter Bewohner von Teichen und anderen Gewässern; auch an geschützten Küsten. Leicht von den beiden »wilden« Schwänen zu unterscheiden durch Schnabelform, spitzen Schwanz (wichtig bei schlafenden Vögeln) und im Flug durch dröhnendes Fluggeräusch (die anderen Schwäne fliegen geräuschlos).

Altvogel: Anmutig geschwungener »Schwanenhals« und orangeroter Schnabel mit schwarzer Basis und Höcker. Geschlechter gleich, doch ♂ etwas größer mit deutlicherem Höcker.

Altvogel: Die Gewohnheit, mit angestellten Flügeln zu schwimmen, ist nur dem Höckerschwan eigen; als Drohgeste wird sie von revierverteidigenden ♂ im Frühjahr besonders ausgeprägt gezeigt.

Höckerschwan

Einjähriger: Dunkler und brauner als Sing- und Zwergschwan. Schwärzliches Gesicht und längerer Schwanz können aus der Ferne wichtige Merkmale sein. Es gibt auch weiße Jungvögel. Alterskleid wird bei allen Schwänen im 2. Winter erreicht.

Zwergschwan

Einjähriger Singschwan: Heller zimtfarben-graubraun. Kurzer stumpfer Schwanz und rosa Schnabel mit heller Basis (vgl. ähnlichen Zwergschwan).

Singschwan

Köpfe einjähriger Schwäne: Der Höckerschwan (oben) ist der einzige mit Schwarz an der Basis des graurosa Schnabels. Die beiden anderen haben hellrosa Schnäbel mit hellerer Schnabelwurzel (heller Bereich wird später gelb). Zum 1. Frühling wird das Gefieder heller, und die rosa Bereiche des Schnabels werden schwarz (Schnabelwurzel bleibt weißlich). Der Singschwan (unten) hat längeren Kopf und Schnabel als der Zwergschwan (Mitte) und deutlich erhöhten Hinterkopf.

Status: Häufiger und weit verbreiteter Standvogel; Gewässer in höheren Lagen werden gemieden.

❏ Mehr an Wasser gebunden als andere Schwäne, doch auch auf nahegelegenen Wiesen grasend (Sing- und Zwergschwan äsen gewöhnlich auf Feldern, rasten aber im Wasser). ❏ Schwimmt mit gesenktem Schnabel (die anderen mit waagrechtem). ❏ Nest ein großer Bau aus pflanzlichem Material nahe dem Wasser. ❏ Familien halten bis zum folgenden Frühjahr zusammen. ❏ Nichtbrüter bilden ganzjährige Trupps. ❏ Die einzigen Laute sind grunzend, schnarrend und zischend. Kein lautes Trompeten im Flug wie andere Schwäne, die Flügelschläge erzeugen aber ein schnarrend-pfeifendes Geräusch, das weithin hörbar ist.

Zwergschwan *Cygnus columbianus* 120–135 cm

Sing- und Zwergschwan sind oft schwer zu unterscheiden. Die Schnabelzeichnung ist bei Altvögeln ein wichtiges Unterscheidungsmerkmal, ebenso relative Größe sowie Kopf- und Schnabelform. Einzelne Einjährige können problematisch sein (vgl. S. 24).

Altvogel: Schnabelzeichnung variabel, aber immer mehr Schwarz als Gelb; Schwarz erstreckt sich manchmal bis zur Stirn. Der gelbe Fleck ist recht rund (läuft nicht vorne spitz zu wie beim Singschwan).

Status: An der Küste häufiger, im Binnenland seltener, unregelmäßiger Wintergast.

Altvogel: Kleiner, kurzleibiger und kurzhalsiger als andere Schwäne; mit kleinerem, runderen Kopf und kürzerem Schnabel als Singschwan. Schnabel erscheint schwarz mit gelber Basis (vgl. Singschwan).

Fliegende Altvögel: Trompetende Rufe, aber kein Fluggeräusch (vgl. Höckerschwan). Unterscheidung von Singschwan schwierig; manchmal ist der schwärzere Schnabel des Zwergschwans (oben) erkennbar.

Zwergschwan

Singschwan

❏ Ähnliches Verhalten wie Singschwan, etwas lebendiger; Abflug und Landung leichter; landet in steilerem Winkel. ❏ Gruppen begrüßen sich geräuschvoll. ❏ Stimme höher als Singschwan, aber beide haben vielfältige Rufe; entfernte Trupps hören sich wie ein Rudel kläffender Hunde an.

Singschwan *Cygnus cygnus* 140–165 cm

Altvogel: Schnabelzeichnung wenig variabel, mit mehr Gelb als Schwarz. Das Gelb erstreckt sich als deutliche Spitze ins Schwarz (vgl. Zwergschwan).

Status: Häufiger Wintergast an der Küste und in der norddeutschen Tiefebene, im Binnenland unregelmäßig. Am Bodensee regelmäßig in größeren Zahlen.

Altvogel: Größere Gestalt, längerer Hals, spitzer Scheitel und langes »syrisches Profil« unterscheiden ihn vom Zwergschwan. Schnabel erscheint gelb mit schwarzer Spitze (vgl. Zwergschwan). Kopf und Hals oft rostbraun verschmutzt.

❏ Im Winter auf Feldern und seichten Gewässern. ❏ Gewöhnlich in Familien, manchmal in größeren Trupps (lokal bis einige hundert). Oft mit Zwergschwan zusammen. ❏ Aus der Entfernung kann der überwiegend hell wirkende Schnabel ein wichtiger Hinweis sein (Zwergschwan-Schnabel wirkt dunkel).

25

Saatgans *Anser fabalis* 70–90 cm

An der Küste im Winter sehr häufig. Neben der bei uns gewöhnlichen »Wald-Saatgans« (*A. f. fabalis*) können gelegentlich auch »Tundra-Saatgänse« (*A. f. rossicus*) beobachtet werden, die oft mit Kurzschnabelgänsen verwechselt werden. Die Wald-Saatgans ist größer, dunkler und bräunlicher als die Kurzschnabelgans. Sie ist die einzige der »grauen« Gänse mit dunklem Schnabel und orangefarbenen Beinen. Im Vergleich zur Kurzschnabelgans wirken Hals und Schnabel länger. Die Tundra-Saatgans ist kaum größer als eine Kurzschnabelgans und von ähnlich gedrungener Gestalt. Saatgänse im ersten Winterkleid können mit jungen Bläßgänsen verwechselt werden.

Altvogel: Fast so groß wie Graugans. Bei sichernden Tieren ist der Hals lang und schlank, die Stirn geht fast übergangslos in den Schnabel über und gibt der Art ein »syrisches Profil«. Der dunkle Kopf und der dunkel gefleckte Schnabel erinnern an Kurzschnabelgans, aber Beine und Füße der Saatgans sind charakteristisch leuchtend orange (blasser gelblich-orange bei Jungvögeln).

Flug: Im Flug sind Saat- und Kurzschnabelgänse leicht zu unterscheiden, da Saatgänse dunkle Vorderflügel haben (wie Bläßgänse) und einen dunkleren Schwanz.

Kopf: Schnabelmuster der Wald-Saatgans variabel – im typischen Fall schwärzlich an Schnabelwurzel und -spitze mit ausgedehntem orangefarbenen Mittelteil; doch zeigen manche Individuen viel weniger Schwarz (was an junge Bläßgänse erinnert).

Status: Im küstennahen Tiefland sehr häufiger, im weiteren Binnenland regelmäßiger Wintergast aus N-Europa und Sibirien.

Die Tundra-Saatgans ist kurzhalsiger, mit kürzerem Schnabel und steilerer Stirn, was an Kurzschnabelgans erinnert; Schnabel oft schwärzer mit nur schmaler oranger Binde (ähnlich der rosa Binde der Kurzschnabelgans). Beide Rassen (und Kurzschnabelgänse) zeigen oft einen schmalen Streifen weißer Befiederung an der Schnabelwurzel.

❑ Bei der Bestimmung von Gänsen in größerer Entfernung sollte man das Licht berücksichtigen, das rosa Beine orange erscheinen lassen kann und umgekehrt; das kann besonders im Winter, bei sehr grellem Licht eine Rolle spielen. ❑ Stimme tiefer als Kurzschnabelgans, statt deren »uink-uink« ein tieferes »hank-hank«. ❑ Entlang der Nord- und Ostseeküste von Okt. bis März mehrere 100000 Saatgänse; Tundra Saatgänse überwintern mehr in SO-Europa und sind in ME seltenere Gäste.

Kurzschnabelgans *Anser brachyrhynchos* 60–75 cm

Kleine »graue Gans«, Größe im Feld aber nur im Vergleich hilfreich. Besser auf Habitus achten: »Stubsnasen-Profil« mit rundem Kopf auf recht kurzem, dunklem Hals. Dunkelrosa Beine und kleiner, hauptsächlich schwarzer Schnabel mit unterschiedlich geformter rosa Binde nahe der Spitze. Im 1. Winter gelblichere Beine.

Altvogel: Markanter Kontrast zwischen einheitlich dunklem Kopf/Hals und deutlich hellerer, grau-bräunlicher Brust; auch aus der Entfernung gutes Kennzeichen. Bei gutem Licht ist der blaugraue Anflug der OS als »Reif« zu erkennen, der anderen Gänsen fehlt.

Alternde »graue Gänse«: Alle adulten grauen Gänse (*Anser* sp.) können an ihren »Kiemenschlitzen« erkannt werden (Spalten im Halsgefieder, die aussehen wie naß gekämmt) und an den rechtwinklig abgeschnittenen Rückenfedern mit schmalem, bräunlich-weißem Rand (wodurch der Rücken gebändert erscheint).

1. Winter: Matter gefärbt, mit »naivem« Gesichtsausdruck, glatterem Halsgefieder und runderen Federn an Rücken und Flanken, was einen mehr gefleckten Eindruck macht.

Status: Häufiger Wintergast an der Küste, vereinzelt auch im Binnenland. Zieht von Spitzbergen über Norwegen, Dänemark und Wattenmeer nach Holland.

Flug: Auffällig lavendelgraue Vorderflügel (dunkler als Graugans) und dunkle Unterflügel. Kleiner Kopf und kurzer, »taillierter« Hals sind gute Hinweise, aber die Stimme ist das beste Kennzeichen.

❏ Sehr gesellig. Äst tagsüber auf Stoppelfeldern, Wiesen und Hackfruchtäckern. ❏ Bildet abends und morgens eindrucksvoll große, geräuschvolle Flüge von und zu traditionellen, sicheren Rastplätzen auf Überschwemmungsflächen und Seen. ❏ Stimme deutlich höher und wohlklingender als bei anderen Gänsen. Man achte besonders auf die typischen, quietschenden »uink-uink«-Rufe, die sich deutlich vom allgemeinen Palaver des Schwarms abheben.

27

Bläßgans *Anser albifrons* 65–80 cm

Kräftige, mittelgroße »graue Gans« mit eckigem Kopf und orangen Beinen. Zwei Rassen (s.u.). Die schwarzen Bauchbinden sind meist längst zu sehen, bevor die Blesse an der Schnabelwurzel erkennbar ist. Vögel im 1. Winter sind durch die Kombination von rosa bis gelborangem Schnabel (je nach Rasse) und orangen Beinen zu erkennen.

Altvogel *albifrons* (sibirisch): Blesse von unterschiedlicher Ausdehnung, Kopf anschließend an Blesse am dunkelsten. Dunkle Bauchbinden in Größe und Form variabel. Schnabel rosa, an der Basis gelblich. Nur Saatgans auch mit orangen Beinen.

1. Winter *albifrons*: Ohne Blesse und Bauchbinden. Oft dunkler Nagel (Schnabelspitze); Grauschattierung des Schnabels läßt an Saatgans denken; letztere hat anderes Profil und kräftig schwarze Schnabelzeichnung.

Altvogel *flavirostris* (Grönland): Etwas größer, mit längerer »Schnauze« als sibirische Vögel; Kopf und OS dunkler. Bauchbinden gewöhnlich kräftiger und breiter. Schnabel orangegelb, nur an der Spitze rosa.

Status: Häufiger Wintergast an der Küste, vereinzelt auch im Binnenland.

Flug: Dunkle Vorder- und Unterflügel wie Saatgans, aber Bauchbinden der Altvögel sind ein leicht erkennbares Merkmal.

❏ Scharenweise auf Feldern und Salzwiesen; Grönlandrasse auch in Hochmooren. ❏ Rastet auf Gezeitentümpeln und Seen. ❏ Die gesamte Weltpopulation der Grönlandrasse überwintert auf den Britischen Inseln. ❏ Geräuschvoll; Rufe teilweise ausgesprochen melodisch wie »kau-ljuh« oder »lo-ljok«.

Zwerggans *Anser erythropus* 53–66 cm

Häufiger Wintergast im O, im W selten. Wenige Brutpaare in Lappland. Blesse deutlicher und höher; gelber Augenring typisch. Kleine Individuen merklich zierlicher als Bläßgans, mit kleinerem Kopf und Schnabel, kürzerem Hals und längeren Handschwingen. Große Individuen problematisch. Im 1. Winter ohne Blesse, aber mit hellem Augenring. Schnellere Freßbewegungen und höhere Rufe als Bläßgans.

Graugans *Anser anser* 75–90 cm

Größte »graue Gans« und Stammform der meisten Hausgänse. Neben der eingebürgerten Kanadagans und einigen anderen exotischen Gänsen aus Gefangenschaft die einzige Gans, der man heute fast überall begegnet. Die meisten gehören mit orangen Schnäbeln der Nominat-Rasse *anser* an. Die hellere östliche Rasse *rubirostris* hat rosa Schnabel.

Altvogel: Von allen übrigen »grauen Gänsen« unterschieden durch schwereren Bau und einmalige Kombination von kräftigem »Karottenschnabel« und rosa Beinen. Aus der Ferne oft erkennbar am Kontrast zwischen graubrauner OS und ziemlich eintönigem Kopf, Vorderhals und US – Brust erscheint bisweilen fast weiß. Schmaler oranger Augenring aus der Nähe. Jungvögel ähnlich (vgl. »Alterung« unter Kurzschnabelgans).

Auffallend helle Vorderfügel machen die Bestimmung im Flug leichter als bei anderen *Anser*-Arten. Schwerer Kopf und großer heller Schnabel sind gute Merkmale. Fliegt kraftvoll und landet oft nach Sturzmanövern. Grauer Bürzel in Verbindung mit dunkler Schwanzbinde sind zuverlässige Kennzeichen.

Status: Häufiger, z.T. auch eingebürgerter Brutvogel mit zunehmender Tendenz zur weiteren Ausbreitung. Häufiger Gast der Tiefländer im N. Seltener im Winter. In S-Bayern und Niederösterreich stark anwachsende Populationen (Jahresvogel).

Von unten gesehen (oben) sind die Unterflügeldecken viel heller als bei anderen »grauen Gänsen« (z. B. Saatgans, unten).

Graugans

Saatgans

❏ Brütet am Ufer kleiner Seen, verwachsener Teiche und in Mooren. Vielfach auch ausgewildert. ❏ Ziehende Graugänse bilden im Winter große Scharen auf Feldern. ❏ Rastet im Wasser, von wo aus morgens geräuschvoll zu den Nahrungsgründen aufgebrochen wird. ❏ Schwer watschelnder Gang. ❏ Flugstart schwerfällig – mit knarrenden Flügeln. ❏ Geräuschvoll. Die lauten Rufe enthalten deutliche Elemente kakelnder Hausgänse; im Flug »ärgerliches« Trompeten: »oank-oank-unk«. Klingt immer schlecht gelaunt – ein gutes Kennzeichen.

29

Kanadagans Branta canadensis 90–100 cm

Immer häufigere, halbzahme Gans. Eine große, braune Gans mit auffallend langem schwarzen Hals, breitem weißen Kinnfleck und scharfer Grenze zu weißlicher Brust. Alle Kleider ähnlich. Geräuschvoll trompetende Stimme.

Altvogel: Langer schwarzer Hals hebt sich von heller Brust ab. Am Kopf weniger Weiß als Weißwangengans (mit schwarzer Brust).

Altvogel (im Flug): Ein weißes »U« trennt schwarzen Rücken und Schwanz – ein nützliches Merkmal bei auffliegenden Gänsen von hinten (vgl. Schwanzzeichnung von Grau- und Bläßgans).

Status: In ME eingebürgerter Brutvogel mit zunehmender Tendenz. Im NW häufiger Wintergast.

Laut schallende, trompetende »ah-honk«-Rufe (wie Stimmbruch) kündigen fliegende Trupps an. Hohe Fluggruppen in Ketten oder Keilen. Als Silhouette langer, schlanker Hals auffallend.

❑ Geräuschvoller Bewohner von Parks, Feldern und Seen. ❑ Nichtbrüter bilden größere Trupps. ❑ Ziehen oft andere, aus Gefangenschaft entwichene oder wilde Gänse an, wobei es auch zu Kreuzungen kommt.

Streifengans Anser indicus 75 cm

Ein Bewohner Zentralasiens, der gern in Gefangenschaft gehalten wird. Entwichene oder verwilderte Tiere schließen sich oft Grau- oder Kanadagänsen an. Schöne silbergraue Gans mit ungewöhnlichen schwarzen Querstreifen auf weißem Kopf. Schnabel und Füße orange. OS und US der Vorderflügel im Flug sehr hellgrau. Kopfmuster fehlt Jungvögeln.

Jungvogel

Altvogel

30

Weißwangengans (Nonnengans) *Branta leucopsis* RL: R; 58–69 cm

Altvogel: Eine hübsche, kleine, gesellige Gans, nur wenig größer als Stockente. Der kleine Schnabel und das weiße Gesicht heben sich markant von der schwarzen Kapuze ab. Im Gegensatz zur Kanadagans reicht das Schwarz bis über die Brust, und der Körper ist grau (statt braun). Alle Kleider ähnlich, aber Jungvögel matter, mit einfarbigen, ungestreiften Flanken.

Status: An der Küste auf Weiden und Feldern häufiger Gast, im Binnenland sehr unregelmäßig (Einzeltiere sind oft Gefangenschaftsflüchtlinge).

Altvogel (im Flug): Kompakte Gestalt und weißes »U« zwischen schwarzem Rücken und Schwanz sind nützliche Merkmale bei abfliegenden Vögeln. (Die ähnlich kleine Ringelgans hat fast ganz weißes Hinterende.)

Fliegt in Schwärmen oder Ketten, seltener in Keilformation.

❏ Die großen Zahlen überwinternder Vögel konzentrieren sich weitgehend auf die Küsten. ❏ Geräuschvoll sogar beim Fressen; ihre hohen, kläffenden Rufe steigern sich zum Crescendo, wenn sich der Schwarm erhebt – klingt nicht unähnlich einem Rudel jagender Hunde. ❏ Aus Gefangenschaft entwichene oder verwilderte Vögel auch im Binnenland, oft zusammen mit anderen Gänsen.

Schneegans *Anser caerulescens* 65–80 cm

Entwichene oder verwilderte Vögel (sogar ganze Familien) treten immer häufiger auf, meist zusammen mit anderen Gänsen. Gelegentlich wohl auch Irrgast aus N-Amerika. Tritt in zwei Farbvarianten (bei häufiger Mischung) auf, aber als Adulte immer mit leuchtend rötlich-rosa Schnabel und Beinen (dunkler bei Jungen). In Großbritannien im Tiefland weit verbreitet, Population über 30000.

Altvogel der weißen Variante: Schwarze Handschwingen schließen gelegentlich auftretende weiße Gänse anderer Arten aus. Altvögel der »blauen« Variante sind dunkelgraue Gänse mit weißem Kopf. Manche sind unterseits weitgehend weiß, andere haben nur weißen Kopf.

Ringelgans *Branta bernicla* 56–62 cm

Kleine, dunkle, pummelige Gans der Küsten und angrenzenden Felder. Auffallend weißer Hinterleib kontrastiert zu schlammbrauner OS (und vorderen Flanken bei Nominatform). Kopf, Hals und Brust schwarz (ohne Weiß im Gesicht) – erleichtert die Unterscheidung von der ähnlich kleinen Weißwangengans. Altvogel mit weißem Streifen an den Halsseiten. Geschlechter gleich. Zwei unterscheidbare Rassen treten auf.

Altvogel: Die dunkelbäuchige Nominatrasse weist unterschiedlich hellere Hinterflanken auf, die sonst schieferbraun sind wie die OS.

Altvogel: Die hellbäuchige Rasse *hrota* hat helle, oft fast silbrige Flanken, wodurch ein kräftiger Kontrast zur schwarzen Brust entsteht. Die klarer braune OS macht auch noch Individuen mit dunkleren Flanken leicht unterscheidbar von den hellsten Individuen der dunkelbäuchigen Rasse.

Flug: Kleine, entenartige Gans, die in ungeordneten Trupps, nicht in Formation, fliegt. Der schwarze Schwanz wird vom leuchtend-weißen Hinterende fast verdeckt, so daß die Vögel oft schwanzlos erscheinen.

Status: An der Küste sehr häufiger und regelmäßiger (Winter-)Gast mit zunehmender Tendenz; im Binnenland sehr unregelmäßig.

Jungvogel: Ohne Halsfleck im Herbst, der jedoch dann bald erscheint; im Winter stellt man das Alter besser an den schmalen, hellen Flügelbinden fest (die Alttieren fehlen). Die Flanken sind mehr ungezeichnet braun als bei Adulten; Jungvögel der hellbäuchigen Rasse haben bräunlich getönte Flanken, was zu Verwechslung führen kann.

❏ Selten mit anderen Gänsen vermischt, aber Gruppen der beiden Rassen können gemeinsam auftreten. ❏ Isolierte kleine Trupps oder Einzelvögel sind oft bemerkenswert zutraulich. ❏ Dichte Herden äsen auf Überschwemmungsflächen und angrenzenden Feldern; rasten bei Flut oft zusammen mit Watvögeln. ❏ Entfernte Schwärme erscheinen als schwärzliche Masse in den Feldern. ❏ Ruf ist ein tiefes, kehliges, rollendes »krrunk« – das zufriedene Grummeln äsender und fliegender Vögel unterscheidet sich deutlich von den Trompetentönen anderer Gänse.

32

Nilgans Alopochen aegyptiacus 63–73 cm

Auffallend gemusterte »Clown-Gans« aus Afrika, die aussieht, als sei sie aus Resten anderer Enten zusammengesetzt. Beliebt als Gefangenschaftsvogel und stellenweise verwildert. Grundfärbung der OS zwischen Rötlich und Grau, kaum zu verwechseln. Geschlechter gleich.

Jungvogel: Ohne Bauchfleck. Bräunlicher Oberkopf und Nacken sowie gräuliche Beine.

Altvogel: Sehr hell, mit kleinem dunklen Fleck in der Bauchmitte. »Scheuklappen« um die Augen, rotbraune Armschwingen und lange rosa Beine sind eindeutige Merkmale.

Status: Seltener Brutvogel aus Gefangenschaft in Holland, England und Deutschland (zunehmend).

Flug (graues Individuum abgebildet): Ausgedehnter weißer Vorderflügel ober- und unterseits.

❏ Süßwasserseen des Tieflands, Wiesen und Parks. ❏ Äst paarweise oder in Familien in gewässernahen Feldern, brütet und rastet aber gerne in Bäumen. ❏ Reviverteidigende ♂ sind geräuschvoll; lautes, eselartiges Geschrei »hah-hah-hah-hah«. Aggressiv gegenüber anderen Wasservögeln während der Brutzeit.

Rostgans Tadorna ferruginea 61–67 cm

Auffallend kupferrote Ente mit rostorangem Körper und hellem Kopf in allen Kleidern. Gelegentlich treten wilde Irrgäste aus Asien auf, meist handelt es sich aber um Gefangenschaftsflüchtlinge. Beliebt in Volieren und auf Parkseen, Verwilderte in Flußmündungen und auf gewässernahen Feldern.

Männchen im PK: Schmaler schwarzer Ring um den Hals.

Flug: Weißer Vorderflügel kontrastiert zu schwarzen Schwungfedern; Bürzel und Schwanz wie Nilgans.

33

Brandgans (Brandente) *Tadorna tadorna* 58–67 cm

Große, hauptsächlich weiße Ente der Küsten; auffallend mit ihrem glänzend-schwarzen Kopf und Hals, wachsrotem Schnabel und rostrotem Brustband. Im Gegensatz zu anderen Enten sind hier die Geschlechter gleich. Jungvögel und Adulte im SK ohne rostiges Brustband und mit weißlichem Gesicht und Vorderhals.

Altvogel: Obwohl grundsätzlich ähnlich, sind die ♀ kleiner und düsterer als die ♂, mit reduzierter Brust- und Bauchzeichnung, manche mit hellerem Gesicht und dunklerem Schnabel ohne Höcker.

Im Frühjahr schwillt der Höcker der ♂ an und bekommt eine lebhaftere Färbung.

Gründeln: Zeichnung des Hinterteils und rötlich-rosa Beine sind eine weitere einmalige Kombination – doch vgl. ♂ der Löffelente.

Jungvogel: Ohne rostfarbenes Brustband, Schnabel und Beine gräulich, Gesicht und Vorderhals weißlich. Das Adultkleid sieht für einige Wochen nach der Mauser im Anschluß an die Brutzeit ähnlich aus. Solche Vögel können sehr merkwürdig erscheinen, besonders einzelne Halbwüchsige können aus der Ferne mit Säbelschnäblern verwechselt werden.

Flug: Weiß an Vorderflügeln und Rumpf kennzeichnend; nur männliche Gänse- und Mittelsäger haben ähnliche Muster, aber beide haben einen direkteren, schnelleren Flug und dunklen Bürzel und Schwanzansatz.

Status: An der Küste häufiger Brutvogel (zunehmend); häufiger bis sehr häufiger Gast im Küstenbereich, unregelmäßig im Binnenland.

❏ Schlammige und sandige Küsten; auf dem Zug auch nicht selten im Binnenland. ❏ Im Juli versammeln sich viele Brandgänse zur Mauser im deutschen Wattenmeer; sie lassen ihre Jungen in der Obhut einiger Altvögel zurück. ❏ Brütet in Höhlen, besonders gern in Kaninchenlöchern. Nistet oft fern vom Wasser, beide Eltern eskortieren dann ihre Jungen oft über 1 km oder mehr über Land zum Wasser. ❏ Bei der Balz verbeugt sich das ♂ vor dem ♀ oder verfolgt es im Flug, wobei es Serien von sanften zwitschernden Pfiffen hören läßt; ♀ hat ein gutturales, fast lachendes »ahng-ahng-ahng«. ❏ Bei der Nahrungsuche wird der Schnabel durch den Schlamm gezogen, wobei oft gegründelt wird.

Pfeifente *Anas penelope* RL: R; 45–51 cm

Kleiner als Stockente; mit dunklen Beinen und sehr charakteristischer Gestalt durch kurzen, blaugrauen Schnabel, steile Stirn und spitzen Schwanz. ♂ mit grauem Rumpf und markant schwarzweißem Hinterende, oft sind die weißen »Schultern« sichtbar. ♀ ungezeichnet, sattbraun an Brust und Flanken, weißer Bauch und typische Kopfform.

Männchen im PK: Grau mit Weiß vor schwarzem Hinterende; auffallend kastanienbrauner Kopf mit cremegelber Stirn und rosafarbener Brust (bei bestimmter Beleuchtung).

Männchen im SK: Ähnlich dem ♀, aber satter kastanienbraun und mit weißen Vorderflügeln (Armdecken).

Weibchen: Grundfarbe variiert individuell von Graubraun bis Rotbraun; charakteristisch ist immer das Profil mit steiler Stirn und kurzem Schnabel. Der schwarze Schnabel und weiße Bauch sind weitere Kennzeichen.

Fliegendes Männchen: Auffallend weiße Vorderflügel; einjährige ♂ haben bräunliche Vorderflügel, sonst wie Alterskleid.

Fliegendes Weibchen: Auffällig weißer Bauch. Typische Gestalt mit spitzen Flügeln und Schwanz und etwas kolbenförmigem, hochgetragenem Kopf.

Status: Unregelmäßiger Brutvogel von Holland bis Polen; im Winterhalbjahr häufiger Gast an der Küste, im Binnenland seltener.

❏ Nach der Brutzeit in Flußmündungen, auf Süßwasserseen und überschwemmtem Grünland. ❏ Sehr gesellig; in dichten Scharen an Land wie kleine Gänse äsend. ❏ Im Wasser oft mit Bläßhühnern und Stockenten vermischt und gründelnd. ❏ Fliegt plötzlich scharenweise auf, wobei die weißen Flügelabzeichen und sanften Pfeifrufe der ♂ kennzeichnend sind. ❏ Ruf des ♂ ein weithin hörbares, aber sanft pfeifendes »wiijuh«; ♀ lassen ein tiefes Grunzen hören.

35

Schnatterente *Anas strepera* 48–55 cm

♂ eine unauffällige, dunkelgraue Gründelente; etwas kleiner als Stockente, mit tintenschwarzem Hinterende und typischem (manchmal verborgenen) weißen Flügelspiegel. ♀ haben kleineren Spiegel und können leicht mit Stockente verwechselt werden; man achte auf Schnabelmuster und auf den wesentlich helleren Bauch, wenn an Land (vgl. Pfeifente). Schwimmende Vögel scheinen vornübergebeugt – aus der Ferne ein gutes Merkmal.

Männchen: Dunkelgrau, mit schwarzem Hinterende und hellem Schwanz; der weiße und kastanienbraune Spiegel kann teilweise verdeckt sein. Im SK sehr ähnlich dem ♀, aber mit männlichem Flügelmuster.

Weibchen: Kleiner, mit zierlicherem Kopf und Schnabel; Bauch weißer als Stockente (sichtbar beim Gründeln). Junge haben aber gefleckten Bauch, was irritierend sein kann. Deutlich ausgeprägte orange Schnabelseiten und schwarzes Schnabeldach unterscheiden am besten von Stockente, die einen fleckigeren Schnabel hat.

Flug: Schnatterente (rechts unten) ist etwas kleiner und schlanker als Stockente (rechts oben), mit auffallend weißem Bauch bei Altvögeln (gefleckt bei Jungvögeln).

Fliegendes Männchen: Leuchtend weißer Flügelspiegel, Unterflügel und Bauch heben sich kräftig vom übrigen dunklen Gefieder ab.

Stockente

Schnatterente

Status: Unterschiedlich häufiger Brutvogel (im Binnenland); im Winter seltener.

Fliegendes Weibchen: Kleinerer Spiegel als ♂ (kann jungen Weibchen fehlen).

❏ Flache Binnengewässer, Stauseen, Baggerseen usw. ❏ In der Regel einzeln oder in kleinen Gruppen zusammen mit anderen Enten, oft am Rand der Vegetation oder in stillen Altwassern fern von größeren Wasserflächen. ❏ Oft in Gesellschaft fressender Bläßhühner, denen sie gern das Futter abnehmen. ❏ Lautäußerung der ♂ ein merkwürdig nasales »angh«, gefolgt von einem schrillen Pfiff »pjieh«. ♀ mit stockentenartigen »quaak«-Reihen in etwas höherer Tonlage.

Stockente *Anas platyrhynchos* 50–62 cm

Unsere bekannteste Ente, die typische Gründelente, vertraut als Parktier und Festspeise. Unsere größte Gründelente; ♂ sind gut erkennbar, aber ♀ werden leicht mit anderen Enten verwechselt, besonders mit Schnatter- und Löffelente, die beide ebenfalls orange Beine haben. Junge und ♂ im SK ähneln ♀.

Männchen: Grauer Rumpf und heller Schnabel; auffällige Kombination von flaschengrünem Kopf und rotbrauner Brust mit schmalem weißen Halsband. Aus der Nähe sind die kurzen gekringelten Schwanzfedern erkennbar.

Weibchen: Kombination von dunkler Kappe und Augenstreif, hellem Schwanz und schwarz-orange geflecktem Schnabel. Man achte außerhalb des Wassers auf orange Beine und gefleckten Bauch (vgl. Schnatterente).

Männchen im SK: Im Spätsommer gleichen die ♂ den ♀, zeigen aber braunere Brust und ganz gelblichen Schnabel.

Weibliche Schnatterente: Etwas kleiner, mit flacherem Kopf als Stockente. Man beachte die klare Zeichnung des Schnabels, bestehend aus orangen Seiten und schwarzem Firststreif (statt Flecken). Außerdem auf weißen Flügelfleck und ungezeichnete Bauchmitte achten.

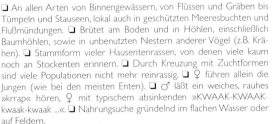

Flug: Beide Geschlechter mit doppeltem weißen Flügelband vor und hinter dem metallisch-blauen Spiegel; von unten heben sich die weißen Unterflügeldecken vom gefleckten Braun des Unterkörpers ab (vgl. S. 36).

Status: Überall sehr häufiger und regelmäßiger Brutvogel und Gast.

❏ An allen Arten von Binnengewässern, von Flüssen und Gräben bis Tümpeln und Stauseen, lokal auch in geschützten Meeresbuchten und Flußmündungen. ❏ Brütet am Boden und in Höhlen, einschließlich Baumhöhlen, sowie in unbenutzten Nestern anderer Vögel (z.B. Krähen). ❏ Stammform vieler Hausentenrassen, von denen viele kaum noch an Stockenten erinnern. ❏ Durch Kreuzung mit Zuchtformen sind viele Populationen nicht mehr reinrassig. ❏ ♀ führen allein die Jungen (wie bei den meisten Enten). ❏ ♂ läßt ein weiches, rauhes »krrap« hören, ♀ mit typischem absinkenden »KWAAK-KWAAK-kwaak-kwaak ...«. ❏ Nahrungssuche gründelnd im flachen Wasser oder auf Feldern.

37

Krickente *Anas crecca* 36 cm

Kleinste heimische Ente. Ovaler Kopf mit leicht aufgeworfenem, schlanken, dunklen Schnabel. Kurze dunkle Beine. Rascher Flug mit spitzen Flügeln, in denen ein weißer Mittelstreif und ein grüner (auf Entfernung dunkler) Spiegel in allen Kleidern auffällt. Wird manchmal mit Knäkente verwechselt.

Männchen: Grauer Rumpf, dunkler Kopf mit weißen Streifen an den Kopfseiten und dreieckiger gelber Fleck am Hinterende. Kastanienbraun und Grün des Kopfes oft schwer zu erkennen.

Weibchen: Man beachte geringe Größe, dunklen Schnabel und Füße, grünen Flügelspiegel und schwaches Kopfmuster. Gelblichweißer Streifen unter den Schwanzseiten fehlt ähnlicher Knäkente. ♂ im Schlichtkleid ähnlich, aber dunkler, mit weniger deutlichem Überaugenstreif.

Männchen der Amerikanischen Krickente (*A. c. carolinensis*): Mit senkrechtem weißen Streifen zwischen Brust und Flanken und ohne Kopfstreif.

Kopf des Weibchens: Gesichtszeichnung schwächer als Knäkente, kleinerer Schnabel; aus der Nähe ist die orange Schnabelbasis zu sehen, die der Knäkente fehlt.

Männchen

Weibchen

Status: Mäßig häufiger Brutvogel und häufiger Gast. In weiten Teilen Deutschlands Jahresvogel.

Flug: Beide Geschlechter zeigen im Mittelflügel einen breiten weißen Streifen vor und einen schmalen hinter dem grünen Spiegel. Unterflügel gräulich, mit hellerem Zentrum nach dunkler Flügelkante, ähnlich nur noch bei Knäkente.

❏ Brütet an seichten Binnengewässern in dichter Vegetation, auch an Moor- und Waldseen und verschilften Gräben. Auf dem Zug und im Winter im (schlammigen) Uferbereich von Stillgewässern, auch an der Küste und in Brackwasserbuchten. ❏ Bildet im Winter manchmal große Schwärme, oft mit Pfeif- und Stockenten. Gründelt im seichten Wasser. ❏ Erhebt sich leicht vom Wasser, fliegt rasch und wendig, meist in kleinen Gruppen, die aus der Entfernung an Watvogelschwärme erinnern. ❏ Weitreichender Ruf des ♂ ein sanftes helles »krük«.

Knäkente *Anas querquedula* RL: 3; 38 cm

Diese kleine Ente ist nur im Sommer bei uns und bewohnt Süßwassersümpfe. Nur geringfügig größer als Krickente, aber mit etwas eckigerem Kopf und deutlich kräftigerem Schnabel. Das ♂ ist die einzige Ente (außer Mandarinente) mit auffällig weißem Überaugenstreif. Vorderflügel der ♂ erscheint im Flug hell-silbergrau, anders als jede andere Ente. ♀ leicht mit weiblicher Krickente zu verwechseln, Kopfzeichnung jedoch kräftiger und Bauch weißer (s. u.).

Männchen: Kräfter weißer Überaugenstreif und helle lavendelfarbene Flanken kontrastieren mit Kastanienbraun von Kopf und Brust.

Weibchen: Etwas kräftiger und deutlicher gezeichnet als Krickente, mit dunklerer Schuppung an den Flanken; ohne weißliche Streifen an den Schwanzseiten wie Krickente. Außerhalb des Wassers auffallend weißer Bauch (Jungvögel gefleckt). ♂ im SK ähnlich, aber mit Flügelmuster des PK.

Männchen (im Flug): Das Hellgrau der Vorderflügel erstreckt sich bis zu den Handschwingen – ferne Vögel erscheinen auffallend weißflügig. Flügelspiegel schmal und grün, mit breiten weißen Rändern. Löffelente hat mehr blaugraue Vorderflügel und weißere Unterflügel.

Weibchen (vgl. Krickente): Heller Überaugenstreif und dunkle untere Wangen heben den schwärzlichen Augenstreif und den weißen Fleck an der Schnabelwurzel hervor. Schnabel ganz grau und größer als bei Krickente. Man beachte, daß weibliche Krickenten oft auch die Andeutung eines hellen Flecks an der Schnabelwurzel zeigen.

Oberflügel Weibchen: Vorderflügel bräunlichgrau, mit weißen Rändern vor und hinter dunklem bis grünlichem Spiegel; meist ist nur der hintere weiße Rand deutlich (umgekehrt bei Krickente, die in der Flügelmitte ein kräftiges weißes Band trägt) – ähnlich weiblicher Spießente. Unterflügel ähnlich Krickente, doch Bug noch dunkler, wodurch Streifeneffekt betont wird.

Status: Seltener Brutvogel; überwintert in Afrika; bei uns März – Sept.

Oberflügel junges Männchen: Vorderflügel heller als Weibchen, beide Spiegelränder schmal.

❏ Süßwassersümpfe und nasse Wiesen; im Frühjahr wird frisch austreibende Vegetation bevorzugt. ❏ Im Spätsommer und Herbst oft zusammen mit Krickenten in seichten Buchten. ❏ ♂ behalten SK bis in den Spätherbst und legen das PK erst in Afrika vor dem Heimzug an.

Spießente *Anas acuta* — RL: 2; 51–56 cm

Große, aber schlanke Gründelente mit relativ langem Hals, spitzem Schwanz und rundem Scheitel. Gestalt und bleigrauer Schnabel sind jederzeit gute Merkmale. Name bezieht sich auf die verlängerten mittleren Schwanzfedern des ♂, die bis zu 10 cm den Körper überragen, allerdings nur aus der Nähe sichtbar sind. ♀ erinnern an ungewöhnlich langgestreckte Krickenten-♀, mit denen sie gerne zusammen sind.

Männchen im PK: Kombination von grauem Körper, schokoladenfarbenem Kopf und elegantem weißen »Hemd« sind kennzeichnend. Schwarz und gelblich gefärbtes Hinterteil beim Gründeln charakteristisch.

Weibchen: Man beachte schlanken grauen Schnabel und fast ungezeichneten Kopf auf langem, schlanken Hals. Spitzer Schwanz wesentlich dünner als bei anderen Gründelenten.

Männchen (im Flug): Kombination von dunklem Kopf und dunklem Unterflügel kennzeichnend.

Weibchen (im Flug): Weiße Binde am Ende der Armschwingen recht auffällig, ansonsten mattbraune Gesamterscheinung (einschließlich Unterflügel) mit nur wenig hellerem Bauch. Ziemlich langer Hals sowie spitze Flügel und Schwanz sind weitere Merkmale.

Status: Nordosteuropäischer Brutvogel; häufiger Gast v. a. an der Küste.

Kopf ruhender Männchen: Die bis zum Hinterkopf reichende weiße Brust ist aus den verschiedensten Winkeln gut zu erkennen.

❏ Überwintert hauptsächlich im Wattenmeer, kleinere Gruppen sind aber auch auf Binnengewässern anzutreffen, v.a. im Herbst. ❏ Bildet große Schwärme, oft zusammen mit Krickenten. ❏ Flug rasch, mit schnittigem Hals, ziemlich rundem Kopf sowie spitzen Flügeln und Schwanz; wirkt wie langhalsige Pfeifente. ❏ ♂ lassen bei der Balz ein krickentenähnliches, gedämpftes »pruup-pruup« hören.

Löffelente Anas clypeata   44–52 cm

Kopflastige Süßwasserente, gewöhnlich in kleinen Gruppen im seichten Uferwasser. Jederzeit am ungewöhnlich langen und breiten Schnabel erkennbar; das auffällig gefärbte ♂ ist stets unverwechselbar. Am Ufer rastende Vögel zeigen orange Beine wie Schnatter- und Stockente; die Weibchen der drei Arten werden leicht verwechselt, wenn der Schnabel nicht zu sehen ist.

Männchen im PK: Die weiße Brust hebt sich kräftig von kastanienbraunen Flanken und dunkelgrünem Kopf ab.

Weibchen: Wie weibliche Stockente, aber Kopf flacher und Schnabel viel breiter und länger; bei ruhenden Enten berührt die Schnabelspitze oft das Wasser.

Männchen im SK: Rostbraunere Flanken und blauere Vorderflügel als ♀, ebenfalls helle Augen. Im Herbst wird der Kopf dunkler, das Gesicht bleibt aber hell; PK erst im Frühwinter.

Flug: Bewegungen schneller als andere Gründelenten; durch relativ längeren Hals und Schnabel und kürzeren Schwanz kopflastiger Eindruck.

Männchen: Blaue Vorderflügel und kastanienbrauner Bauch unterscheiden es von ähnlich gezeichneter Brandente.

Status: Im N häufiger Brutvogel (abnehmend); häufiger Gast, im Winter seltener.

Weibchen: Wirkt im Flug durch großen Schnabel lang und kopflastig gegenüber der Stockente. Vorderflügel grauer als ♂, mit schmalerer weißer Binde; junge ♀ matter, mit graubraunem Vorderflügel.

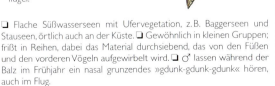

❏ Flache Süßwasserseen mit Ufervegetation, z. B. Baggerseen und Stauseen, örtlich auch an der Küste. ❏ Gewöhnlich in kleinen Gruppen; frißt in Reihen, dabei das Material durchsiebend, das von den Füßen und den vorderen Vögeln aufgewirbelt wird. ❏ ♂ lassen während der Balz im Frühjahr ein nasal grunzendes »gdunk-gdunk-gdunk« hören, auch im Flug.

Kolbenente *Netta rufina* RL: 2; 55 cm

Diese große Tauchente verhält sich mehr wie eine Gründelente. Kaum zu verwechseln, obwohl die Kopfzeichnung des ♀ oberflächlich der (im Binnenland seltenen) weiblichen Trauerente gleicht. Bevorzugt flache Binnenseen.

Männchen: Beeindruckend orangeroter Kopf, schwarze Brust und lackroter Schnabel. Im SK dem ♀ ähnlich, aber Schnabel ganz rot.

Status: Seltener, stellenweise häufiger Brutvogel (zunehmend); häufiger Sommer- und Herbstgast, v. a. im Binnenland. Im Alpenvorland Jahresvogel.

Weibchen: Erinnert an weibliche Trauerente, die längeren Schwanz, kürzeren Schnabel und im Flügel kein Weiß hat. Jungvogel ohne rosa Schnabelfleck.

Flug: Beide Geschlechter mit fast ganz weißen Hand- und Armschwingen.

Männchen
Weibchen

Moorente *Aythya nyroca* RL: 1; 38–42 cm

Intensiv dunkel-kastanienbraune oder braune Tauchente mit schneeweißem Unterschwanz. Der zugespitzte Scheitel, verstärkt durch abfallende Stirn und ziemlich langen Schnabel, ist auch bei schlafenden Vögeln ein gutes Kennzeichen. Manche Reiherenten haben ähnlich weißes Hinterteil, jedoch ist ihr Weiß nicht so rein, sie tragen ein Schöpfchen am Ende ihres flacheren Scheitels und haben einen breiteren Schnabel mit mehr Schwarz an der Spitze. Lebt während der Brutzeit in Vegetation versteckt. Nichtbrüter zusammen mit Reiher- und Tafelenten.

Status: Im W sehr seltener, im O verbreiteter Brutvogel; seltener Gast.

Männchen: Weiße Augen. Erscheint bei schlechtem Licht dunkel mit weißem Hinterteil, das bald rechteckig (bei erhobenem Schwanz) oder dreieckig wirkt. Erhöhter Scheitel wichtig.

Weibchen: Matter als ♂, mit dunklem Auge und weniger reinem Weiß am Hinterteil, aber Kopf- und Schnabelform typisch.

Flug: Beide Geschlechter wirken höchst kontrastreich; Bauchzeichnung markanter, Flügelbinden breiter und weißer als bei Reiherente, aber nicht ganz so auffällig wie bei Kolbenente.

Tafelente Aythya ferina   42–49 cm

Mittelgroße Süßwasser-Tauchente mit rundlichem, überhöhten Scheitel, verstärkt durch abfallende Stirn, und länglichem, etwas aufgeworfenen Schnabel. PK der ♂ unverkennbar; in anderen Kleidern am besten am »Sprungschanzen«-Profil und an fehlender weißer Flügelbinde zu erkennen.

Männchen: Einheitlicher grau als Bergente und mit rotem Kopf; schwarze Brust und Fehlen von Weiß im hinteren Bereich verhindern Verwechslung mit Pfeifenten-♂. Augen rot.

Weibchen: Man beachte Kopf- und Schnabelform. Körper grauer braun als Reiherente oder Bergente, mit unterschiedlich schattiertem Gesicht (manchmal ohne Zeichnung). Augen braun. Einjährige haben stets dunklen Schnabel.

Männchen im SK: Im Spätsommer gleichen die ♂ den ♀, haben aber rötliche Augen, einheitlicher rotbraunen Kopf und hellere Schnabelbinde.

Flug: Beide Geschlechter ohne die bei dieser Gattung üblichen weißen Flügelbinden.

Status: Häufiger, regelmäßiger Brutvogel; häufiger Gast, v.a. im Binnenland; ganzjährig. Im Alpenvorland häufiger Wintergast.

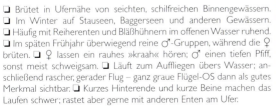

❏ Brütet in Ufernähe von seichten, schilfreichen Binnengewässern.
❏ Im Winter auf Stauseen, Baggerseen und anderen Gewässern.
❏ Häufig mit Reiherenten und Bläßhühnern im offenen Wasser ruhend.
❏ Im späten Frühjahr überwiegend reine ♂-Gruppen, während die ♀ brüten. ❏ ♀ lassen ein rauhes »kraah« hören; ♂ einen tiefen Pfiff, sonst meist schweigsam. ❏ Läuft zum Auffliegen übers Wasser; anschließend rascher, gerader Flug – ganz graue Flügel-OS dann als gutes Merkmal sichtbar. ❏ Kurzes Hinterende und kurze Beine machen das Laufen schwer; rastet aber gerne mit anderen Enten am Ufer.

Reiherente *Aythya fuligula* 40–47 cm

Mittelgroße Süßwasser-Tauchente. Besonders die Weibchen sind recht variabel, viele zeigen ausgeprägten weißen Ring an der Schnabelwurzel (vgl. Bergente) und weiße Unterschwanzdecken (vgl. seltene Moorente). Wichtige Hinweise für Reiherente sind ausgedehnteres Schwarz an Schnabelspitze und ziemlich flachkopfiges Profil, aber mit typischem Schöpfchen am Hinterkopf.

Männchen: Schwarze OS und Schopf am Hinterkopf verhindern Verwechslung mit männlicher Bergente.

Weibchen: Erscheint mehr oder weniger dunkelbraun, aber oft mit Weiß im Gesicht oder unterm Schwanz. Jungvögel zeigen noch weniger Schöpfchen als ♀ und haben dunkle Augen (Adulte mit gelben Augen).

Männchen im SK: Im Spätsommer gleicht das ♂ dem ♀, hat jedoch schwärzlicher braunes Gefieder, von dem sich das Aschgrau der Flanken abhebt; Schopf nur angedeutet.

Status: Häufiger Brutvogel (zunehmend); sehr häufiger Gast; ganzjährig.

Flug: Beide Geschlechter mit weißer Flügelbinde, ähnlich Bergente, aber weniger ausgedehnt als bei Moorente.

❏ Süßwasserseen und Baggerseen, lokal in Küstengewässern. ❏ Meist in Rastgesellschaften mit Tafelenten und Bläßhühnern. ❏ Brütet in lockeren Gruppen, oft in der Nähe von Lachmöwen-Kolonien (die Möwen vertreiben potentielle Feinde). ❏ Verhalten ähnlich Tafelente.

Bergente *Aythya marila* RL: R; 42–49 cm

Mittelgroße Tauchente. Das Salzwasser-Gegenstück zur Reiherente, der sie in allen Kleidern ähnlich ist; ♂ haben jedoch silbrigen Rücken und die ♀ im typischen Fall mehr Weiß im Gesicht. Beide Geschlechter deutlich größer und kräftiger als Reiherente, mit längerem und größerem Schnabel und gerundetem Scheitel (ohne Delle oder Erhebung).

Männchen: Man beachte Kontrast zwischen weißen Flanken und grauer OS (vgl. Tafelente). Im SK sind Flanken und Rücken brauner und Kopf und Brust matter.

Weibchen: Weißes Gesicht auch bei vielen Reiherenten, bei der Bergente aber meist kräftiger und ausgedehnter. Helle Ohrenflecken (sofern vorhanden) sind ein Erkennungsmerkmal. Beachte Kopf- und Schnabelform. Jungvogel ohne Weiß im Gesicht und der Reiherente noch ähnlicher.

Männchen im 1. Winter: Kopf und Brust schwarzbraun; grauer Hauch über OS und Augenpartie wird im Verlauf des Winters gelblicher.

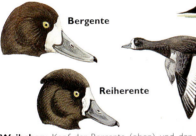

Bergente

Reiherente

Weibchen: Kopf der Bergente (oben) und der Reiherente (unten). Man beachte den längeren, größeren Schnabel der Bergente; das Schwarz ist auf den Nagel beschränkt, der Scheitel gerundet. Frisch gemausert ist der Ohrfleck von braunen Federn verdeckt.

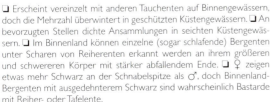

Flug: Beide Geschlechter zeigen ähnliche Flügelmuster wie Reiherente.

Status: Häufiger Gast v. a. an der Küste, seltener im Binnenland.

❏ Erscheint vereinzelt mit anderen Tauchenten auf Binnengewässern, doch die Mehrzahl überwintert in geschützten Küstengewässern. ❏ An bevorzugten Stellen dichte Ansammlungen in seichten Küstengewässern. ❏ Im Binnenland können einzelne (sogar schlafende) Bergenten unter Scharen von Reiherenten erkannt werden an ihrem größeren und schwereren Körper mit stärker abfallendem Ende. ❏ ♀ zeigen etwas mehr Schwarz an der Schnabelspitze als ♂, doch Binnenland-Bergenten mit ausgedehnterem Schwarz sind wahrscheinlich Bastarde mit Reiher- oder Tafelente.

45

Eiderente *Somateria mollissima* — RL: 3; 55–65 cm

Große, kräftig gebaute Meeresente; beide Geschlechter mit dreieckiger Kopfform, gebildet durch abfallende Stirn und hohen Scheitel. Ein ähnliches Profil haben nur Samtente und annähernd auch seltene Brillenente und Prachteiderente. Vor allem in Küstennähe, in Gruppen, die aus scheckigen ♂ verschiedenen Alters und braunen ♀ bestehen.

Männchen im PK: ♂ erst im 3. oder 4. Winter ausgefärbt. Kennzeichnend sind das schwarz-weiße Kopfmuster und der blaßgrüne Nacken. Brust hellrosa.

Weibchen: Rostfarben und braun. Man achte auf die in den Schnabel reichende Befiederung, die dem Vogel – im Gegensatz zur »fröhlicher« wirkenden weiblichen Prachteiderente – einen mürrischen Ausdruck verleiht.

Männchen im SK: Weißer Vorderflügel und schwärzliche Brust sind die wichtigsten Unterschiede zu Jungvögeln.

Männchen im 1. Winter: Ähnlich ♀, aber dunkler und feiner gezeichnet. Weiß auf der Brust erscheint im Frühwinter. Am Ende des 1. Winters haben ♂ viel Weiß an Brust und Schultern, Vorderflügel jedoch erst im 2. Winter weiß (vgl. SK).

Status: Häufiger Brutvogel an der Küste; häufiger Gast v. a. an der Küste, im Binnenland selten.

Flug: Schwerleibige Ente mit ziemlich langen Flügeln und schwerem Kopf, der oft tief gehalten wird. ♀ haben schmutzige Unterflügel, die durch Abnutzung weißer werden.

Männchen

Weibchen

❏ Bevorzugt geschützte Meeresbuchten, wo man Rastgesellschaften auf Felsen, kleinen Inseln und Sanden beobachten kann. Im Binnenland selten, aber auf manchen Seen regelmäßig. ❏ Brütet kolonieweise auf kleinen Inseln. ♀ füttert das Nest mit Unterfedern der Brust (Eiderdaunen). ❏ Taucht nach Krebstieren. ❏ Ab Spätwinter balzen die ♂ in Gruppen, indem sie den Kopf nach hinten werfen und ein wohltönendes, gurrendes »kuh-AOH« hören lassen.

Prachteiderente *Somateria spectabilis* 47–63 cm

Etwas kleiner als Eiderente, zwischen denen man sie gewöhnlich antrifft. Sehr seltener arktischer Wintergast an Nordseeküsten. Einzelgänger bleiben oft lange.

Männchen: Unverwechselbar. Lila Kopf, grüne Wangen und leuchtend roter Schnabel mit orangem Segel, das auf große Entfernung zu sehen ist. Schwarzer Rücken mit zwei »Haifischflossen«. Rosa Schnabel unterscheidet Jungvögel (nicht abgebildet) von ähnlichen jungen Eiderenten.

Weibchen: Von weiblicher Eiderente unterschieden durch welliges Flankenmuster, Kopfform und »fröhlichen« Ausdruck, verursacht durch ungewöhnliches, delphinähnliches »Lächeln«. Federlappen an der Schnabelwurzel stumpf, nicht spitz wie bei Eiderente; »zweigeteilter« Kopf durch unterschiedlichen Maserungsverlauf der Nakken- und Wangenbefiederung.

Status: Sehr seltener Wintergast an der Küste.

Flug: Schwarzer Rücken und isolierte weiße Ovale auf den Flügeln kennzeichnen fliegende ♂.

Männchen

Scheckente *Polysticta stelleri* 45 cm

Eine kleine Eiderente, die in Ostsibirien brütet. Kürzlich an der NO-Küste Norwegens in großer Zahl und in geringerer Zahl in der Ostsee überwinternd gefunden. Meist in Gesellschaft von Eider- und Prachteiderenten.

Männchen: Leicht erkennbar an Kombination von hell orangerosa US, schwarzem Körperende und Kragen sowie weißem Kopf mit grünem Fleck im Nacken.

Status: Sehr selten an der Küste.

Weibchen: Anders als die anderen Eiderenten sind die ♀ rußbraun, mit ziemlich rechteckigem Kopf, hellem Augenring und gewöhnlichem Entenschnabel. Der blaue Flügelspiegel ist vorn und hinten von weißer Binde eingefaßt (wie Stockente); bei Einjährigen matter, mit schmaleren Binden.

47

Eisente *Clangula hyemalis* 36–46 cm

Kleine, gedrungene Meeresente mit kurzem Schnabel und spitzem Schwanz; dieser extrem lang (bis 13 cm) beim adulten ♂. Im Winter insgesamt helle, »halslose« Erscheinung; die Angewohnheit, die Flügel beim Tauchen zu öffnen, erinnert an Lummen, besonders an Gryllteiste im SK. Kleider vielfältig, Alter und Geschlecht schwer bestimmbar.

Männchen im Winter: Schokoladenbrauner und grauer Wangenfleck typisch. Man beachte leuchtend rosa Binde im kurzen, grauen Schnabel. Der lange Peitschenschwanz liegt oft auf dem Wasser und erscheint nur, wenn die Vögel tauchen.

Weibchen im Winter: Ohne verlängerte Schwanzfedern; bräunlicher Rücken und heller Fleck ums Auge. Jungvögel im 1. Winter (von beiden Geschlechtern) sind heller, mit weniger deutlichem Wangenfleck, aber sehr variabel.

Männchen im 1. Frühjahr: Ab März zeigen junge ♂ Rosa am Schnabel und dunkle Brust; ihr volles Alterskleid legen sie aber erst im 2. Winter an.

Männchen zur Brutzeit (Apr.–Aug.): Sehr dunkel, mit hellen »Kulleraugen« und weißem Bauch.

Weibchen zur Brutzeit: Gestalt unverkennbar, auch wenn Kopfmuster oft undeutlich. Kompakt, mit kurzem Schwanz und sehr hellem Augenfleck; kann manchmal an Papageitaucher erinnern.

Weibchen im Winter

Männchen im Winter

Status: Häufiger Wintergast an der Küste, im Binnenland selten. Kommt erst im Nov./Dez. und bleibt bis Mai.

Flug: Beide Geschlechter haben ganz dunkle Flügel, die sich vom weißen Bauch abheben. ♂ im Winter mit weißen Flügelflecken parallel zum Rücken. Fliegt rasch und schwingend auf leicht gebogenen Flügeln. Fällt spritzend ins Wasser zurück.

❑ Brütet auf Tundratümpeln. ❑ Im Winter hauptsächlich in geschützten Meeresbuchten. Einzelne Vögel nicht selten auf Binnengewässern, doch selten zusammen mit anderen Enten. ❑ Gewöhnlich in kleinen Gruppen zu 10–12, selbst an Stellen, wo viele Eisenten sind. ❑ Eifriger Taucher, der beim Fressen mehr Zeit unter als über Wasser verbringt. ❑ Schwimmt oft sehr langsam und ist bei rauher See schwer zu sehen. ❑ Geringe Größe, schnelle, flache Flügelschläge und gescheckte Färbung machen lummenartigen Eindruck. ❑ Ab Spätwinter balzen die ♂ mit zurückgeworfenem Kopf und erhobenem Schwanz, wobei weithin hörbare, jaulende Rufe im Chor erklingen: »ah-AUH-li«.

Schellente *Bucephala clangula* 42–50 cm

Rundliche, »halslose« Tauchente mit kleinem Schnabel und dreieckigem oder kartoffelförmigem Kopf. ♂ und ♀ sind unverkennbar; dunkle Jungvögel erkennt man am besten an Kopf- und Schnabelform. Gelbe Augen können sich vom dunklen Kopf deutlich abheben.

Männchen im PK: Erscheint sehr weiß, mit breitem schwarzen Rückenstreif und großem grünschwarzen Kopf; man beachte den typischen weißen Gesichtsfleck.

Balzendes Männchen: Im Winter bilden sich Balzgruppen; die ♂ werfen ihren Kopf zurück und lassen ihren Balzpfiff hören: »wuih-bup«.

Weibchen: Wirken aus der Ferne auf dem Wasser dunkel und gedrungen; ein weißer Flügelfleck ist ein wichtiges Merkmal. Man beachte die helle Schnabelbinde sowie den Kontrast zwischen warm-braunem Kopf und grauem Körper, getrennt durch weißen Kragen. Vögel im 1. Winter (nicht abgebildet) sind ähnlich, aber insgesamt dunkler braun, ohne Kragen und Schnabelbinde. Kopf- und Schnabelform sind wichtige Kennzeichen.

Flug: Eine kompakte, kurzhalsige Ente; beide Geschlechter mit schwärzlichen Unterflügeln und weißem Flügelfleck. ♀ (unten) mit weniger Weiß auf Flügel-OS (trotzdem sehr auffallend). Die schnellen Flügelschläge erzeugen ein pfeifendes Geräusch (am lautesten bei adulten ♂) – wie Kieselsteine auf Eis.

Männchen

Status: Im NO häufiger; in ME zunehmender Brutvogel; häufiger Wintergast. In O- und SO-Bayern Brut-/Jahresvogel.

Weibchen

❏ Im Sommer hauptsächlich in N-Europa; brütet in Baumhöhlen und Nistkästen (bis zu 3 km vom Wasser entfernt). ❏ ♀ fliegen bemerkenswert gewandt zwischen Waldbäumen hindurch. ❏ Im Winter auf Binnenseen und in flachen Küstenbuchten. ❏ Gewöhnlich in kleinen Gruppen, aber an manchen nördlichen Küsten in großen Ansammlungen. Selten zusammen mit anderen Enten. ❏ Ein eifriger Taucher, der beim Fressen mehr Zeit unter als über dem Wasser verbringt. ❏ Ruht oft mit erhobenem Schwanz auf dem Wasser.

Trauerente *Melanitta nigra* 46–51 cm

Dunkle, kompakte Meeresente mit schlankem Hals und gerundetem Kopf. Schwimmt oft mit erhobenem (ziemlich langen und spitzen) Schwanz. Trupps fliegen in langen Ketten dunkler Punkte oder in Haufen weit von der Küste entfernt über die Wellen. Im Gegensatz zur Samtente mit dunklen Augen und Füßen. In der Nordsee die häufigste der drei *Melanitta*-Arten.

Männchen: Mit völlig schwarzem Gefieder die dunkelste der drei Arten. Der gelbe Schnabelfleck ist erstaunlich weit zu sehen. Nur das ♂ hat aufgeblasene Schnabelbasis.

Weibchen: Dunkelbrauner Körper und Kappe kontrastieren auch auf große Entfernung mit milchkaffeebraunen Wangen. (Nur weibliche Kolbenente ähnlich, aber die ist eine Süßwasserente.) Im 1. Winter ähnlich, aber mit weißlicherem Bauch. Im Januar werden die ♂ zunehmend schwärzer an den Kopfseiten, was bei Vögeln mit gefleckten Wangen zu Verwechslungen mit der seltenen Brillenente führen kann.

Brillenente

Trauerente

Flug: Kontrast zwischen dunklen Flügeldecken und hellen Schwungfedern ein gutes Kennzeichen; Handschwingen beider Geschlechter sehen im Flug silbrig aus, auch aus der Ferne. Brillenente hat einheitlich dunkle Flügel und Samtente weißes Flügelfeld (abgebildet sind ♀).

Status: An der Küste häufiger, im Binnenland seltener Wintergast. ♂ ziehen im Hochsommer in die Mausergebiete, ♀ und Junge kommen im Okt.

Samtente

❏ Brütet vereinzelt an kleinen Binnenseen, verbringt aber die meiste Zeit des Jahres auf dem Meer. ❏ In Großbritannien deutlicher Mauserzug im Hochsommer, dann auch gelegentlich im Binnenland. ❏ Versammelt sich in großen Trupps vor der Küste. ❏ Taucht nach Muscheln mit geschlossenen Flügeln (vgl. Samtente). ❏ Trupps tauchen meist zusammen und kommen nach 20–30 sec wieder hoch. ❏ Meist stumm; ♂ mit weichem Pfiff: »kuh«.

Samtente *Melanitta fusca* 50–58 cm

Größte und massigste der drei *Melanitta*-Arten und die einzige mit Weiß im Flügel, das im Flug sehr auffällig, beim schwimmenden Vogel aber gar nicht oder nur als kleiner Fleck zu sehen ist. In Größe und Form mehr einer Eiderente ähnlich als der Trauerente, mit dicklichem Hals, kräftigem Schnabel und abfallender Stirn.

Männchen: Die ausgedehnten orangen Schnabelflecken sind weithin zu sehen und ein wichtiges Merkmal. Weiße Iris und »Träne« sind Kennzeichen aus der Nähe.

Status: An der Küste häufiger, im Binnenland seltener Wintergast. Im Alpenvorland regelmäßiger Wintergast.

Weibchen: Rußbraun, mit dunkelgrauem Schnabel. Man beachte zwei weißliche Wangenflecken unterschiedlicher Größe (können fehlen). Federbüschel an Schnabelseiten fehlt anderen *Melanitta*-♀.

1. Winter: Wie ♀, aber hellerer Bauch. Ab Januar haben die ♂ schwärzlichen Kopf mit Gelb am Schnabel.

❏ Brütet an Taigatümpeln und baumbestandenen Küsten der Ostsee. ❏ Überwintert meist auf dem Meer. ❏ Schwimmt im Gegensatz zur Trauerente in einer Reihe oder in lockeren Gruppen zu 10–50, obwohl sich an bevorzugten Stellen Tausende versammeln. ❏ Gern vergesellschaftet mit größeren und dichteren Trupps von Trauerenten.

Brillenente *Melanitta perspicillata* 45–56 cm

Seltener Wintergast aus Amerika. Meist zusammen mit Trauer- und Samtenten. Etwas größer als Trauerente, mit sehr großem Kopf und kräftigem Hals. Der geschwollene Schnabel der ♂ erscheint sogar aus der Entfernung leuchtend orange. ♀ ähnlich Trauerente, aber Kopf eckiger, mit weit in den Schnabel reichender Befiederung. Öffnet beim Tauchen die Flügel – dabei auch auf rote Beine achten. Flügel im Flug einheitlich braun. Einzeln, manchmal 2–6.

Männchen: Leuchtend weißer Nacken- und Stirnfleck, auch aus der Ferne sichtbar. Ungewöhnlich gemusterter Schnabel mit Rot, Gelb und Weiß, mit typischem schwarzen »Loch«. Iris weiß.

Weibchen: Typisch mit dunkler Kappe und weißlichen Flecken im Gesicht und am Nacken. Schwerer grauer Schnabel tritt aus dem Gesicht hervor (vgl. Samtente). Iris gewöhnlich hell.

1. Winter: Wie ♀, aber Bauch weißlich, Auge und Nacken dunkel. Im neuen Jahr sind die jungen ♂ schwärzlich, mit Andeutung der späteren Schnabelzeichnung und mit weißlichem Nacken.

51

Mittelsäger *Mergus serrator*   RL: 2; 52–58 cm

Flach im Wasser liegender, schlanker Säger (die Gattung *Merganser* hat einen sägeförmigen Schnabel). Die elegante Erscheinung erinnert an Seetaucher oder Haubentaucher, aber schlanker Schnabel und zerfranste Doppelhaube sind kennzeichnend. Augen rot. An der Küste häufiger als Gänsesäger, im Binnenland umgekehrt.

Männchen: Elegante Erscheinung, etwas gestört durch »schäbige« Haube. Schlanker als Gänsesäger, mit noch dünnerem roten Schnabel. Rotbraun gestreifte Brust, weißer Kragen und flaschengrüner Kopf mit wehender Haube sind einmalig. Schwarze Brustseiten mit weißen Fenstern, großer weißer Flügelfleck zwischen schwarzem Mantel und grau melierten Flanken.

Weibchen: Vom ähnlichen Gänsesäger-♀ durch struppigere »Frisur«, weniger scharfe Begrenzung zwischen kupferrotem Kopf und heller Brust, durch verwaschenen weißen Kinnfleck und schmuddelig graubraunen Körper unterschieden. Aus der Nähe ist auf dunklen Augenstrich und rote Augen zu achten (vgl. Gänsesäger). Junge matter als Weibchen; Augen, Schnabel und Beine bräunlich.

Männchen im SK: Ab Anfang Juni ziemlich unansehnlich mit bräunlichem Kopf und ockerfarbenem Kragen. Mit fortschreitender Mauser dem Weibchen immer ähnlicher, aber mit schwärzlicherem Mantel und bleibendem weißen Flügelfleck.

Weibchen: Weiß auf Flügel-OS durch braunes Band getrennt (vgl. Gänsesäger).

Männchen

Status: Seltener Brutvogel an der Küste, nur im N auch im Binnenland; Wintergast an der Küste, im Binnenland unregelmäßig.

Flug: Läuft beim Auffliegen über die Wasserfläche. Flug rasch, mit gestrecktem Hals. Weißer Kragen, dunkle Brust und weißes Innenfeld der Flügel, durch zwei schwarze Streifen getrennt, unterscheiden das ♂ (oben links) des Mittelsägers stets vom helleren Gänsesäger.

❏ Brütet nahe dem Wasser in Spalten oder Bodenvegetation. ❏ Im Sommer Ansammlungen von Mauservögeln in geschützten Meeresbuchten, oft am Ufer rastend. ❏ Im Winter fast ausschließlich maritim, meist in kleinen Gruppen. ❏ Ernährt sich tauchend von Fischen. ❏ Gewöhnlich stumm, außer bei Gruppenbalz mit Verbeugungen.

Gänsesäger *Mergus merganser* RL: 3; 58–66 cm

Süßwasser-Gegenstück zum Mittelsäger. Beide Geschlechter größer und schwerer, mit glatterer Kopfform, kräftigerem Ansatz zum roten Schnabel und mit braunen Augen.

Männchen: Auffallend schwarz-weiß wirkender Schwimmvogel. Vom Mittelsäger leicht durch cremeweiße, zart rosa überhauchte US, runderen, flaschengrünen Kopf mit vollbuschiger Mähne im Nacken zu unterscheiden. ♂ im SK wie ♀, aber Rücken dunkler, Flanken heller und weißer Flügelfleck ausgedehnter.

Weibchen: Auf größere Entfernung schwer vom Mittelsäger-♀ zu unterscheiden. Kräftigerer Körper und glatterer, buschigerer Schopf sind gute Hinweise; wichtiger ist aber der dunkler kastanienbraune Kopf mit klar erkennbarem weißen Kinn, scharfer Grenze zwischen dunklem Kopf und heller Brust und klarer blaugrauem Körper. Aus der Nähe auf braune Augen und fehlenden dunklen Augenstrich achten.

Jungvogel: Verwaschener als ♀. Deutlicher Zügel und schmutzig-weißes Kinn können zu Verwechslung mit weiblichem Mittelsäger führen; Augen jedoch gelblich.

Flug: Rasch und geradeaus nach mühsam anlaufendem Abflug.

Männchen: Auffallend helle Brust und ausgedehnte weiße »Armbänder« unterscheiden ihn vom Mittelsäger.

Status: Seltener Brutvogel, v. a. Alpen und Küste; häufiger Wintergast. Hat in S-Deutschland durch Nistkästen zugenommen.

Weibchen: Schwer von weiblichem Mittelsäger zu unterscheiden; bestes Unterscheidungsmerkmal ist die fehlende dunkle Binde durch weißes Flügelfeld und scharfe Abgrenzung zwischen braunem Kopf und hellem Hals.

❏ Brütet in Baumhöhlen und Nistkästen an baumbestandenen Flüssen und Seen. ❏ Überwintert hauptsächlich an Binnengewässern, daher selten zusammen mit Mittelsäger. ❏ In der Regel in kleinen Gruppen (bis 50) auf Seen und Stauseen. ❏ Nahrungssuche hauptsächlich in Flüssen; rastet auf Seen. ❏ Meist stumm, summendes Flügelgeräusch.

53

Zwergsäger *Mergus albellus* 38–44 cm

Kleinster Säger, ♀ kaum größer als Krickente. Kompakte Tauchente, erkenntlich an schmalem grauen Schnabel, steiler Stirn, kleiner Haube und auffallender Gefiederzeichnung. ♂ unverkennbar, aber auf unruhigem Wasser leicht zu übersehen.

Männchen: Erscheint überwiegend weiß aus der Ferne, mit schwarzem Augenfleck und Mantel. Schwarze Doppellinie (bis zur Wasserlinie reichend) trennt weiße Brust von grauen Flanken. Füße grau.

Schwarzes »V« im leicht schopfigen Nacken ist von hinten gut erkennbar.

»Rotköpfe«: ♂ im 1. Winter und SK ähneln ♀ und werden zusammen als »Rotköpfe« bezeichnet. Alle wirken auf dem Wasser hauptsächlich grau (Bauch weiß). Weißer Flügelfleck (manchmal verborgen) erinnert an weibliche Schellente, der Kontrast zwischen braunem Kopf und weißem Kehlbereich läßt jedoch den Zwergsäger erkennen. Schwärzlicher Mantel, ausgedehntere weiße Flügelflecken und zunehmend weißes Gefieder kennzeichnen die ♂.

Weibchen

Männchen

Status: Brutvogel in NO-Europa. Häufiger Wintergast v. a. an der Küste.

Flug: Erhebt sich leicht vom Wasser. Typischer Sägerflug: rasch, wendig, den Hals schlank ausgestreckt. ♂ (links) wirkt von oben erstaunlich dunkel, hat aber auffällige weiße Flügelfelder. »Rotköpfe« (rechts) zeigen ebenfalls weiße Flügelbänder, lassen sich aber am besten an kontrastreicher Kopfzeichnung erkennen.

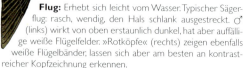

❏ Brütet in Baumhöhlen an bewaldeten Taigaseen und -flüssen.
❏ Überwintert hauptsächlich an flachen, oft winzigen Süßwasserseen, seltener auf Salzwasser. ❏ Selten in größerer Zahl, typischerweise einzeln oder in kleinen Gruppen bei großer Kälte in O-Europa, aber auch »Invasionen« (z. B. in Holland). ❏ Aus der Entfernung können »Rotköpfe« mit Schellenten, Schwarzkopf-Ruderenten oder Ohrentauchern im SK verwechselt werden. ❏ ♂ sehen etwas wie Gryllteiste aus, letztere aber strikt maritim und mit roten Beinen. ❏ Ernährt sich hauptsächlich von Fisch.

Mandarinente Aix galericulata 41–49 cm

Bekannte Zierente aus O-Asien. Exotisches ♂ unverwechselbar, mit rötlichgelben »Segeln« und Bart. ♀ hauptsächlich dunkelgrau; leicht erkennbar an gepunkteten Flanken und Schopf im Nakken. Ähnlich sind ♂ im SK und ♀ der Brautente.

Männchen: Im Flug liegen die »Segel« flach auf der Flügelbasis. Schnabel rot.

Weibchen: Grauer Schnabel, schmaler weißer Augenring, Kinn und Unterschwanz weiß. Schwanz rechteckig. ♂ im SK ähnlich, aber weiterhin mit rotem Schnabel.

Status: Einzelne Brutpaare aus Gefangenschaft.

Flug: Beide Geschlechter zeigen das gleiche Muster mit reinweißem Bauch und kontrastierenden dunklen Flügeln (OS und US).

❏ In S-England und Holland in großem Umfang verwildert. ❏ Leicht zu übersehen, wenn im Schatten von Uferbäumen oder auf bewegtem Wasser. ❏ Brütet in Baumhöhlen. ❏ Oft in kleinen Gruppen; fliegt plötzlich auf wie Krickente; rasch zwischen Bäumen fliegend.

Schwarzkopf-Ruderente Oxyura jamaicensis 35–43 cm

Plumpe, kleine Süßwasser-Tauchente. Schläft ausgiebig auf freiem Wasser, den langen Schwanz oft gestelzt; meist in kleinen Gruppen oder zusammen mit anderen Tauchenten. Heimisch in N-Amerika; in Großbritannien eingebürgert und in mehreren 100 Paaren brütend. Breitet sich auch in W- und ME aus.

Männchen (PK Apr.–Aug.): In Balzhaltung mit erhobenem Schwanz. Unverwechselbar mit kastanienbraunem Körper, schwarzer Kappe und auffällig weißen Wangen. Geschwungener, himmelblauer Schnabel.

Status: Eingebürgerter unregelmäßiger Brutvogel und Gast.

Weibchen: Matter als ♂ und mit dunklem Wangenstreif. Erinnert manchmal an kleinen Taucher, aber Schwanz stets gut zu sehen.

Männchen im SK: Ähnelt ♀, aber behält weiße Wangen. Schnabel dunkelgrau.

Flug: Fliegt ungern, erhebt sich mit viel Geplatsche; in der Luft schnell und ruckartig, hecklastig wirkend.

55

Wespenbussard *Pernis apivorus*   50–58 cm

Ein Bussard der Tiefland- und Hügelwälder mit variablem Kleid. Sitzt in Kronendeckung (scheut offene Sitze), daher meist im Flug zu sehen. Kann leicht mit Mäusebussard verwechselt werden, für das erfahrene Auge jedoch typische Gestalt, mit kleinerem, vorstehenderem »Kuckuckskopf«, längerem Schwanz und schmalerem Körper. Letzterer betont die relativ längeren, breiteren Flügel, die an der Basis etwas eingezogen sind.

Altvogel: Schwanzmuster ist charakteristisch, kräftige Endbinde und zwei schwächere Binden nahe der Schwanzwurzel (von unten teilweise durch Deckfedern verdeckt). ♂ erkennbar an deutlich grauem Kopf, breitem dunklen Flügelhinterrand, tintigen »Fingerspitzen« und breiter heller Binde hinter mittlerer und vorderer Flügelbänderung.

Weibchen: Flügelbänderung matter und gleichmäßiger als beim ♂, Flügelhinterrand diffuser, »Finger« ausgedehnter dunkel, Kopf brauner.

Altvogel (♂ abgebildet): Schnabel/Wachshaut dunkel, Auge gelb. Jungvögel mit gelber Wachshaut und dunklen Augen wie Mäusebussard.

Jungvogel: Wenig häufiger weißlicher Vogel abgebildet; man achte auf düstere Handschwingen (typisch für Junge), ausgedehnteres Schwarz an den »Fingern« und auf schmälere Schwanzbinden – ähnlich Mäusebussard. Man achte auch auf Schwanz- und Kopfform.

Status: Verbreiteter, aber nicht häufiger Brutvogel, der in Afrika überwintert.

Flug:
Segelt auf flachen Flügeln, kippt Schwanz ähnlich Milan (Mäusebussard hat weniger auffälliges Schwanzkippen und segelt mit V-förmigen Flügeln).

❏ Reiner Sommervogel, kehrt selten vor Mitte Mai zurück. ❏ Eher Einzelgänger, aber auf dem Zug über Landbrücken (z.B. Schweden/Dänemark) zu Tausenden. ❏ Schlägt im Streckenflug langsamer als Mäusebussard mit Betonung des Aufschlags, geht in schlappes Kreisen mit nach vorn gehaltenen Flügeln über. (Plötzlich »weich« werdende Flügel, die am Handgelenk hängen, können ein gutes Merkmal sein.) ❏ Während Flugbalz mit Loopings werden die Flügel fast senkrecht über den Rücken angehoben und geschüttelt, als würden sie zusammengeschlagen. ❏ Bevorzugt Wespen- und Bienenbrut. ❏ Kann mit großem Habicht-♀ verwechselt werden. ❏ Spannweite 125–145 cm.

Rotmilan *Milvus milvus* 60–70 cm

Lange, breite Flügel, typisch nach vorn gewinkelt und leicht gebogen gehalten, sowie ziemlich langer Schwanz (häufig gekippt wie ein Ruder) sind die wichtigsten Merkmale von Rot- und Schwarzmilan aus der Ferne.

Flug: Von unten viel kräftigerer Flügelfleck und längerer, tiefer gegabelter Schwanz als Schwarzmilan (selbst der gespreizte Schwanz zeigt eine deutliche Kerbe).

Status: Hauptsächlich Standvogel mit wichtigstem Brutgebiet in Mitteldeutschland.

❏ Ein eleganter, doch breitflügliger Greif mit leichtem Flügelschlag und langem rostfarbenen Schwanz. ❏ Segelt mühelos, zeigt leuchtend weißen Fleck auf der US der Handschwingen und tief gegabelten Schwanz. ❏ Lokal zahlreich in Landschaften mit waldigen Hügeln und Tälern; gesellig an Rast- und bevorzugten Nahrungsplätzen (ernährt sich hauptsächlich von Aas, die schwachen Füße sind zum Schlagen ziemlich ungeeignet). ❏ Verwechslung nur mit Schwarzmilan wahrscheinlich (besonders hellere Jungvögel). ❏ Spannweite 140–165 cm.

Schwarzmilan *Milvus migrans* 50–63 cm

Altvogel: Der gespreizte Schwanz erscheint gerade abgeschnitten mit scharfen Ecken.

Dunkler braun (aber kaum schwarz) und mit weniger gegabeltem Schwanz als Rotmilan. In hellem Licht können Schwarzmilane aber deutlich rötlich erscheinen, und der zusammengelegte Schwanz ist merklich gabelt.

Altvogel: Das helle Mittflügelband (am deutlichsten bei Jungen) gleicht dem des Zwergadlers (bei diesem achte man auf die typischen weißen »Landelichter«).

Status: Lokal häufig mit Ausdehnungstendenz nach Norden. Überwintert in Afrika.

❏ Jungvögel sind heller, mit feiner weißlicher Streifung am Körper und hellen Flügelfederrändern. ❏ Segelnde Vögel können mit Rohrweihen-♀ verwechselt werden (letztere segeln mit erhobenen Flügeln) und mit besonders dunklen Zwergadlern (letzterer ist stämmiger, mit weniger gewinkelten und erhobenen Flügeln). ❏ Bevorzugt Seeufer und Flüsse in locker bewaldetem Gelände. Manchmal gesellig, auch an Müllkippen und Picknickplätzen. ❏ Spannweite 135–152 cm.

Seeadler *Haliaeetus albicilla* RL:3; 77–92 cm

Altvogel: Großer gelber Schnabel und kurzer weißer Schwanz sind typisch. Voll erwachsen mit etwa 5 Jahren, ältere Vögel haben helleren Kopf. Gegen hellen Himmel können sie schwanzlos erscheinen.

Status: Standvogel in Ostdeutschland und Schleswig-H. Junge streichen im Herbst und Winter weit umher; zunehmend. Überwintert auch in SO-Bayern.

Jungvogel: Dunkler Schnabel und schokoladenbraune Kappe kontrastieren mit gefleckter Brust und Flügeldecken. Kurzer dunkler Schwanz im Sitzen verdeckt, zeigt weiße Federzentren (»Fenster«), wenn gespreizt oder dicht über einem.

❏ Unser größter Adler mit breiten rechteckigen »Scheunentor«-Flügeln, weit vorragendem Kopf und Hals und relativ kurzem, keilförmigen Schwanz. ❏ An zerklüfteten Küsten, Tieflandseen und Flüssen. Im Winter zu 12 oder mehr an bevorzugten Gewässern. ❏ Segelt auf flachen bis leicht gebogenen Flügeln. ❏ In der Luft der geierähnlichste Adler, aber durch kräftigen Kopf und Hals unterschieden (vgl. Gänsegeier). ❏ Spannweite 200–245 cm.

Steinadler *Aquila chrysaetos* RL:2; 75–86 cm

Der einzige V-förmig segelnde Adler der Region. Viel langflügliger und stabiler im Flug (schaukelt und kippt nicht) als Bussard (vgl. Gänsegeier in S-Europa).

Subadult: Dunkel und ziemlich ungezeichnet, aber relativ langer Schwanz und lange rechtwinklige Flügel tragen zu typischer Gestalt bei, verstärkt durch häufiges Segeln. Volles Adultgefieder mit 5–7 Jahren.

Status: Spärlich verbreiteter Standvogel. Junge können im Winter die Brutgebiete verlassen. In ME hauptsächlich in den Alpen.

Jungvogel: Auffallend weißliche Flügelflecken und Schwanzwurzel sind unverwechselbar. Federkleid wird mit zunehmendem Alter dunkler.

❏ Großer, wohlproportionierter Adler, nur mit jungem Seeadler zu verwechseln, aber relativ langer abgerundeter Schwanz und befiederte (nicht nackte) Beine sind wichtige Unterscheidungsmerkmale. ❏ In der Regel über Gipfeln und zerklüftetem Bergland segelnd. ❏ Spannweite 190–230 cm.

Schlangenadler *Circaetus gallicus* RL:0; 68 cm

Der einzige, regelmäßig rüttelnde Adler (vgl. Rauhfußbussard), dazwischen Segelstrecken auf flachen Flügeln (mit leicht aufgebogenen »Fingerspitzen«).

Die gräuliche OS und weißliche US machen den Schlangenadler zu einem der am leichtesten zu bestimmenden Greife. Dunkle Kappe ist typisch, aber Gefieder variiert erheblich. Viele sind weniger gemustert als der Abgebildete und haben helleren Kopf und Brust.

Status: In ME sehr seltener Sommergast.

❏ Heller, langflügliger Adler offener Landschaften und Vorgebirge. ❏ Hat relativ großen, breiten Kopf, besonders im Sitzen – oft auf Masten an Straßenrändern. ❏ Schwanzmuster erinnert an Wespenbussard, aber Schlangenadler ohne dunkle Bugflecken und Hinterrand der Armschwingen (die auch noch der hellste Wespenbussard zeigt). ❏ Brütet in Kronen hoher Bäume. ❏ Ernährt sich grundsätzlich von Schlangen, daher auf S-Europa beschränkt. ❏ Spannweite 170 cm.

Bartgeier *Gypaetus barbatus* 110 cm

Altvogel: Hell rostbrauner Körper kontrastiert mit schwärzlichen Unterflügeln und Schwanz (vgl. Habichtsadler). Rosttönung durch Verfärbung der Federn, manche Vögel sind weißlich.

Jungvogel: Insgesamt rußig, mit hellerem Bauch und schwarzer Kappe (vgl. jungen Schmutzgeier).

Status: Durch Fütterung und Aussetzen konnten in den Pyrenäen und Alpen einige Paare erhalten bzw. angesiedelt werden.

❏ Sehr selten. ❏ Größe und Gestalt unverkennbar. Riesiger, bärtiger Geier mit langen, breiten und seltsam zugespitzten Flügeln und langem, rautenförmigen Schwanz. ❏ Ein herrlicher Vogel, nicht nur von Vogelkundlern bewundert. ❏ Segelt auf flachen Flügeln an langen Bergkämmen entlang. ❏ Brütet in Höhlen auf bloßem Fels. ❏ Auf Knochenmark spezialisiert, zerschmettert Knochen, indem er sie aus großer Höhe fallen läßt. ❏ Spannweite 254 cm.

Schmutzgeier *Neophron percnopterus* 55–65 cm

Jungvogel: Dunkle und fleckige Erscheinung, ganz anders als Altvogel, aber Schwanzform im Flug typisch. Vgl. größeren, langflügligeren und langschwänzigeren Bartgeier.

Altvogel: Erinnert aus der Entfernung an Weißstorch oder Zwergadler, man achte auf Schwanzform und gelben Kopf.

Status: Seltener (und abnehmender) Brutvogel südeuropäischer Gebirge; überwintert in Afrika.

Das weiße Gefieder wird – besonders an Kragen und Brust – durch Erdfarben hellbraun und grau.

❏ Relativ plumper Greif mit deutlich keilförmigem Schwanz und kleinem Kopf in allen Kleidern. Segelt gewöhnlich auf flachen Flügeln an Hügelkämmen und Felswänden entlang. ❏ Besucht Fütterungen mit Gänsegeiern und Müllkippen mit Schwarzmilanen. Wirkt am Boden untersetzt und kurzbeinig, hoppelt oder watschelt. Dann sollte man den schlanken Schnabel und den von zottigem Kragen eingerahmten nackten Kopf erkennen. ❏ Alterskleid wird mit 4 Jahren angelegt. ❏ Spannweite 155–165 cm.

Gänsegeier *Gyps fulvus* RL: 0; 95–105 cm

Status: Lokaler Standvogel im Süden, neuerdings in den östlichen Alpen und im Zentralmassiv wieder angesiedelt.

Alle Kleider ziemlich gleich, aber Junge sind oberseits dunkler braun und haben sich stärker abhebende helle Unterflügeldecken als Alte (abgebildet).

❏ Mächtiger, breitflügliger Greif mit brettartigen Flügeln, relativ kurzem Schwanz und kleinem Kopf (vgl. jungen Seeadler). Segelt auf flachen, leicht aufwärts gebogenen Flügeln an Bergkämmen und Felswänden entlang. ❏ Gesellig; Brutkolonien und Rastplätze sind an weißen Kotspuren erkennbar. ❏ Erscheint am Boden wie eine sandbraune Kiste mit hellflaumigem Schlangenhals und weißlichem Kragen. Schmutzgeier wirkt im Vergleich winzig. ❏ Spannweite 230–265 cm.

Rohrweihe *Circus aeruginosus* 48–56 cm

Größte und am leichtesten erkennbare Weihe. Mittelgroßer Greifvogel, charakterisiert durch langen Schwanz und »treibenden« niedrigen Flug auf langen, in flachem V gehaltenen Flügeln. ♂ unverkennbar, aber dunkle ♀ und Junge werden manchmal für Schwarzmilane gehalten – man achte auf dessen anderen Schwanz, gebogene Flügel und helle Oberflügelbinden.

Männchen im Flug: Selbst aus der Ferne ist der dreifarbige Oberflügel (brauner Vorderflügel, grauer Hinterflügel, schwarze Flügelspitzen) auffällig. Dieses Muster wird mit 2 Jahren erlangt und mit zunehmendem Alter heller; viele bekommen auch einen weißlichen Bürzel.

Männchen im Sitzen: Man achte auf hellen gelblich-braunen Kopf und grauen Schwanz.

Männchen:
Variabel rotbrauner Bauch und Unterflügeldecken kennzeichnen die meisten über einem fliegenden ♂. Alte ♂ können jedoch von unten fast weiß erscheinen und sind mit ihren schwarzen Flügelspitzen manchmal schwer von Konrweihen-♂ zu unterscheiden, außer durch eine Spur Rotbraun zwischen den Beinen.

Jungvogel: Schwärzlicher als ♀, mit ganz dunklem Vorderflügel und satter orangebräunlicher Kopfzeichnung (manche mit ganz dunklem Kopf).

Status: Meist Zugvogel (Apr.–Okt.), aber zunehmend im NW überwinternd. Verbreitet, aber nicht häufig.

Weibchen: Größer als ♂; schokoladenbraun, mit dunklem Augenstreifen und auffallend cremebräunlichem Scheitel, Kehle und Schultern. Von unten wirkt die »Handfläche« oft silbrig.

❏ Lokal häufiger in großen Schilfgebieten. Brütet in manchen Gegenden zunehmend auf Landwirtschaftsflächen. ❏ Kann auf dem Zug überall erscheinen. ❏ Gewöhnlich in leichtem Flug dicht überm Schilf, oft mit lang hängenden Beinen; schaukelt elegant im Wind. ❏ Läßt sich gewandt auf kleine Tiere (Vögel, Frösche) fallen. ❏ Im Frühling führen ♂ tanzende Flugbalz in großer Höhe aus und rufen dabei kiebitzartig »vieh-it«. ❏ Spannweite 115–130 cm.

Kornweihe *Circus cyaneus* — RL:1; 43–50 cm

In der Größe zwischen Rohr- und Wiesenweihe; alle treten auf dem Zug vielerorts auf, und Verwechslung mit letzterer ist leicht möglich. ♀/Junge der beiden sind besonders ähnlich: bräunlich mit weißem Bürzel und dunklen Schwanzbinden; Vogelfreunde nennen sie oft nur Weißbürzel- oder Bänderschwanz-Weihen. Kornweihe ist aber immer größer und schwerer, mit breiteren, gerundeteren Flügeln und breiterem weißem Bürzelfleck.

Männchen: Blaugraue OS wirkt sauberer und geisterhafter als bei Wiesenweihen-♂ – ein nützliches Merkmal aus der Entfernung; unterscheidet sich weiter durch deutlichen weißen Bürzelfleck, düsteren Flügelhinterrand und keine Flügelbinden.

Männchen: Wirkt von unten auffallend hell, der ungezeichnete weiße Körper/Innenflügel hebt sich scharf von schwarzen Flügelspitzen ab (vgl. Rohrweihen-♂).

Weibchen Größer als ♂, Gesicht eulenartiger; Sehr ähnlich Wiesenweihen-♀, mit ähnlich gebändertem Schwanz und Unterflügel, US gelblich mit brauner Strichelung. Am besten zu unterscheiden durch breiteren weißen Bürzel und breitere Flügel ohne Binde auf OS.

Jungvogel: Dem ♀ sehr ähnlich, aber unten eine Spur wärmer (einige deutlich rostfarben). Geschlechter gleich, aber ♀ größer.

Status: Teilweise Standvogel, in Skandinavien Zugvogel; verbreiteter Wintergast.

❏ Brütet in Mooren, Heiden und ausgedehnten jungen Nadelholzpflanzungen. ❏ Vollführen geräuschvolle und flugakrobatische Balz- und Revierflüge. ❏ Verlassen im Winter höhere Lagen und jagen über Äckern, Mooren und Küsten; man achte abends auf kleine Schlafgesellschaften in bevorzugten Schilfbeständen oder anderem Wildland. ❏ Segelt gewöhnlich dicht überm Boden mit typischer V-Haltung der Flügel. ❏ Fängt geschickt kleine Vögel, die sie aus der Deckung treibt. ❏ Spannweite 100–120 cm.

Wiesenweihe *Circus pygargus* RL:1; 43–47 cm

Kleinste der drei Weihen. Erscheint im Flug immer sehr schlank und leichtgewichtig, besonders das kleinere ♂, das schaukelt und kippt, als ob es dem geringsten Luftzug nicht standhalten könnte. Beide Geschlechter unterscheiden sich von der ähnlichen, aber deutlich kräftigeren Kornweihe durch ihren wesentliche dünneren Körper und schmälere, spitzere Flügel – selbst aus der Entfernung erkennbar.

Männchen: Ohne das gleichmäßig sauber-graue Aussehen der Kornweihe. Die OS wirkt eher schmutzig, wie ein Fleckenteppich aus verschiedenen Grautönen – auch aus großer Entfernung. Typisch ist die einzelne schwarze Binde im Oberflügel. Bürzel hellgrau (bei manchen weißlich, aber nie so auffällig wie bei Kornweihe).

Männchen: Doppelte schwarze Binde im Unterflügel und orangebraune Streifen an Bauch und Unterflügeldecken sind einmalig unter Weihen-♂.

Weibchen: Am besten von ♀/Jungvogel Kornweihe zu unterscheiden durch schmalen weißen Bürzel und deutlich schmalere Flügel und Körper. Dunkle Binde auf Oberflügel ähnelt der des ♂.

Jungvogel: Unterscheidet sich vom ♀ und allen Bänderschwanz-Kleidern der Kornweihe durch ungezeichneten, orangebraunen Körper und Unterflügeldecken. Geschlechter gleich (♀ größer).

Status: In ME seltener und verstreuter Brutvogel und Durchzügler (Apr. - Sept.).

❏ Brütet in ausgedehnten Feldern, in Tieflandheiden und auf Grasland. ❏ Streicht dicht und schwankend überm Grund mit typischer V-Haltung der Flügel. ❏ Jagt hauptsächlich kleinere Vögel (bis Kuckucksgröße), Maulwürfe, Eidechsen und Insekten. ❏ Einjährige ♂ zeigen eine erstaunliche Mischung von Jugend- und Alterskleid, und es bedarf sehr genauer Beobachtung, um die drei Arten nicht zu verwechseln. ❏ Spannweite 105–120 cm.

Habicht *Accipiter gentilis* 48–60 cm

Großer, kräftig gebauter Greif alter (Nadel-)Wälder. Viele ♀ haben fast die Größe eines Bussards, aber kleinere ♂ sind nur etwas größer als ein großer Sperber. Letzterer wird oft für Habicht gehalten, dessen Flügel und Hals sind jedoch relativ länger, der hintere Körper ist breiter und die Flügelspitzen sind runder.

Weibchen: US weißer und OS mehr schiefergrau als Sperber. Man achte auf dunkle Kappe und kräftigen weißen Augenstreif. Wirkt im Sitzen und Fliegen immer weißbäuchig.

Männchen: Viel kleiner als ♀, aber ähnlich gezeichnet. Augen etwas rötlicher.

Jungvogel: OS brauner, US heller braun und viel kräftiger gestrichelt als junger Sperber. Man achte auch auf Schwanzform und längere Flügel.

Männchen: Breiter Hinterleib erweckt Eindruck, daß der Schwanz eine Verlängerung des Körpers ist, ohne sichtbares Gelenk.

Status: Mäßig häufiger, weit verbreiteter Standvogel (leicht zu übersehen); seltener durchziehend.

Männchen: Dunkle Kappe und weißer Unterschwanz oft erstaunlich auffällig. Letzterer während der Flugbalz im Frühling aufgebauscht (ähnlich wie Sperber).

❏ Einzeln, scheu und versteckt. ❏ Lebt zurückgezogen in Wäldern, streift im Herbst/Winter weiter herum, dann auch Durchzügler. ❏ Fliegt mit kräftigen, stetigen Schlägen und raschen Gleitstrecken (vgl. schnelle Schlag- und Gleitserien des Sperbers). ❏ Rüttelt nie, aber segelt für kurze Zeit. Größte Exemplare können mit Wespenbussard oder sogar Wanderfalken verwechselt werden. ❏ Vollführt an schönen Tagen im frühen Frühjahr Flugbalz in steilem Auf und Ab in großer Höhe über dem Brutgebiet oder patrouilliert in langsam schlagendem Flug. ❏ Jagt rasch und niedrig, schießt durch dichten Baumbestand mit bemerkenswerter Gewandtheit. ❏ Ernährt sich hauptsächlich von Ringeltauben und Kaninchen, schlägt aber auch Sperber!

Sperber *Accipiter nisus* 30–41 cm

Verbreiteter kleiner Greif, leicht vom Turmfalken und anderen kleinen Falken zu unterscheiden durch kurze, stumpfe Flügel. Die kleinsten ♂ sind halb so groß wie die größten ♀. Kuckuck wird oft mit Sperber verwechselt, hat aber schlanken Kopf und Schnabel sowie spitze Flügel.

Männchen: Gebänderte, rotbraune US und einfarbig bläuliche OS oft sehr auffällig. Kann mit Merlin-♂ verwechselt werden, das aber unten gestrichelt ist.

Weibchen: Viel größer als ♂, kann leicht mit Habicht verwechselt werden. Abgesehen von hellem Nackenfleck und Überaugenstreif OS fast einfarbig graubraun, mit fein gebänderter heller US.

Jungvogel: Etwas brauner als ♀ (rötlicher aus der Nähe) mit Streifenbändern auf der Brust, die in echte Bänderung der übrigen US übergehen. Schultern oft mit auffälliger weißer Zeichnung.

Weibchen: Einheitlich graubraune OS ohne Zweifarbeffekt des etwa gleich großen, aber gelbbraueneren Turmfalken.

Männchen: Charakteristische braune Bänderung der Unterflügel.

Flug: Jagt rasch und niedrig, überrumpelt Beute. Sucht Waldwege ab, springt schnell über Hecken, schlägt Haken, um kleine Vögel zu fangen.

Status: Weit verbreiteter Stand- und Strichvogel.

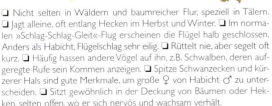

❏ Nicht selten in Wäldern und baumreicher Flur, speziell in Tälern. ❏ Jagt alleine, oft entlang Hecken im Herbst und Winter. ❏ Im normalen »Schlag-Schlag-Gleit«-Flug erscheinen die Flügel halb geschlossen. Anders als Habicht, Flügelschlag sehr eilig. ❏ Rüttelt nie, aber segelt oft kurz. ❏ Häufig hassen andere Vögel auf ihn, z.B. Schwalben, deren aufgeregte Rufe sein Kommen anzeigen. ❏ Spitze Schwanzecken und kürzerer Hals sind gute Merkmale, um große ♀ von Habicht-♂ zu unterscheiden. ❏ Sitzt gewöhnlich in der Deckung von Bäumen oder Hecken, selten offen, wo er sich nervös und wachsam verhält.

Mäusebussard *Buteo buteo* 43–53 cm

Breitflügliger Greif, gewöhnlich als großer, massiger »Adler« auf Masten neben der Straße zu sehen oder langsam auf breiten, aufgebogenen Flügeln über einem bewaldeten Tal oder Hügel kreisend. Bussarde haben sehr variable Federkleider (zwei häufige sind abgebildet), ebenso wie Wespen-B. Vgl. auch Rauhfuß-B.

Typisch braunes Individuum: Gewöhnlich mit weißlichem Band über unterer Brust. Schwanz überragt im Sitzen die Flügelspitzen nur wenig.

Helles Individuum: Besonders auffallend. Man achte auf nackte gelbe Beine unter den pludrigen Hosen (vgl. Rauhfuß-B.).

Brauner Altvogel: Unabhängig von großer Variabilität, ist der zweifarbige Unterflügel mit dunkler Umrandung und Bugfleck ein gemeinsames Merkmal. Der hervorstechende dunkle Flügelhinterrand und die Andeutung einer breiteren Schwanzendbinde ist typisch für Altvögel.

Heller Jungvogel: Der diffuse graue Flügelhinterrand und die dünne Bänderung der Schwanzspitze lassen den Jungvogel erkennen. Gestalt und V-förmige Segelhaltung sind wichtige Unterschiede zu anderen großen hellen Greifen.

Brauner Altvogel: Ein ziemlich dunkles Exemplar. Helle Vögel können helle Oberflügeldecken und weißlichen Bürzel haben.

Status: Verbreiteter, häufiger Stand- und Strichvogel; in Skandinavien Zugvogel, der dann in großen Gesellschaften über Landbrücken zieht (z.B. zwischen Schweden und Dänemark).

Flug: Kreist mit aufwärt gehaltenen Flügeln (die meisten anderen Greife segeln auf flachen Flügeln), Gleitstrecken aber auf flachen Flügeln. Wirkt oft etwas unsicher, im Wind schaukelnd.

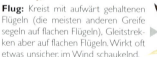

❏ Bevorzugt hügeliges Land mit bewaldeten Tälern, auch spärlich bewaldete Fluren. ❏ Brütet in Bäumen, selten in Felswänden. ❏ Stimmfreudig, besonders im Frühling und speziell die Jungen im Spätsommer/Herbst, die ständig ein klagendes »miihuu« hören lassen. ❏ Oft paarweise oder in Familien. Im Herbst größere Ansammlungen. ❏ Steht in Aufwinden über Berghängen und rüttelt gern, aber weniger ausdauernd als Rauhfuß-B. ❏ Im Frühling Flugbalz mit steilem Auf und Ab, aber ohne Flügelschlagen wie Wespen-B. ❏ Ernährt sich hauptsächlich von Mäusen und Kaninchen, nimmt auch Aas und verbringt auf Feldern viel Zeit am Boden bei der Würmersuche. ❏ Spannweite 100–135 cm.

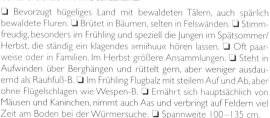

Rauhfußbussard *Buteo lagopus* 50–60 cm

Ein großer Bussard der arktischen Tundra, überwintert im südlichen Osteuropa in offenen Landschaften. Kleider weniger variabel als bei den beiden anderen Bussarden, aber beide können im Grundmuster dem Rauhfuß-B. ähnlich sein. Weißlicher Schwanz mit breiter dunkler Endbinde und befiederte Beine (»Rauhfuß«) sind wichtigste Merkmale, letzteres im Feld schwer zu erkennen.

Kontrast zwischen schwärzlichem Bauch und weißlichem Kopf/Brust am deutlichsten bei Jungen. Man achte auf befiederte Beine (oft verborgen). Mäuse-B. mit hellem Kopf/Brust sollten auch helle Flügeldecken haben (aber so auch manche junge Rauhfuß-B.).

Altvogel: Man achte auf kräftig gezeichneten Kopf und Brust, durch helles U vom dunklen Bauch abgesetzt. Wichtigere Altersmerkmale sind gegenüber Jungen die breiteren Armschwingenbänder und die dunklere Schwanzbinde (mit 2–3 schmalen Subterminalbinden).

Die weißliche Schwanzbasis kann von oben den Eindruck eines weißen Bürzels erwecken. Man beachte die sehr dunkle OS mit weißlichem Fleck auf den Handschwingen (besonders bei Jungen), letzteres selten beim westlichen Mäuse-B.

Jungvogel: Altersbestimmung durch hellere Augen und schwärzeren Bauchfleck, undeutliche Armschwingenbinde und grauere Schwanzbinde ohne Subterminalbinden.

Status: Nicht häufiger Wintergast (Okt.–Apr.).

Flug: Kreist mit weniger angehobenen Flügeln als Mäuse-B., typischerweise mit erhobenem »Arm« und flacher »Hand«.

❏ Brütet in skandinavischen Hochländern. Überwintert in offenen Ebenen, Mooren und Heiden. ❏ Größe und längere Flügel können aus der Entfernung an Adler erinnern. Flügelschlag weniger steif als Mäusebussard, mit tieferen, geschmeidigeren Schlägen im Streckenflug. ❏ Populationsgröße von Kleinnagern abhängig. ❏ Weniger abhängig von Aufwinden als andere große Greife, überquert regelmäßig die Nordsee. ❏ In Invasionsjahren oft in Gruppen. ❏ Spannweite 125–145 cm.

Schreiadler *Aquila pomarina* — RL:2; 57–64 cm

Altvogel: Kopf und Körper heller braun als Schelladler; gewöhnlich sind die Unterflügeldecken heller als die Armschwingen. Altvögel haben etwas kürzeren, keilförmigeren Schwanz als Junge, ohne weißliche Spitze.

Status: Seltener Brutvogel der Wälder im Osten. Überwintert im tropischen Afrika.

Jungvogel: Altersunterschiede weniger deutlich als bei anderen Adlern. Junge haben weißliche Schwanzspitze und 1–2 Reihen weißer Punkte im hinteren Teil des Flügels. Alte haben heller braune Oberflügeldecken als Junge. Alle haben weißlichen »Bürzel«-Fleck und helle Strahlen der Handschwingen.

❏ Ein relativ gedrungener, kurzflügliger, dunkler Adler. Kräftiger als die dunkle Phase des Zwergadlers, mit kürzerem, oft keilförmigem Schwanz. ❏ Kreist auf flachen, oft leicht gesenkten Flügeln, wie sehr ähnlicher Schelladler. ❏ Spannweite 134–160 cm.

Schelladler *Aquila clanga* — 62–74 cm

Altvogel: Kopf und Unterflügeldecken sehr dunkel (letztere dunkler als Schwungfedern), dadurch Umkehrung des normalen Musters des Schreiadlers. Alte haben kürzeren Schwanz als Junge, ohne weißlichem Ende.

Einjährige: Auffallend mit Reihen weißer Tropfflecken auf fast allen Flügeldecken (anders als alle anderen Adler). Altvögel haben reinbraune OS, außer weißlichem »Bürzel«-Fleck.

❏ Gedrungener, dunkler Adler, eng an Feuchtgebiete gebunden. Sitzt gewöhnlich auf Uferbäumen. ❏ Kreisende Vögel können in der Gestalt an Seeadler erinnern, haben aber kürzeren Flügel und Hals. Vgl. auch Schreiadler. ❏ Überraschend wirkt eine seltene Variante (»*fulvescens*«) mit hellbraunem Körper und Flügeldecken. ❏ Seltener Wintergast in südlichen Feuchtgebieten; brütet in Wäldern Osteuropas und Sibiriens. Fast alljährlich im Winter in der Camargue. ❏ Spannweite 158–182 cm.

Zwergadler *Hieraaetus pennatus* — 45 cm

Dunkle Morphe: Erinnert an Rohrweihe und Schwarzmilan, kreist aber auf flachen Flügeln und hat abgeschnittenen Schwanz. Man achte auf durchscheinende innere Handschwingen.

Helle Morphe: Zweifarbiges Flügelmuster ähnelt nur adultem Schmutzgeier, aber der hat keilförmigen Schwanz und kleineren, gelben Kopf.

Beide Farbvarianten haben deutliches helles Band auf Oberflügel (wie Schwarzmilan). Von vorne auf helle »Landelichter« an Flügelwurzeln achten.

Status: Nur im Süden verbreitet. Überwintert in Afrika.

❏ Ein dimorpher, bussardgroßer Adler. ❏ Sehr helle Mäusebussarde oder Wespenbussarde können mit der häufigeren hellen Morphe verwechselt werden; man achte auf schwarze Schwungfedern des Zwergadlers. ❏ Dunkle Morphe weniger auffällig, aber erkennbar. ❏ Jungvögel sehen den Alten sehr ähnlich. ❏ Im Frühling spektakuläre Flugbalz mit steilem Auf und Ab über waldigen Tälern, dabei watvogelartige Pfiffe. ❏ Spannweite 122 cm.

Habichtsadler *Hieraaetus fasciatus* — 63 cm

Altvogel: Die meiste Vögel haben undeutlich weißliche Flügelvorderkante. Insgesamt erscheint US schwärzlich, mit graueren Schwungfedern und weißem Körper – eine typische Kombination.

Jungvogel: Einem gedrungenen, großen Wespenbussard ähnlich, aber ohne kräftige Bänderung und dunkle Bugflecken. Körper kann erstaunlich rostig aussehen.

Status: Seltener Standvogel in südlichen Gebirgen.

Alterskleid wird allmählich über vielfältige Zwischenstadien im vierten Jahr erreicht.

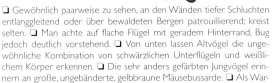

❏ Gewöhnlich paarweise zu sehen, an den Wänden tiefer Schluchten entlanggleitend oder über bewaldeten Bergen patrouillierend; kreist selten. ❏ Man achte auf flache Flügel mit geradem Hinterrand, Bug jedoch deutlich vorstehend. ❏ Von unten lassen Altvögel die ungewöhnliche Kombination aus schwärzlichen Unterflügeln und weißlichem Körper erkennen. ❏ Die sehr anders gefärbten Jungvögel erinnern an große, ungebänderte, gelbbraune Mäusebussarde. ❏ Als Warten dienen Bäume auf Felskanten. ❏ Spannweite 148 cm.

Turmfalke *Falco tinnunculus* 33–39 cm

Unser häufigster Falke. Die Gewohnheit, lange zu rütteln ist im allgemeinen ein gutes Kennzeichen, findet sich aber auch bei Rötel- und Rotfußfalke. Vom verbreiteten, aber weniger auffälligen Sperber leicht zu unterscheiden durch spitze Flügel, deren OS deutlich zweifarbig ist. Obwohl ♀ etwas größer sind als ♂, ist der Unterschied weniger deutlich als bei den meisten anderen Falken.

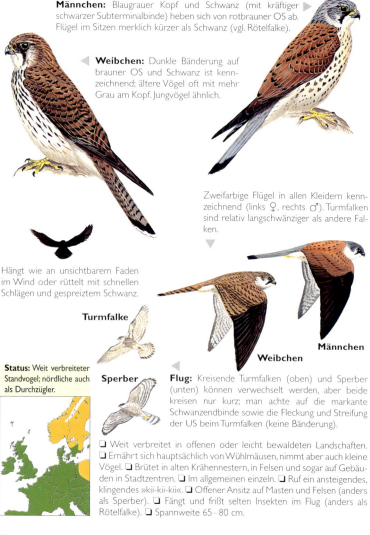

Männchen: Blaugrauer Kopf und Schwanz (mit kräftiger schwarzer Subterminalbinde) heben sich von rotbrauner OS ab. Flügel im Sitzen merklich kürzer als Schwanz (vgl. Rötelfalke).

Weibchen: Dunkle Bänderung auf brauner OS und Schwanz ist kennzeichnend; ältere Vögel oft mit mehr Grau am Kopf. Jungvögel ähnlich.

Zweifarbige Flügel in allen Kleidern kennzeichnend (links ♀, rechts ♂). Turmfalken sind relativ langschwänziger als andere Falken.

Hängt wie an unsichtbarem Faden im Wind oder rüttelt mit schnellen Schlägen und gespreiztem Schwanz.

Turmfalke

Männchen

Weibchen

Sperber

Status: Weit verbreiteter Standvogel; nördliche auch als Durchzügler.

Flug: Kreisende Turmfalken (oben) und Sperber (unten) können verwechselt werden, aber beide kreisen nur kurz; man achte auf die markante Schwanzendbinde sowie die Fleckung und Streifung der US beim Turmfalken (keine Bänderung).

❏ Weit verbreitet in offenen oder leicht bewaldeten Landschaften. ❏ Ernährt sich hauptsächlich von Wühlmäusen, nimmt aber auch kleine Vögel. ❏ Brütet in alten Krähennestern, in Felsen und sogar auf Gebäuden in Stadtzentren. ❏ Im allgemeinen einzeln. ❏ Ruf ein ansteigendes, klingendes »kii-kii-kii«. ❏ Offener Ansitz auf Masten und Felsen (anders als Sperber). ❏ Fängt und frißt selten Insekten im Flug (anders als Rötelfalke). ❏ Spannweite 65–80 cm.

Rötelfalke *Falco naumanni* 29–32 cm

Männchen (von oben): Heller als Turmfalke, OS ungefleckt, ohne Bartstreif und mit wärmerer (weniger gezeichneter) orangebrauner Brust. Ältere Vögel haben ein kennzeichnendes blaugraues Flügelfeld.

Weibchen: Fast identisch mit Turmfalken-♀, aber die Flügelspitzen erreichen die schwarze Schwanzbinde.

Status: Seltener und abnehmender Brutvogel in S-Frankreich (noch etwas häufiger in Spanien).

Weibchen (von unten): Die mittleren Schwanzfedern scheinen bei gespreiztem Schwanz oft etwas vorzustehen. Weißere Unterflügel als Turmfalke und geteiltes Schwanzband sind weitere Merkmale.
❏ Kleiner und zierlicher, mit relativ kürzerem Schwanz als Turmfalke.
❏ Helle statt schwarze Krallen sind typisch, aber als Feldmerkmal praktisch unbrauchbar. ❏ Geselliges Verhalten ist gutes Kennzeichen, wenn verstreute Trupps über Grasland rütteln; brütet kolonieweise in Felswänden und alten Gebäuden. ❏ Greift und frißt gern im Flug Insekten (anders als Turmfalke). ❏ Die trockenen, rauhen Rufe sind typisch.
❏ Spannweite 58–72 cm.

Rotfußfalke *Falco vespertinus* 28–31 cm

Jungvogel: Ähnelt jungem Baumfalken, hat aber viel hellere und ausgedehnter cremefarbene Stirn und weniger Schwarz an den Kopfseiten.

Männchen: Dunkelgrau mit silbrigen Schwungfedern. Man achte auf rostrote »Hosen«, rote Füße und rote Wachshaut.

Status: Geselliger Brutvogel in Osteuropa; auf dem Heimzug oft bis weit nach NW vorstoßend.

Weibchen: Ausgedehnt orangebeige an Kopf und US (man achte auf dunkle Maske); graue OS einschließlich Schwanz gebändert, aber Schwanz ohne Endbinde.

❏ Nahrungssuche über offenem Land; rüttelt wie Turmfalke oder greift Insekten wie Baumfalke. ❏ Brütet kolonieweise in alten Krähennestern, sogar in Saatkrähenkolonien. ❏ Spannweite 65–75 cm.

Merlin *Falco columbarius* — 25–30 cm

Männchen ist kleinster Falke des Gebiets. Beide Geschlechter erinnern in Färbung und Jagdtechnik an Sperber, aber Merlin sitzt offen auf Pfosten und Felsen, und seine längeren Flügel reichen im Sitzen bis ans Schwanzende. Jungvogel sehr ähnlich ♀, beide vom Baumfalken unterschieden durch verwaschene Kopfzeichnung (keine klare Kappe) und ohne leuchtend weiße Kehle und Kragen.

Männchen: Rostbraune US und bläuliche OS legt Sperber-♂ nahe, aber der dunkeläugige Merlin ist unterseits gestrichelt (nicht gebändert).

Weibchen: Das größere ♀ ist fast so große wie Turmfalke, aber mit verwaschener Kopfzeichnung und ungezeichneter, bräunlicher OS.

Männchen: Man achte auf schwarze Schwanzbinde und sehr spitze Flügel im Flug.

Weibchen: Man vergleiche die dunkelbräunliche OS (mit nur geringem Unterschied zur Flügelspitze) mit den kontrastreicheren, gelbbraunen Tönen des Turmfalken.

Flug: Der schnelle reißende Flug des Merlins ist ein wichtiges Merkmal. Jagt schnell und niedrig in offenem Gelände und überrascht Kleinvögel wie Lerchen und Pieper oder verfolgt sie in wendigem Flug.

Status: Seltener Brutvogel in N-Europa; im Winter und auf dem Zug weiter verbreitet, aber nicht häufig.

❏ Im Winter im Tiefland, in Mooren und auf Feldern. ❏ Einzeln, aber im Winter gemeinsame Schlafplätze am Boden. ❏ Brütet am Boden zwischen Heidekraut oder in alten Krähennestern in niedrigen Bäumen. ❏ Ruf am Brutplatz ein schrill keckerndes »tschik-ik-ik-ik«. ❏ Schwer zu beobachten: Saust gewöhnlich über ein Feld und verschwindet hinter einer Hecke, bevor man das Fernglas ausgerichtet hat. ❏ Rüttelt manchmal kurz (wie Turmfalke) und kreist auch kurz (wobei die Silhouette an Wanderfalken erinnert). ❏ Spannweite 60–65 cm.

Baumfalke *Falco subbuteo* RL: 3; 28–35 cm

Flinker kleiner Falke der Waldlichtungen und Heiden sowie des offenen wald- und gebüschreichen Grünlands; auf dem Zug auch an der Küste. Zeichnung erinnert an Wanderfalken (besonders Kopfzeichnung), aber die sehr spitzen Flügel sind auch bei schlechter Sicht ein deutliches Merkmal. ♀ größer als ♂.

Jungvogel: Brauner als Adulte, ohne rostrote Hosen. Helle Stirn und schuppiger Rücken erinnern an jungen Rotfußfalken, aber Baumfalke mit ungebänderter Schwanz-OS (nur helle Schwanzspitze) und im Flug von unten ohne deutlichen dunklen Flügelhinterrand. Einjährige ähnlich.

Altvogel: Rotbraune Hosen und gestrichelte US in Verbindung mit schwarz-weißer Kappe sind unverwechselbar.

Flug: Relativ kurzer Schwanz und zugespitze Flügel sind Merkmale des dahinschießenden Baumfalken. Aus bestimmten Blickwinkeln können die gebogenen Flügel entfernter Vögel sogar an Mauersegler erinnern.

Schwarze Kappe und weißer Kragen kontrastieren mit gestreifter US. Die Gewohnheit, Insekten im Flug zu greifen und zu fressen, ist typisch (findet sich aber auch bei Rötel- und Rotfußfalke; im Gegensatz zu diesen rüttelt der Baumfalke kaum und dann nur sehr kurz und offensichtlich unwillig).

Status: Verbreiteter, aber nicht häufiger Brutvogel (Ende Apr.-Sept.); auf dem Zug oft in Trupps, auch zusammen mit Rotfußfalken.

❏ Seine ungewöhnliche Wendigkeit erlaubt ihm, Schwalben, Segler und sogar Fledermäuse in der Luft zu jagen. ❏ Seine Anwesenheit wird oft durch Schwalben angezeigt, die sich geräuschvoll zusammenrotten. ❏ Jagt oft abends in Feuchtgebieten Libellen und Schwalben und bildet Schlafgesellschaften. ❏ Sitzt gerne auf dem höchsten Ast eines Baumes. ❏ Brütet bevorzugt in alten Krähennestern, gern im Wipfel hoher Fichten. ❏ Zur Brutzeit recht ruffreudig; Ruf ein ansteigendes, klingendes »kii-kii-kii-kii«, höher als ähnlicher Ruf des Turmfalken – ähnlich dem Gesang des Wendehalses. ❏ Spannweite 70–84 cm.

Würgfalke *Falco cherrug* 45–55 cm

Altvogel: Bräunlich, mit auffallend weißlichem Kopf. Im Sitzen sind die Flügel deutlich kürzer als der Schwanz (vgl. Wanderfalke).

OS heller braun als junger Wanderfalke, mit deutlich dunklerer Flügelspitze.

❏ Größer und relativ langschwänziger als Wanderfalke, aber nicht ganz so schwer wie Gerfalke. Gesamtfärbung mehr braun als grau, ein gutes Unterscheidungsmerkmal, allerdings überschneiden sich die Verbreitungsgebiete kaum. ❏ Kreisende Vögel sind langflügliger als Wanderfalke, Flügelspitzen aufgebogen (nicht flach oder abwärts gebogen). ❏ Dunklere Jungvögel leicht mit großen dunklen Wanderfalken zu verwechseln; darum auf den im Sitzen die Flügelspitzen überragenden Schwanz und auf Unterflügelzeichnung achten. ❏ Seltener Standvogel (mit einiger Streuung) in Steppen und Gebirgen SO-Europas (einschließlich W-Ungarn und Burgenland). ❏ In NW-Europa manchmal als Gefangenschaftsflüchtling angesehen. ❏ Spannweite 102–126 cm.

Gerfalke *Falco rusticolus* 53–62 cm

Jungvogel: Dunkle Junge haben düstere Unterflügeldecken, die sich von den hellen Schwungfedern abheben.

Status: Ein kraftvoller arktischer Jäger, der südlich vereinzelt bis in norwegische Gebirge brütet. Im Winter auch weiter südlich, v. a. Vögel in der fast ganz weißen Form, die in Grönland und Kanada überwiegt.

Altvogel: Nicht unähnlich einem großen, graubraunen Wanderfalken, aber mit längerem Schwanz und breiteren Flügeln (die im Sitzen deutlich kürzer sind als der Schwanz).

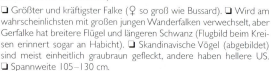

❏ Größter und kräftigster Falke (♀ so groß wie Bussard). ❏ Wird am wahrscheinlichsten mit großen jungen Wanderfalken verwechselt, aber Gerfalke hat breitere Flügel und längeren Schwanz (Flugbild beim Kreisen erinnert sogar an Habicht). ❏ Skandinavische Vögel (abgebildet) sind meist einheitlich graubraun gefleckt, andere haben hellere US. ❏ Spannweite 105–130 cm.

Wanderfalke *Falco peregrinus* RL: 3; 39–50 cm

Kräftig gebauter Falke ursprünglich offener Landschaften, von felsigen Küsten und Flußmündungen bis zu Gebirgen und Mooren. Untersetzter und breitbrüstiger als andere Falken (außer seltenem Ger- und Würgfalken), mit spitzen Flügeln und mittellangem Schwanz. In allen Kleidern mit deutlicher schwärzlicher Kappe. Beim hohen Kreisen deutlich ankerförmiges Flugbild. Alterskleid wird im zweiten Kalenderjahr angelegt.

Altvogel: US gebändert, OS schiefergrau mit etwas hellerem Bürzel. Schwärzliche Kappe und weiße Kehle ähnlich nur beim Baumfalken. Der Größe nach ist dies ein ♀ (vgl. unten).

Flug: Rasch und direkt, typischerweise mit einigen schnellen Schlägen und einer langen Gleitstrecke, kann aber rasch beschleunigen.

Jungvogel: Gestreifte US und dunkler braune OS mit deutlich heller Schwanzspitze (letzteres erstaunlich gut sichtbar, auch wenn die Farbe der OS nicht erkennbar ist). Der Größe nach ist dies ein ♂ (vgl. oben).

Kreist auf flachen oder leicht abwärts gebogenen Flügeln (aus der Ferne ähneln Vögel von hinten gleitendem Eissturmvogel). Herrlich in der Luft, taucht und segelt auf Luftströmungen und jagt oft Vögel aus Spaß und Bosheit.

Status: Zunehmend, aber spärlich verbreitet, Standvogel und Wintergast. Nach großen Verlusten durch DDT in den 1950ern, neuerdings Zunahme.

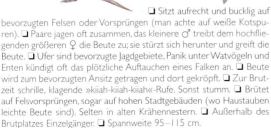

❏ Sitzt aufrecht und bucklig auf bevorzugten Felsen oder Vorsprüngen (man achte auf weiße Kotspuren). ❏ Paare jagen oft zusammen, das kleinere ♂ treibt dem hochfliegenden größeren ♀ die Beute zu; sie stürzt sich herunter und greift die Beute. ❏ Ufer sind bevorzugte Jagdgebiete, Panik unter Watvögeln und Enten kündigt oft das plötzliche Auftauchen eines Falken an. ❏ Beute wird zum bevorzugten Ansitz getragen und dort gekröpft. ❏ Zur Brutzeit schrille, klagende »kiiah-kiiah-kiiah«-Rufe. Sonst stumm. ❏ Brütet auf Felsvorsprüngen, sogar auf hohen Stadtgebäuden (wo Haustauben leichte Beute sind). Selten in alten Krähennestern. ❏ Außerhalb des Brutplatzes Einzelgänger. ❏ Spannweite 95–115 cm.

Fischadler *Pandion haliaetus* RL: 3; 55–69 cm

Großer Greif, der an Seen, Flüssen und Küsten ausschließlich Fische fängt. Fliegt auf langen, relativ schmalen und am Gelenk typisch abgeknickten Flügeln. Leicht für eine junge Großmöwe zu halten, wenn er hoch über dem Wasser kreist, aber unterscheidet sich durch typischen dunklen Bugfleck und unbeholfene Rüttelphasen mit hängenden Beinen – wobei die silbrigen US der Handschwingen mit jedem Flügelschlag aufglänzen, wodurch der Vogel auch aus der Entfernung auffällt.

Altvogel: OS dunkelbraun, US leuchtend weiß, mit zottiger Haube, dunkler Augenbinde und Hakenschnabel. Geschlechter gleich, aber ♀ durchschnittlich mit breiterem bräunlichen Brustband.

Jungvogel: Erscheint oberseits schwärzer, mit deutlicher weißer Schuppenzeichnung. Im Flug von unten durch deutlichere und gleichmäßigere Bänderung der Armschwingen, bräunliche Tönung der weißen Flügelbinden und Achseln sowie helle Spitzen der Schwung- und Steuerfedern von Adulten unterschieden.

In S-Europa mit größerem Schlangenadler zu verwechseln (ebenfalls hell und rüttelnd), aber Fischadler durch überwiegend weißen Kopf mit schwarzem Augenstreif, »glänzend« weißen Bauch und dunklen Bugfleck einmalig unter Greifen.

Status: Seltener Brutvogel (Ostdeutschland) von Apr. bis Sept. Überwintert hauptsächlich in Afrika.

Rüttelt, um Beute zu erspähen, geht oft tiefer und rüttelt wieder, bevor er zu spektakulärem Sturz mit vorgestreckten Fängen niedergeht. Kann kurz untertauchen, bevor er mit Fisch wieder auftaucht.

❏ Brütet in N-Europa auf bewaldeten Inseln und in wald- und seenreichen Landschaften. ❏ Auf dem Zug oft an Fischweihern, Stauseen und Küsten. ❏ Baut aus Ästen massiven Horst im Wipfel hoher Nadelbäume (Adler bauen im Kronenschutz). ❏ Ruf eine Serie klagender kurzer Pfiffe: »pjüp, pjüp...«. ❏ Aufgeregtes Rufen im Frühling macht auf Flugbalz des ♂ aufmerksam. ❏ Spannweite 145–160 cm.

Haselhuhn *Bonasia bonasia* RL: 3; 36 cm

Scheues, kleines Waldhuhn. Schwer zu beobachten, meist nur als davonschwirrendes Huhn zwischen dichtstehenden Stämmen. Baumt manchmal nach kurzem Flug auf. Ein kurzer Blick auf den gespreizten Schwanz läßt die schwarze Endbinde mit weißem Rand erkennen, was an den Schwanz der Turteltaube erinnert.

Männchen: Schwarze Kehle und auffällig gefleckte Unterseite. Beide Geschlechter zeigen die charakteristische Schwanzzeichnung.

Weibchen: Ohne die schwarze Kehle des ♂.

Status: Seltener bis mäßig häufiger Brutvogel; ganzjährig.

❏ Am ehesten wird man die Anwesenheit am typischen, sehr hohen, dünnen Pfeifen »pijjjieh« (wie eine Hundepfeife) feststellen. ❏ Bevorzugt Mischwälder, besonders Erlen und Birken an Bachufern, wo es sowohl auf den Bäumen als auch am Boden nach Nahrung sucht. ❏ Außerhalb der Alpen stark abnehmend. Fehlt in Großbritannien und Irland.

Steinhuhn *Alectoris graeca* RL: 0; 33 cm

Seltenes Huhn der Alpen; überlappt (und bastardiert teilweise) mit ähnlichem Rothuhn in den französischen Alpen. Steinhuhn aber meist in höheren Lagen der Felsregion. OS grauer als Rothuhn, ohne Streifung an Hals und Brust. Flanken dichter und gleichmäßiger gebändert, mit längeren Streifen, ohne die deutlich rotbraunen und violettgrauen Bänder des Rothuhns. Fehlt in Großbritannien und Irland.

Altvogel: Ohne Streifung unter dem Latz (wie beim Rothuhn).

Chukarhuhn: Hat gelbliche Kehle, hellen Zügel, mehr Braun auf Ohrdecken und mehr Weiß überm Auge.

Status: Seltener Brutvogel in den Alpen.

❏ Das nahe verwandte Chukarhuhn (*A. chukar*) wurde aus Asien eingebürgert und bastardiert mit Stein- und Rothuhn. Es unterscheidet sich vom Steinhuhn durch weniger, weiter entfernte und weniger durchgehende Flankenbänder, V-förmigen (statt U-förmigen) unteren Rand der schwarzen Kehlumrandung und einen auffälligeren schwarzen Fleck am Schnabelwinkel (durch Weiß getrennt vom Stirnband).

Rothuhn *Alectoris rufa* RL: 0; 33 cm

Schwerer als Rebhuhn. Auffallende schwarze Einfassung der weißen Kehle, weißlicher Überaugenstreif und sehr kräftige Flankenbänderung sind wichtigere Unterscheidungsmerkmale gegenüber Rebhuhn als rote Beine und Schnabel. Vgl. Rebhuhn wegen allgemeiner Merkmale der Glattfußhühner.

Altvogel: Dreifarbige Flankenbänderung; Kontrast zwischen violettgrauer Brust und rotbraunem Bauch.

Rothuhn

Deutlich ausgeprägte Streifung unter schwarzem Halsband typisch für reinrassige Rothühner; am besten zu sehen bei erhobenem Kopf. Viele zu Jagdzwecken ausgesetzte Hühner sind Kreuzungen mit Chukarhuhn; solche Vögel sind insgesamt grauer und haben nur geringe Streifung auf der Brust.

Chukarhuhn

Status: In ME ausgestorben. Heimisch in SW-Europa, seit langem eingebürgert in England. Standvogel.

Rebhuhn   Rothuhn

Die Schwierigkeiten bei der Bestimmung fliegender Glattfußhühner werden geringer, wenn man beim Abfliegen die Kopfzeichnung erkennen kann (Rothuhn rechts) oder den Bauchfleck (Rebhuhn links). Vgl. auch S. 79.

❏ Eingeführte Chukar-Hybriden (jetzt verboten) haben in vielen Gebieten Großbritanniens die reinrassigen Populationen des Rothuhns geschwächt. ❏ Obwohl sich das Verbreitungsgebiet teilweise mit dem des Rebhuhns überdeckt, bevorzugt das Rothuhn trockenere Gebiete und kommt auch auf stark verbuschten Flächen vor. ❏ Läuft bei Störung lieber davon, statt sich zu drücken wie Rebhuhn. ❏ Stimme deutlich anders, ein rhythmisches, hühnerartiges Glucken, das sich zu einem rauhen, schabenden »chuk-chuk-chukAR-CHUKAR« steigert.

Rebhuhn *Perdix perdix* RL: 2; 30 cm

Glattfußhühner sind rundliche, kleinköpfige Vögel, die meist in kleinen Gruppen (»Ketten«) in Feldern leben. Das Rebhuhn unterscheidet sich vom Rothuhn durch fein gewellte und hellbraun gestreifte OS, orangefarbenes Gesicht, schwächere Flankenbänderung und deutlichen, dunkelrotbraunen Bauchfleck. Beine matt fleischgrau. Die Jungen beider Arten sind ohne auffällige Merkmale, aber meist in Gesellschaft ihrer Eltern, bis sie die Kennzeichen des Altersgefieders bekommen.

Männchen: Der große dunkle Bauchfleck (gewöhnlich verborgen durch geduckte Haltung) wird vom territorialen ♂ in aufrechter Haltung präsentiert. Das Gesicht ist leuchtend rötlich.

Weibchen: Die Geschlechter sind ähnlich, aber das matter gefärbte ♀ hat ein helleres Gesicht und einen kleineren, viel weniger ausgeprägten Bauchfleck.

Beim plötzlichen und schnellen Abfliegen sind Unterschiede der OS-Zeichnung zwischen Reb- und Rothuhn schwer auszumachen. Beide haben einen rotbraunen Schwanz. Rebhuhn (oben) hat hellbraune Streifen auf dem Rücken und Bänderung auf Schwungfedern. Das oberseits einfarbige Rothuhn (unten) ist massiger, mehr erdbraun und zeigt typische helle und dunkle Keile auf den Handschwingen.

Rebhuhn

Rothuhn

Jungvogel (Kopf)

Beim Fressen gut getarnt (ähnelt Erdhaufen), doch wird der Kopf immer wieder sichernd erhoben.

Status: Im Tiefland seltener bis häufiger Brutvogel (abnehmend durch Veränderungen in der Landwirtschaft). Ganzjährig. Nicht in den Alpen und im bayerischen Alpenvorland.

❏ Bewohnt offene Felder mit Hecken, hauptsächlich im Flachland, aber auch in leicht hügeligem Gelände; bevorzugt Grasland und Stoppelfelder. ❏ Drückt sich bei Gefahr oder kriecht am Boden, läuft oder rennt davon. Fliegt schließlich mit explosivem Flügelschwirren auf, legt Gleitstrecken ein und fällt außer Sichtweite wieder ein. ❏ Anwesenheit kann an stillen Abenden an Lautäußerungen festgestellt werden: ein weitreichendes, schabendes »kerrr-ik« (ähnlich rostiger Tür). ❏ Halbwüchsige fliegen leicht auf und können mit Wachteln verwechselt werden. ❏ Halbwüchsige Fasane erinnern an Rebhühner, haben aber spitzen, keilförmigen, braunen Schwanz und sind insgesamt mehr gepunktet.

Schottisches Moorschneehuhn *Lagopus lagopus scoticus* 38 cm

Ein dunkler, rebhuhnähnlicher Vogel offener Heidemoore. In seinem speziellen Lebensraum kaum zu verwechseln, aber ähnlich Alpenschneehuhn und weiblichem Birkhuhn (siehe folgende Seiten). Flügge Jungvögel ähneln ♀.

Männchen: Rotbraunes Gefieder wirkt aus der Entfernung sehr dunkel, die ganz weißen Füße sind selten zu sehen. Im Frühjahr schwellen die roten Augenwülste an und überragen den Scheitel. Weißer Bartstreif.

Flug: Erhebt sich plötzlich mit schwirrenden Flügeln und kakelnden Rufen aus dem Heidekraut. Flug rasch, mit kurzen Gleitstrecken auf steif gebogenen Schwingen; zeigt beim Schwenken weißliche Unterflügel. Fällt außer Sicht rasch wieder ein.

Status: Lokal häufiger Brutvogel in Schottland, Wales, N-England und Irland, vereinzelt ausgesetzt in Devon. Rechte Teilkarte: Verbreitung der Stammform *L. l. lagopus*.

Weibchen: Kleiner als Hahn, ohne Bartstreif. Rudimentäre Augenwülste oft nicht erkennbar. Heller und brauner als ♂, mit intensiv gelblichen Federrändern.

❏ Bevorzugt ausgedehnte Heidemoore des Hochlands, kommt aber auch bis Meereshöhe vor und steigt bei schlechtem Wetter bis an den Rand der Kulturlandschaft herab. ❏ Im Frühling sind die ♂ geräuschvoll und lassen eine Reihe bellender und nasaler Rufe hören, einschließlich einem ärgerlichen, kehligen »go-bäk, go-bäk, go-bäk-äk-äk-äk«. ❏ Außerhalb der Brutzeit in Trupps, besonders im Winter. ❏ Früher als eigene, für Großbritannien endemische Art angesehen, heute als Rasse des zirkumpolaren Moorschneehuhns.

Moorschneehuhn *Lagopus lagopus lagopus* 40 cm

Sommer

Ersetzt in Skandinavien das Schottische Moorschneehuhn. Im Gegensatz dazu im Sommer mit weißem Bauch und Flügeln und im Winter ganz weiß (wie Alpenschneehuhn). Eher größer und schwerer als Alpenschneehuhn, mit etwas gedrungenerem Schnabel und im Sommer viel rotbrauner. ♂ im Winter ohne schwarzen Zügel, ♀ sehr ähnlich. Meidet felsiges, kahles Gelände; bevorzugt Birken- und Weidengebüsch an feuchten Stellen der offenen Taiga. Stimme wie Schottisches M.

Alpenschneehuhn *Lagopus mutus* RL: R; 35 cm

Hervorragend getarntes Gebirgs- und Tundra-Gegenstück zum Moorschneehuhn, mit dem es das schneeweiße Gefieder im Winter und die weißen Flügel im Sommer gemeinsam hat. Dadurch leichte Bestimmung der Restpopulationen in Schottland, den Alpen und Pyrenäen. In Skandinavien Verwechslung mit Moorschneehuhn möglich. Hier sind Lebensraum und Stimme oft die besten Unterscheidungsmerkmale.

Männchen im Sommer: Steingraues Körpergefieder, fein schwarz gesperbert – im Frühjahr fast schwarzgrau. Ohne sattes Rotbraun des Moorschneehuhns. Man beachte im Frühling die hervortretenden roten Augenwülste.

Weibchen im Sommer: Heller. Fein quergestreiftes Gefieder hervorragend flechtenüberzogenen Steinen angepaßt. Der Henne des Moorschneehuhns sehr ähnlich, aber insgesamt heller gelbbräunlich, mit größeren schwarzen Flecken oberseits.

Männchen im Winter: Sehr ähnlich dem Moorschneehuhn, aber mit schwarzem Zügel. Schwarzer Schwanz in Ruhe nicht zu sehen.

Weibchen im Winter: Meist ohne schwarzen Zügel; vom Moorschneehuhn nur durch schlankeren Bau, Lebensraum und Stimme zu unterscheiden.

Am leichtesten zu finden, wenn man sorgfältig das Gelände nach Köpfen absucht, die über die Steine ragen.

Status: Brutvogel in den Alpen; ganzjährig.

❏ Bewohnt öde Berggipfel und felsübersäte Hänge, im nördlichen Verbreitungsgebiet bis fast auf Meereshöhe. ❏ Macht durch kreischende Rufe auf sich aufmerksam, wie eine sich langsam öffnende Tür. ❏ Gewöhnlich äußerst vertraut. ❏ Drückt sich bei Gefahr, läuft oder rennt dann zu einem Felsen, von dem es sich in die Tiefe gleiten läßt. ❏ Im Flug ein typisches, trockenes, rasselndes Husten – ganz anders als Moorschneehuhn. ❏ Bildet kleine Trupps, v.a. im Winter.

Birkhuhn *Tetrao tetrix* RL: 1; 40–55 cm

Ansehnliches Huhn bewaldeter Hochlagen, dem man am ehesten auf hügeligen Freiflächen in der Nähe von Waldrändern begegnet. Die prächtigen ♂ (Hähne) sind größer und langschwänziger als die bräunlichen ♀ (Hennen). Vgl. ♀ mit Hennen von Auer- und Haselhuhn.

Balzendes Männchen: Herrlich blauschwarzes Gefieder, leuchtend rote Augenwülste (Rosen) und strahlend-weiße Unterschwanzdecken, die bei der Balz aufgespreizt werden. In Normalhaltung ist der Schwanz lang und leierförmig.

Weibchen: Etwas größer als Moorschneehuhn, mit relativ längerem, gekerbtem Schwanz. ♂ im SK (Juni/Juli) ähnlich, aber mit schwarzem Schwanz und weißlichen Unterschwanzdecken.

Weibchen: Viel weißere Unterflügel als Schottisches Moorschneehuhn. Man achte auf deutlich gekerbten Schwanz und oft eine weißliche Flügelbinde.

Fliegendes Männchen im PK: Leuchtend weiße Unterflügel und Flügelbinde oberseits sowie leierförmiger Schwanz schließen jede Verwechslung aus.

Status: In N- und O-Europa abnehmender Jahresvogel, in vielen Gebieten ausgestorben; in den Alpen noch mäßig häufig.

❏ Bewohnt offene Nadel- und Birkenwälder mit Heiden und Mooren. Schläge und Neuaufforstungen werden oft bevorzugt. ❏ Gewöhnlich in kleinen, oft nach Geschlechtern getrennten Trupps. ❏ Hauptsächlich im Frühjahr versammeln sich die Hähne zur Morgen- und Abenddämmerung an traditionellen Balzplätzen. Blubbernde und zischende Rufe werden von Sprüngen und flügelschleifenden Tänzen mit gesträubtem Schwanz begleitet. ❏ ♀ erscheinen, um ein ♂ zu wählen. ❏ Sitzt gern in Bäumen, wo es Knospen frißt – manchmal am Ast hängend wie ein gigantischer Fink. ❏ Scheu und wachsam. ❏ Erhebt sich leicht und ziemlich geräuschlos, fliegt meist höher und weiter als Schneehuhn (meist über Baumwipfeln). ❏ Gelegentlich wurden Bastarde mit Fasan, Auerhuhn und Schneehuhn beobachtet.

Auerhuhn *Tetrao urogallus* RL: 1; 60–87 cm

Riesiges Huhn; beschränkt auf alte, offene Nadelwälder mit reicher Beerenkrautschicht. ♂ ein enormer, truthahnähnlicher Vogel (ein Drittel größer als ♀) in dunklem Gefieder, mit hornfarbenem Schnabel, struppiger Kehle und langem, breiten Schwanz. Das kleinere, gefleckte ♀ gleicht einer großen Birkhenne.

Männchen: Unverwechselbar; mit tiefbraunem Rücken und Flügeln, samtgrünem Brustschild, schwarzem Bart und stark gekrümmtem Schnabel. In der Balz mit gefächertem Schwanz wie Truthahn, erhobenem, locker gesträubten Kopf und Hals, dabei wunderliche, hölzern klickende Tonreihen ausstoßend, die sich zu einem lauten »plop« steigern, dem eine Reihe kratzender Schleifgeräusche folgt. Alte ♂ sind am größten und haben breitere Schwänze als jüngere.

Weibchen: Deutlich größer (und doppelt so schwer) wie Birkhenne, mit hellerer, deutlicher gezeichneter US. Zimtbraune Kehle und ungezeichnetes rotbraunes Brustband sind typisch.

Flug: Charakteristisches Flugbild meist nur kurz zu sehen: Eine große dunkle Gestalt bricht geräuschvoll aus den Baumwipfeln (jeder Flügelschlag ist hörbar) und verschwindet rasch. Wirkt sehr dunkel, mit weißem Unterflügel und hellem Schnabel; Hals und Schwanz lang und dick.

Fliegendes Weibchen: Großflügliger als Birkhuhn; mit längerem, stumpf endenden, im Abflug rostbraun leuchtenden Schwanz.

Status: Jahresvogel in NE und in den Gebirgen ME; nimmt überall stark ab; vielerorts ausgestorben; größere Verbreitungslücken in Bayern.

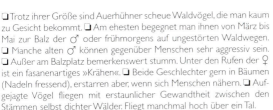

❏ Trotz ihrer Größe sind Auerhühner scheue Waldvögel, die man kaum zu Gesicht bekommt. ❏ Am ehesten begegnet man ihnen von März bis Mai zur Balz der ♂ oder frühmorgens auf ungestörten Waldwegen. ❏ Manche alten ♂ können gegenüber Menschen sehr aggressiv sein. ❏ Außer am Balzplatz bemerkenswert stumm. Unter den Rufen der ♀ ist ein fasanenartiges »Krähen«. ❏ Beide Geschlechter gern in Bäumen (Nadeln fressend), erstarren aber, wenn sich Menschen nähern. ❏ Aufgejagte Vögel fliegen mit erstaunlicher Gewandtheit zwischen den Stämmen selbst dichter Wälder. Fliegt manchmal hoch über ein Tal.

Fasan *Phasianus colchicus* 55–85 cm

Bekannter, langschwänziger Jagdvogel der Felder. ♂ mit roten Hautlappen und glänzendem, farbenfrohen Gefieder unverkennbar. ♀ können nur mit Hennen anderer Fasane verwechselt werden. Die oben angegebenen Maße schließen eine Schwanzlänge von 25–45 cm ein.

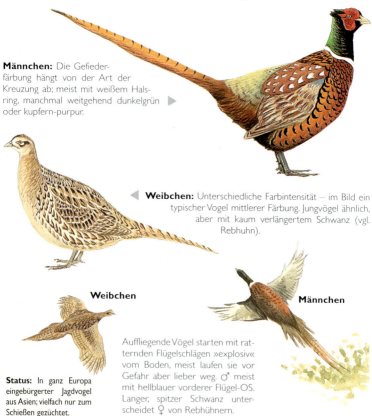

Männchen: Die Gefiederfärbung hängt von der Art der Kreuzung ab; meist mit weißem Halsring, manchmal weitgehend dunkelgrün oder kupfern-purpur. ▶

◀ **Weibchen:** Unterschiedliche Farbintensität – im Bild ein typischer Vogel mittlerer Färbung. Jungvögel ähnlich, aber mit kaum verlängertem Schwanz (vgl. Rebhuhn).

Weibchen **Männchen**

Auffliegende Vögel starten mit ratternden Flügelschlägen »explosiv« vom Boden, meist laufen sie vor Gefahr aber lieber weg. ♂ meist mit hellblauer vorderer Flügel-OS. Langer, spitzer Schwanz unterscheidet ♀ von Rebhühnern.

Status: In ganz Europa eingebürgerter Jagdvogel aus Asien; vielfach nur zum Schießen gezüchtet.

❏ Bevorzugt relativ offene Landschaften mit etwas Deckung: Felder und Wiesen mit Hecken, Waldränder, Küstengebüsche usw. ❏ Nahrungsuche in offenen Feldern, rennt bei Gefahr mit erhobenem Schwanz und hohem Kopf zur Deckung. ❏ ♀ flattern bei der Annäherung erst kurz vor den Füßen vom Nest auf oder verleiten mit »gebrochenem« Flügel, während die Küken nach allen Richtungen davonflattern. ❏ Küken können sehr früh fliegen und dann mit Wachteln verwechselt werden. ❏ Fliegt nach geräuschvollem Start rasch und oft hoch über Hecken mit eingeschobenen Gleitstrecken. ❏ ♂ lassen ein lautes, kratzendes Krähen hören: »krö-gök«, begleitet von lautem Flügelschwirren in der Balz.

Diamantfasan *Chrysolophus amherstiae* 60–120 cm

Hübscher Fasan aus China. In S-England einige eingebürgerte Populationen. Ähnlich groß wie Goldfasan, aber mit längerem Schwanz. Gewöhnlich versteckt unter dichtem Nadeljungwuchs. Der typische, durchdringende, rauhe Frühlingsruf der ♂ ist der beste Hinweis auf seine Anwesenheit; anders als der Ruf des Goldfasans ist er dreisilbig (nicht zweisilbig), mit Betonung der ersten (nicht letzten) Silbe: »tschie ik-ik«. Die oben angegebenen Maße schließen 30–95 cm Schwanz ein.

Männchen: Unverwechselbar; der lange, quergestreifte, weiße Schwanz zieht die Aufmerksamkeit auf sich, wenn der Vogel im Unterholz verschwindet. (Bastarde mit Goldfasan weisen unterseits mehr Rot auf.)

Weibchen: Schwer vom Goldfasan zu unterscheiden; insgesamt wärmer braun, mit dunkler rotbraunem Scheitel und kontrastierender heller Kehle (Goldfasan mehr einheitlich hellköpfig); hellerer Bauch und hellerer, kontrastreicher gestreifter Schwanz. Aus der Nähe auf grauen Schnabel und Beine achten – beim Goldfasan sind sie gelblich.

Goldfasan *Chrysolophus pictus* 60–115 cm

Kleiner, schmucker Fasan aus China. Vielfach in Volieren gehalten und stellenweise in Großbritannien eingebürgert. Bewohnt dichte Nadelholzschonungen mit Rhododendrondickicht. Hält sich meist im Wald versteckt, kann aber morgens auf Waldwegen gesehen werden. Wird viel öfter gehört als gesehen. ♂ rufen von Feb. bis Mai mit durchdringendem »ka-tschiek«. Die oben angegebenen Maße schließen 30–75 cm Schwanzlänge ein.

Männchen: Unverwechselbar flammenfarben und exotisch. In der Balz wird der goldene Kragen nach vorn und oben gefächert, so daß er das Gesicht verdeckt.

Weibchen: Klein; dicht gestreiftes (nicht geflecktes) Körpergefieder sowie stärker gebogener und kräftiger gestreifter Schwanz sind gute Unterscheidungsmerkmale gegenüber der Fasanen-Henne – aber nicht gegenüber dem sehr ähnlichen Diamantfasan.

Wachtel Coturnix coturnix   RL:V; 18 cm

Ein Miniatur-Feldhuhn von der Größe eines Stars; kaum zu sehen, falls nicht zufällig aufgejagt. Der typische »Gesang« ist meist der einzige Hinweis auf ihre Anwesenheit. Leicht mit halbwüchsigen Rebhühnern zu verwechseln, die schon als Küken fliegen können, aber Wachteln haben längere und spitzere Flügel (eine Anpassung an den Langstreckenzug).

Männchen: Hellbeige und weißliche Körperstreifung und gestreifter Scheitel (heller Zentralstreif trennt dunkelbraune Seiten) können sichtbar sein, wenn der Vogel heimlich und geduckt durchs Gras schleicht. Manche ♂ haben rotbraunes Gesicht und Kehle, ohne die typische Zaumzeug-Zeichnung.

Weibchen: Wachteln schauen manchmal über kurzes Gras. ♀ ohne schwarze Kehle der ♂ und mit weniger deutlicher Zaumzeug-Zeichnung im Gesicht.

Status: Verbreiteter Brutvogel im Tiefland; bei starken Bestandsschwankungen längerfristige Abnahme; Mai bis Sept. Bei rufenden Vögeln oft schwer zwischen Durchzüglern und Brutvögeln zu unterscheiden.

Flug: Das plötzliche, schnepfenähnliche Auffliegen wird oft begleitet von einem tiefen Trillerruf. Recht lange Flügel und kurzer spitzer Schwanz sind nützliche Unterscheidungsmerkmale gegenüber Rebhuhnküken.

Wachteln schnurren schnell und niedrig über größere Entfernungen, bevor sie wieder einfallen. Man kann sie selten ein zweites Mal aufscheuchen.

❏ Der einzige Zugvogel unter den Hühnern. ❏ Bevorzugt offene, leicht hügelige Landschaften mit möglichst unkrautreichen Getreidefeldern und Wiesen. ❏ Man achte morgens und abends auf den typischen, dreisilbig-flüssigen Stakkatoruf »bick-berbick«. ❏ Mit viel Glück kann man den Vogel am ehesten beim morgendlichen Staubbad auf einem Feldweg sehen.

Wasserralle *Rallus aquaticus* 22–28 cm

Schlanker, heimlicher Sumpfvogel; deutlich kleiner und versteckter als Teichhuhn. Schwimmt gut, ist aber meist zu sehen, wenn er am schlammigen Röhrichtrand pickt oder im seichten Süßwasser watet. Die einzige europäische Ralle mit langem roten Schnabel.

Altvogel: Gesicht und Brust einfarbig schiefergrau (vgl. Tüpfelsumpfhuhn), Flanken kräftig schwarz-weiß gebändert. Geschlechter gleich.

Jungvogel: Matter als Altvogel, mit weißlichem Überaugen- und dunklem Augenstreif. Unten heller bräunlich und gefleckt. Hornfarbener Schnabel wird mit zunehmendem Alter röter.

Flug: Aufgejagte Vögel fallen nach kurzer Strecke wieder in Deckung ein. Flug niedrig und schwach flatternd. Man beachte die langen, fleischbraunen Beine und Zehen, die wie beim Teichhuhn nachschleppen.

Status: Verbreiteter Brutvogel mit Schwerpunkt im Tiefland (abnehmend); im NO und in ME hauptsächlich Zugvogel, in S-England und Frankreich Jahresvogel.

Wirkt von hinten bemerkenswert schlank – Körper in Anpassung an das Leben im Röhricht seitlich zusammengedrückt. Kurzer, gestelzter Schwanz zuckt oft und zeigt die auffällig cremeweiße US.

❏ Bewohnt Röhrichtsümpfe und Hochmoore. ❏ Im Winter auch an Brackwassertümpeln und Flußmündungen der Küste. ❏ Gewöhnlich einzeln oder zu zweit nicht weit vom Wasser. ❏ Läuft und rennt herum. Erstarrt gewöhnlich oder steckt den Kopf in die Deckung, wenn überrascht; kann aber auch erstaunlich zutraulich sein. ❏ Laute Rufe verraten den Vogel: ein unverwechselbarer Ausbruch grunzender, seufzender, schweineartig quiekender Töne (Quieken wie Kork in der Flasche). ❏ Ein abgehackt wiederholtes, sich beschleunigendes »pik, pik, pik ...« wird oft überhört (oder mit Tüpfelsumpfhuhn oder Teichhuhn verwechselt). ❏ Allesfresser, der manchmal sogar kleine Vögel frißt.

87

Tüpfelsumpfhuhn *Porzana porzana* RL:3; 23 cm

Kurzer, gelblicher Schnabel typisch (variabler oranger Fleck an der Basis ist im Frühjahr am leuchtendsten). Unter guten Bedingungen können die weißen Tupfen im Körpergefieder erkannt werden (am deutlichsten auf Brust und OS), verschwinden aber durch Abnutzung bei Altvögeln im Spätsommer. Geschlechter gleich.

Status: Im NO häufiger, in Mittel- und W-Europa seltener Brutvogel (stark abnehmend); fehlt in W-Deutschland; überwintert in Afrika.

Unterschwanzdecken generell bräunlicher als bei Wasserralle, aber die Farbe variiert bei beiden Geschlechtern und sollte nicht als einziges Unterscheidungsmerkmal dienen. Jungvögel und viele ♀ haben olivbraunen Schnabel.

❏ Kann von hinten leicht mit Wasserralle verwechselt werden, aber kleiner, US brauner und grünliche Beine. ❏ In Seggensümpfen und Röhrichten. ❏ Ruft hauptsächlich nachts: ein weithin hörbares, peitschendes »kuitt«, das im Sekundenabstand wiederholt wird. ❏ Nicht scheu, aber trotzdem selten zu sehen. Man berücksichtige bei der Bestimmung auch die beiden kleineren Sumpfhühner.

Wachtelkönig *Crex crex* RL:1; 26 cm

Am ehesten zu sehen, wenn unabsichtlich aufgejagt; steigt selten zweimal auf. Fliegt niedrig mit hängenden Füßen und erinnert dann an ein hellbräunliches Teichhuhn. Die langen rotbraunen Flügel sind typisch.

Status: Im O häufiger, in Mittel- und W-Europa seltener Brutvogel (stark abnehmend); fehlt in W-Deutschland; überwintert in SO-Afrika.

Steht beim Rufen oft auf Erdhaufen oder Steinen; man achte auf Kopf und Hals, die das Gras überragen, besonders im frühen Jahr, wenn die Vegetation noch niedrig ist.

❏ Rasch abnehmender Bewohner spät gemähter Wiesen mit dichter Deckung und ohne stehendes Wasser. ❏ Kaum zu sehen; fällt auf durch typisches, raspelndes »krrek-krrek« – wie ein Kamm, der über Tischkante gezogen wird. ❏ In allen Kleidern gleich.

Kleines Sumpfhuhn *Porzana parva*   RL:1; 19 cm

Kleiner und schlichter als Tüpfelsumpfhuhn. Sehr ähnlich folgender Art, doch längere Flügel mit leichter Flügelbinde: die langen Handschwingen überragen die kurzen Schirmfedern. Der Schwanz ist ebenfalls etwas länger. Roter Fleck an der Basis des schlankeren Schnabels unterscheidet ebenfalls von Zwerg-S., doch Rot schwer zu sehen und fehlt Jungvögeln.

Weibchen: Hell-sandbrauner Körper im Frühjahr typisch (beim Zwerg-S. sind die Geschlechter gleich).

Männchen: Die blaugrauen Flanken können bei gesenkten Flügeln ungebändert erscheinen. Man achte auf Rot an Schnabelbasis, hellen Flügelstreif, lange Flügelspitze und zugespitzten Schwanz.

Status: Seltener Brutvogel mit Schwerpunkt im O; seltener Sommergast.

Jungvogel wie ♀, jedoch mit leichter Flankenbänderung; von jungem Zwerg-S. am besten durch Habitus zu unterscheiden.

❏ Röhrichte am Rand von Seen und Teichen. ❏ Gesang eine Reihe gluckender Töne (»güack«), die langsam beginnen und sich stark beschleunigen. ❏ Sucht oft Nahrung auf schwimmender Vegetation und rennt bei Gefahr in Deckung. ❏ Schwimmt gern über kleine Strecken.

Zwergsumpfhuhn *Porzana pusilla*   RL:0; 18 cm

Wie Kleines S., aber plumper, mit intensiverer rötlich-brauner, deutlich weiß gezeichneter OS, kräftig gebänderten Flanken und stumpferen Flügeln. Handschwingen überragen lange Schirmfedern kaum – doch Mausereffekte beachten! Schnabel gedrungener als beim Kleinen S. und ganz grün. Beine oft rosa, doch bei vielen grünlich wie Kleines Sumpfhuhn. Geschlechter gleich.

Jungvogel: US matter und mehr gesprenkelt und gebändert als beim Altvogel (kann wie kleines Tüpfel-S. wirken).

Altvogel: Hintere Hälfte des Vogels gebändert und gesprenkelt. Man beachte kurze Handschwingen und gebänderte Flanken; ohne hellbraunen Flügelstreif. Beinfarbe variabel.

Status: Seltener (östlicher) Brutvogel.

Junges Kleines S. hat weniger gebänderte US, aber am besten durch Gestalt und Flügelstreif unterschieden.

❏ Seggensümpfe und nasse Wiesen. ❏ Sehr seltener Brutvogel und Sommergast, aber leicht zu übersehen. ❏ Nächtlicher Gesang ein wiederholtes Raspeln »trrr-trrr-trrr …«, mit Fröschen zu verwechseln.

Teichhuhn *Gallinula chloropus* RL: V; 32–35 cm

Bekannter, schwanzzuckender Wasservogel, in Gestalt und Verhalten an Land hühnerartig. Oft mit Bläßhuhn verwechselt, jedoch nie in Trupps auf offenem Wasser. Typisch für Alt- und Jungvögel sind weißer Flankenstrich und Unterschwanz. Auf dem Wasser Rücken viel flacher als beim Bläßhuhn. Schwanz erhoben und oft zuckend, Kopf nickt beim Schwimmen.

Altvogel: Die Kombination von leuchtend roter Stirnplatte und Schnabel mit gelber Spitze ist unverwechselbar. Weißer Flankenstrich trennt beim Altvogel schieferschwarzen Kopf und Körper von dunkelbraunen Flügeln. Geschlechter ähnlich (das etwas kleinere ♀ hat einen weißlicheren Bauch).

Jungvogel: Viel brauner als Adulte, Seitenlinie und Unterschwanz ockerweiß. Weißliches Kinn bleibt bis Ende des 1. Lebensjahres. Grünlichbrauner Schnabel ohne Stirnplatte.

Läuft bei Gefahr übers Wasser. Flug gewöhnlich kurz, mit baumelnden Beinen und den kurzen Schwanz überragenden Füßen. Rennt an Land mit gestrecktem Hals und schlagenden Flügeln zum Wasser oder in Deckung.

Status: Verbreiteter, häufiger Brutvogel; im N Zugvogel, sonst Jahresvogel.

Stelzt und zuckt ständig mit dem Schwanz und zeigt dabei die weiße, schwarz getrennte US. Schreitet elegant auf seinen langen, gelbgrünen Beinen (matter bei Jungvögeln) mit langen Zehen.

❏ An Teichen, Tümpeln, Baggerseen und anderen ruhenden oder langsam fließenden Kleingewässern mit dichter Vegetation. ❏ Gewöhnlich einzeln oder paarweise. Gelegentliche Ansammlungen bei der Futtersuche an Land in Wassernähe. ❏ Allgemein wachsam, außer wenn an Menschen gewöhnt (z.B. Stadtparke). ❏ Meidet offene Wasserflächen, hält sich an dicht bewachsene Ränder und Ufer. ❏ Taucht kaum, aber klettert gut, manchmal bemerkenswert hoch in Bäume und Büsche. ❏ Häufigster Ruf ein explosives, kehliges »jurr-uk«. ❏ Warnruf ein ängstliches »kit-tik« oder stotternd »kik-kik-kik-kik«. ❏ Bei Feindalarm (z.B. Wiesel oder Sperber) ein merkwürdig lauter, gespannter Ruf – wie Pfeifen auf Grasblatt.

Bläßhuhn *Fulica atra* 36–38 cm

Ein plumper, streitsüchtiger Wasservogel. Deutlich größer und rundlicher als Teichhuhn, mit ganz schwarzem Gefieder. Schwimmt leicht, mit gewölbterem Rücken als Teichhuhn. Im Sommer strikt territorial; im Winter gesellig, bildet auf Seen und Stauseen große Ansammlungen.

Altvogel: Schnabel und Stirnplatte glänzend-weiß, was die Art von allen anderen Vögeln Europas unterscheidet. Schieferdunkles Gefieder wirkt schwarz.

Jungvogel: Matter und bräunlicher als Adulte. Weißlicher Bauch und Vorderhals (Verwechslung mit Tauchern möglich) werden zum ersten Herbst dunkler. Von Altvögel auch durch schmutzig-rosa Schnabel unterschieden; Stirnplatte vorhanden, aber kleiner und mehr grau.

Rennt bei Gefahr oder vor dem Auffliegen platschend und flügelschlagend übers Wasser. Breite, runde Flügel mit schmaler weißer Hinterkante der Handschwingen (fehlt Teichhuhn). Die großen, graugrünen Füße hängen in typischer Rallenart nach hinten.

Status: Sehr häufiger und weit verbreiteter Brut- und Jahresvogel; im Winter starker Zuzug aus NO.

Läuft und rennt gewandt an Land.

❏ Verbreitung wie Teichhuhn, aber mehr ein Bewohner größerer Gewässer. ❏ Brütet an langsam fließenden Flüssen und Seen mit Röhrichtufern. ❏ Schwimmt mit gekrümmtem Hals und nickendem Kopf. ❏ Ernährt sich hauptsächlich von Pflanzen, die es auf kurzen Tauchgängen (mit Vorwärtssprung) oder durch Gründeln in Seichten wie Enten heraufholt. Kommt zum Grasen auch in Gruppen an Land. ❏ Unter den Rufen ein lautes, durchdringendes »kuht« und ein explosives, kreischendes »tisss« (nervenaufreibend hoch). ❏ Junge lassen ständig ein bettelndes »kieh-hip« hören.

Zwergtrappe *Tetrax tetrax* RL:O; 40–45 cm

Schwarz-weiße Flügelzeichnung auffallend; entfernt fliegende Trupps wirken flackernd (merkwürdig watvogelartig). ♂ hat kürzere 4. Handschwinge, wodurch ein typisches Pfeifgeräusch entsteht.

Männchen im Sommer: Schwarz-weiß gebänderter Hals ist unverkennbar.

Flug: Rasche, schwirrende Flügelschläge wie Hühnervögel.

Status: In ME sehr seltener Gast.

Weibchen/Männchen im Winter: Gefleckte OS tarnt vorzüglich am Boden. Entfernte Trupps im Feld erinnern an Goldregenpfeifer.

❏ Brütet nur in Frankreich. ❏ Im Vergleich zu folgender Art zwergenhaft. ❏ Im Frühjahr stehen die ♂ auf kleinen Erdhügeln in unkrautreichen Feldern und Brachland und lassen mit aufgeblasenem Hals und zurückgeworfenem Kopf im Abstand von 15 sec ein hartes »prrrt« ertönen. Gelegentlich Flattersprünge. ❏ Ab Spätsommer gesellig.

Großtrappe *Otis tarda* RL:I; 75–105 cm

Männchen: Massiv, geschlechtsreif nach 5–6 Jahren; breiter Fächerschwanz, langer, dicker Hals und auffällig rotbrauner Kragen. Lange, weiße Bartfedern nur im Sommer.

Weibchen: Nur halb so groß wie ♂; ohne Bart und Kragen.

Status: Seltener, lokaler Brutvogel in O-Europa (früher weiter verbreitet); im Winter gelegentlich in W-Europa.

Flug: Unübersehbar, mit kräftigen Schlägen der überwiegend weißen Schwingen. Alte ♂ mit Spannweiten von 250 cm und bis zu 16 kg Gewicht.

❏ Riesige, gesellige, truthahnartige Vögel offener Grasländer und Felder. ❏ Beide Geschlechter mit aschgrauem Kopf und Hals; zimtfarbene OS kräftig schwarz gebändert. ❏ Extrem wachsam; bewegt sich mit erhobenem Kopf und würdevollem Schritt (scheint zu gleiten). ❏ In bizarrer Balz (März–Mai) krempelt sich das ♂ gewissermaßen um und verwandelt sich in eine weiße, weithin sichtbare Federmasse. ❏ Ernährt sich von Pflanzen, Insekten, Feldmäusen.

Triel *Burhinus oedicnemus* RL:1; 40–44 cm

Merkwürdiger, großäugiger Watvogel offener, trockener Flächen. Selten außerhalb traditioneller Plätze zu sehen. Tarngefieder und versteckte Lebensweise machen ihn schwer auffindbar; man achte auf die wilden, brachvogelartigen Rufe bei Sonnenaufgang. Alle Kleider ähnlich, Junge mit weniger ausgeprägter Flügelbinde.

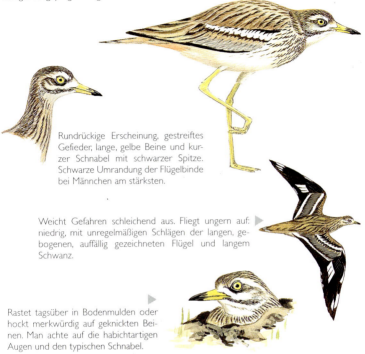

Rundrückige Erscheinung, gestreiftes Gefieder, lange, gelbe Beine und kurzer Schnabel mit schwarzer Spitze. Schwarze Umrandung der Flügelbinde bei Männchen am stärksten.

Weicht Gefahren schleichend aus. Fliegt ungern auf: niedrig, mit unregelmäßigen Schlägen der langen, gebogenen, auffällig gezeichneten Flügel und langem Schwanz.

Rastet tagsüber in Bodenmulden oder hockt merkwürdig auf geknickten Beinen. Man achte auf die habichtartigen Augen und den typischen Schnabel.

Status: Seltener Brutvogel in W- und SO-Europa (abnehmend); sehr seltener Sommergast.

❑ Nackte, steinige Felder, sandige Heiden, kaninchenreiche Grasländer. Auf dem Zug auch an trockenen Seeufern und auf Stoppelfeldern.
❑ Verhalten regenpfeiferartig, aber typisches Schwanzsenken. Läuft ein Stück, bleibt bewegungslos stehen und verschmilzt mit Umgebung.
❑ Die lauten »kur-LIEH«-Rufe erinnern an Brachvogel, aber vor dem Ausklingen oft unheimlich und frenetisch gesteigert. ❑ Versammelt sich an geeigneten Plätzen vor dem Wegzug.

Austernfischer *Haematopus ostralegus* 40–45 cm

Großer, geräuschvoller Küstenvogel. Leicht an kontrastreichem Gefieder, kräftigen rosa Beinen und langem, orangen Schnabel zu erkennen. Schrill pfeifendes »k-liehp« und in erregtem Chor »pik, pik ...« unüberhörbar.

OS im Sommer glänzender schwarz. Ohne Halsbinde; Schnabel und Beine leuchtender.

Schlichtkleid: Weiße Halsbinde, rote Iris mit leuchtend orangem Augenring.

Jungvogel/1. Winter: Brauner als Adulte im Winter; mit gräulichen Beinen, matter gefärbten Augen; Schnabel mit dunklerer Spitze. Weißer Kragen bleibt bis Spätwinter des 3. Kalenderjahrs.

Status: Häufiger Brutvogel und Gast der Küsten (zunehmend).

Auffällige weiße Flügelbinde, schwarzer Schwanz und weißer Hinterrücken sind unverwechselbar.

Unterflügel weiß mit dunkler Hinterkante.

❏ Brütet an der Küste und im küstennahen Binnenland an steinigen Ufern. ❏ Im Winter in großen Scharen an der Küste. ❏ Ernährt sich von Muscheln, die er aufhämmert oder mit kräftigem Schnabel aufstemmt. Sucht auch Würmer im Watt und auf Feldern. ❏ »Pfeif-Zeremonie«: Gruppen laufen mit gesenktem Schnabel herum und pfeifen wie wild.

Rotflügel-Brachschwalbe *Glareola pratincola* 24–27 cm

Stehender Altvogel: Am Boden leicht als Kuhfladen übersehen – bis auf gelegentliche kurze Läufe und Kopfheben. Die gelbbraune, sauber schwarz eingefaßte Kehle und die rote Schnabelwurzel des kurzen schwarzen Schnabels sind kennzeichnend. (Junge geschuppt ohne Kehlfleck.)

Status: Seltener Sommergast (Apr.–Sept.) aus S-Europa.

Heller Bauch, dunkle Unterflügel (rotbraun bei guter Beleuchtung) und weißer Bürzel erinnern an großen, stromlinienförmigen Waldwasserläufer. »Schwalbenschwanz« bei Altvögeln kennzeichnend. Aus der Nähe auf typische weiße Hinterkante der Handschwingen achten.

❏ Hellbrauner »Watvogel«, der wie eine große Schwalbe in elegantem, raschen Flug Insekten fängt. ❏ Gesellig. ❏ Gern auf trockenen, spärlich bewachsenen Feldern in Nähe von Feuchtflächen. ❏ Rauhe, keckernde Rufe »kirrik-ekekek« erinnern an Zwergseeschwalbe.

Stelzenläufer *Himantopus himantopus* 35–40 cm

Schwarzflügliger Watvogel mit Vorliebe für Salzlagunen und Küstensümpfe. Auffällig schwarz-weiß, mit sehr spitzen Flügeln, schwarzem Nadel-Schnabel und außergewöhnlich langen rosa Beinen. Rufe ärgerlich, nasal und bläßhuhnartig »kek, kek …«.

Prachtkleid: Unterschiedlich dunkle Kopfzeichnung – von ganz weiß bis ganz schwarzer Kappe und Nacken. OS der ♂ am schwärzesten, mit grünem Glanz; etwas kleineres ♀ matter, mehr rußig. Beide Geschlechter im Winter mit grau verwaschener Kopfzeichnung. Junge im 1. Winter deutlich braunere OS.

Status: Sehr seltener Brutvogel in S-Europa, unregelmäßiger Sommergast.

Flug: Die Beine werden wie lange rosa Bänder nachgezogen. Schwarze Flügel deutlich dreieckig im Umriß. Im 1. Winter »schmutzigere« Flügel mit weißem Hinterrand.

Säbelschnäbler *Recurvirostra avosetta* 41–45 cm

Großer, hauptsächlich weißer Watvogel mit kräftiger schwarzer Zeichnung, langen blauen Beinen und schlankem, schwarzen, unverwechselbar aufwärts gebogenen Schnabel. Ruf ebenso unverkennbar: ein lautes, flüssiges »klüüt«.

Altvogel: Scheitel, Nacken und Flügelzeichnung schwarz, aber aus der Entfernung ganz weiß wirkend. Geschlechter ähnlich, aber ♀ hat kürzeren, stärker gebogenen Schnabel. Jungvögel (nicht abgebildet) leicht an brauner Fleckung auf Rücken und Flügeln zu erkennen.

Halbwüchsige: Klein, braun und flaumig, mit kleinem, aufgebogenen Schnabel.

Status: Häufiger Brutvogel an der Küste und im SO; sonst im Binnenland selten.

Flug: Schlank und elegant, jedoch breite Flügel mit schwarz »getauchten« Flügelspitzen und hellen, überragenden Beinen. Scheckige Zeichnung erzeugt »flackernden« Effekt bei fliegenden Gruppen.

❏ Haupsächlich Küstenbewohner. Nest auf schlammigen Ufern seichter Lagunen. ❏ Überwintert in dichten Scharen hauptsächlich in SW-Europa, aber zunehmend auch an Nordseeküsten. ❏ Nahrungsuche in dichten Gruppen (schwer zu zählen), dabei Schnabel im Schlamm hin- und herbewegend. ❏ Schwimmt gern. ❏ Verteidigt aggressiv den Nistplatz. ❏ Trupps fliegen meist dicht überm Wasser.

Flußregenpfeifer *Charadrius dubius* 14–15 cm

Ähnlich dem größeren Sandregenpfeifer, aber mit relativ kleinerem Kopf und schlankerem Körper. Aus der Nähe ist der leuchtend-gelbe Augenring charakteristisch, und im Flug fehlt der breite weiße Flügelstreif des Sandregenpfeifers. Der Flußregenpfeifer lebt außerdem vorzugsweise an Binnengewässern. Die Geschlechter sehen gleich aus.

Prachtkleid: Dünner weißer Streifen hinter schwarzem Stirnband (fehlt Sandregenpfeifer). Unterscheidet sich außerdem durch schlammfarbene (statt orange) Beine, ganz schwarzen, dünneren Schnabel (gelegentlich Unterschnabelbasis gelblich) und hellbraune Oberseite (Farbe von trockenem Sand). Brustband von unterschiedlicher Breite, oft in der Mitte unterbrochen. Geschlechter ähnlich, aber ♀ mit bräunlich-schwarzem Kopfmuster und schwächerem Brustband.

Jungvogel: Ähnelt Altvögeln, aber Zeichnung mehr braun als schwarz. Braunes Brustband oft unvollständig; Augenring meist schmaler als bei Adulten. Mattbraune Oberseite und dunkler Schnabel können zu Verwechslungen mit jungen Sandregenpfeifern führen. Braune Kappe ohne weiße Augenbraue; Stirn sandfarben.

Flug: Das Fehlen einer weißen Flügelbinde unterscheidet die Art von Sand- und Seeregenpfeifer.

Junge Sandregenpfeifer haben weißliche Stirn und Augenbraue, diese Partien sind beim jungen Flußregenpfeifer verwaschen bräunlich, dessen Kopfzeichnung dadurch mehr wie eine Kappe wirkt.

Sandregenpfeifer Jungvogel

Status: Mäßig häufiger Brutvogel im Tiefland, im tieferen Binnenland erhebliche regionale Unterschiede und Schwankungen; Sommergast.

Flußregenpfeifer Jungvogel

❏ Auf vegetationsarmen, wassernahen Flächen, in Kiesgruben u.ä., auf Kiesbänken von Alpenflüssen, seltener an Meeresküsten. ❏ Paar- oder familienweise, nie in Trupps. ❏ Ruf ein hohes pfeifendes, am Ende abfallendes »pijü«. ❏ Gesang, ein wiederholtes »trüh-trüh-trüh …«, oft im Balzflug. ❏ Nervös, oft wippend wie Flußuferläufer.

Sandregenpfeifer *Charadrius hiaticula* — 18–19 cm

Hauptsächlich an Küsten und Flußmündungen, kommt aber auch im Binnenland (manchmal neben dem Flußregenpfeifer) vor. Im direkten Vergleich zum Flußregenpfeifer robuster, mit dickerem Kopf und Hals. Die Farbe der Beine und des Schnabels und das weiße Flügelband sind wichtige Unterscheidungsmerkmale.

Prachtkleid: Orange Beine und kräftiger oranger Schnabel mit schwarzer Spitze sind eindeutige Merkmale. Brustring breiter, kräftigere weiße Augenbrauen und dunkler braune Oberseite (Farbe von nassem Sand) als Flußregenpfeifer. Geschlechter ähnlich, ♂ oft mit leichtem Augenring, ♀ mit mehr bräunlicher Kopfzeichnung.

Jungvogel: Wie Adulte im SK, aber helle Federränder der OS machen schuppigen Eindruck. Gelblich-orange Beine, weißliche Stirn und weiße Augenbrauen unterscheiden von Flußregenpfeifer.

Schlichtkleid: Beine matter; Schnabel überwiegend dunkel, nur an der Basis orange. Kopf- und Brustzeichnung brauner, weniger schwärzlich, Brustband in der Mitte vielfach offen.

Flug: Durch die auffällige Flügelbinde kann die Art im Flug leicht erkannt werden (vgl. Flußregenpfeifer). Beachte weiße Schwanzseiten.

Status: An der Küste häufiger Brutvogel; im Binnenland regelmäßiger Durchzügler.

❏ Brütet auf kiesigen Ufern an der Küste und zunehmend auch im Binnenland; kleine Gruppen erscheinen auf dem Durchzug im Binnenland; Überwinterung aber vor allem an der Küste. ❏ Lautäußerung im Flug und am Boden ein deutliches, flüssiges »tu-iep« (ansteigend). ❏ Während des steifflügligen, langsamen Balzflugs in Kreisen und Schwenks dicht über dem Nestplatz ein jodelndes »kwitu-wiuh, kwitu-wiuh ...«. ❏ Die auffällige Brustzeichnung ist auf steinigem Untergrund eine gute Tarnung.

97

Seeregenpfeifer *Charadrius alexandrinus* RL:2; 15–17 cm

Selten. Heller als Sandregenpfeifer (oft so hell wie Sanderling im Winter), mit typisch schwärzlichen (nicht gelben/orangen) Beinen und unvollständigem Brustband in allen Kleidern. Verwechslung mit jungen Sandregenpfeifern möglich.

Männchen im PK: Rotbrauner oder zimtbrauner Scheitel und schwarze Kopf- und Brustflecken.

Jungvogel: Schwache Brustflecken und verwaschene Stirn. Aus der Nähe lassen helle Federränder die OS geschuppt erscheinen.

Flug: Erinnert an blassen Sandregenpfeifer, aber kräftigerer Flügelschlag.

Weibchen im PK: Verwaschen graubraune Kopf- und Brustflecken, etwas kräftigere Zeichnung an Ohr und Nacken.

Status: Brutvogel an der Küste und im SO (abnehmend); häufiger Gast, im Binnenland sehr selten.

Schlichtkleid: Vögel beider Geschlechter ähneln dem blassen ♀; oft bleich wie trokkener, weißer Sand.

❑ Sandige Strände und Gezeitentümpel. ❑ Läuft sehr schnell. ❑ Kann oft unter anderen Regenpfeifern durch seine blasse und hochbeinige Erscheinung herausgefunden werden; außerdem gedrungener, mit kurzem Hals und abrupt endendem Leib (was einen schwanzlosen, langflügligen Eindruck macht). ❑ Flugruf ein kurzes »kip-kip« wie Sanderling.

Mornell *Charadrius morinellus* RL:0; 20–22 cm

Selten; möglicher Durchzugsgast auf Golf- und Flugplätzen und auf offen Flächen, brütet aber in den Bergen. Gestalt erinnert an kleinen Goldregenpfeifer, jedoch gelbliche Beine und breiter, weißlicher Überaugenstreif, der sich am Hinterkopf zu einem »V« trifft, sind typisch in allen Kleidern. Ungewöhnlich zahm.

Weibchen im PK: Kräftiger gezeichnet; reiner graue Brust, dunklere Kappe und schwärzerer Bauch als ♂.

Männchen im PK: Weißes Brustband trennt die graue Brust von orangebrauner und schwarzer US.

Schlichtkleid (Herbst): Insgesamt warm hellbraun mit blassem Brustband; OS (besonder bei Jungvögeln) kräftig geschuppt (wie Kampfläufer) mit klassischem Überaugenstreif.

Status: Seltener, nur inselartig verbreiteter Brutvogel in N-Europa und in den Alpen; sehr seltener Gast.

Flug: Typisch rascher Regenpfeiferflug, aber ohne Flügelbinde. Erscheint einförmig grau oberseits, doch weiße Kiele der äußeren Handschwingen und schmaler weißer Rand am Schwanz können beim Auffliegen erkannt werden.

❏ Brütet auf kahlen Hochflächen; Durchzügler oft in kleinen Gruppen, die an traditionellen Plätzen rasten, bevorzugt auf trockenen Feldern oder kurzen Rasen. ❏ Am Brutplatz Bergkuppen nach typischem Profil absuchen: Der stark verjüngte Hals macht von hinten den Eindruck einer Flasche. ❏ Fliegt bei Störung mit »ärgerlichem« Triller auf. Flugruf ein steinwälzerähnliches Klappern. ❏ ♀ bei Werben und Balz führend; matter gefärbtes ♂ brütet und zieht die Jungen auf.

Goldregenpfeifer *Pluvialis apricaria* RL:1; 26–29 cm

Sehr gesellig; bildet im Winter dichte Schwärme, oft mit Kiebitzen, an Ufern oder auf Feldern. Trotz seines Namens, erscheint er insgesamt bräunlich, nur aus der Nähe ist die gelbe Schuppung zu erkennen. Gesamte Erscheinung (einschließlich schwarzer US im Brutkleid) ähnlich dem weniger geselligen und mehr küstengebundenen Kiebitzregenpfeifer.

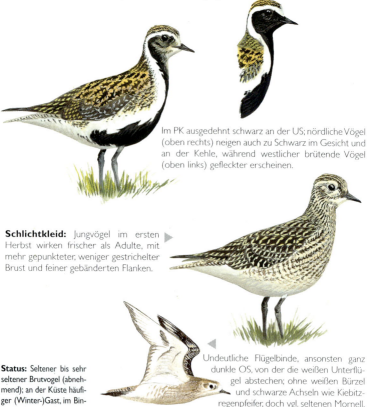

Im PK ausgedehnt schwarz an der US; nördliche Vögel (oben rechts) neigen auch zu Schwarz im Gesicht und an der Kehle, während westlicher brütende Vögel (oben links) gefleckter erscheinen.

Schlichtkleid: Jungvögel im ersten Herbst wirken frischer als Adulte, mit mehr gepunkteter, weniger gestrichelter Brust und feiner gebänderten Flanken.

Undeutliche Flügelbinde, ansonsten ganz dunkle OS, von der die weißen Unterflügel abstechen; ohne weißen Bürzel und schwarze Achseln wie Kiebitzregenpfeifer, doch vgl. seltenen Mornell.

Status: Seltener bis sehr seltener Brutvogel (abnehmend); an der Küste häufiger (Winter-)Gast, im Binnenland regelmäßig.

❏ Brütet in Hochmooren. Nach der Brut an Küsten und auf (Binnenland-)Wiesen. ❏ Am Brutplatz steht das ♂ gern auf Erhebungen. Die gefleckte OS bietet perfekte Tarnung, der Vogel verrät sich nur durch wiederholten, traurigen Pfiff. ❏ Jodelnder Gesang wird im Balzflug vorgetragen. ❏ Weicht massenweise kaltem Wetter aus, bei Frost kommen viele um. ❏ Bewegt sich ähnlich wie ein Regenpfeifer ruckartig, aber aufrechtere Haltung. ❏ Hebt oft die Flügel, um die reinweißen Achseln zu zeigen. ❏ Wandert in hohen, dichten, agilen Schwärmen, wobei der plumpe Körper von raschen, spitzen Flügeln angetrieben wird. ❏ Typischer Flugruf ein wehmütig-flötendes, kurzes »tlüh« oder »tlüh-i«, weicher als Rotschenkel.

Kiebitzregenpfeifer *Pluvialis squatarola* 27–30 cm

Klobiger, grauer Watvogel der Gezeitenzone. Aus der Entfernung können Vögel im Winterkleid mit Knutt verwechselt werden, wenn Schnabel und Beine nicht gut zu sehen sind; Verhalten aber typisch: laufen – halten – picken. Jungvögel legen das Brutkleid erst im 3. Jahr an.

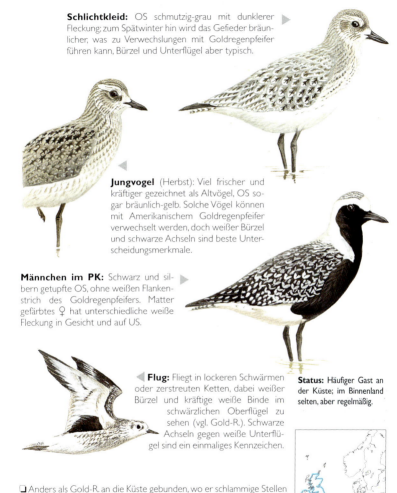

Schlichtkleid: OS schmutzig-grau mit dunklerer Fleckung; zum Spätwinter hin wird das Gefieder bräunlicher, was zu Verwechslungen mit Goldregenpfeifer führen kann, Bürzel und Unterflügel aber typisch.

Jungvogel (Herbst): Viel frischer und kräftiger gezeichnet als Altvögel, OS sogar bräunlich-gelb. Solche Vögel können mit Amerikanischem Goldregenpfeifer verwechselt werden, doch weißer Bürzel und schwarze Achseln sind beste Unterscheidungsmerkmale.

Männchen im PK: Schwarz und silbern getupfte OS, ohne weißen Flankenstrich des Goldregenpfeifers. Matter gefärbtes ♀ hat unterschiedliche weiße Fleckung in Gesicht und auf US.

Flug: Fliegt in lockeren Schwärmen oder zerstreuten Ketten, dabei weißer Bürzel und kräftige weiße Binde im schwärzlichen Oberflügel zu sehen (vgl. Gold-R.). Schwarze Achseln gegen weiße Unterflügel sind ein einmaliges Kennzeichen.

Status: Häufiger Gast an der Küste; im Binnenland selten, aber regelmäßig.

❏ Anders als Gold-R. an die Küste gebunden, wo er schlammige Stellen bevorzugt; selten im Inland. ❏ Nahrungssuche tags und nachts, je nach Wasserstand. ❏ Bewegt sich in typischer Regenpfeiferweise, aber langsamer, verstohlener als Gold-R., mit langen Pausen, dann schneller Lauf oder Aufpicken eines Wurms. ❏ Klagender, dreisilbiger Ruf »tli-uh-i« oder »plüi-vi« (in der Mitte abfallend) sehr charakteristisch.

Kiebitz *Vanellus vanellus*   RL:2; 28–31 cm

Bekannter Watvogel der Wiesen, Moore und Felder. Gibt sich durch seinen kurzen Schnabel und seine »stop-and-go«-Nahrungssuche als Regenpfeifer zu erkennen. Wirkt auf Entfernung und im Flug schwarz-weiß; aus der Nähe sind lange Haube und dunkelgrüne, purpur, blau und bronze schimmernde OS eindeutige Kennzeichen. In allen Kleidern US weiß und Unterschwanzdecken zimtfarben.

Schlichtkleid: Behält dunkles Brustband, aber Kehle weiß und Gesicht leicht hellbraun. Nach der Spätsommermauser sind die grünen Federn der OS breit hellbraun gerändert. (Durch Abnutzung der Federränder sind später Altvögel schwer von Jungvögeln zu unterscheiden.)

Männchen im PK: Kehle und Brustband ganz schwarz, sehr lange Federhaube. ♀ ähnlich, aber mit kürzerer Haube und weißlicher Fleckung im Gesicht und an der Kehle.

Jungvogel: Kurze Haube, matt braunes Brustband und schmalere hellbraune Federränder oberseits. Die großen Augen und das ziemlich gleichmäßig hellbraune Gesicht geben Jungvögeln ein ausgesprochen »unschuldiges« Aussehen.

Unverwechselbarer schlappiger, stürzender Flug auf ungewöhnlich breiten und gerundeten Flügeln. Schwärme scheinen schwarz-weiß zu flackern. Altvögel (v.a. ♂) können an ihren volleren, gewölbteren Flügelspitzen erkannt werden.

Status: Häufiger, weit verbreiteter Brutvogel des Tieflands, vielerorts abnehmend.

Im Frühjahr führen die ♂ dramatische Kunstflüge über dem Nistplatz aus, dabei sind die wuchtelnden Flügel und die heiseren Rufe zu hören.

❏ Brütet auf offenen Landwirtschaftsflächen, in Feuchtwiesen und kurzrasigen Mooren. ❏ Im Winter große Schwärme auf Feldern und Wiesen in Großbritannien und W-Europa – oft mit Goldregenpfeifern (Arten trennen sich aber rasch nach dem Auffliegen). ❏ Kälteeinbrüche verursachen große Wanderbewegungen in SW-Richtung. ❏ Ruf charakteristisch, ein klagendes »chie-wit«.

Knutt *Calidris canutus* 24–27 cm

Ein stämmiger Watvogel schlammiger Küsten, größer als Alpenstrandläufer, mit »Rugbyball«-Format, geradem schwarzen Schnabel und kurzen grünlichen Beinen. Im wesentlichen ein Vogel des Watts, sucht in dichten Scharen im Schlamm nach Nahrung. Gewöhnlich trifft man ihn im grauen Winterkleid.

Schlichtkleid: Größe und Form wichtig: Man achte auf undeutlichen Augen- und Überaugenstreif und graue Zacken an den Flanken.

Prachtkleid: Der einzige mittelgroße Watvogel mit rostbraunem Gesicht und US. Im Spätsommer wegziehende Altvögel haben durch Abnutzung fast schwärzliche OS.

Jungvogel: Stärker gemustert und wärmer als Altvogel im SK, mit pfirsichfarbenem Hauch auf der Brust und fein »gemuschelter« OS.

Flug: Hellgrauer Bürzel und Oberschwanz, stämmiger Körper und lange Flügel lassen an Kiebitzregenpfeifer denken, doch bei diesem Bürzel und Flügelbinde kräftiger weiß und Achseln schwarz.

Status: An der Küste sehr häufiger Gast (Mitte Juli–April/Mai); im Binnenland selten.

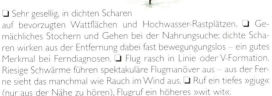

❏ Sehr gesellig, in dichten Scharen auf bevorzugten Wattflächen und Hochwasser-Rastplätzen. ❏ Gemächliches Stochern und Gehen bei der Nahrungssuche; dichte Scharen wirken aus der Entfernung dabei fast bewegungslos – ein gutes Merkmal bei Ferndiagnosen. ❏ Flug rasch in Linie oder V-Formation. Riesige Schwärme führen spektakuläre Flugmanöver aus – aus der Ferne sieht das manchmal wie Rauch im Wind aus. ❏ Ruf ein tiefes »gjug« (nur aus der Nähe zu hören), Flugruf ein höheres »wit wit«.

Sanderling *Calidris alba* 19–22 cm

Man begegnet ihm gewöhnlich in kleinen Gruppen an sandigen Stränden, wo er auf schwarzen Beinen wie Spielzeug herumrennt. Etwas größer als Alpenstrandläufer, mit kürzerem, geraderen und insgesamt kräftigere schwarzen Schnabel. Gewöhnlich im Winterkleid zu sehen, worin er der bei weitem weißeste Watvogel ist.

Schlichtkleid: Sauber graue OS sowie schneeweißes Gesicht und US betonen das dunkle Auge. Man achte auf ungewöhnlichen schwarzen Schulterfleck am Bug des geschlossenen Flügels.

Jungvogel: Getupfte Erscheinung, ganz anders als SK. Man achte auf schwarze Schultern und bräunlich-gelben Halbkragen an den Brustseiten.

Prachtkleid: Kopf, Brust und OS ganz rotbraun mit grober schwarzer Zeichnung. Bauch leuchtend weiß. Wirkt im frischen Frühjahrsgefieder (Mai) heller, mit etwas gesprenkelter, mehliger OS.

Status: An der Küste häufiger Gast aus dem hohen Norden, im Binnenland selten.

Flug: Die breite weiße Flügelbinde im schwärzlichen Oberflügel ist deutlicher als bei jedem anderen kleinen Watvogel, außer beim Thorshühnchen.

❏ Tritt in kleinen, unvermischten Gruppen auf, die rasch und niedrig über Sand oder Wasser fliegen. ❏ Rennt mit den Wellen vor und zurück und pickt kleines Spülgut auf. ❏ Einzelne tauchen im Binnenland auf; wenn sie still vor sich hinpicken kann man sie verwechseln (etwa mit Zwergstrandläufer); letzterer deutlich kleiner und zierlicher, mit kürzerem, dünneren Schnabel. ❏ Ruf ein weiches »twitt«. Gruppen lassen ein leises, schwätzendes Zwitschern hören. ❏ Fehlende Hinterzehe ist einmalig unter Strandläufern.

Sumpfläufer *Limicola falcinellus* 16–18cm

Prachtkleid: Dunkle OS (mit weißem »V« auf dem Mantel) wird im Sommer zunehmend schwärzlich. Deutliches schnepfenartiges Kopfmuster: weißlicher Überaugenstreif und durch zwei dünne weiße Streifen dreigeteilte schwarze Kappe. Bauch weiß, mit dunklen Pfeilspitzen an den Flanken. Jungvögel ähnlich, aber wärmer und leuchtender; Flanken ungezeichnet.

Schlichtkleid: Blaß und einem Alpenstrandläufer ähnlich. Ziemlich kurze, dunkle Beine, Schnabelform, dunkle Schultern (wie Sanderling) und verwaschene Kopfzeichnung sind kennzeichnend.

Status: Sehr seltener bis seltener Sommergast und Durchzügler aus N-Skandinavien; zieht in SO-Richtung.

❏ Seltener Brutvogel skandinavischer Seggensümpfe. ❏ Selten auf dem Durchzug. Am ehesten im Mai unter heimziehenden Alpenstrandläufern, von denen er sich durch etwas geringere Größe, deutlich kürzere, graue Beine und langen, dicklichen, geraden Schnabel (an der Spitze deutlich abwärts geknickt) unterscheidet. ❏ Rufe ähnlich Alpenstrandläufer. ❏ Wirkt im Flug dunkel, mit nur leichter Flügelbinde.

Graubrust-Strandläufer *Calidris melanotos* 19–23cm

Auf den ersten Blick matt bräunlich und uninteressant – doch gelbe Beine! Kräftig gestreifter Kopf/Hals deutlich von weißem Bauch abgesetzt. Dunkler Schnabel mit gelblicher Basis. Kurzer, heller Überaugenstreif. Jungvogel hat etwas wärmere, leuchtendere OS und deutlicheres »V« auf dem Mantel.

Erinnert im Flug an Kampfläufer, mit schwacher, heller Flügelbinde und weißen Ovalen neben schwarzem Bürzel. Aufgejagte Vögel fliegen in wildem Zickzack. Flugruf erinnert an »driehp« des Sichelstrandläufers, weniger rauh als Alpenstrandläufer.

❏ Der Regelmäßigste unter den in Europa erscheinenden nordamerikanischen Watvögeln; v.a. Juli–Okt. ❏ Größer als Alpenstrandläufer; kurzer, leicht gekrümmter Schnabel, kleiner Kopf und länglicher Hals erinnern an Kampfläufer, aber Schwanz spitzer. ❏ Alle Kleider ähnlich; ♂ größer als ♀. ❏ Bevorzugt schlammige Ufer mit stoppligen Rändern.

Zwergstrandläufer *Calidris minuta* 13 cm

Winziger Watvogel, zwergenhaft sogar neben Alpenstrandläufer, mit relativ kurzem, geraden Schnabel. In jedem Alter schwärzliche Beine, rundliche Erscheinung und relativ kräftig gezeichnete OS sind die besten Unterscheidungsmerkmale gegenüber Temminckstrandläufer. Gewöhnlich im Jugendkleid zu sehen.

Prachtkleid: Unterschiedlich rostbraunes Gesicht und Hals, oft mit gleichfarbiger Tönung auf der Brust. Kräftig gezeichnete OS (die meisten zeigen erkennbare weißliche Linien an den Mantelseiten).

Schlichtkleid: Ähnelt kleinem Sanderling (aber dunkler grauer Zügel). Zusammen mit anderen Watvögeln ist die geringe Größe ein gutes Kennzeichen (vgl. Alpenstrandläufer).

Jungvogel: Hell gezeichnete OS weist klare weiße Striche am Mantel auf (ebenso bei viel größeren jungen Alpen- und Graubrust-Strandläufern). US leuchtend weiß.

Flug: Genau wie ein kleiner Alpenstrandläufer, mit dem er oft fliegt. Wirkt klein und kompakt, mit winzigem Schnabel und schmaler weißer Flügelbinde.

❏ Oft wenig scheu. ❏ In kleinen Gruppen, oft mit Alpenstrandläufern an Watvogel-Rastplätzen der Küste oder an schlammigen Ufern des Binnenlands. ❏ Lebhafte Nahrungssuche. Pickt von Schlammflächen, selten im Wasser; gewöhnlich nicht in so offenem Gelände wie Alpenstrandläufer. ❏ Manche Jungen sind matter und weniger rostbraun auf der OS als andere. ❏ Ruf ein kurzes »tip«, ganz anders als Alpenstrandläufer. ❏ Brütet in Lappland und Sibirien. Zieht durch NW-Europa, überwintert in S-Afrika; regelmäßig (auf dem Wegzug) auch im Binnenland.

Temminckstrandläufer *Calidris temminckii* 13 cm

Winziger Watvogel an Binnengewässern. Relativ längerer Körper und kürzere Beine als Zwerg-S., Schwanz überragt Flügelspitzen etwas (am offensichtlichsten bei Jungvögeln). OS praktisch ungezeichnet, Beine heller (gelblicher) als Zwerg-S. Mit seiner gedämpften Färbung und der graubraunen Brust ähnelt er einem kleinen Flußuferläufer, jedoch ohne weißen Schulterfleck und wippt nicht.

Prachtkleid: Gewöhnlich nur leicht geschuppt durch Schulterfedern mit dunkler Mitte und hell-rostbraunen Rändern, OS insgesamt matt fleckig. Beine oft recht bräunlich-gelb.

Schlichtkleid: Grauer braun als andere Kleider; Kopf, Brust und OS eintönig rauchig.

Jungvogel: Kopf, Brust und OS sehr einfarbig; aus der Nähe dicht hellbraun geschuppt mit feinen dunklen Federrand-»Ringen«. Beine deutlich gelblich.

Flug: »Himmelt« wie eine winzige Bekassine, wenn aufgejagt, und ruft dabei typisch zitternd, trillernd »titititi«. Die typisch reinweißen (nicht grauen) äußeren Schwanzfedern sind nur unter besonderen Umständen sichtbar.

Status: Brütet in Gebirgen und an Tundra-Mooren im N; seltener, regelmäßiger Gast an der Küste und im Binnenland.

❏ Brütet in Bergmooren und Tieflandsümpfen. ❏ Bevorzugt auf dem Zug Teiche und schlammige Seeufer. ❏ Selten mit anderen Watvögeln zusammen, bildet aber kleine Gruppen (2–5). ❏ Sucht ruhig, langsam und unauffällig nach Nahrung, oft zwischen niedriger Ufervegetation. Wirkt kurzbeinig und ziemlich geduckt. ❏ Drückt sich zur Rast oder bei Gefahr und wird dann leicht übersehen.

Sichelstrandläufer *Calidris ferruginea* 18–23 cm

Recht eleganter kleiner Watvogel. Im »roten« Sommerkleid allenfalls mit dem größeren, helleren und viel kräftigeren Knutt zu verwechseln. Schwieriger in anderen Kleidern zu bestimmen, besonders in Trupps des ähnlichen Alpenstrandläufers, jedoch: steht aufrechter, mit längerem Hals, längeren schwarzen Beinen und längerem, deutlicher gebogenen schwarzen Schnabel.

Prachtkleid: Dunkel kastanienroter Kopf und US sind typisch. Schwärzlicher Rücken hebt sich von hellgrauen Flügeldecken und weißem Unterschwanz ab. Im Frühjahr erzeugen die frisch-weißen Federspitzen einen blasseren, »frostigen« Eindruck.

Altvogel in Mauser: Auffällige rote Flecken an der US zu Beginn des Wegzugs im Juli/Aug. (manche noch ziemlich rot). Der Heimzug ins arktische Sibirien findet weiter östlich statt, so daß man Vögel im Brutkleid selten sieht.

Die meisten Durchzügler sind Jungvögel. Oft mit Alpenstrandläufern; man achte auf den längeren Schnabel des Sichel-S., auffallenden weißlichen Überaugenstreif und feiner gestreifte Brust mit bräunlichem Anflug. Man achte auch auf fein gezeichnete, schwärzlich-braune oder gräuliche OS, bei der jede Feder einen feinen hellen Rand und eine dunklere Subterminalbinde trägt, wodurch ein »geschuppter« Eindruck entsteht, der dem Alpen-S. fehlt.

Flug: Kombination von reinweißer Flügelbinde und breitem weißen Bürzelfleck schließt alle anderen Strandläufer aus (mit Ausnahme des äußerst seltenen Weißbürzel-S. aus N-Amerika).

❏ Rastet an schlammigen Küsten (selten im Binnenland). ❏ Im Herbst erscheinen Altvögel zuerst, Jungvögel folgen einige Wochen später, die Zahlen schwanken jedoch von Jahr zu Jahr sehr. ❏ Im Winter sehr selten. ❏ Verhalten wie Alpen-S., aber bei der Nahrungssuche oft bis zum Bauch im Wasser, den Kopf wiederholt unter Wasser beim energischen Stochern. ❏ Der sanfte, schnurrende »dschirrrip«-Flugruf ist weniger kratzend als Alpen-S. ❏ Durchzug hauptsächlich von Ende Juli bis Anfang Okt. Brütet in Sibirien, überwintert im tropischen Afrika.

Alpenstrandläufer *Calidris alpina* RL: 1; 16–20 cm

Kleiner als Star. Unser häufigster Strandläufer, mit länglichem, leicht abwärts gebogenen, schwarzen Schnabel, schwarzen Beinen und »buckliger« Haltung. Vertrautheit mit seinen verschiedenen Kleidern ist wichtige Voraussetzung zum Erkennen anderer Strandläufer. Verwechslung am ehesten mit Sichel- und Zwerg-S. möglich.

Prachtkleid: Isolierter schwarzer Bauchfleck ist einmalig unter Watvögeln. Leuchtend kastanienbraune OS; gestreifte Seiten heben sich von hellerem Gesicht und Nacken ab, wodurch der Eindruck von Kappe und Kragen entsteht. (Abgebildet ist die kräftiger gefärbte nördliche Rasse.)

Schlichtkleid: Erscheint halslos und ziemlich »niedergeschlagen«. Die einheitlich graubraune OS paßt zum Watt, wo er den Winter verbringt. US weiß, graubraun überzogen und an den Brustseiten schwach gestreift.

Jungvogel/1. Winter: Kräftig gefärbte OS erinnert an Sommerkleid der Altvögel, aber Reihen schwärzlicher Punkte an den Bauchseiten und (gewöhnlich) dünnes helles »V« auf dem Mantel typisch. Kopf und Brust mit warm-braunem Anflug und bräunlichen Streifen. Später im Herbst nehmen die grauen Feder der OS und das Weiß am Bauch zu.

Ähnlich ist der junge Sichel-S., der sich durch deutlichen weißen Überaugenstreif und längeren, stärker gebogenen Schnabel unterscheidet.

Sichelstrandläufer Jungvogel

Flug: Man achte auf schmale weiße Flügelbinde und auffallend weiße Seiten des dunklen Bürzels/Schwanzes im Flug. Schwärme vollführen perfektes Luftballett über dem Watt; je nach Schwenk des Schwarms erscheint er bald dunkel, bald hell.

Status: Seltener Brutvogel in Küstennähe; sehr häufiger Gast an der Küste (ganzjährig) und häufig im Binnenland durchziehend.

❏ Brütet in Sümpfen und Bergmooren. ❏ Überwintert in großen Schwärmen im Watt und an der Küste. ❏ Auf dem Durchzug kleinere Trupps auch an Binnengewässern. ❏ Stochert bei der Nahrungssuche eifrig mit gesenktem Kopf. ❏ Bezeichnender Flugruf ein schrilles, nasales »triehp«. ❏ Am Brutplatz achte man auf trillernden Gesang (wie Trillerpfeife). ❏ Die kleine Rasse *schinzii* brütet in Großbritannien und S-Skandinavien.

Meerstrandläufer *Calidris maritima* 21 cm

Dunkel-schiefergrauer Küstenvogel, im Winter auf Felsen und Buhnen, oft mit dem etwas größeren Steinwälzer. Wenig scheu, aber leicht zu übersehen, da sein dunkles Gefieder zwischen Tang und Steinen kaum auffällt. Ähnelt einem plumpen, rußfarbenen Alpenstrandläufer, ist aber leicht an seinen kurzen, gelben Beinen und der orangegelb gefärbten Basis des leicht gebogenen, schwärzlichen Schnabels zu erkennen.

Schlichtkleid: Kein anderer Strandläufer ist so dunkel; Bauch schmutzig-weiß. Kopf, Brust und OS einheitlich dunkelgrau mit Purpurstich, mit weißlichem Kinn und unauffällig »gewölktem« Kopf. Jungvögel sind durch die hellen Ränder ihrer Flügeldecken etwas auffälliger.

Prachtkleid: Gesamteindruck immer noch dunkel, aber weißlicher Überaugenstreif und rostbraune Federränder an Scheitel und OS können an einen »merkwürdigen« Alpenstrandläufer erinnern – man achte auf gelbliche Beine und Schnabelwurzel. US weißlich, mit schmutzigdunkler Streifung auf Brust und Flanken.

Jungvogel: Breite helle Federränder auf Rücken und Flügeln und sauber wirkende US mit ordentlich gestreifter Brust. Von jungem Alpenstrandläufer durch Gelb an Beinen und Schnabel zu unterscheiden. (Dieses Kleid sieht man selten im Winterquartier.)

Status: Seltener Brutvogel in Skandinavien; häufiger Durchzugs- und Wintergast an der Küste; im Binnenland selten.

Flug: Schwärzliche Erscheinung wird aufgehellt durch schmale weiße Flügelbinde und weiße Bürzelseiten.

❏ Brütet in küstennahen Tundren und auf Hochflächen. ❏ Im Winter in Gruppen von 5–20 Vögeln an traditionellen Felsküsten. ❏ Pickt ohne Eile in Tang, Muscheln und Steinritzen. ❏ Am besten bei Hochwasser auf Wellenbrechern und Felsen, oft innerhalb der Spritzwasserzone, zu sehen. Reagiert träge; läuft oder flattert gewöhnlich nur ein paar Meter und läßt sich wieder nieder. ❏ Ziemlich stumm im Winter. Ruf ein weiches »twit« oder »twit-wit«.

Steinwälzer *Arenaria interpres* RL:R; 21–24cm

Kräftiger Küstenstrandläufer mit kurzen, orangen Beinen, gedrungenem, keilförmigen, schwarzen Schnabel und weich klapperndem Ruf. Im Brutkleid fällt der Schildkröten-Rücken ins Auge. Weniger auffällig ist das scheckige Schlichtkleid, das an steinigen und tangbestreuten Küsten hervorragend tarnt. Läuft geschäftig herum, stochert auf der Suche nach kleinen Tieren in Felsen und dreht Steine und Tang um.

Prachtkleid: Eigenartige schwarz-weiße Gesichtszeichnung und rotbraun und schwarz gescheckte OS sind einmalig. ♂ meist mit weißerem, weniger gestreiftem Scheitel.

Schlichtkleid: Geschlechter gleich; OS schwarzbraun, aber immer noch mit schwarzem Brustband und Andeutung von Gesichtszeichnung. Fällt oft zuerst durch weiße US und orange Beine auf.

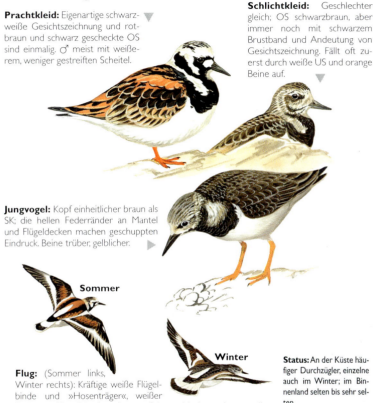

Jungvogel: Kopf einheitlicher braun als SK; die hellen Federränder an Mantel und Flügeldecken machen geschuppten Eindruck. Beine trüber, gelblicher.

Sommer

Winter

Flug: (Sommer links, Winter rechts): Kräftige weiße Flügelbinde und »Hosenträger«, weißer Rückenstreif und breite schwarze Schwanzbinde machen zu allen Jahreszeiten das unverwechselbar gescheckte Flugbild aus.

Status: An der Küste häufiger Durchzügler, einzelne auch im Winter; im Binnenland selten bis sehr selten.

❏ Brütet an felsigen Küsten Skandinaviens. ❏ Selbst auf dem Zug kaum je im Binnenland. ❏ Europäische Brutvögel überwintern in W-Afrika, aber Vögel von Kanada und Grönland überwintern vielfach an westeuropäischen Küsten. ❏ Nahrungssuche in kleinen, zänkischen Gruppen an steinigen Küsten, Tangstränden und Wellenbrechern (oft mit Meerstrandläufern); seltener im Watt. ❏ Zutraulich. Aufgescheucht fliegt er ein kurzes Stück und läßt ein kicherndes »tuk-a-tuk ...« hören. ❏ Manche Vögel, v.a. junge, übersommern in Großbritannien.

Kampfläufer *Philomachus pugnax* RL: 1; 20–30 cm

Vielgestaltiger Watvogel der Binnengewässer. Die Unterschiede in Größe (♂ 25% größer), Gefieder und Beinfarbe (gewöhnlich orange oder olive) sind erstaunlich, doch die Gestalt ist immer typisch: relativ kleinköpfig, mit kurzem, leicht gebogenen Schnabel, schlankem Hals, langen Beinen und rundem Bauch. Von Rotschenkel Adulte durch kräftig geschuppte OS und Jungvögel durch einfarbig hellbraune US unterschieden.

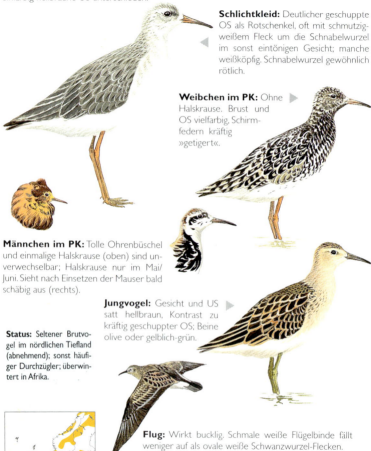

Schlichtkleid: Deutlicher geschuppte OS als Rotschenkel, oft mit schmutzigweißem Fleck um die Schnabelwurzel im sonst eintönigen Gesicht; manche weißköpfig. Schnabelwurzel gewöhnlich rötlich.

Weibchen im PK: Ohne Halskrause. Brust und OS vielfarbig, Schirmfedern kräftig »getigert«.

Männchen im PK: Tolle Ohrenbüschel und einmalige Halskrause (oben) sind unverwechselbar; Halskrause nur im Mai/Juni. Sieht nach Einsetzen der Mauser bald schäbig aus (rechts).

Jungvogel: Gesicht und US satt hellbraun, Kontrast zu kräftig geschuppter OS; Beine olive oder gelblich-grün.

Status: Seltener Brutvogel im nördlichen Tiefland (abnehmend); sonst häufiger Durchzügler; überwintert in Afrika.

Flug: Wirkt bucklig. Schmale weiße Flügelbinde fällt weniger auf als ovale weiße Schwanzwurzel-Flecken.

❏ Einzeln oder in kleinen Gruppen an Süßwasserteichen und Überschwemmungsflächen; im Winter oft auf Feldern. ❏ Pickt Nahrung wie Haushuhn unregelmäßig von der Bodenoberfläche auf. ❏ ♂ führen an Balzplätzen ritualisierte Gefechte aus; ♀ wählen Hahn zur Begattung, aber keine Paarbindung. ❏ Fliegender Trupp oft an unterschiedlicher Größe der Vögel erkennbar.

Waldschnepfe *Scolopax rusticola* 32–35 cm

Plumper Waldvogel, gewöhnlich im Flug zu sehen. Das Tarngefieder vermittelt den Eindruck eines kleinen Huhns, der sehr lange Schnabel weist den Vogel aber als Schnepfe aus. Alle Kleider ähnlich. Verwechslung nur mit Bekassine möglich, die hat aber kräftig gestreiften Scheitel und OS und lebt in offenen Landschaften, nicht in Wäldern.

Gefiederfärbung wie Fallaub, ohne kräftige Längsstreifung auf Mantel und Scheitel wie Bekassine, aber kurze schwarze Querstreifen auf dem Scheitel.

Drückt sich bei Gefahr erstarrend an den Boden. Tarngefieder macht sie unsichtbar; man achte auf das große glänzende Auge.

♂ markieren ihre Reviere durch Flüge über den Baumgipfeln, wobei sie »twis-sick« rufen und tiefere, froschartige Laute von sich geben. Langer, hängender Schnabel und merkwürdig flatternde Flügel verraten sofort die Waldschnepfe.

Fliegt bei Störung plötzlich auf, im Zickzackflug zwischen den Bäumen. Wirkt massig, breitflüglig, mit rostbraunem Rücken.

Status: Mäßig häufiger Brutvogel v.a. der Mittelgebirge (abnehmend); regelmäßiger Gast, vereinzelt auch im Winter.

❏ Brütet in ausgedehnten Laub- und Nadelwäldern mit Lichtungen und feuchten Stellen zur Nahrungssuche. ❏ Im Sommer tagaktiv in Wäldern. ❏ Im Winter auch in anderen Lebensräumen und nachtaktiv; abends kann man die Vögel von ihren Schlafplätzen im Wald auf feuchte Felder fliegen sehen. Bei gefrorenem Boden auch tags an sonnigen Stellen. ❏ Läuft merkwürdig schaukelnd, wobei die kurzen rosa Beine unter dem tiefhängenden Bauch verborgen sind. ❏ Einzelgänger.

Zwergschnepfe *Lymnocryptes minimus* 17–19 cm

Deutlich kleiner als Bekassine, Beine und Schnabel kürzer, Flanken gestreift. Charakteristisch ist der schwärzliche Mantel mit purpur-samtgrünem Glanz und zwei Paar tiefgoldenen Streifen. Beine im Winter bräunlich.

Status: Seltener, lokal regelmäßiger (Winter-)Gast.

Flug: Dunkel; Keilschwanz einmalig bei Schnepfen.

❑ In nassen Feldern, schlammigen Gruben und an Röhrichträndern; liebt Gräben mit Wasserkresse. ❑ Wegen hervorragender Tarnfärbung selten zu sehen, wenn nicht aufgejagt. ❑ Verrät sich am Boden nur durch merkwürdig springendes Verhalten auf gebogenen Beinen (wie auf Sprungfedern); schiebt sich langsam vorwärts und ist ohne Bewegung unsichtbar. ❑ Einzeln oder verstreut zu zweit oder dritt. ❑ Brütet in ausgedehnten nassen Mooren in Lappland (vereinzelt S-Schweden), wo merkwürdig luftiger Gesang wie galoppierende Pferde erklingt.

Doppelschnepfe *Gallinago media* RL:0; 27–29 cm

Stämmiger als Bekassine, längere Beine und kräftigerer Schnabel; unterscheidet sich ferner durch ausgedehnt gebänderten Bauch (Altvögel der Bekassine haben ungestreiften, weißlichen Bauchfleck), durch drei weiße Flankenbänder, gebildet aus den Spitzen der Flügeldecken, und kräftig-weiße Schwanzecken (weniger deutlich bei Jungvögeln).

Status: Nur noch im N und NO seltener Brutvogel; seltener Durchzügler.

Flug: Fliegt – anders als Bekassine – stumm auf. Kräftiger Schnabel, runder Bauch und breite Flügel erinnern an Waldschnepfe. Man achte auf dunkles, weiß gesäumtes mittleres Flügelband.

❑ Bibbernder Gesang. ❑ Außer am Balzplatz stumm; einzelgängerisch und selten zu sehen. ❑ Überwintert im tropischen Afrika. ❑ Seltener, aber wohl auch oft übersehener Durchzügler.

Bekassine *Gallinago gallinago* — RL:2; 26–27 cm

Wachsamer Sumpfvogel, der die meiste Zeit in feuchter Vegetation versteckt ist. Wird beim Überqueren nasser Flächen oft aufgejagt. Leicht zu erkennen an ihrem langen, geraden Schnabel, gestreiften Kopf und Tarngefieder mit kräftigen hellbraunen Streifen, die auf dem Rücken ein deutliches »V« bilden.

Alle Kleider ähnlich. Deutlich größer und langschnäbliger als Zwergschnepfe, mit gebänderten Flanken und unterschiedlicher Kopfzeichnung. Beine grünlich.

Drückt sich bei Gefahr. Fliegt – anders als Zwergschnepfe – explosiv auf eine Entfernung von etwa 10 m auf und ruft hart kratzend »rätsch«. Steigt im Zickzackflug steil empor und fällt erst in reichlicher Entfernung wieder ein. Schmale weiße Endbinde der Armschwingen. Unterscheidet sich von der bedächtigeren Doppelschnepfe durch weißen Bauch und schmale weiße Schwanzkanten.

Zwergschnepfe

Steht im Frühling stolz auf Bülten, Pfosten oder Büschen und singt ein lautes, rhythmisches, quietschendes »chip-a, chip-a, chip-a ...«.

Man achte bei der Zwergschnepfe auf breiten goldenen Überaugenstreif mit dunkler »gehobener Augenbraue« und auf ganz schwarzen Scheitel; halslos und an der Basis kräftiger, zweifarbiger Schnabel.

Status: Verbreiteter Brutvogel mit Schwerpunkt im Küstentiefland (abnehmend); häufiger Durchzügler; im Winter seltener.

♂ stürzen sich bei der Balz in die Tiefe. Die gespreizten äußeren Schwanzfedern vibrieren im Luftzug und erzeugen ein wummerndes Geräusch, das aus ziemlicher Entfernung zu hören ist.

❏ Stellenweise noch häufig in Sümpfen, nassen Wiesen und Hochmooren. ❏ Überwiegend morgens und abends aktiv; stochert dann in seichtem Wasser und Schlamm. ❏ Watet oft bis zum Bauch im Wasser. Fällt auf durch ihre ruckartigen, schnellen Bewegungen, mit denen sie kraftvoll im Schlamm nach Kleintieren stochert (»Nähmaschine«). ❏ Einzeln oder in lockeren Gruppen.

Uferschnepfe *Limosa limosa* RL:2; 40–44cm

Einer unserer größten Watvögel. Elegant und langbeinig, mit sehr langem, degenförmigen Schnabel (rosaorange mit dunkler Spitze). Steht aufrecht, wobei das Bein oberhalb des Gelenks ebenso lang ist wie unterhalb – ein nützliches Unterscheidungsmerkmal gegenüber der gedrungeneren Pfuhlschnepfe.

Schlichtkleid: Kopf, Brust und OS wirken kühler, grauer (Farbe von Schlamm) und weniger gezeichnet als bei Pfuhlschnepfe. Kurzer weißer Überaugenstreif endet am Auge (vgl. Pfuhlschnepfe).

Prachtkleid: Beide Geschlechter mit orangebraunem Kopf, Hals und Oberbrust. Unterscheidet sich von Pfuhlschnepfe durch weißen Bauch mit variabler schwarzer Schuppung von Brust bis Unterschwanz. OS schwarz und rotbraun, dazwischen alte graue Federn. ♀ matter, aber mit längerem Schnabel.

Jungvogel: Kräftig oranger Anflug an Hals und Brust, ähnlich PK, aber die zimtfarbenen Ränder der Flügeldecken geben ein deutlich schuppiges Aussehen.

Status: Im nordwestlichen Tiefland Mitteleuropas häufiger, sonst seltener bis häufiger Brutvogel (teilweise abnehmend); Sommergast (die Island-Vögel überwintern in W-Europa).

Flug: Schwarzer Schwanz, reinweißer Bürzel und breite weiße Flügelbinde ergeben ein kräftiges Flugmuster – ähnlich nur beim Austernfischer. Langer Schnabel und Beine (Füße überragen Schwanz deutlich) erzeugen langgestreckten Eindruck. Von unten sind die Flügel leuchtend-weiß mit schmalem schwarzen Hinterrand.

❏ Brütet auf feuchten Weiden. ❏ Im Winter an der Küste, bevorzugt an schlammigen Stellen. ❏ Bei der Nahrungssuche oft bis zum Bauch im Wasser und Kopf und Schnabel unter der Oberfläche. ❏ Rufe beim hohen, gaukelnden Balzflug »keveh'ü-keveh'ü ...« oder ein scharfes »grietu-grietu ...«. ❏ Flugruf ein nasales »äp«, einzeln oder gereiht. ❏ Isländische Brutvögel (*islandica*) haben kürzere Schnäbel und Beine.

Pfuhlschnepfe *Limosa lapponica* 37–39 cm

Großer, langschnäbliger Watvogel, bei uns gewöhnlich im Winterkleid. Überragt weit Rotschenkel, Alpenstrandläufer und Knutt, mit denen sie oft auftritt. Unterscheidet sich von größerer Uferschnepfe durch kürzere Beine und leicht aufgebogenen Schnabel. Weibchen haben längeren Schnabel und können leichter mit Uferschnepfe verwechselt werden.

Schlichtkleid: Ähnlich Uferschnepfe, aber OS und Brust brauner und gestreift. Wichtigste Unterscheidungsmerkmale: längerer Überaugenstreif bis hinters Auge und kürzere »Oberschenkel« im Vergleich zum Beinabschnitt unter dem Gelenk. Einfarbige Schirmfedern mit dünnem hellen Rand unterscheiden Altvögel von Jungen im 1. Winter.

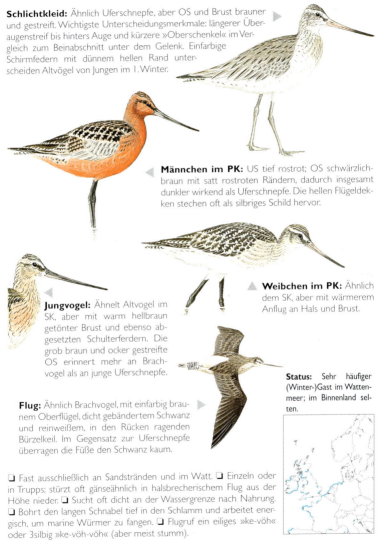

Männchen im PK: US tief rostrot; OS schwärzlichbraun mit satt rostroten Rändern, dadurch insgesamt dunkler wirkend als Uferschnepfe. Die hellen Flügeldecken stechen oft als silbriges Schild hervor.

Jungvogel: Ähnelt Altvogel im SK, aber mit warm hellbraun getönter Brust und ebenso abgesetzten Schulterfedern. Die grob braun und ocker gestreifte OS erinnert mehr an Brachvogel als an junge Uferschnepfe.

Weibchen im PK: Ähnlich dem SK, aber mit wärmerem Anflug an Hals und Brust.

Status: Sehr häufiger (Winter-)Gast im Wattenmeer; im Binnenland selten.

Flug: Ähnlich Brachvogel, mit einfarbig braunem Oberflügel, dicht gebändertem Schwanz und reinweißem, in den Rücken ragenden Bürzelkeil. Im Gegensatz zur Uferschnepfe überragen die Füße den Schwanz kaum.

❏ Fast ausschließlich an Sandstränden und im Watt. ❏ Einzeln oder in Trupps; stürzt oft gänseähnlich in halsbrecherischem Flug aus der Höhe nieder. ❏ Sucht oft dicht an der Wassergrenze nach Nahrung. ❏ Bohrt den langen Schnabel tief in den Schlamm und arbeitet energisch, um marine Würmer zu fangen. ❏ Flugruf ein eiliges »ke-vöh« oder 3silbig »ke-vöh-vöh« (aber meist stumm).

Regenbrachvogel *Numenius phaeopus* 40 cm

Deutlich kleiner als Großer Brachvogel (G.B.) mit markant gestreiftem Scheitel, etwas kürzeren Beinen und viel kürzerem Schnabel, der an der Spitze abrupter gebogen ist als der sanft gebogene Schnabel des G.B. Beide Arten sind aus der Entfernung und im Flug schwer zu unterscheiden, doch das laute, kichernde, meist 7silbige Pfeifen des Regen-B. ist stets ein sicheres Kennzeichen: »pü hü hü hü hü hü hü«. Im Gegensatz zum G.B. überwintert der Regen-B. an der westafrikanischen Küste und ist in Europa zwischen Okt. und März selten.

Der dunkle Scheitel wird durch hellen zentralen Streifen geteilt, aber von der Seite unterscheiden der dunklere Augenstreif und der helle Überaugenstreif vom G.B. Allgemein wirkt er dunkler braun (weniger ocker) als G.B., und die Oberhälfte des Unterschnabels ist oft kräftiger rosa. Der Schnabel des ♀ ist länger, aber selten mehr als 9 cm.

Flug: Kürzerer Schnabel und schnellere Flügelschläge sind im Feld oft schwer erkennbar, aber der Eindruck ist selten »möwenartig« wie beim G.B. Die Stimme ist das entscheidende Kennzeichen und läßt sich leicht nachahmen. Fliegende Brachvögel beider Arten können manchmal durch Imitation ihrer Rufe zum Antworten gebracht werden.

Status: Durchzügler an der Küste und im Binnenland; meist in kleinen Trupps.

Regenbrachvogel
Regen-B. hat ausgedehntere schwarze Bänderung auf der Flügelunterseite als G.B., wodurch ein insgesamt dunklerer Eindruck entsteht.

Großer Brachvogel
Unterflügel des G.B. ist unterschiedlich braun getupft und gebändert, aber wirkt hell auf die Entfernung.

❏ Brütet nur im N; in trockenen Heidemooren und auf kurzrasigen Hügeln. ❏ Zahlreich und verbreitet auf dem Durchzug (Apr.–Mai und Juli–Sept.); dann gern an steinigen Steilküsten, auf küstennahen Feldern und in Gezeitentümpeln. ❏ Durchzügler oft in Trupps, aber häufig auch zusammen mit größerem G.B. an Hochwasser-Rastplätzen. ❏ Im Brutgebiet klingen einige Rufe ähnlich denen des G.B.

Großer Brachvogel *Numenius arquata* RL:2; 50–60cm

Unser größter Watvogel. Erkenntlich an seinem gestreiften braunen Gefieder, dem sehr langen gebogenen Schnabel und dem charakteristischen Ruf, einem melancholischen, langgezogenen Flöten: »kur-lieh«. Regenbrachvogel (Regen-B.) ist am leichtesten mit Großem Brachvogel (G.B.) zu verwechseln, aber G.B. ist größer, hat längeren, gleichmäßiger gebogenen Schnabel, gestreiften Scheitel und andere Stimme.

Altvogel: Überragt Regen-B. durch längere graue Beine und ist von allgemein hellerer, mehr ockerfarbener Erscheinung.
♂ haben kürzeren Schnabel (durchschnittlich 12cm; ♀ 14,5cm). Einige Individuen zeigen hellbraunen Überaugenstreif und Andeutung einer hellen Trennung auf dem Scheitel, aber nie den deutlich gestreiften Scheitel des Regen-B.

Großer Brachvogel Jungvogel

Jungvögel: Besonders ♂ haben kürzeren Schnabel (9,5 cm) und können mit Regen-B. (unterer Kopf) verwechselt werden.

Regenbrachvogel Jungvogel

Flug: Erinnert an große Möwe. Langer Schnabel und weithin hörbarer Ruf sind eindeutige Kennzeichen, aber entfernte Vögel, die nicht rufen, sind schwer vom Regen-B. zu unterscheiden. Beide Arten haben breiten weißen Keil am Rücken und bräunlich gebänderten Schwanz.

Status: Im Tiefland häufiger Brutvogel (teilweise abnehmend); an der Küste sehr häufiger, im Binnenland häufiger Gast; im Winter selten.

❏ Einprägsamer Ruf charakteristisch für Hochmoore und Feuchtwiesenlandschaften im Sommer. ❏ Man achte auf den blubbernden Gesang beim flatternden und gleitenden Balzflug, mit leicht nach oben gewinkelten Flügeln. ❏ Kreist bei Gefahr überm Nistplatz und ruft unentwegt »gügügügü ...«, bis die Gefahr vorbei ist. ❏ Im Winter häufig und gesellig im Watt und auf küstennahen Feldern. Stochert mit langem Schnabel im Schlamm und Boden. ❏ Wachsam bei Annäherung; fliegt ab mit ängstlichen Rufen »kor-wieh, kor-wieh ...«. ❏ Pfuhlschnepfe im SK ist ähnlich gefärbt, aber hat langen, leicht aufgebogenen Schnabel.

119

Dunkler Wasserläufer *Tringa erythropus* 29–32 cm

Größer und eleganter als Rotschenkel, längere Beine und längerer, dünnerer Schnabel, der an der Spitze eine Spur nach unten weist (als hinge ein Tropfen dort). Rot auf Unterschnabel beschränkt (vgl. Rotschenkel). Lautes, scharfes »tju-wit« oder »tji-wi« ist typisch und verrät sofort die Anwesenheit unter anderen Watvögeln.

Prachtkleid: Die kohlschwarzen Altvögel sind die dunkelsten europäischen Watvögel (sogar die Beine sind schwärzlich). Aus der Nähe ist die OS locker weiß getupft und gezeichnet. Im Flug zeigen sich Rücken und Unterflügel in leuchtendem Weiß.

Schlichtkleid: Heller und klarer als Rotschenkel, oben grau, unten weißlich, Beine leuchtend orangerot. Schwarze Zügel und helle Augenbrauen ergeben eine deutlichere Gesichtzeichnung als beim Rotschenkel (der hellen Zügel und Augenring hat).

Altvogel in Mauser: Leicht zu erkennen an auffälligen schwarzen Flecken des PK, aber vgl. mausernden Kampfläufer.

Jungvogel (Aug./Sept.): Leicht mit Rotschenkel zu verwechseln, jedoch dunkler braune OS weiß getupft und US bemerkenswert rauchig, mit deutlicher, brauner Bänderung.

Status: Häufiger Durchzügler an der Küste und im Binnenland.

Flug: In allen Kleidern vom Rotschenkel leicht zu unterscheiden durch ungezeichnete Flügel (vgl. Rotschenkel). Man beachte den weißen Rücken und die den gestreiften Schwanz überragenden Füße.

❏ Brütet in Sümpfen des hohen Nordens. ❏ Auf dem Durchzug weit verbreitet an Seeufern und Küsten. ❏ Meist einzeln oder in kleinen Gruppen, zur Hauptdurchzugszeit im Aug./Sept. aber auch Scharen von 30 und mehr. ❏ Energischer als Rotschenkel; rennt oft wild durch seichtes Wasser, um kleine Fische zu fangen, oder watet bis zum Bauch im Wasser. Schwimmt auch und »gründelt« wie eine Ente.

Rotschenkel *Tringa totanus* RL:3; 26–28 cm

Geräuschvoller, leicht erregbarer Watvogel von Feuchtflächen des Binnenlands und der Küsten. Graubraunes Gefieder mit leuchtend orangeroten Beinen und Schnabelwurzel unterscheiden ihn von allen anderen Watvögeln, außer Dunklem Wasserläufer und einigen Kampfläufern. Immer aktiv: Gewöhnlich sieht man sie nervös wippen, dann plötzlich auffliegen mit einem Schwall ärgerlicher, tönender Rufe: »kly-kly-kly …«.

Prachtkleid: Oben braun, unten weiß, rundherum unterschiedlich dunkelbraun gestrichelt, getupft und gebändert. Wirkt bei schlechter Beleuchtung manchmal ausgesprochen dunkel, wodurch es zu Verwechslungen mit Dunklem W.L. kommen kann.

Schlichtkleid: Wirkt viel einfarbiger; oben deutlich kühler und grauer, unten hell. Brust mit kräftigem, rauchgrauen Anflug (fein gestrichelt aus der Nähe). Schnabel gerade, aber kürzer als bei Dunklem W.L. und mit mehr Rot an der Basis.

Jungvogel: Warm-braune OS mit deutlich hellen Federrändern, hellbraune, gestreifte Brust, bräunlicher Schnabel und orangegelbe Beine. Kann mit kleinerem Bruchwasserläufer verwechselt werden, von dem er leicht durch Stimme und Flügelzeichnung zu unterscheiden ist.

Steht Wache auf Pfosten und empfängt Eindringlinge mit ängstlich anhaltendem »kip-kip-kip …«.

Status: Im NW häufiger Brutvogel; im Binnenland abnehmend; an der Küste häufiger Durchzügler, teilweise auch überwinternd.

Kein anderer Watvogel zeigt die Kombination von breiter weißer Flügelendbinde (von oben und unten zu sehen) und weißem Rückenkeil.

❏ Brütet auf Mooren und in nassen Wiesen. ❏ Versammelt sich mit anderen Watvögeln an Hochwasser-Rastplätzen, bei der Nahrungssuche aber meist einzeln oder in kleinen, gleichmäßig über die Fläche verteilten Gruppen. ❏ Bewegt sich pickend und stochernd meist gleichmäßig fort (vgl. Dunkler W.L.). ❏ Klagender Flugruf »tjü-hük« oder »tjü-hü-hük« – charakteristisch für winterliches Watt. ❏ Am Brutplatz anhaltender jodelnder Gesang »dahüdl-dahüdl-dahüdl …«.

Grünschenkel *Tringa nebularia* 30–35 cm

Größter Wasserläufer, hochgewachsen und ziemlich eckig im Umriß. Kann aus der Ferne oft schon an seiner hellgrauen und weißen Erscheinung erkannt werden. Langer, kräftiger, leicht aufgebogener Schnabel und hell-olivgrüne oder bläuliche (selten gelbliche) Beine sind typische Kennzeichen. Der kräftige Ruf ist charakteristisch: ein schnelles, 3silbiges Flöten »tjü-tjü-tjü«, weitreichend und volltönend.

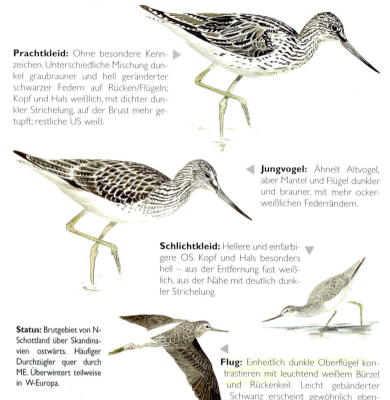

Prachtkleid: Ohne besondere Kennzeichen. Unterschiedliche Mischung dunkel graubrauner und hell geränderter schwarzer Federn auf Rücken/Flügeln; Kopf und Hals weißlich, mit dichter dunkler Strichelung, auf der Brust mehr getupft; restliche US weiß.

Jungvogel: Ähnelt Altvogel, aber Mantel und Flügel dunkler und brauner, mit mehr ockerweißlichen Federrändern.

Schlichtkleid: Hellere und einfarbigere OS. Kopf und Hals besonders hell – aus der Entfernung fast weißlich, aus der Nähe mit deutlich dunkler Strichelung.

Status: Brutgebiet von N-Schottland über Skandinavien ostwärts. Häufiger Durchzügler quer durch ME. Überwintert teilweise in W-Europa.

Flug: Einheitlich dunkle Oberflügel kontrastieren mit leuchtend weißem Bürzel und Rückenkeil. Leicht gebänderter Schwanz erscheint gewöhnlich ebenfalls hell, was den allgemein »weißen« Eindruck verstärkt. Zehen überragen die Schwanzspitze deutlich.

❑ Brütet in einsamen, wasserreichen (manchmal auch baumbestandenen) Mooren des Tief- und Hochlandes. ❑ Auf dem Durchzug in den verschiedensten feuchten Lebensräumen, auch an Bächen (meidet offene Strände). ❑ Neigt zum Einzelgänger, aber auf dem Zug auch in kleinen Gruppen (selten mehr als 15). ❑ Aktiv und beweglich bei der Nahrungsuche, watet oft tief im Wasser und vollführt auf der Jagd nach kleinen Fischen oft fast komische Tänze. ❑ Bei starker Beleuchtung wirkt er unterseits leuchtend weiß und oberseits sehr dunkel.

Flußuferläufer *Actitis hypoleucos* RL: 3; 20 cm

Ruheloser, kleiner Watvogel, hauptsächlich an Seeufern und steinigen Flüssen, oft auf erhöhten Steinen oder Pfosten. Leicht zu erkennen an seiner typischen Stimme, flatterndem Flug und ständigem Wippen. Wirkt langleibig und kurzbeinig, mit langem, die Flügelspitzen deutlich überragenden Schwanz. Beine hell oliv bis graurosa.

Prachtkleid: Unterseits reinweiß, Brust und OS olivbraun (mit feiner schwarzer Zeichnung aus der Nähe). Sehr kennzeichnend auch aus der Entfernung ist die weiße Einbuchtung zwischen Brust und Flügelbug. Weißer Augenring, schwarzer Augenstreif und undeutlicher weißlicher Überaugenstreif. Im Winter düsterer, mit gebänderten Flügeldecken wie Jungvögel – daher schwierige Altersbestimmung.

Jungvogel: Ähnlich Altvögeln, aber ocker und dunkelbraune Bänderung auf Flügeldecken sowie hellbraune Ränder der Schirmfedern von dunkelbraunen Flecken unterbrochen.

Flug: Fliegt mit erregten Rufen leicht auf. Typischer Flug dicht überm Wasser. Rasche Flügelschläge wechseln ab mit kurzen Gleitstrecken auf steifen, nach unten gebogenen Schwingen. Dunkler Bürzel, aber deutliche weiße Flügelbinde und Schwanzseiten. »Kichert« nervös beim Landen.

Status: Seltener bis häufiger Brutvogel v.a. der Mittel- und Hochgebirge; häufiger Durchzügler.

❏ Brütet an steinigen Ufern von Flüssen und Seen. ❏ Verbreitet auf dem Durchzug, dann an fast allen Binnengewässern und Küsten. ❏ Ständig aktiv mit wippendem Körper. ❏ Oft einzeln, aber auf dem Zug auch in kleinen Gruppen von 3–5. ❏ Rufe nicht zu überhören: ein klarer, hoher, 3silbiger Pfiff »jii-dii-dii«, oft wiederholt.

Waldwasserläufer *Tringa ochropus* 21–24 cm

Kontrastreicher Süßwasser-Watvogel, der unerwartet aus Gruben, Klärbecken und Schlammbänken vor einem auffliegt. Kennzeichnender Ruf. Ähnelt Bruchwasserläufer (gegenüber), aber erscheint schwarz und weiß aus einiger Entfernung, mit deutlicherem weißen Augenring, kürzerem weißen Überaugenstreif (nur bis zum Auge), längerem, geraden Schnabel und kürzeren, graugrünen Beinen. Wippt nervös.

Prachtkleid: OS dunkel-oliv, mit kleinen weißen Punkten (vgl. gröbere Zeichnung bei Bruchwasserläufer). Scheitel, Vorderhals und Brust kräftig gestrichelt, mit scharfem Abschluß nach unten, so daß weißer Bauch wie in Farbe getaucht wirkt. Schnabel grünlich, zur Spitze hin schwärzlich. Im Winter Kopf und Brust heller und einfarbiger, wie ausgewaschen (ohne kräftige schwarze Streifen des Sommers).

Jungvogel: Dunkler, mit weißlicher Kehle und satt ocker getupfter OS.

Flug: Rechteckiger, weißer Bürzel in kräftigem Kontrast zur sonst dunklen OS im Flug – wie eine große Mehlschwalbe. Breite schwarze Schwanzbinden.

Status: Seltener Brutvogel im NO; regelmäßig v.a. im Binnenland durchziehend (und hier auch überwinternd).

Die schwärzlichen Unterflügel kontrastieren mit der schneeweißen US; Füße überragen den Schwanz kaum. Fliegt schnell, wendig und bekassinenartig.

❏ Brütet in alten Drosselnestern in morastigen nördlichen Wäldern und Mooren. ❏ Auf dem Durchzug auch an kleinen Gruben und Teichen. ❏ Im Winter oft in Gräben mit Wasserkresse. ❏ Stets ängstlich; gewöhnlich einzeln oder zu zweit. ❏ Typische Begegnung: Ein auffallend schwarz-weißer Watvogel fliegt vor einem im Zickzackflug auf und läßt dabei eine fast hysterische Salve von Rufen hören. Das steile Auffliegen endet abrupt mit dem Niedergehen am Ufer. ❏ Sehr typischer Flugruf: ein lautes, jodelndes »tui-di-dit!«.

Bruchwasserläufer *Tringa glareola* RL:0; 20cm

Graziler, hochbeiniger Watvogel schlammiger Süßwasserufer, Moore und Überschwemmungsflächen. Kann am ehesten mit Waldwasserläufer verwechselt werden, aber ist schlanker, mit kleinerem Kopf und Schnabel und längeren, helleren Beinen (grünlich oder gelblich). Deutlich braunere OS und auffälligerer weißer Überaugenstreif (bis weit hinters Auge) sind wichtige Merkmale.

Prachtkleid: Unterscheidet sich vom Waldwasserläufer durch dunkelbraune OS mit größeren weißen Punkten. Hals und Brust kräftig gestrichelt, feine braune Bänder an den Flanken. Bauch weiß. Im Winter düsterer, oberseits weniger gepunktet und grauer, unterseits weniger gestrichelt – Brust mehr gewölbt.

Jungvogel: Wirkt »ordentlicher« als Altvögel, mit gelben Beinen. Brust mehr meliert als gestrichelt, OS schön goldbraun geschuppt (bei Adulten weißlich). Kann mit jungem Rotschenkel verwechselt werden, der oberseits ähnlich hellbraun geschuppt ist und auch verwaschen orange Beine hat; er unterscheidet sich aber sehr deutlich im Flug (vgl. S. 121).

Flug: Wie Waldwasserläufer mit rechteckigem, weißen Bürzel und fehlender Flügelbinde; Bruchwasserläufer wirkt aber weniger scheckig. Man achte auf helle Unterflügel und deutlich den fein gebänderten Schwanz überragende Füße. Die weißen Schäfte der äußeren Handschwingen des Waldwasserläufers fehlen dem Bruchwasserläufer.

Status: Brutvogel im N und O (in ME nur noch kleiner Rest); häufiger Durchzügler an der Küste und im Binnenland.

❏ Brütet in Seggensümpfen und Mooren. ❏ Während des Zuges weit verbreitet; selten in Schwärmen, aber in lockeren Gruppen an bevorzugten Stellen. ❏ Oft in tieferem Wasser als Waldwasserläufer; stelzt hurtig zwischen der Vegetation herum und pickt Nahrung von der Oberfläche. ❏ Flugruf typisch: ein kurzes, trockenes »giff-giff-giff« – ganz anders als die flötende Salve des Waldwasserläufers.

Odinshühnchen *Phalaropus lobatus* 18–19 cm

Zierlicher Watvogel, den man meist federleicht auf dem Wasser schwimmend antrifft – wie eine kleine Möwe. Sehr zutraulich. Dreht sich hierhin und dorthin und pickt kleine Nahrungsstücke von der Oberfläche – Wassertreter sind die einzigen Watvögel mit solchem Verhalten. Der nadeldünne schwarze Schnabel und die schwarzen Beine unterscheiden stets das Odinshühnchen vom kräftigeren Thorshühnchen.

Prachtkleid: Unverwechselbar. Der insgesamt dunkelgraue Eindruck wird aufgelockert durch goldene Längsstreifen auf dem Mantel und typischen orangeroten Halsfleck. Aus der Entfernung ist der weiße Kehlfleck das beste Kennzeichen. ♀ sind kräftiger gefärbt als die »schäbig« wirkenden ♂.

Jungvogel: Streuende Jungvögel treten im Aug./Sept. auf (im Gegensatz zum Thorshühnchen, das meist erst im späten Sept. bis Nov. erscheint). Sattgoldene Streifen auf dem dunklen Rücken erzeugen ein viel kräftigeres Muster als bei jungen Thorshühnchen; das Weiß der US zieht sich bis zum Vorderhals und Gesicht.

1. Winter: Die Mauser ins ganz graurückige 1. Winterkleid findet erst im Winterquartier statt; daher niemals so hellrückig wie Thorshühnchen im Spätherbst.

Man vergleiche den schwarzen Nadelschnabel des Odinshühnchens mit dem kräftigeren, an der Basis hellen Schnabel des Thorshühnchens.

Status: Seltener Durchzügler; etwas häufiger an der Küste. Auf dem Wegzug häufiger und früher als Thorshühnchen.

Schlichtkleid: Teilweise schon vor Abflug aus N-Europa angelegt, vollendet aber erst nach Ankunft im Winterquartier (Arabischer Golf). Nie so einfarbig hellgraue OS wie Thorshühnchen.

Flug: Im Flug etwas kleiner als Alpenstrandläufer, aber ähnliche Flügelbinden. Im PK kontrastieren dunkler Kopf und Brust kräftig mit weißem Bauch. Jungvogel (abgebildet) weniger stämmig als Thorshühnchen, aber Grundmuster ähnlich.

❏ Brütet an kleinen stehenden Gewässern in N-Europa. ❏ Ernährt sich von Plankton, das durch Drehen und Wassertreten aufgewirbelt wird. ❏ Ruf kurz und spitz »twick« oder »kirrik«.

Thorshühnchen *Phalaropus fulicarius* 20–22 cm

Im wesentlichen ein pelagischer Watvogel; brütet hoch in der Arktis, aber verbringt die meiste Zeit in Trupps auf hoher See. Schwimmt leicht auf dem Wasser, dreht sich im Kreis und pickt Kleintiere auf. Schwierig vom Odinshühnchen zu unterscheiden, aber Thorshühnchen ist größer und hat dickeren Schnabel.

Prachtkleid: Bei uns sehr selten zu sehen. Kombination von rotbrauner US, weißen Wangen und schwarzem Scheitel ist einmalig, aber entfernt fliegende Vögel können dunkel mit weißen Unterflügeln erscheinen (vgl. Knutt). Schnabel gelb, mit schwarzer Spitze. ♀ (abgebildet) kräftiger gefärbt als ♂, das hell gefleckten Scheitel hat.

Jungvogel (Sept.): Ähnelt jungem Odinshühnchen, aber mit dickerem Schnabel. Mausert früher ins 1. Winterkleid, so daß hellgraue Winterfedern auf dem Rücken im Aug./Sept. für Thorshühnchen sprechen.

1. Winter (Okt./Nov.): Viel hellere und einfarbigere OS als Odinshühnchen im gleichen Kleid. Schirmfedern mit dunklem Zentrum unterscheiden vom SK der Altvögel (unten).

Schnabel, gewöhnlich mit heller Basis, ist deutlich dicker als der ganz schwarze, nadelförmige des Odinshühnchens.

Schlichtkleid: »Sauberer«, mit einheitlich heller OS (vgl. kontrastreicheres Odinshühnchen, das im Winter kaum in Europa zu finden ist).

Flug: Wirkt sehr hell und kann mit Sanderling im SK verwechselt werden. Schwarzer Augenfleck und Schwimmen auf dem Wasser identifizieren die Art.

❏ Außerhalb der Brutzeit pelagisch. ❏ Überwintert vor der Küste W-Afrikas. ❏ In Europa gewöhnlich nur Sept. bis Nov. auf See oder nach Stürmen im Binnenland. ❏ Gewöhnlich sehr zutraulich. ❏ Ruf ein scharfes »kip«.

Spatelraubmöwe *Stercorarius pomarinus* 46–50cm

Ähnlich der häufigeren Schmarotzer-R., aber Kopf und Schnabel schwerer, kräftigerer Körper, breitere Flügel und flachere, langsamere Flügelschläge. Jungvögel weniger variabel als Schmarotzer-R.; Ausprägung des Handschwingenmusters der US ist für die Bestimmung entscheidend. Alle drei kleinen Raubmöwen weisen verschiedene Gefiederstadien auf, bevor sie das Alterskleid nach 3-5 Jahren erreichen, wodurch die Bestimmung erschwert wird. Schwanzverlängerung 10 cm.

Altvogel: Die dunkle Form ist selten, 90% sind hell (Abb.). Man beachte die langen, ungewöhnlich verdrehten Schwanzspieße; die schwärzliche Kappe reicht weiter in die Wangen (vgl. Schmarotzer-R.). Bräunliches Brustband fehlt oft den adulten Männchen.

Schwärzliches Hinterteil und düstere Bänderung der Flanken sind kennzeichnend (vgl. Schmarotzer-R.).

Die gedrehten mittleren Steuerfedern sehen von der Seite wie lange Klingen oder Löffel aus; von unten wirken sie wie den Schwanz überragende Füße. Nicht zu verwechseln mit den dünnen, spitzen Schwanzfedern der Schmarotzer-R. Oft sind die verlängerten Federn aber abgebrochen oder kürzer bei Jungvögeln.

Jungvogel: Deutlicher heller Halbmond auf den Handschwingendecken durch dunkleren Halbmond vom weißlichen Hauptfeld getrennt. Schwanzverlängerung sehr kurz und stumpf (vgl. Schmarotzer-R.).

Jungvogel: Schwierig zu bestimmen. Zeichnung dunkler lederfarben (weniger gelblich-braun), dadurch insgesamt kühler wirkend, speziell im Nacken. Ohne auffällige helle Handschwingenspitzen (im Unterschied zu jungen Schmarotzer-R.) und deutlichere helle Bänderung an Hinterbauch und Oberschwanzdecken (die Bänderung der meisten Schmarotzer-R. ist bräunlicher, weniger kontrastreich). Der dickere Schnabel betont die schwarze Schnabelspitze und ist an der Basis manchmal rosa getönt.

❏ Am ehesten bei Meeresbeobachtungen oder von Schiffen aus zu sehen. ❏ Wandert gewöhnlich in kleinen Trupps, oft hoch fliegend. ❏ Die ziemlich flachen Flügelschläge im Streckenflug erinnern an den langsameren Flug der Silbermöwe (vgl. Schmarotzer-R.) oder sogar an den der Skua. ❏ Große, gut genährte Schmarotzer-R. sind leicht mit Spatel-R. zu verwechseln, doch wirken sie gewöhnlich kleinköpfig im Verhältnis zum massigen Körper. ❏ Seltener Durchzügler, der in der arktischen Tundra brütet und in südlichen Meeren überwintert. Frühjahrsdurchzug westlich der Britischen Inseln im Mai; in geringer Zahl auch in der Nordsee. Zerstreuter Wegzug Aug. bis Nov., dann vor den verschiedenen Küsten und nach Stürmen sogar im Binnenland.

Schmarotzerraubmöwe *Stercorarius parasiticus* 41–45 cm

Schwärzlicher Seevogel mit weißen Strahlenflecken im Flügel und – in der hellen Form – mit weißer US. Größer und langflügliger als Dreizehenmöwe, die von ihr gejagt wird. Beuteflug rasch und falkenartig; die langen, spitzen Flügel ermöglichen plötzliche, agile Wendungen und Drehungen. Alle drei kleinen Raubmöwen sind ähnlich und weisen komplizierte Kleider auf (Farbvarianten, Pracht- und Schlichtkleider sowie verschiedene Jugendkleider), jedoch trifft man in W-Europa meist nur Altvögel oder Einjährige (die meisten Immaturen bleiben im Winterquartier). Schwanzverlängerung 8 cm.

Altvögel: Treten in zwei Farbvarianten (hell und dunkel) sowie in Zwischenkleidern auf; im S herrscht die dunkle Form vor. Man beachte besonders die langen, spitzen Schwanzverlängerungen sowie den kleineren Kopf und Schnabel gegenüber der Spatel-R. Im SK gebänderter Rumpf, aber schwärzliche Unterflügel.

Helle Form

Dunkle Form

Jungvogel: Variabel. Im typischen Fall warm cremefarbene Töne und Bänderung; doch hellere Vögel wirken fast rotbraun am Kopf, während dunkelste Individuen schwarzbraun sind ohne deutliche Zeichnung. Sitzende Vögel lassen folgendes Merkmal erkennen: Alle, außer den dunkelsten, haben warm hellbraune Ränder an den Spitzen der neuen Handschwingen (nur angedeutet oder fehlend bei jungen Spatel- und Falken-R.). Die kurzen Schwanzverlängerungen sind zugespitzt (stumpf bei den beiden anderen Arten).

Status: Brütet in lockeren Kolonien in Mooren an der Küste und auf kleinen Inseln. Regelmäßiger, stellenweise auch häufiger (Sommer-)Gast an der Küste; im Binnenland sehr selten.

Jungvogel: Kurzer Schwanz sowie gebänderter Bauch und Unterflügel. Ohne weißlichen Halbmond auf den Handschwingendecken des Unterflügels wie Spatel-R. Alterskleid ab 3. Sommer.

❏ Die häufigste Raubmöwe, die an der Küste Seeschwalben und Möwen verfolgt. ❏ Entfernte Vögel im Streckenflug wirken merkwürdig brachvogelähnlich in Flug und Gestalt. ❏ Bei starkem Wind fliegt sie in wellenförmigem Gleitflug (wie Sturmtaucher), anders als Spatel-R. ❏ ♀ bei allen drei Arten größer als ♂ – die Extreme können für die größere Spatel- oder die kleinere Falken-R. gehalten werden; beide sind aber viel seltener. In manchen Fällen können entfernte Schmarotzer-R. auch von versierten Kennern nicht identifiziert werden.

129

Falkenraubmöwe *Stercorarius longicaudus* 38–42 cm

Seltenste, kleinste und schlankeste Raubmöwe, etwa so groß wie Lachmöwe. Altvögel im PK sind problemlos, Jungvögel aber schwer zu bestimmen. In allen Kleidern relativ zierlicher Kopf und Schnabel, schlanker Bauch (aber oft füllige Brust) und lange, fast seeschwalbenartige Flügel. Alterskleid ab 3. Sommer. Schwanzverlängerung 18 cm.

Prachtkleid: Von Schmarotzer-R. durch gräuliche hintere US (unterschiedlicher Ausdehnung) und deutlicheren Kontrast zwischen schwärzlichen Schwungfedern und grauem Vorderflügel zu unterscheiden.

Längere, dünnere Schwanzspieße als Schmarotzer-R., im Flug recht beweglich. Ohne Weiß im Flügel (nur aus der Nähe schmaler Streifen sichtbar).

Jungvogel: Variabel; schwierige dunkle Form abgebildet. Stets ohne die rotbraunen Töne der Schmarotzer-R., mit heller sandfarbenen und weißlichen Bändern und Säumen, dadurch Gefieder insgesamt kühler, grauer. Ohne helle Säume an den Handschwingenspitzen (vgl. Schmarotzer-R.) und deutlicher hell gebänderter Hinterbauch und Oberschwanzdecken (wärmer hellbraun und weniger kontrastreich bei Schmarotzer-R.). Die dunkelsten Vögel beider Arten sind sehr ähnlich, doch aus der Nähe sollten die weißlichen Säume der Schwungfedern und die Bauchbänderung der Falken-R. zu sehen sein.

Status: Brütet in arktischen Tundren. Seltener pelagischer Durchzügler westlich der Britischen Inseln. In der Nordsee am häufigsten von Sept. bis Okt., dann auch gelegentlich nach Stürmen geschwächte Jungvögel im Binnenland.

Mittelhelle Form ▼

Dunkle Form

Jungvogel: Schlanker und allgemein viel grauer als Schmarotzer-R. Schwanzverlängerung deutlich, aber stumpf abgeschnitten (spitz bei Schmarotzer-R.). Praktisch ohne sichtbares Weiß auf Oberflügel (dunkelste Schmarotzer-R. gewöhnlich mit 3–4 weißen Handschwingenschäften, nur 2 bei Falken-R.), jedoch silbriges Band auf der US der Handschwingen. Die hellsten Vögel sind gut erkennbar: Kopf und US fast weiß, aber gewöhnlich mit grauem Brustband.

❏ Einzeln oder in kleinen Gruppen wandernd, mit leichtem, aber zielstrebigem Flug. Neigt nicht zu Gleit- und Scherflügen wie Schmarotzer-R. ❏ Wandernde scheinen kaum Nahrung aufzunehmen, jagen aber manchmal Seeschwalben. ❏ Wirkt aus der Ferne oft wie dunkelgraue Brandseeschwalbe. ❏ Dunkle Altvögel sind nicht bekannt.

Skua *Catharacta skua* 56–65 cm

Unsere größte Raubmöwe (etwa so groß wie Silbermöwe). Ein kräftig gebauter, dunkler Seevogel mit auffallend weißen Flügelflecken, den man am ehesten bei Meeresbeobachtungen oder von Schiffen aus sehen kann. Gedrungener und kompakter als junge dunkle Möwen, mit zielstrebigerem, stetigen Flug. Bei Verfolgungsjagden plötzlich beschleunigend in eine Serie von raschen Drehungen von bemerkenswerter Wendigkeit. Alle Kleider sind ähnlich, Jungvögel sind aber aus der Nähe zu unterscheiden.

Altvogel (stehend): Kombination von absoluter Größe, hellbraun gesprenkeltem und dunkel gestreiftem Gefieder sowie grauen (nicht rosa) Beinen unterscheidet sie von Möwen. Dunkle junge Spatel-R. hat unterseits feine Wellenbänderung, besonders deutlich am Hinterbauch.

Altvogel (fliegend): Vögel in der Ferne erscheinen eher schwarz als braun, aber der faßförmige Körper sowie die breiten, sehr spitzen Flügel mit dem ausgedehnten weißen Halbmond auf Flügelober- und -unterseite sind typisch. Körper kürzer und kompakter als junge Spatel-R., ohne Hinterbauchbänderung und mit relativ breiteren Flügeln und kürzerem Schwanz.

Status: Zunehmender, aber lokaler Sommergast, der im N brütet. Nichtbrüter und Durchzügler können von Apr. bis Okt. überall vor den Küsten gesehen werden.

Jungvogel: Aus der Nähe einfarbiger, weniger gestreift als Altvogel; die weiße Flügelzeichnung ist etwas schmaler und aus der Entfernung weniger auffällig.

❏ Brütet in lockeren Kolonien in Küsten- und Inselmooren. ❏ Nester werden aggressiv verteidigt: Menschen werden von hinten durch Sturzflüge angegriffen (im Brutgebiet nicht an Klippenrändern stehen!); im Gegensatz zur Schmarotzer-R. kommt es aber selten zu Berührungen. ❏ Ein beängstigender Luftpirat, der selbst Vögel von der Größe eines Tölpels verfolgt, um ihnen ihre Nahrung abzujagen. Ernährt sich auch von Aas und folgt Fischereischiffen.

Dreizehenmöwe *Rissa tridactyla* RL:R; 38–43 cm

Eine überwiegend marine, mittelgroße Möwe. Untersetzt und vollbrüstig, mit kurzen, schwarzen Beinen; wirkt im Flug aber leicht und elegant. Alterskleid ab Ende des 2. Winters oder früher (schon nach 1. Sommermauser).

Altvogel: Im Brutkleid gänzlich weißer Kopf.

Altvogel: Wirkt im Sitzen oberseits sehr dunkelgrau; Schnabel im 2. Jahr mit schwarzer Zeichnung. Graues Nackenband und Kopfzeichnung sind typisch für SK und Vögel im 2. Sommer.

Altvogel (fliegend): Flügel-OS innen dunkler, außen heller grau, mit scharf abgesetzten schwarzen Dreiecken an den Flügelspitzen (sonst bei keiner anderen Möwe). Zweijährige ähnlich, aber ganz schwarze äußere Handschwingen und kleiner Fleck am Flügelbug.

Altvogel (Flügel-US): Auffallend weißer Unterflügel mit präziser schwarzer Spitze.

Jungvogel 1. Jahr (fliegend): Schwarzes »W« auf Flügel-OS, ähnlich nur bei viel kleinerer Zwergmöwe. Während der Mauser im 1. Sommer Verwechslung mit seltener Schwalbenmöwe möglich.

Jungvogel 1. Jahr: Schwarzer Schnabel und Nackenband sowie schwärzliche Flügelzeichnung (ohne das Braun anderer Möwen). Kein eigenes Juvenilkleid.

Status: Brutvogel auf Helgoland und an Steilküsten Englands und Frankreichs; an der Küste häufiger Gast, sehr selten im Binnenland.

❏ Brütet in Kolonien auf Küstenklippen, lokal auch auf Gebäuden. Teilweise riesige Kolonien im N Großbritanniens. Zieht nach der Brut auf die See hinaus. ❏ Folgt Fischereischiffen, sonst aber kaum mit anderen Möwen zusammen; im Winter zunehmend in Fischerhäfen und auf Müllkippen. Gelegentlich tauchen sturmverfrachtete Vögel im Binnenland auf. ❏ Geräuschvoll in den Brutkolonien, wo ständig das gellende »kätte-wäk« (englischer Name: Kittiwake) zu hören ist. ❏ Gewandter Flieger; bei starkem Gegegenwind fliegen Trupps wellenförmig, wobei die weißen US sichtbar werden; oft wie Sturmtaucher manövrierend.

Zwergmöwe *Larus minutus* RL:R; 26cm

Wie Lachmöwe eine zwergenhafte Möwe mit winzigem Schnabel. Altvögel mit deutlich stumpfen Flügelspitzen, wogegen Einjährige schmalflüglig wirken. Im Sitzen erinnern geschwellte Brust, untersetzte Gestalt und kurze Beine an Seeschwalben. Pickt im Flug Nahrung vom Wasser auf wie Trauerseeschwalbe. Alterskleid ab 3. Sommer. Schwarzer Schnabel und rote oder rötliche Beine in allen Kleidern.

Prachtkleid: Erinnert an kleine Schwarzkopfmöwe, jedoch mit schwärzlichem Unterflügel.

Schlichtkleid: Kappe und Ohrfleck für alle Nichtbrüter-Kleider typisch.

Jungvogel: Bereits im 1. Herbst wird der Mantel grau und verschwindet das Nackenband.

Altvogel: Schwärzliche Unterflügel mit schmalem weißlichen Saum.

Jungvogel 1. Winter: Dunkler Außenflügel und Diagonalband wie Dreizehenmöwe, aber letztere so groß wie Lachmöwe, ohne schwärzliche Kappe sowie mit deutlich schwarzem Nackenband und dickerem Schnabel.

Prachtkleid: Breite Flügelspitzen ohne schwarze Zeichnung; Unterflügel schwärzlich, mit schmalem weißlichen Saum.

Jungvogel 2. Jahr: Variable schwarze Zeichnung auf den Handschwingen und hellere, manchmal fast weiße Unterflügel.

Status: Vereinzelter Brutvogel; sonst unregelmäßiger Durchzugs- und Wintergast.

❏ Man achte zur Zugzeit, besonders Aug./Sept., auf kleine, seeschwalbenartige Möwe, die von Binnengewässern Nahrung aufpickt oder auf Pfosten am Wasser sitzt. ❏ Auf dem Durchzug häufig an Binnengewässern. Im Winter hauptsächlich marin, nur bei Sturm in Küstennähe. ❏ Mausergesellschaften versammeln sich im Spätsommer in der Irischen See und vor SO-Schottland. Seit 1974 gelegentliche Bruten in Lachmöwenkolonien. ❏ Bei Meeresbeobachtungen schwer zu entdecken, besonders bei rauher See. ❏ Wirkt sehr zierlich auf dem Wasser, schwimmt wie ein Papierboot.

133

Ringschnabelmöwe Larus delawarensis   44–50 cm

Seltener Gast in W-Europa, der Süßwassertümpel an der Küste bevorzugt. Bestimmung schwierig. Kräftiger als Sturmmöwe, mit dickerem Schnabel, flacherem Scheitel und heller grauer OS.

Altvogel: Wie Sturmmöwe, aber der dickere, gelbe Schnabel mit breitem Band (wirkt wie schwarze Schnabelspitze), Iris hell (wegen dunklem Augenring nicht auffallend), OS heller grau, kleinere weiße Flecken in schwarzen Flügelspitzen.
Jungvogel 2. Jahr: Schnabel und Beine oft rosagrau, Handschwingen ohne deutliche Flecken und Schwanz gewöhnlich mit dunkler Zeichnung. Im Flug sind die schwarzen Spitzen der inneren Handschwingen und die schwärzere US des Außenflügels gute Unterscheidungsmerkmale gegenüber dreijährigen Silbermöwen.

Jungvogel 1. Winter: Schwanzbinde weniger klar als bei Sturmmöwe; dunkle Flecken auf den inneren Handschwingen und einfarbiges Band der Flügelmitte fehlen zweijährigen Silbermöwen. Flügel-US ähnlich Sturmmöwe.

Jungvogel 1. Winter: Auffallend leuchtend rosa Schnabel mit breiter schwarzer Binde und winziger heller Spitze. Verwechslung mit »abgetragenen« zweijährigen Silbermöwen möglich; frisch vermauserte haben diese marmorierte Schirmfedern und gebänderte große Flügeldecken sowie kürzere Handschwingen.

Schwalbenmöwe Larus sabini   33 cm

Seltener, regelmäßiger Gast an der Küste (Aug.–Okt.). Kleine ozeanische Möwe, nach Stürmen gelegentlich im Binnenland. Flug seeschwalbenartig, scheckiges Flügelmuster (nicht zu verwechseln mit junger Dreizehenmöwe, der die dunkle Flügeldeckenzeichnung fehlen kann), aber Schwalbenmöwe hat dunklen Kopf und ist zierlicher. In NW-Europa gewöhnlich dunkelköpfige Altvögel oder Diesjährige (Altvögel ziehen vor Jungvögeln).

Altvogel: Im 1. Sommer (bei uns sehr selten) ganz schwarzer Schnabel und variable Halbkappe nur am Hinterkopf.

Altvogel: Kappe auch im Herbst.

Jungvogel: Flügelmuster erinnert an Rotschenkel, aber mit mehr Weiß; Braun des Kopfes geht ohne Unterbrechung in den Rücken über.

Jungvogel: Braune, hell gemusterte OS, Kopf und Nacken.

Sturmmöwe *Larus canus* 40–45 cm

Flügelmuster erinnert an Silbermöwe, aber Sturmmöwe ist nur etwas größer als Lachmöwe. Relativ lange Flügel, schwacher Schnabel und kleiner, gewölbter Kopf sowie dunkle Augen geben ihr eine elegante Erscheinung. Altersskleid ab 3. Sommer.

Prachtkleid: Lange Flügelspitzen. Dunkelgraue OS. Dunkles Auge. Schnabel und Beine leuchtend gelb zur Brutzeit.

Schlichtkleid: Schnabel und Beine gräulich oder grünlich, Schnabel mit dunklem Subterminalfleck. Kopf kräftig gestrichelt nach Mauser, wird durch Abnutzung weißer.

1. Winter: Rundlicher Kopf und kleiner, schmutzig-rosa Schnabel mit schwärzlicher Spitze. Mantel dunkler grau als die meisten Silbermöwen. Diesjährige haben braunen Mantel und braune Flecken, die sich bis zur Brust erstrecken; Schnabel und Beine dunkler fleischbraun. Die meisten tragen das 1. Winterkleid ab Herbst, vereinzelt auch noch Jugendkleider im Febr.

1. Jahr (Unterflügel): US der äußeren Handschwingen und Armschwingenbinde dunkler als bei junger Silbermöwe.

Altvogel: Flügel schmäler als Silbermöwe, aber mit stumpferer Spitze; größere weiße Flecken verstärken den gesprenkelten Eindruck.

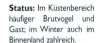

1. Winter: Dunkelgrauer Sattel ab Spätwinter/Frühling, oft im Kontrast zu alter, ausgebleichter mittlerer Flügelbinde; Schwanzzeichnung klarer als bei junger Silbermöwe.

Status: Im Küstenbereich häufiger Brutvogel und Gast; im Winter auch im Binnenland zahlreich.

2. Jahr: Ähnlich wie Altersskleid, aber mit dunkler Zeichnung am Bug und kleinere weiße Flecken an den Flügelspitzen. Schwanz gewöhnlich ganz weiß.

❏ Kann überall angetroffen werden, besonders auf Feldern; nach der Brutzeit, besonders im Winter, auch in Städten. ❏ Brütet in Kolonien, hauptsächlich in Mooren. ❏ Gesellig; im Winter zusammen mit Lachmöwen. ❏ Auffälligster Ruf ein hoher, steigender und fallender, klagender Schrei. ❏ Die viel dunkler graue OS fällt besonders in Gesellschaft von Lachmöwen auf.

135

Schwarzkopfmöwe *Larus melanocephalus* RL:R; 36–42 cm

Erinnert an Lachmöwe; der wuchtigere Kopf mit dem dickeren, etwas abwärts gebogenen Schnabel hat jedoch ganz anderen Ausdruck, verstärkt durch eine düstere Maske im Schlichtkleid. Stehende Vögel können oft an den längeren, oft schwärzlichen Beinen und dem kräftigeren Körper von Lachmöwen unterschieden werden. Im Flug ist das geisterhafte Weiß der Zweijährigen und Adulten ein gutes Kennzeichen, Einjährige ähneln aber Sturmmöwen. Schnabel- und Beinfarbe variabel. Alterskleid ab 3. Sommer.

Prachtkleid: Schwarze Kappe reicht weit auf den Hinterkopf.

Schlichtkleid: Unterschiedlich kräftige Kopfzeichnung. Beine rot oder schwärzlich. Schnabel kräftig, rot, braun oder düster; deutlicher rot mit schwarzer Subterminalbinde und heller Spitze bei älteren Vögeln (Abb.).

Schlichtkleid Lachmöwe (zum Vergleich): Fleck oder Halbmond hinterm Auge, aber Vögel im Übergangskleid können ähnliche Maske aufweisen wie Schwarzkopfmöwe. Man achte auf relativ kleineren und schlankeren Kopf und Schnabel.

1. Winter: Flügelzeichnung des Juvenilkleides erinnert an Sturmmöwe, jedoch kontrastreicher (sehr heller Mantel und Mittelflügelbinde). Unterflügel weißer, mit ungefleckten Decken. Man achte auf schmalere Schwanzbinde, Maske und »hängenden« Schnabel.

1. Winter: Kräftiger, schwärzlicher Schnabel. Beine gewöhnlich schwärzlich. Diesjähre (nicht abgebildet) haben braunen Kopf und Brust (keine Maske) und geschuppte bräunliche OS, jedoch ab Aug. 1. Winterkleid.

Altvogel: Die ziemlich breiten Flügel erscheinen oben und unten nahezu weiß.

Status: Unregelmäßiger, sehr seltener Brutvogel (zunehmend); seltener Gast.

2. Jahr: Variable schwarze Zeichnung auf äußeren Handschwingen (wie »schmutzige Fingernägel«); Flügel wirken beiderseits ganz weißlich. Flügel breiter als Lachmöwe und ohne weißen Bug.

❏ Am ehesten unter Lachmöwen anzutreffen. An einigen Stellen bilden sich kleine Trupps im Spätsommer. ❏ Verstärkter Einflug mit Lachmöwen im Spätsommer, Winter und Frühling. ❏ Beim Durchmustern von Lachmöwen-Ansammlungen im Sommer auf Vögel mit großer Kappe, zu anderen Zeiten mit Maske achten. ❏ Gelegentlich Bastardierung mit Lachmöwe, wodurch schwer bestimmbare Mischformen entstehen.

Lachmöwe *Larus ridibundus* 34–40 cm

Ziemlich kleine, hübsch proportionierte Möwe. Kombination von schwarzer Mütze (oder Ohrenfleck) mit schlanken roten Beinen und Schnabel ist kennzeichnend. Im Flug zeigen die ziemlich schmalen und spitzen Flügel einen weißen Bug und schwarze Handschwingen. Sehr gesellig. Adultkleid ab 2. Sommer.

Prachtkleid: Flügelspitzen hauptsächlich schwarz in der Ruhe. Dunkler Kopf vom Spätwinter bis Hochsommer. Schnabel und Beine zur Brutzeit dunkel weinrot, Schnabel im Winter mit schwarzer Spitze.

1. Winter: Flügelzeichnung und Schwanzbinde wie Jungvogel. Im 1. Sommer oft schon dunkler Kopf. Schnabel und Beine matt rot, Schnabel mit schwarzer Spitze.

Jungvogel: Kurzfristiges Federkleid mit viel Hellbraun an Kopf und Brustseiten. Beine und Schnabel matt orange, letzterer mit schwarzer Spitze. 1. Winterkleid wird im Spätsommer angelegt.

1. Winter: Schwanz und gefleckte Flügel-OS werden das ganze 1. Jahr über behalten. Übriges Kleid (einschließlich grauem Mantel) ähnlich Adultkleid. Man achte auf weißen Flügelbug und grauen Unterflügel; innere Armschwingen dunkler.

Jungvogel: Flügel von eben flüggen Jungen kurz und rund, wodurch untypischer Eindruck entsteht.

Altvogel: Einheitlich grauer Innenflügel und ganz weißer Schwanz werden meist im Spätsommer des 2. Jahres erreicht. US der inneren Armschwingen sehr dunkel grau. Man beachte spitze Flügel und weißen Bug.

Status: Sehr häufiger (auch im Binnenland) Brutvogel und Gast.

❏ Fast überall. ❏ Brütet in dichten Kolonien in Süßwasser- und Küstensümpfen; die Vögel erheben sich zu lauten Wolken, um Feinde zu vertreiben. ❏ Viele Nichtbrüter verbringen den Sommer an Überwinterungsplätzen. ❏ Das ganze Jahr über gesellig; bildet außerhalb der Brutzeit riesige Rastschwärme. ❏ Geräuschvolle Ansammlungen über Nahrungsquellen wie Klärbecken, pflügenden Traktoren und fütternden Menschen. ❏ Segeln im Sommer hoch, wenn Ameisen schwärmen. ❏ Typische Rufe enthalten ein hohes, aufgeregtes »kak-ak-ak...«, ein guttural gerolltes »kworrr« und ein klagendes, babyartiges Jammern.

137

Mantelmöwe *Larus marinus* RL:R; 65–75 cm

Größte und wuchtigste Möwe mit klobigem Schnabel, relativ langen Beinen, dickem Hals, breiter Brust und kurzer Flügelspitze, was speziell zur Bestimmung kleinerer Jungvögel wichtig ist. Alterskleid ab 3. oder 4. Winter (vgl. Silbermöwe).

Altvogel: Hell fleischfarbene (niemals gelbe) Beine. Man beachte die aufgebauschten Schirmfedern und die kurzen Flügelspitzen mit großen weißen Flecken. OS schwärzer als westliche Rasse der Heringsmöwe. Altvögel haben das ganze Jahr über weißen Kopf.

Altvogel (im Flug): Flügel schwärzer und relativ breiter als Heringsmöwe, mit deutlichem weißen Endsaum und ausgedehnterem Weiß an der Flügelspitze. Unterflügel ähnlich Heringsmöwe.

1. Jahr: Kräftiger, schwärzlicher Schnabel hebt sich von hellem Kopf und US ab (vgl. aber auch Weißkopfmöwe); helle Grundfarbe läßt Gefieder insgesamt scheckiger erscheinen als bei der Heringsmöwe, mit merklich schmälerer und schwächer gefärbter dunkler Schwanzbinde. Weißlicher Vorderschwanz setzt sich keilförmig in Bürzel fort. Innere Handschwingen etwas heller als äußere, jedoch weniger als bei Heringsmöwe.

Status: An der Küste stellenweise häufiger Brut- und Jahresvogel; im küstenfernen Binnenland nur ausnahmsweise.

2. Jahr: Schnabel dunkler als bei Heringsmöwe bis zum 2. Sommer, wenn der schwärzliche Sattel erscheint.

❏ Brütet in vereinzelten Paaren oder kleinen Kolonien, typischerweise auf grasigen Küstenhängen. ❏ Stark küstengebunden, aber auch im Inland an Müllkippen und auf Stauseen, speziell im Winter. ❏ Flug langsam und schwerfällig auf gewölbten Schwingen, besonders im hohen Flug, jedoch bemerkenswert agil beim Verfolgen anderer Großmöwen. ❏ Barsche Stimme tiefer und stöhnender als die anderer Großmöwen. ❏ Im allgemeinen nicht gesellig, aber an bevorzugten Stellen auch Ansammlungen. ❏ Diesjährige sind an Kopf und Körper brauner als Vögel im 1. Winter und daher schwer zu bestimmen.

Heringsmöwe *Larus fuscus* — 52–62 cm

Altvögel der westeuropäischen Unterart (*graellsii*) haben schiefergraue, die der skandinavischen Rasse (*fuscus*) schwärzliche OS und gelbe Beine. Die wuchtigere, größere Mantelmöwe ist im allgemeinen schwärzer, hat relativ kürzere Handschwingen (mit größeren weißen Flecken), hell fleischfarbene Beine und ist stets weißköpfig (Heringsmöwe hat bräunliche Strichelung am Kopf im Herbst und Winter). Jungvögel ähneln der Heringsmöwe, sind aber dunkler. Man beachte die ähnliche junge Weißkopfmöwe.

Prachtkleid: Die dänische Rasse *intermedius* ist dunkler als *graellsii*. Die Ostseerasse *fuscus* ist kleiner, glatter und langflügliger, mit rußschwarzer OS.

Prachtkleid: Bei der westlichen Rasse *graellsii* kontrastieren die schwarzen Handschwingen zum schiefergrauen Mantel.

Schlichtkleid (Kopf): Im frischen Winterkleid haben *intermedius* und *graellsii* bräunliche Strichelung am Kopf, oft eine Kappe bildend; im Lauf des Winters wird der Kopf weißer. Die Rasse *fuscus* hat schwach gestrichelten Kopf (Mantel- und Weißkopfmöwe haben den ganzen Winter über weißeren Kopf).

Schlichtkleid (*graellsii* im Flug): Nur ein weißer Flügelfleck (Mantelmöwe hat mehr Weiß in Flügelspitze). Dunkelgraue OS kontrastiert mit schwarzen Handschwingen. US der Hand- und Armschwingen schwärzlich-grau.

1. Winter (im Flug): Dunkler als andere junge Möwen. Überall düster braun gefleckt, mit hellerem Kopf. Schwärzlicher Schwanz und Schwungfedern heben sich von weißlichen Oberschwanzdecken ab. Ohne helle innere Handschwingen wie Silbermöwe und mit dunkler Binde der großen Deckfedern.

Status: Im NW häufiger Brutvogel und Gast an der Küste; im Binnenland regelmäßig, aber selten.

2. Jahr (im Flug): Dunkler Sattel hebt sich gegen die Flügel des 1. Jahres ab, Kopf und US weißer. Ab 3. Winter tragen viele schon fast das Alterskleid, aber Beine noch rosa und Schwarz nahe der Schnabelspitze. Manche haben am Ende des 2. Winters gelbliche Beine.

❏ Brütet in Kolonien auf flachen Inseln, grasigen Küstenhängen und in baumlosen Mooren. ❏ Nahrungsuche in einer Vielfalt offener Landschaften, von Müllkippen und Feldern bis zu Stauseen und Flußmündungen. Im Winter oft im Inland häufiger als an der Küste. ❏ Einjährige erscheinen über der See aus der Ferne sehr dunkel und können mit Raubmöwen verwechselt werden.

Silbermöwe *Larus argentatus* 53–66 cm

Die bekannte, geräuschvolle Meeresmöwe der Küstenorte. Alle Großmöwen legen ihr Alterskleid im 3. oder 4. Winter an. Jugendkleider sind verwirrend, aber manche Merkmale sind hilfreich. 1. Jahr: braun gefleckt, mit düsterem Schwanz sowie schwärzlichen Augen und Schnabel; 2. Jahr: hellerer Körper, gräulicher Sattel, gefleckte Flügel, schmutzig-brauner Schwanz, Augen und Schnabelbasis heller; 3. Jahr: ähnlich Alterskleid, aber noch etwas Braun in Schwanz und Flügeln (speziell große Schwingendecken), Schnabel größtenteils hell, mit schwärzlicher Spitze.

Prachtkleid: Nominatrasse (Wintergast aus Skandinavien, vgl. Weißkopfmöwe) im allgemeinen größer und oberseits etwas dunkler grau als westliche Rasse *argenteus*.

Schlichtkleid (Kopf): Im frischen Herbst- und Winterkleid mit bräunlicher Strichelung am Kopf, südlichere Vögel jedoch meist den ganzen Winter weißköpfig.

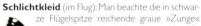

Schlichtkleid (im Flug): Man beachte die in schwarze Flügelspitze reichende graue »Zunge« (vgl. Weißkopfmöwe). Von unten auf weiße US der Hand- und Armschwingen achten (vgl. Herings- und Weißkopfmöwe).

1. Jahr (im Flug): Deutliches helles »Fenster« auf inneren Handschwingen. Die dunklen Armschwingen heben sich von den helleren, gefleckten großen Deckfedern ab (vgl. Herings- und Weißkopfmöwe).

2. Jahr (im Flug): Sattel heller grau als andere Großmöwen in diesem Alter, Schnabel ausgedehnt hell über mindestens die basale Hälfte (vgl. Ringschnabelmöwe im 1. Winter).

Status: Sehr häufiger Brut- und Jahresvogel an der Küste und im küstennahen Inland; im Binnenland selten.

Unterschiedliche Flügelmuster: Vögel der Nominatrasse haben größere weiße Flecken an der Flügelspitze, bei manchen ist das Schwarz auf Keile beschränkt (von unten kaum zu sehen). Sie unterscheiden sich von Eismöwen durch dunkler graue OS und wenigstens etwas Schwarz (vgl. Polarmöwe). Adulte Silbermöwen der westlichen Rasse zeigen im Herbst sehr wenig Schwarz an den Flügelspitzen und können der Polarmöwe recht ähnlich sehen.

❏ Brütet in Kolonien auf Inseln, Klippen und lokal in küstennahen Mooren; brütet zunehmend auch auf Dächern. ❏ Stärker küstengebunden als Heringsmöwe, häufig jedoch auch auf Müllkippen und Stauseen, v.a. im Winter. ❏ Geräuschvoll und recht aggressiv; vertreibt Eindringlinge am Nest durch Sturzflüge. Verfolgt Greifvögel sehr ausdauernd.

Weißkopfmöwe *Larus cachinnans* RL:R; 58–68 cm

Etwas stämmiger als Silber- oder Heringsmöwe. Das Grau der OS liegt zwischen dem der beiden Arten. Altvögel haben gelbe Beine und roten Augenring (wie Heringsmöwe). Jungvögel ähneln denen der Mantelmöwe (s.u.). Früher als Rasse der Silbermöwe angesehen, aber wohl näher mit Heringsmöwe verwandt.

Altvogel: Grautönung der OS ähnlich wie Sturmmöwe, deutlich heller als westliche Heringsmöwe (*graellsii*). Der dunkelrote Augenring läßt das Auge mehr hervortreten als bei der Silbermöwe. Die schwache Kopfstrichelung ist bis Mittwinter abgetragen, wodurch der Kopf schneeweiß erscheint.

Weißkopfmöwe

Altvogel (im Flug): Hintersaum der Flügel deutlicher als bei Silbermöwe, die Trennung zwischen Schwarz und Grau an den Flügelspitzen ist sauberer und rechtwinkliger. US der Handschwingen grau getönt.

Adulte Silbermöwe der Nominatrasse (Wintergast): Ähnlich stämmig und fast so dunkel, aber mit kräftig gestricheltem Kopf, rosa Beinen, kräftiger hervortretenden Schirmfedern und hängenderen Flügelspitzen im Stehen. Die meisten haben größere weiße Flecken in den Handschwingen (manchmal ausgedehnte weiße Keile).

Silbermöwe

1. Jahr: Erinnert an junge Mantelmöwe, aber mit schwärzerem Schwanz und dunklerer Flügelbinde; weiße Oberschwanzdecken reichen nicht bis auf den Rücken, innere Handschwingen heller braun (aber weniger hell als bei Silbermöwe).

2. Jahr: Grautönung des Sattels ist hilfreich. Breite schwärzliche Schwanzendbinde und Grautönung erinnern an riesige Sturmmöwe im 1. Winter. Schnabel oft dunkler als gleichaltrige Silbermöwe. Merkmale des Alterskleides werden im 3. Winter deutlicher, unterscheidet sich nur durch rosa (oder hellgelbe) Beine und Schwarz an der Schnabelspitze.

Status: Seltener Brutvogel an der Ostsee und im Binnenland (zunehmend); stellenweise häufiger Gast, v. a. im Spätsommer.

❏ Nahrungssuche auf Feldern und Müllkippen; Rast auch an kleinen Gewässern wie Baggerseen. ❏ In den letzten Jahren kräftige Ausbreitung von S-Europa nach N mit Brutvorkommen auch im Binnenland. Ansiedlungen im nördlichen Alpenvorland. ❏ Bei der Verwendung der verschiedenen Grautöne zur Bestimmung von Großmöwen müssen die Lichtverhältnisse berücksichtigt werden: Vögel, die in verschiedenem Winkel zum Licht stehen, können heller oder dunkler erscheinen.

Polarmöwe *Larus glaucoides* 52–63 cm

Kleiner als Silbermöwe (Eismöwe ist deutlich größer), Scheitel stärker gewölbt, Schnabel klein (Kopf- und Schnabelform erinnern an Sturmmöwe), Flügel überragen Schwanz weiter. Außerdem relativ kurzhalsig, von mehr horizontaler Haltung, und die merklich größeren Augen geben ihr einen sanften Ausdruck.

Schlichtkleid: Die größten Exemplare (♂) sind schwer von kleineren Eismöwen (♀) zu unterscheiden; aus der Nähe sollte man auf den roten Augenring der Polarmöwe achten, der das Auge hervorhebt (adulte Eismöwen haben gelben oder orangen Augenring).

Altvogel (im Flug): Flügel relativ schlanker als Eismöwe, mit relativ längerer »Hand«. Wirkt von hinten schlank, doch fliegende Vögel sind schwer zu unterscheiden.

Altvogel: Die Rasse *kumlieni* (Irrgast) hat deutliche graue Keile in den Handschwingen und kann mit abweichend gefärbten nördlichen Silbermöwen verwechselt werden; letztere ist aber größer, mit dunkler grauer OS und hat schwarze statt graue Keile.

1. Jahr: Der düstere Schnabel wird während des 1. Winters oberhalb der Basis heller; im Spätwinter haben einige Vögel im 1. Winterkleid (mit dunklen Augen) und alle Vögel im 2. Winter (mit hellen Augen) ein ähnliches Schnabelmuster wie Eismöwen.

1. Jahr: Man beachte den relativ kleineren Kopf und Schnabel als bei der Eismöwe, oft auch mit dunklerem Schnabel (viele haben aber hellen Schnabel mit schwarzer Spitze).

Status: Sehr seltener, unregelmäßiger Gast an der Küste, etwas häufiger an der britischen N- und W-Küste, wo Nichtbrüter auch übersommern.

2. Jahr: Kleine Individuen sehen im Habitus Sturmmöwen recht ähnlich. Im Sommer wird das Gefieder durch Ausbleichen sehr hell und wirkt weißlich, jedoch sind solche Vögel fleckig, nicht rein weiß (ganz weiße Vögel sind eher albinotische Silbermöwen).

❏ Wie Eismöwen treten Polarmöwen in kleinen Invasionen zwischen Jan. und März auf. Dann auch in NW-Europa auf Binnengewässern.
❏ Nominatform brütet nur in Grönland; die ziehende Rasse *kumlieni* brütet auf der Baffin-Insel in NO-Kanada.

Eismöwe *Larus hyperboreus* 62–72 cm

Große, wuchtige, cremebraune oder helle Möwe mit geisterhaft weißen Flügeln; größer, kräftiger und breitbrüstiger als Silbermöwe; sieht der Polarmöwe sehr ähnlich, die Unterscheidung zwischen der großen Eismöwe und der kleinen Polarmöwe kann schwierig sein (vgl. Polarmöwe).

Schlichtkleid: Dichte schmutzig-braune Strichelung am Kopf. OS heller grau als Silbermöwe, mit auffällig weißen Flügelspitzen. Kräftiger, weniger stromlinienförmig als Polarmöwe, mit kräftig hervortretenden Schirmfedern und kürzeren Flügelspitzen.

Altvogel (im Flug): Gewöhnlich größer als Silbermöwe, Größe wird aber durch weißes Gefieder »übertrieben«. Von hinten tonnenförmig wirkend.

1. Jahr (Kopf): Rosa Schnabel mit scharf abgesetzter schwarzer Spitze. Polarmöwe kann ähnliches Muster aufweisen, der Schnabel der Eismöwe ist aber länger und klingenförmiger. Man beachte die recht kleinen, im 1. Winter dunklen Augen (ab dem 2. Jahr hell).

1. Jahr: Klobige, milchteefarbene Möwe. Aus der Nähe sind die gestrichelte (nicht gefleckte) Zeichnung und die feine Schwanzbänderung erkennbar. Die Unterflügel können recht dunkel erscheinen, im Kontrast dazu die durchscheinenden Schwungfedern.

2. Jahr: Gefieder heller, hellbraun- und weißlich-fleckig, Augen hell. Einige hellgraue Federn erscheinen auf dem Mantel, werden aber erst im 3. Winter auffallend; dann wird auch der Schnabel gelblich, mit dunkler Subterminalbinde.

Status: Regelmäßiger, seltener Wintergast an der Küste, in NW-Europa auch übersommernd; im Binnenland ausnahmsweise in kalten Wintern.

❏ Gewöhnlich in kleinen Invasionen zwischen Jan. und März, meist einzeln in Gesellschaft anderer Großmöwen; ihre geisterhaft weiße Erscheinung fällt auch in großen Möwentrupps sofort auf, v.a. im Flug. Einzelne findet man auch an Binnengewässern und Müllkippen. ❏ Das Gefieder von Jungvögeln bleicht im Sommer stark aus und kann aus der Ferne fast weiß erscheinen, besonders die Handschwingen können sehr abgetragen sein. ❏ Leukistische (farbarme) oder gebleichte junge Silbermöwen können mit Eis- und Polarmöwen verwechselt werden; solche Vögel weisen aber nie die feine wellenförmige Bänderung einjähriger, weißflügliger Möwen auf, außerdem sind sie meist brauner am Schwanz, an den äußeren Handschwingen und an den Armschwingendecken, oder sie haben zu dunkle Schnäbel.

143

Dünnschnabelmöwe Larus gene   43 cm

Selten, am ehesten in S-Frankreich zu erwarten. Etwas größer als Lachmöwe, mit längerem Hals und hellen Augen. Altvögel fallen besonders in Erregung und im Flug auf, ruhende Jungvögel sind schwerer zu bestimmen. V. a. auf Salzseen und in Küstenlagunen. Brütet kolonieweise in Brackwassersümpfen.

Altvogel: Flügelmuster wie Lachmöwe, aber durch langen Hals und weißen Kopf zu unterscheiden.

Status: 850 Paare Camargue, in M- und NW-Europa. Nur seltener Irrgast.

Altvogel: Im frischen Gefieder weißer Kopf und rosa überhauchte Brust; im Frühjahr sind Schnabel und Beine praktisch schwarz, zu anderen Zeiten mehr rötlich.

1. Winter: Zeichnung ähnlich Lachmöwe, jedoch matter und brauner; schwache Ohrflecken. Schnabel und Beine matt gelb, mit deutlicher schwarzer Schnabelspitze. Iris hell. Im 1. Sommer ähnlicher Adulten, aber oft mit kleinem Ohrfleck und rötlich-orangen Beinen und Schnabel.

Korallenmöwe Larus audouinii   48–53 cm

Selten an Mittelmeerküsten. Wesentlich kleiner als Weißkopfmöwe, mit langen, hängenden Flügelspitzen sowie dunklen Beinen und Schnabel in allen Kleidern. Flache Stirn betont dunklen Schnabel. Sandige Strände an felsigen Küsten. Alterskleid ab 3. Winter.

Altvogel: Flügel spitzer als Weißkopfmöwe, ohne deutliche weiße Flecken; außerdem deutlich heller grau, mit auffälligem, weißen Handschwingensaum.

Status: Etwa 100 Brutpaare auf Korsika, starke Zunahme in Spanien, sehr seltener Gast in M- und NW-Europa.

Altvogel: Schwärzlich-roter Schnabel (oft mit kleiner gelber Spitze) und dunkel- oder olivgraue Beinen sind eine ungewöhnliche Kombination.

2. Winter: Ähnlich Schwarzkopfmöwe im 1. Winter, aber größer, mit Fleckung v. a. im Nacken, ohne braune Binde auf der US der Armschwingen und dunklere US der Handschwingen als Schwarzkopfmöwe.

Diesjährige: Braun gefleckt, der ganz schwärzliche Schwanz erinnert an Heringsmöwe, aber Flügel-US ist weniger einheitlich dunkel. **1. Winter:** Hellgraue Befiederung des Mantels nimmt mit Grauwerden des Schnabels zu.

Raubseeschwalbe *Sterna caspia* RL: 1; 53 cm

Bei weitem die größte Seeschwalbe, fast von der Größe einer Silbermöwe, mit eindrucksvollem karottenroten Schnabel mit dunkler Spitze. Gleichmäßiger Flügelschlag und schwärzliche US der Handschwingen erinnern aus der Entfernung etwas an einen Tölpel. Alterskleid ab 2. Winter. Beim Fischen wird das Wasser mit abwärts gerichtetem Schnabel aus 3–15 m Höhe abgesucht und vor dem Stoßtauchen gerüttelt. Nahrungsuche einzeln oder in Paaren entlang der Küste oder an Binnenseen. Das laute, rauhe, reiherähnliche »kraah« zieht oft die Aufmerksamkeit auf hochfliegende Vögel.

Prachtkleid: Wirkt groß auf schwarzen Beinen, andere Seeschwalben sehen dagegen wie Zwerge aus (selbst die Brand-S. ist nur halb so groß). Karottenschnabel stets auffällig (außer beim Schlafen). Flügel-US hauptsächlich weiß, bis auf schwärzliche äußere Handschwingen.

Schlichtkleid: Scheitel, Stirn und Zügel weiß gesprenkelt. Man beachte die dunklen Handschwingen und die frontlastige Erscheinung.

Jungvogel: Ausmaß schwarzer Zeichnung auf OS variiert; man beachte den dunklen, grauen Schwanz. Bestes Altersmerkmal im Stehen sind die graugelben Beine. Dunkler Schwanz und dunklere (abgetragene) Schwungfedern sind noch im 1. Sommer zu sehen, wenn die Vögel außerdem gefleckten Scheitel haben.

Status: In ME seltener Brutvogel (sonst Baltikum); Sommergast an der Küste und im Binnenland.

❏ Brütet in Kolonien auf baltischen Inseln. ❏ Fischt in Süß- oder Brackwasser. ❏ Durchzug im Aug./Sept. sowie Ende Apr./Anfang Mai. ❏ Erbeutet kleinere Vögel sowie Eier und Junge anderer Seevögel.

Flußseeschwalbe *Sterna hirundo* 34 cm

Ähnlich Küsten-S., aber etwas größer und langbeiniger, mit kräftigerem Kopf und Hals, kürzeren Schwanzspießen (überragen Flügelspitzen nicht) und längerem roten Schnabel mit schwarzer Spitze. Wirkt im Flug breitflügliger, mit ausgewogener Proportion von Vorder- und Hinterteil.

Prachtkleid: Im Frühling und Herbst oft noch Reste des ausgedehnteren Schwarz am Schnabel wie im Winter (ähnlich der seltenen Rosen-S.). Im Sitzen ist oft der Kontrast zwischen älteren (dunkleren) und frischeren (helleren) Handschwingen zu erkennen. Im Schlicht- und Jugendkleid weiße Stirn sowie schwarze Beine und Schnabel.

Jungvogel: Düstere Flügelbugbinde, größerer Schnabel und längere, rötere Beine als junge Küsten-S. (Beine im späten Herbst schwärzlich). Die weißen Wangen reichen bis unters Auge (Küsten-S. ist unterm Auge gewölkt oder schwärzlich). Die sandbraune Schuppung variiert. Erst seit kurzem flügge Vögel haben kürzere Schnäbel.

Jungvogel (im Flug): Erst seit kurzem flügge Vögel sind im Herbst grauer, haben längeren Schnabel und Flügel als Küsten-S. Flügel breiter und Bugbinde deutlicher. Mehr oder weniger deutliche graue Armschwingenbinde.

Altvogel (im Flug): Handschwingenmauser unterschiedlich; ältere (dunklere) Federn fallen gewöhnlich als äußere oder zentrale Keile im Oberflügel auf (weniger deutlich im Frühjahr). Vögel im 1. Sommer haben dunkle Flügelbugbinde und abgetragene Federn des Jugendkleides, Schwanz jedoch wie Altvögel.

Unterflügel: Sowohl Fluß-S. (links) als auch Küsten-S. (rechts) besitzen, im Gegensatz zur Rosen-S., dunklen Flügelsaum, deutlicher und etwas schmaler bei der Küsten-S., unauffällig bei Jungvögeln. Bei der Küsten-S. sind alle Hand- und Armschwingen durchscheinend, bei der Fluß-S. nur die inneren Handschwingen.

Status: Häufiger Brutvogel an der Küste, im Binnenland meist seltener; im Sommerhalbjahr seltener bis häufiger Gast.

❏ Brütet auf küstennahen Inseln, ruhigen Stränden und zunehmend an Flüssen, Stauseen und Baggerseen. ❏ Durchzügler sammeln sich an Stränden und im Watt und in geringerem Umfang an Binnengewässern, wo die Fluß-S. der häufigste Vertreter der Gattung ist. ❏ Flug stetig und leicht, mit kräftigen Abwärtsschlägen, was an Lachmöwe erinnert; Stoßtauchen aus verschiedenen Winkeln aus 5–10 m Höhe. An Binnengewässern wird Nahrung oft im Flug von der Oberfläche aufgenommen. ❏ Typischer Ruf von Durchzüglern ist ein scharfes »kip«; geräuschvoll in Brutkolonien, wo der auffälligste Ruf ein »kiieh-errr« ist.

Küstenseeschwalbe *Sterna paradisaea* 34 cm

Ähnlich Fluß-S., jedoch etwas kleiner, mit schwächerem Schnabel, kleinerem, runderem Kopf und sehr kurzen Beinen (wirkt im Stehen beinlos, der Bauch berührt nahezu den Boden). Altvögel wirken schlanker und langschwänziger als Fluß-S., während Jungvögel klein und schmalflüglig scheinen.

Prachtkleid: Blutroter Schnabel (selten mit dunkler Spitze im Frühjahr und Herbst als Rest der Winterfärbung). Handschwingen erscheinen einheitlich silbrig, und die Schwanzspieße überragen die Flügelspitzen ein wenig. Im Schlichtkleid und 1. Sommer haben die Vögel weiße Stirn und schwarze Beine und Schnabel.

Jungvogel: Kleiner und kleinschnäbliger als Fluß-S., mit sehr kurzen, schwärzlichen Beinen (rötlich kurz nach Flüggewerden). Kopf kapuzenähnlich durch gewölbten Scheitel und nur bis unters Auge reichende Schwarzzeichnung.

Altvogel (im Flug): Mauser abgeschlossen, daher erscheint OS der Flügel immer sauber und einheitlich grau (vgl. Fluß-S.). Handschwingen enger als bei Fluß-S., und Flügel scheinen weiter vorn zu sitzen, durch kleineren Kopf und kürzeren Hals. Die langen, biegsamen Schwanzspieße sind im Frühjahr oft besonders auffallend. Vögel im 1. Sommer haben dunkle Flügelbugbinde, Schwanz jedoch eher wie Adulte.

Jungvogel: Kleiner und schmalflügliger als Fluß-S., mit weißeren Armschwingen und schwächerer Flügelbugbinde, diese jedoch variabel. Kann sogar eher an Zwerg-S. als an Fluß-S. erinnern. Schmale dunkle Spitzen an der US der Handschwingen sind oft schwer zu erkennen, wodurch Verwechslung mit der seltenen Rosen-S. möglich ist.

Status: An der Küste häufiger Brutvogel (Apr.–Sept.), überwintert gewöhnlich in der Antarktis (längste Zugstrecke); im Binnenland sehr selten auf dem Durchzug.

❏ Brütet in dichten Kolonien auf küstennahen Inseln und ruhigen Stränden; im N lokal auch an Binnengewässern; ausnahmsweise auch im Winter. ❏ Altvögel mausern erst im Winterquartier, daher noch im Spätherbst im Brutkleid. ❏ Durchzügler an allen Küsten, aber Trupps wandern über See oder sogar hoch über Land; bei schlechtem Wetter vereinzelt an Binnengewässern. ❏ Flug wendiger als Fluß-S., Altvögel mit längeren, biegsameren Schwanzspießen. ❏ Taucht gewöhnlich senkrecht, oft nach kurzem Rüttelflug (wie Zwerg-S.), in seichtem Wasser aber auch schräg eintauchend. ❏ Alle Hand- und Armschwingen sind von unten gesehen durchscheinend (bei Fluß-S. nur die inneren Handschwingen). ❏ Rufe ähnlich wie Fluß-S., jedoch höher und nasaler.

147

Rosenseeschwalbe *Sterna dougallii* RL:0; 36cm

Weißer als andere Seeschwalben, außer Brand-S. OS heller und US klarer als Fluß-S.; lange Schwanzspieße überragen im Sitzen die Flügelspitzen deutlich. Körper kleiner, Flügel kürzer, Beine und Schnabel länger als Fluß-S. Der nasale Ruf erinnert an Dunklen Wasserläufer.

Prachtkleid: Schnabel überwiegend schwarz. Rosa Hauch auf Brust oft deutlich. Im Winterkleid und 1. Sommer weiße Stirn und ganz schwarzer Schnabel; Beine im Winter schwärzlich.

Jungvogel: Schuppung und schwärzliche Beine erinnern an Brand-S., aber kleiner, mit weißem Streifen über den zusammengelegten Handschwingen. Kürzlich flügge Vögel haben kürzeren Schnabel. Die dunklen Schwanzkanten und dunkleren (abgetragenen) Schwungfedern sind auch im 1. Winter noch zu sehen. Vögel im 1. Sommer zeigen dunkle Flügelbugbinde und weiße Stirn, aber lange Schwanzspieße.

Jungvogel (im Flug): Ältere Jungvögel ohne bräunliche Töne, mit längerem Schnabel und weißerer Stirn. Düstere Flügelbugbinde gewöhnlich erkennbar, aber weniger deutlich als bei Fluß-S. Handschwingen hellgrau (wie Fluß-S.), selten weißer (wie Küsten-S.).

Flügelunterseite: Ohne dunklen Saum auf der US der Handschwingen (bei jungen Küsten-S. allerdings oft sehr schmal).

Altvogel (im Flug): Äußere Handschwingen werden durch Abnutzung dunkler. Die sehr langen Schwanzspieße kreuzen sich bei geschlossenem Schwanz und wirken wie ein einziges langes dünnes Band. Ohne die graue Außenfahne der äußeren Schwanzfedern wie bei Küsten- und Fluß-S. Die weißen Spitzen der Handschwingen bilden an der OS einen weißen Streifen, wodurch ein zweifarbiger Effekt entsteht, der bei Küsten und Fluß-S. fehlt.

Rosen-S. **Küsten-, Fluß-S.**

Status: Sehr seltener, unregelmäßiger Gast (Apr.–Sept.) an der Küste; Brutvogel in Irland und vereinzelt im N und W Großbritanniens; ausnahmsweise im Binnenland.

❑ Brütet auf flachen, felsigen Inseln oder zwischen anderen Seeschwalben. ❑ Als Durchzügler sehr selten, aber man sollte Seeschwalben-Ansammlungen nach ihnen absuchen. ❑ Die sehr langen Schwanzspieße der Altvögel und die relativ kurzen Flügel machen den Eindruck einer hinten verlängerten weißen Fluß-S. Schwanzspieße brechen oft ab, solche Vögel wirken dann kurzschwänziger als Fluß-S. ❑ Typischer Ruf ein nasales »tschü-wig« (wie Dunkler Wasserläufer) und ein trokkenes, raspelndes »aahrrrk« (wie Wachtelkönig). ❑ Rascher Flug mit schnellen, seichten Flügelschlägen und flatternden Schwanzspießen. ❑ Stürzt und taucht plötzlich aus 8–15 m hohem Flug.

Zwergseeschwalbe *Sterna albifrons* RL:2; 23 cm

Winzig; wirkt zwergenhaft neben anderen rastenden Seeschwalben; wird in gemischten Trupps oft übersehen, neigt aber zum Absondern, sitzt oft zwischen kleinen Watvögeln. Im Flug überaktiv mit typischem Rütteln vor dem Sturztauchen. Schlicht- und Jugendkleid geben zu Verwechslungen mit der ähnlich großen Trauer-S. Anlaß, aber Zwerg-S. ist viel heller oberseits, hat längeren, dünneren Schnabel und weißeren Gabelschwanz. Kann im Herbst mit jungen Küsten-S. verwechselt werden, die kleiner als die Altvögel sind und vor dem Tauchen auch oft rütteln. Alterskleid ab 2. Winter.

Prachtkleid: Der streichholzartig schlanke, gelbe Schnabel mit unterschiedlich schwarzer Spitze und die gelblichen Beine sind wesentliche Merkmale. Typische Ruhehaltung ist buckliger, geduckter und halsloser als abgebildet.

Schlichtkleid/1. Sommer: Schwärzliche Beine und Schnabel und schmale Flügelbugbinde geben dem Vogel ein völlig anderes Aussehen; die weiße Stirn ist verschwommener. Vögel im 1. Winter haben meist düstergelbe oder gelblich-orange Beine, doch individuelle Unterschiede machen Altersbestimmung schwierig.

Jungvogel: Man beachte schwärzlichen Schnabel sowie matt gelblich-braune oder orangegelbe Beine. OS verwaschen hellbraun bei kürzlich Flüggen, allmählich klarer grau werdend. Dunkle Schuppung läßt Vorderflügel und Handschwingen im Flug dunkler erscheinen als die weißlichen Armschwingen, wodurch die Vögel aus der Ferne merkwürdig schmalflügig erscheinen. Schuppung verschwindet im Lauf des Herbstes.

Prachtkleid (im Flug): Lange, schmale Flügel; schwärzliche äußere Handschwingenfahnen bilden dunklen Keil am Außenflügel, bei abgetragenem Gefieder noch deutlicher.

Status: Seltener, stellenweise häufigerer Brutvogel an der Küste (Apr.–Sept.); Abnahme durch Beutegreifer und Störung; im Binnenland sehr selten.

❏ Brütet in kleinen, offenen Kolonien auf Muschelstränden, v.a. in Schutzgebieten. ❏ Durchzügler an allen Küsten, bevorzugt geschützte Strände, Lagunen und Wattflächen, gelegentlich an Binnengewässern. ❏ Streckenflug geradlinig und watvogelartig auf langen, schmalen Flügeln – Vögel in großer Ferne erinnern sogar an weiße Schmetterlinge über der See. ❏ Rüttelt gewöhnlich mit raschen Flügelschlägen, bevor sie kraftvoll ins Wasser stürzt. ❏ Typischer Ruf ein scharfes »kit, kit«. Am Brutplatz im langsamen Revierflug ein lautes, wiederholtes »kirri-virri« (ähnlich dem Geräusch eines Anlassers bei nicht anspringendem Motor).

Brandseeschwalbe *Sterna sandvicensis* RL:V; 40cm

Die größte unserer häufigeren Seeschwalben. Der lange, schwarze Schnabel mit buttergelber Spitze und die durchdringenden, kratzenden Rufe sind typisch. Langschnäbliger und insgesamt weißer als Fluß- oder Küsten-S. Die Flügelspitzen überragen im Stehen den kurzen Schwanz deutlich.

Prachtkleid: Relativ großer Kopf, betont durch struppige Mähne und langen schwarzen Schnabel (gelbe Spitze oft unauffällig).

Schlichtkleid/1. Sommer: Weiß auf Stirn der Altvögel erscheint ab Juli. Vögel im 1. Sommer haben auch im Frühling ausgedehntes Weiß und abgenutzte (dunkle) äußere Handschwingen.

Altvogel (im Flug): Langer Schnabel und kurzer Schwanz lassen Vögel frontlastig erscheinen. Ältere Handschwingen erscheinen dunkel (je nach Mauser äußere oder innere); im Frühjahr meist frisch vermausert. US der Handschwingen mit dunklen Subterminalflecken, durch Abnutzung schwarzspitzig.

Jungvogel: Eben flügge Vögel haben düstere Stirn und kurzen Schnabel, anfangs ohne gelbe Spitze. Schuppung der OS sonst nur bei seltener Rosen-S. Dunkle Schwanzkanten und dunklere (abgenutzte) Schwungfedern auch noch bei Einjährigen, deren Scheitel fast ganz weiß ist (schwarz nur hinterm Auge).

Status: An der Küste häufiger Brutvogel (zunehmend) und Gast (Ende März–Anfang Okt.); im Binnenland unregelmäßig und selten.

❏ Brütet in dichten Kolonien auf flachen Küstensanden und ungestörten Stränden (meist in Schutzgebieten). Gern vergesellschaftet mit anderen Seeschwalben und kleinen Möwen, auch am Brutplatz. ❏ Zieht familienweise an den Küsten entlang, bildet an bevorzugten Stellen auch größere Ansammlungen. ❏ Typischer, weitschallender Ruf ein heiseres »kirr-rick«; im Spätsommer mischen sich die rauhen Rufe der Altvögel mit den quietschenden Rufen der sie begleitenden Jungvögel. ❏ Flug leicht, aber zielgerichtet auf schlanken, spitzen Flügeln; sucht küstennahe Gewässer zum Fischen auf, den Kopf suchend nach unten gehalten, dann kraftvoll aus 5–10 m Höhe hinabstürzend.

Lachseeschwalbe *Gelochelidon nilotica* RL:2; 38 cm

Leicht mit Brand-S. zu verwechseln, hat aber kräftigeren Schnabel und relativ längere Beine. Im Flug sind dickerer Kopf und Hals, etwas breitere Flügel und stetigerer Flügelschlag kennzeichnend. Im SK düstere Maske wie Schwarzkopfmöwe. Grauer Bürzel und Schwanz einfarbig wie restliche OS (bei Brand-S. etwas heller als Mantel), im helleren Sk fällt dies jedoch weniger auf. Relativ schweigsam, Ruf jedoch kennzeichnend »tju-wäk«, ähnlich wie Uferschnepfe.

Jungvogel: Insgesamt heller grau als PK; Kopf bei einigen fast weiß (die meisten haben eine graue Maske). Dunkle Schwanzspitze und schwache Armschwingenbinde.

Status: Sehr seltener Brutvogel in Küstensümpfen und an Lagunen, auch im Binnenland, vielerorts verschwunden; Mai–Sept.

Prachtkleid: Steht hoch auf schwarzen Beinen, oft mit gestrecktem Hals. Man beachte kräftigen schwarzen Schnabel und glänzend schwarze Kappe.

Weißbart-Seeschwalbe *Chlidonias hybridus* 25 cm

Eine robuste Seeschwalbe der Seen und Sümpfe in M- und S-Europa. Deutlich größer, mit größerem Schnabel und längeren Beinen als die anderen beiden Binnenseeschwalben. Nichtbrüter ohne die kräftige Flügelbugbinde der ähnlichen Fluß-S. im 1. Sommer, grauer Schwanz nur leicht gekerbt (Außenfahne hell, nicht dunkel). Ruf ein kurzes, nasales, hölzernes »arrrt«, ähnlich wie Wachtelkönig.

Prachtkleid: Dunkelgraue US hebt sich von weißen Wangen, Hinterbauch und Unterflügeln ab; OS grau.

Prachtkleid (im Flug): Kräftiger als Trauer-S., mit der Kopfzeichnung einer Meeresseeschwalbe.

Jungvogel: Wie Weißflügel-S., aber anderer Habitus, v.a. derberer Schnabel.

Status: Nur im SO regelmäßiger Brutvogel; seltener Gast Apr.–Sept.

Schlichtkleid/1. Sommer (im Flug)

Trauerseeschwalbe *Chlidonias niger* RL: 1; 23cm

Kleine, dunkelgraue Binnenseeschwalbe mit fast rechteckigem Schwanz, relativ kleinem Schnabel und kurzen Beinen. Im Prachtkleid unverwechselbar. In anderen Kleidern ist Verwechslung mit jungen Weißflügel-, Fluß- und Küsten-S. sowie Zergmöwen möglich, die alle im Flug Nahrung von Binnengewässern aufpicken. Trauer-S. leicht zu erkennen an Kombination von düsteren Brustflekken und merklich grauem Bürzel und Schwanz.

Prachtkleid: Schwärzlich-grau, Kopf am dunkelsten, Hinterteil weiß; längerer Schnabel, schwärzliche (selten rote) Beine sowie grauerer Körper und Flügel unterscheiden sie im Sitzen von Weißflügel-S.

Prachtkleid (im Flug): Weißliche (nicht schwarze) Unterflügeldecken unterscheiden von Weißflügel-S.

Jungvogel: Dunkelbraune Schuppung auf Mantel und Schultern zeigt Diesjährige an; auffällige Schmutzflecken an den Brustseiten; Beine schmutzig-orange (bei Adulten dunkler).

Schlichtkleid (im Flug): Reiner und heller grau als Jungvogel. Der gespreizte Schwanz erscheint fast gerundet. Vögel im 1. Sommer ähnlich, aber noch mit alten (dunklen) äußeren Handschwingen, Resten der dunklen Flügelbugbinde und möglicherweise einzelne dunkle Federn am Bauch.

Jungvogel (Unterflügel): Man beachte dunkle »Fingerabdrükke« an den Brustseiten.

Status: Im N häufiger Brutvogel im Tiefland (teilweise stark abnehmend); regelmäßiger und häufiger Durchzügler Apr./Mai bis Okt.

Jungvogel (im Flug): Dunkler und brauner grau als SK, mit dunklerem Sattel und Flügelbugbinde. Sattel weniger kontrastreich als bei Weißflügel-S., die keine Flecken an den Brustseiten und weißeren Bürzel hat. Zusammengelegter Schwanz leicht gekerbt.

❏ Durchzügler, meist in Gruppen, an Binnengewässern und Küsten, v.a. im Mai/Juni und Aug./Sept. ❏ Gesellig, aber eher mit Zwergmöwen als mit Meeresseeschwalben vergesellschaftet. ❏ Gewöhnlich bei der Jagd nach Insekten anzutreffen, die meist im Flug von der Wasserfläche aufgepickt werden. ❏ Rastet auf Pfosten im Wasser, auf Teichrosenblättern oder am Ufer. ❏ Flug rasch und direkt; beim Zug übers Meer sind Trauer-S. wegen ihrer dunklen OS schwer zu erkennen, bis die helle US aufleuchtet. ❏ Typischer Ruf: ein scharfes »kik«.

Weißflügel-Seeschwalbe *Chlidonias leucopterus* RL: 0; 23 cm

Unverwechwechselbar im auffallenden PK, im übrigen aber der Trauersee-S. ähnlich, wenn auch mit etwas kleinerem Schnabel und längeren Beinen (wirkt etwas größer neben Trauer-S.). Kleider von Nichtbrütern erfordern etwas mehr Sorgfalt. Kann mit Weißbart-S. verwechselt werden (vgl. Olsen & Larsen 1995).

Prachtkleid: Körper viel schwärzer als bei Trauer-S., starker Kontrast zum weißen Vorderflügel, Beine röter. Im Spätsommer weisen Adulte bereits Anzeichen des SK auf.

Prachtkleid (im Flug): Auffällig schwarze (nicht weißliche) Unterflügeldecken kontrastieren mit weißlichem oberen Vorderflügel und silbriger US der Armschwingen.

Jungvogel: Sehr dunkler Sattel. Keine oder sehr geringe Anzeichen von Schmutzflecken an den Brustseiten. Weißer an den Kopfseiten als Trauer-S., mit weißem Überaugenstreif, der Kappe und Ohrfleck trennt (sieht aus wie Kopfhörer).

Schlichtkleid/1. Sommer (im Flug): Ohne Brustflecken der Trauer-S. und oberseits heller grau, Bürzel und äußere Schwanzfedern weißer. Unterflügel weiß (wie Trauer-S.), aber meist noch einige schwarze Federn des Brutkleides als Punktlinien bis in den frühen Winter. Vögel im 1. Sommer sind sehr hell mit abgenutztem Gefieder, noch mit dunklen äußeren Handschwingen, Resten der schmalen Flügelbugbinde und oft auch mit dunkler Zeichnung auf den Schultern (aber nicht am Unterflügel). Am Kopf weniger Schwarz als Trauer-S.

Jungvogel (im Flug): Schwärzlicher Sattel kontrastiert mit hellen Flügeln (Vorder- und Hinterkante dunkler) und fast weißem Bürzel. Ohne auffällige Brustflecke der Trauer-S.

❏ Brütet in O-Europa, Rußland und Asien. ❏ Bei uns meist durchziehende einzelne Jungvögel an Binnengewässern im Aug./Sept.; seltener Adulte im Mai/Juni (gelegentlich aber auch in großer Zahl wie 1997). ❏ Überwintert auf Inseln von Seen und Flüssen in Afrika, S-Asien und Australien.

Trottellumme *Uria aalge* RL:R; 38–41 cm

Unser häufigster Alk. Kommt gewöhnlich nur zum Brüten an Land, dann in dichten, geräuschvollen, übelriechenden Kolonien an steilen Klippen und Felshaufen. Eine Spur heller und brauner als Tordalk, mit schlankem, scharfspitzigem Schnabel, dünnerem Hals und kürzerem Schwanz. Unordentliche graubraune Streifung an den Flanken ist charakteristisch.

Prachtkleid: Die südliche Rasse (*albionis*) ist oberseits schokoladenbraun, am Kopf am hellsten. Die nördliche Rasse *aalge* (brütet in N- und NW-Europa) ist oberseits schwärzer (wie Tordalk). Beide haben kurze weiße Flügelbinde.

Manche Individuen (»Ringellummen«) haben einen schmalen weißen Augenring, der nach hinten zu einer Rinne ausgezogen ist (wie eine Brille); solche Vögel sind im N am häufigsten.

Typischer Alkenflug – hurtig, niedrig und gerade, bei schnellen Flügelschlägen. Unterscheidet sich von Tordalk durch schmutzigere Achseln und Unterflügel sowie ausgedehnteren dunklen Bürzel. Dornförmiger Schnabel läßt den Vogel vorn länger erscheinen als Tordalk, ausgeglichen durch hinten überragende Füße.

Status: Brutvogel auf Helgoland; vor der Küste regelmäßiger Gast. Sehr geselliger Seevogel.

Schlichtkleid: Vorderhals und Seiten des Gesichtes weiß. Unterscheidet sich vom ähnlichen Tordalk durch dünnen dunklen Strich hinterm Auge, engen offenen Kragen und schmutzige Flanken. Der spitzere Kopf und stumpfere Schwanz der Lumme können nützliche Merkmale sein. Jungvögel behalten dieses Kleid bis weits ins Frühjahr.

❏ Größe auf dem Meer schwer zu schätzen – kann mit Haubentaucher oder sogar Rothalstaucher verwechselt werden. ❏ Am Brutplatz von Ende Apr. bis Mitte Aug. nicht zu übersehen; die langen, knurrenden »aarrr«-Rufe erzeugen ein mißtönendes Dauerkonzert. ❏ Die Jungen springen schon mit 1/3 ihrer Endgröße ins Meer; anfangs sind die Flanken ungestreift, aber das Gesicht ist weißer, mit dunklem Augenstrich, im Unterschied zu ähnlichen jungen Tordalken.

Tordalk *Alca torda* RL:R; 37–39 cm

Unterscheidet sich von der ähnlichen Trottellumme durch seinen schwärzeren »Frack«, reinweiße Flanken und mächtigen, klingenförmigen Schnabel. Sein Schwanz ist länger und spitzer als der anderer Alke (oft gestelzt beim Schwimmen), was auf See ein gutes Merkmal sein kann.

Prachtkleid: Kombination von rechteckigem Schnabel (verstärkt durch ein senkrechtes weißes Band und eine weiße Linie, die vom Schnabel zum Auge führt) und schwarzem Gesicht gibt dem Vogel einen grimmigen Ausdruck.

Wirkt im Flug kontrastreicher als Trottellumme. Tordalk hat reinweiße Unterflügeldecken und reinweiße Flanken.

Schlichtkleid: Schwierig von Trottellumme zu unterscheiden; man achte auf das stumpfere Kopfprofil des Tordalks, auf die ungezeichneten Flanken und die ausgedehntere, weniger scharf abgesetzte schwarze Kappe (anstelle des schwarzen Augenstrichs der Trottellumme). Einjährige haben im frühen Winter mehr Schwarz an den Kopfseiten und kleineren Schnabel als Adulte.

Status: Gesellig; nur zum Brüten an Land (Apr.–Aug.); brütet selten auf Helgoland, häufiger NW-Küsten Frankreichs und Großbritanniens.

❏ Oft in Gesellschaft von Trottellummen; beide kann man in rasch und dicht über den Wellen fliegenden Ketten als ferne weiße Punkte beobachten. ❏ Brütet in Spalten von Küstenklippen und Felsinseln, gewöhnlich in stark von Trottellummen dominierten Kolonien. ❏ Von erhöhtem Standort kann man die Vögel oft auf der Fischjagd unter Wasser »fliegen« sehen. ❏ Merkwürdiger »Zeitlupen«-Balzflug von Brutfelsen aus. ❏ Stimme ein tiefes, knurrendes »urrr«. ❏ Jungvögel springen im Juli vom Brutfelsen, wenn sie nur ·1/3 ausgewachsen sind; ihre Kleinheit und der kurze Schnabel lassen Verwechslung mit Krabbentaucher zu, der in der Nordsee aber nie vor Ende Oktober erscheint.

Dickschnabellumme *Uria lomvia* 39–43 cm

Eine arktische Art, die in kleiner Zahl in der Nordsee überwintert.

Status: Sehr seltener Gast.

OS schwärzer als Trottellumme, mit ungestreiften weißen Flanken und dickerem Schnabel, der schmalen weißen Streifen am Schnabelwinkel aufweist (besonders deutlich im Sommer). Im SK reicht die volle dunkle Kappe bis unters Auge wie bei jungem Tordalk (letzterer aber mit spitzem Schwanz). Ähnelt im Flug Tordalk mit viel Weiß an den Seiten, aber Unterflügel weniger kontrastreich.

Gryllteiste *Cepphus grylle* 30–32 cm

Kleiner, rundlicher Alk mit schlankem Schnabel. Brütet einzeln oder in kleinen Gruppen unter Felsen und in Spalten am Fuß von Klippen. Großer Unterschied zwischen PK und SK, aber beide deutlich erkennbar. Leuchtend rote Füße und Schnabelwinkel sowie großes weißes Oval auf schwarzem Oberflügel sind für Altvögel zu allen Jahreszeiten typisch.

Prachtkleid: Vollkommen schwarz bis auf leuchtend weißen Flügelfleck. Aus nächster Nähe wird der grüne Schimmer des schwarzen Gefieders sichtbar. Vögel im 1. Sommer können irritierend dunkelflüglig erscheinen, da der Flügelfleck bis zur Unsichtbarkeit dunkel gefleckt sein kann.

Flug: Große weißes Oval auf dem Oberflügel und leuchtend weißes Flügelfeld der US sind stets auffällig. Die wachsroten Füße überragen den Schwanz deutlich.

Fliegt niedrig und geradeaus oder in schwungvollem Bogen; saust mit schwirrenden Flügeln wie eine riesige Hummel übers Wasser.

Schlichtkleid (Aug.–Apr.): Behält den typischen weißen Flügelfleck, aber Scheitel, OS und Flanken sind merkwürdig schwarz-weiß gepunktet; Gesicht und US weiß, mit kleinem, dunklen Augenfleck. **1. Winter:** Ähnlich wie SK, aber Flügelfleck durch dunkle Fleckung unauffällig, Beine bräunlich.

Status: Seltener Gast vor der Küste; Standvogel im NW Großbritanniens und in Skandinavien.

❏ Meist einzeln oder zu zweit in geschützten Küstengewässern anzutreffen. ❏ Schwimmt leicht wie ein Korken, aber im »frostigen« SK oft schwer zu entdecken. Aus der Entfernung mit kleinem Lappentaucher oder sogar männlichem Zwergsäger zu verwechseln (letzterer aber v.a. auf Binnengewässern). ❏ Richtet sich in Abständen im Wasser auf und schlägt mit den Flügeln und läßt dabei die typische Flügelzeichnung erkennen. ❏ Kommt an Land und hockt auf Felsen oder Buhnen herum (niemals auf hohen Klippen). Haltung weniger aufrecht, mehr geduckt als Trottellumme. ❏ Rufe mit Piepsern (ähnlich Felsenpieper) und einem irritierenden hohen Pfiff (ähnlich Eisvogel), oft schwer zu lokalisieren.

Papageitaucher *Fratercula arctica* RL:0; 26–29 cm

Untersetzter, schwarz-weißer Alk, der kolonieweise in Höhlen auf grasigen Steilküsten und Inseln brütet; ungewöhnlich zahm. Im Winter pelagisch und kaum an der Küste zu sehen. In allen Kleidern ohne weiße Flügelzeichnung wie alle übrigen Alke.

Schlichtkleid (Gesicht im Winter): Schmutziger, mit schmalerem, matter gefärbtem Schnabel (farbenfroher Schnabelschild des Sommers wird abgeworfen). Beine gelblich.

1. Winter (Aug.–März): Wie SK der Adulten, aber Schnabel noch kleiner.

Status: Brutvogel in N- und NW-Europa; regelmäßiger Gast vor der Küste.

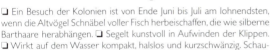

Prachtkleid: Unverkennbares weißliches »Clownsgesicht« mit großem, vielfarbigem Dreiecksschnabel. Beine leuchtend orange.

Flug: Rasch auf schwirrenden Flügeln.

❑ Ein Besuch der Kolonien ist von Ende Juni bis Juli am lohnendsten, wenn die Altvögel Schnäbel voller Fisch herbeischaffen, die wie silberne Barthaare herabhängen. ❑ Segelt kunstvoll in Aufwinden der Klippen. ❑ Wirkt auf dem Wasser kompakt, halslos und kurzschwänzig. Schaukelt auf dem Wasser wie ein Badewannenspielzeug.

Krabbentaucher *Alle alle* 19 cm

Schlichtkleid: Winziger schwarz-weißer Seevogel, der bequem in zwei Händen Platz hat. Gedrungene, halslose Gestalt (froschartig), Stupsschnabel und »unordentlicher« weißer Schulterstreifen sind typisch.

Status: Überwintert weit nördlich, wird durch Winterstürme aber alljährlich in die Nordsee verfrachtet; seltener Gast vor der Küste.

Wirkt im Flug etwa starengroß, zeigt dabei die typischen schwarzen Unterflügel mit weißem Endsaum und »keinen Schnabel«.

Prachtkleid: Vorderteil ganz schwarz.

❑ Brütet in riesigen arktischen Kolonien. Überwintert auf See, gelegentlich nach Stürmen in Küsten- oder auf Binnengewässern. Eilt schnell vorbei, oft zusammen mit Watvögeln, Enten – und sogar ziehenden Staren.

Türkentaube *Streptopelia decaocto* 31–33 cm

Schlanke, langschwänzige Taube von hauptsächlich heller Färbung, deren Heimat Asien ist. Wanderte vom Balkan in W-Europa etwa 1930 ein. Ist heute in Städten und Dörfern überall häufig. Sitzt gerne auf Dachantennen, Straßenlampen und Drähten und läßt endlos ihren dreisilbigen Gesang hören.

Altvogel: Einfarbig ockergraue Erscheinung mit schmalem schwarzen Halbkragen. Gesicht und Brust leicht rosa angehaucht. Im Sitzen wirken die düster-braunen Handschwingen kurz gegenüber dem langen, hellen Schwanz (vgl. Turteltaube).

Jungvogel: Matter gefärbt, mit schmalen hellen Federrändern auf der OS. Ohne schwarzes Nackenband.

Landet mit flatternden Flügelschlägen und breit gefächertem Schwanz. Schwanz-OS mit breiten weißlichen Ecken, aber ohne das deutliche Schwarz-Weiß-Muster der Turteltaube.

Türkentaube

Turteltaube

Fliegt rasch mit knappen Schlägen der angewinkelten Flügel. Unterflügel recht hell; die breite weiße Endbinde des Unterschwanzes wird besonders deutlich bei der Landung. Vgl. die allgemein dunkle US der Turteltaube (untere Abb.).

Status: Enorm erfolgreicher Einwanderer, der Europa bis Großbritannien dicht besiedelt hat.

❏ Lebt in menschlicher Umgebung und ist entsprechend zutraulich. ❏ Häufig in Parks, Gärten und auf Feldern; nimmt gerne Körner von Futterstellen, Hühnerställen usw. ❏ Fliegt mit einem typischen nasalen »kuuurr« auf und hebt dabei gewöhnlich den Schwanz. ❏ Steigt im Balzflug steil auf und segelt mit ausgebreiteten Flügeln und Schwanz wieder herunter, wobei die schwarz-weiße Zeichnung des Unterschwanzes sichtbar wird. ❏ Nest eine schlampige Plattform in Nadelbäumen, hohen Hecken usw. (brütet von Febr.–Okt.). ❏ Gesellig; versammelt sich, wo immer es reichlich Nahrung gibt.

Turteltaube *Streptopelia turtur* 26–28 cm

Kleinste europäische Taube (Größe einer Misteldrossel). Man entdeckt und identifiziert sie gewöhnlich an ihrem weich schnurrenden Gesang. Ihre schlanke, kompakte Gestalt und ihr dunkler, gemusterter Rücken unterscheiden sie von der längeren und bleicheren Türkentaube. Der schwärzliche Schwanz mit der reinweißen Endbinde ist in allen Kleidern typisch.

Altvogel: Schwarz-weißer Halsfleck und schuppiger Rücken (durch breite, rostfarbene Ränder der dunklen Flügeldecken) sind einmalig unter den europäischen Tauben. Die länglichen Flügel werden locker getragen und lassen den olivbraunen Bürzel erkennen. Man beachte das orange Auge mit rotem Hautring, die blaugraue Kappe, die weinrote Brust und den weißen Bauch. Geschlechter ähnlich.

Jungvogel: Einfarbigeres, sandiges Aussehen, vergleichsweise verwaschen. Ohne den typischen Halsfleck und die geschuppte OS der Adulten; die Federn haben dünne helle Ränder, sind im Zentrum aber weniger dunkel).

Flug: Rasch und geradlinig, aber dabei in typischer Weise von Seite zu Seite kippend. Kombination von kleiner Gestalt, schmalen, spitzen Flügeln und schnellen, ruckartigen Schlägen erinnert an Waldwasserläufer, ein Eindruck, der verstärkt wird durch den Kontrast zwischen dunkler Brust und Unterflügel sowie hellem Bauch (vgl. Türkentaube).

Typisches Schwanzmuster am besten bei Start und Landung zu sehen, wenn der Schwanz gespreizt wird. Man achte auf blaugraue mittlere Flügelbinde.

Status: Abnehmender, wärmeliebender Brutvogel (Ende Apr.–Sept.) v.a. des Tieflands; fehlt im nördlichen Alpenvorland.

❏ Ziemlich scheu; bevorzugt offenes Ackerland mit Hecken, Feldgehölzen und Waldrändern. Gewöhnlich paarweise oder in kleinen Gruppen, oft auf Leitungsdrähten aufgereiht. ❏ Gesang ist Sinnbild fauler Sommertage, ein widerholtes, tiefes, träumerisches, einschläferndes Gurren: »ruhrr-rr-rr, ruhrr-rr-rr...«. ❏ Baut lockere Zweignester in dichten Hecken, Büschen oder Bäumen. ❏ Nahrungssuche am Boden: Gräser, Samen und Körner. ❏ Bildet vor dem Wegzug im Herbst kleine Schwärme.

Felsentaube *Columba livia* — 31–34 cm

Die wildlebende Form aller Haustauben. Heute seltener Bewohner von Steilküsten und Inseln. Weißer Hinterrücken (Bürzel) und zwei kräftige schwarze Binden im geschlossenen Flügel sind kennzeichnend.

Altvogel: Der hellgraue Rücken kontrastiert scharf mit schieferblauem Kopf und Leib, schöner Glanz am Hals, von Perlmutt im Nacken bis Purpur am Kropf. Augen orange, Beine rot. Um verwilderte Haustauben auszuschließen, sollte man auf die Reinheit des Gefieders, auf dünneren schwarzen Schnabel und weiße Wachshaut achten.

Der weiße Bürzel fällt besonders bei abfliegenden Vögeln auf.

Flug: Rasch auf schnellen, spitzen Flügeln vorbeisausend. Die auffallend weißen Unterflügel sind gegen den dunklen Körper und Unterschwanz ein gutes Feldkennzeichen.

Haustaube: Domestizierte Form der Felsentaube, ursprünglich in Taubenhäusern zum Verzehr gehalten. Heute überall in Städten und Dörfern, wo sie an Gebäuden, unter Brücken und an Felswänden brütet. Gefieder sehr variabel, manche mit reinen Felsentauben identisch (außer dickerem Schnabel und größerer Wachshaut). Meist erkennt man die Herkunft durch weiße, rote, graue oder schwarze Kleider. Im Gegensatz zur Wildform sitzen Haustauben auch gern in Bäumen.

Status: Verwilderte Haustauben in ganz Europa.

❏ Gesellig; brütet in Kolonien an felsigen Steilküsten, wo sie durch Mischbrut mit Haustauben gefährdet ist. Gewöhnlich in kleinen Gruppen, aber im Winter Schwärme von 100 und mehr auf Klippenrändern, in Dünen und auf küstennahen Feldern. ❏ Selten in Bäumen, sonst Verhalten identisch mit Haustaube; mit der gleichen bekannten gurrenden Stimme, ein ziemlich eiliges »uur-ruh-kuh«. ❏ Explosiver Start mit klatschenden Flügeln. Segelt zum Landen zurück und startet wieder mit hörbarem Geflatter, als wären die Flügel gestärkt. ❏ Läuft eifrig mit nickendem Kopf. ❏ Man achte auf langsam flügelschlagenden Balzflug, unterbrochen von Gleitflügen auf erhobenen Schwingen.

Hohltaube *Columba oenas* — 32–34 cm

Deutlich kleiner und zierlicher als Ringeltaube, ohne weiße Zeichnung und mit kürzerem Schwanz, der im Sitzen weniger weit die Flügel überragt.

Altvogel: Sanftmütig aussehende Taube mit hübschem lavendelfarbenen Gefieder. Hals mit violett-grünen Schillerfarben, aber ohne Kragen. Zwei kurze, unterbrochene schwarze Binden auf dem Innenflügel sind ein gutes, aber manchmal schwer zu sehendes Feldkennzeichen. Jungvögel matter, ohne Schillerfarben.

Die einzige in Baumhöhlen brütende Taube (gelegentlich in Nistkästen, Felswänden, verlassenen Gebäuden). Man vergleiche die dunklen, sanften Augen mit den hellen, starrenden Augen der Ringeltaube. Der hellrosa Schnabel mit gelber Spitze ist manchmal sehr auffallend.

Flug: Das helle Feld in der Mitte des Außenflügels, eingerahmt von dunkler grauer Vorder- und Hinterkante, ist typisch. Von unten erscheinen Hohltauben hauptsächlich grau (vgl. helleren Bauch und rötlichere Brust der Ringeltaube).

Hohltauben (Mitte und rechts) sind zwischen nahrungsuchenden Ringeltauben leicht zu übersehen. Am besten erkennt man sie an ihrer dunkleren, einheitlicher blauen Erscheinung und ihrem rascheren Gang mit ständig nickendem Kopf (vgl. das fettleibige Watscheln, die mattgraue OS und den weißlichen Bauch der schwereren Ringeltaube links).

Status: Häufiger Brutvogel, v.a. des Tieflands (teilweise abnehmend); häufiger Durchzügler.

❏ Gewöhnlich paarweise oder in kleinen Gruppen von 10–50 Vögeln in Wäldern und Parklandschaften mit alten Bäumen. ❏ Ziemlich scheu, erhebt sich mit weichem Flügelflattern. Im Flug geben ihr kurzer Hals und rechteckiger Schwanz ein kompaktes Aussehen – wirkt gedrungener als Ringeltaube, geringere Größe und schnellerer Flügelschlag erinnern an Dohle. ❏ Beim Balzflug langsame, tiefe Flügelschläge, denen Gleitflug auf leicht erhobenen Flügeln folgt; nicht zu verwechseln mit Balzflug der Felsen-/Haustaube (mit silbriger Flügel-US) oder sogar mit entferntem Greifvogel. ❏ Gesang leicht zu überhören, aber sehr typisch, eine ansteigende Reihe von tiefen, rauhen Tönen: »huh-rru, huh-rru...« 4–12mal wiederholt, Nestruf 4silbig »kuhu-u-up«.

Ringeltaube *Columba palumbus* 40–42 cm

Unsere größte Taube. Wirkt hauptsächlich grau, mit plumper, brustbetonter Gestalt und kleinem Taubenkopf. Die auffallenden weißen Armbinden sind in allen Kleidern ein wichtiges Kennzeichen, von fern sichtbar und (gewöhnlich) auch im geschlossenen Flügel als weißes Abzeichen am Bug. Geschlechter gleich (wie bei allen Tauben).

Altvogel: Die einzige Taube mit breitem weißen Kragen und hellen gelben Augen – sieht überrascht aus. Halsseiten schimmern violett und grün.

Schwerer, watschelnder Gang auf kurzen rosa Beinen betont den übergewichtigen Eindruck. Hat enormen Appetit, verschlingt große Mengen.

Jungvogel: Hat dunkle Augen und keinen weißen Kragen. Unterscheidet sich von Hohltaube und anderen grauen Tauben durch weißen Flügelfleck und längeren Schwanz, der die Flügelspitzen weit überragt.

Status: Sehr häufiger und weit verbreiteter Brutvogel. Sehr gesellig, bildet auf dem Zug und im Winter riesige Schwärme.

Im Flug teilt die weiße Binde den Außenflügel vom grauen Innenflügel. Hellbläulicher Bürzel hebt sich von schwärzlicher Schwanzbinde ab. Von unten sind die einfarbig grauen Unterflügel, die weinrote Brust und das schwarze Schwanzende gute Hinweise.

❏ Häufig in Wäldern, Feldern, Städten, Parks, Gärten (fehlt nur im rauhesten Bergland). Gewöhnlich gegenüber Menschen vorsichtig, aber in Städten mutiger. ❏ Startet mit lautem Flügelklatschen oder fliegt geräuschvoll aus Baumkronen ab. ❏ Der rasche, gerade Flug kann erstaunlich an den Wanderfalken erinnern; dreht schnell ab, wenn von Menschen überrascht. ❏ Landet in Bäumen, als wollte sie den besten Ast suchen. ❏ Steigt im Balzflug steil und mit raschen Flügelschlägen auf, klatscht am Höhepunkt mit den Flügeln und gleitet auf steif gebogenen Schwingen wieder abwärts. ❏ Bekannter gurrender Gesang eine schläfrige 4-5silbige Strophe »ruhgu-gugu« (»who cooks for you«).

Spießflughuhn *Pterocles alchata* 31–39 cm

Männchen: OS erbensgrün mit goldenen Tropfen. Glühend oranges Gesicht, schwarze Kehle und hell ziegelfarbenes Brustband. ▶

Weibchen: OS mehr marmoriert; weiße Kehle und doppelter schwarzer Kragen sind kennzeichnend. ▶

Flug: Rasch mit schnellen Flügelschlägen – sehr ähnlich wie Goldregenpfeifer, mit ähnlich kräftigem Körper und scharf zugespitzten Flügeln. Beide Geschlechter mit reinweißem Bauch, Unterflügel weiß, mit scharf abgesetzten schwarzen Spitzen; der Schwanzspieß ist aus der Ferne nicht sichtbar.

Status: Standvogel in S-Frankreich La Crau (etwa 60 Paare).

❏ In Europa auf Steinwüsten in S-Frankreich (La Crau) und Spanien beschränkt. ❏ Truppweise, aber schwer zu entdecken. ❏ Gewöhnlich im Flug zu sehen, wenn aufgescheucht. ❏ Weitreichender Flugruf ein wiederholtes, gutturales, blubberndes »katarr-karr...«. ❏ Schleicht mit am Boden schleifendem Bauch; ernährt sich von Samen.

Häherkuckuck *Clamator glandarius* 40 cm

Altvogel: Graue Haube und cremeweiße US, mit hellgelbem Hauch an der Kehle.

Jungvogel: Ordentliche schwarze Kappe und warm hellbraun an der Brust.

Status: Brutvogel in S-Frankreich und Spanien. In M-Europa Ausnahmeerscheinung im Sommer.

❏ Mediterrane Art, die in Olivenhainen, trockenem Buschland usw. brütet. ❏ Parasitiert Nester von Krähen und Elstern. ❏ Typisches Kuckucksaussehen mit leicht gebogenem Schnabel, langem, gestuften Schwanz und eiligem Flug mit flachen Flügelschlägen. ❏ Sitzt oft frei auf Leitungen und Zäunen. ❏ Während der Brutzeit geräuschvoll: ein lautes, irritierendes, klapperndes Geschnatter »räp-kjekjekje...kjiau-kjiau« wie eine Mischung aus Krähe, Buntspecht und Großmöwe.

Kuckuck *Cuculus canorus* RL:V; 32–34 cm

Das weithin hörbare »gu-guh« (oder das erregtere »gu-gu-guh«) des ♂ ist unverwechselbar; weniger bekannt ist der laute, blubbernd-flüssige Triller des ♀, auch als Lachen bezeichnet. In den verschiedensten Landschaften von Mitte Apr. bis Ende Juni, aber ziemlich scheu und am ehesten im Flug zu sehen, wenn der kleine Kopf, die langen spitzen Flügel und der lange, gestufte Schwanz ein ausgesprochen falkenartiges Bild ergeben. Oft erregt mit gespreiztem und erhobenem Schwanz, gesenkten Flügeln auf Ästen oder Leitungen.

Altvogel: Kombination von blaugrauem Kopf, Brust und OS mit weißer, schwarz gebänderter US und gelben Augen und Füßen kann zu Verwechslung mit Sperber führen. Man achte auf den schlanken, leicht gebogenen Schnabel, lange Flügel und weiße Schwanzflecken, die im Flug sichtbar sind. Geschlechter gleich, aber manche ♀ mit brauner Brust.

Die seltenere braune Variante der ♀ besitzt kastanienbraune, kräftig schwarz gebänderte OS. Leicht mit weiblichem Turmfalken zu verwechseln – auf Schnabelform achten.

Jungvogel: OS entweder dunkel schieferbraun mit weißen Federrändern (Abb.) oder wie rotbrauner Altvogel. Beide Varianten durch auffälligen weißen Nackenfleck als Jungvogel erkennbar. Ständige Bettelrufe: »tsip... tsip...«, irritierend und ausdauernd, aber schwer zu lokalisieren. Im Flug rundere Flügel und kürzerer Schwanz.

Status: Sehr häufiger und weit verbreiteter Brutvogel (Apr.–Sept.); überwintert in S-Afrika.

Flug: Fliegt niedrig, mit eiligen, flachen Schlägen (Flügel werden nicht über die Horizontale erhoben); hält den Kopf erhoben und wendet den Körper hin und her, als wüßte er nicht wohin. Regelmäßig von Kleinvögeln verfolgt.

❏ Meist einzeln, gelegentlich verfolgen sich zwei oder drei und lassen schroffe, bellende Rufe hören. ❏ Bekannter Brutparasit; bevorzugte Wirte sind Bachstelze, Hausrotschwanz, Teichrohrsänger, Neuntöter. ❏ Junge Kuckucke bald größer als Wirtseltern, betteln mit aufgerissenem roten Rachen nach Futter. ❏ Insektenfresser, bevorzugt haarige Raupen, die von anderen Vögeln verschmäht werden. ❏ Altvögel ziehen im Juli ab, Junge folgen unabhängig im Aug./Sept.

Schleiereule *Tyto alba* 33–39 cm

Die bekannte »weiße Eule«, die einem nachts oft ins Scheinwerferlicht fliegt. Helle, geisterhafte Erscheinung, deren ungezeichnete, weiße Unterflügel typisch sind (vgl. Sumpfohreule). Bevorzugt offene Agrarlandschaften mit kleinräumigen Feldern, Senken, Rainen, Schonungen und Feuchtflächen. Hauptsächlich nächtlich, aber manchmal auch am Tag zu sehen, besonders an Winternachmittagen.

Altvogel: Herzförmiges Gesicht und kleine schwarze Augen. Die goldbraune OS läßt aus der Nähe sanftgraue Tönung mit schwarzer und weißer Sprenkelung erkennen. Die west- und südwesteuropäische Unterart *alba* ist unterseits weiß. Vögel mit besonders hellen Handschwingen sind oft ♂ und solche mit ausgedehnter Fleckung auf der US ♀, aber eine Unterscheidung der Geschlechter nach Gefiedermerkmalen ist unzuverlässig.

Brüten in Baumhöhlen, Gebäuden, Nistkästen. Die Jungen wirken wie flaumige Altvögel und verraten den Nistplatz durch laut zischende und schnarrende Bettelrufe.

Jagdflug niedrig und zögernd – erinnert an Möwen, die dem Pflug folgen. Oft im Gleitflug mit hängenden Beinen. Stürzt sich fallend oder mit Kehrtwendung auf kleine Nager am Boden.

❏ Einzelgänger. ❏ Ausgedehntes Jagdrevier. Wartet, beobachtet und lauscht von niedrigem Ansitz nach Beute oder sucht Brachflächen im nachtfalterähnlichen Flug ab. ❏ Gewöhnlich stumm, aber durch Stimme unverkennbar: ein kurzes Kreischen, wenn im Flug überrascht, und geisterhafte Schreie bei Nacht. ❏ Die dunkelbrüstige Rasse *guttata* (in N- und O-Europa) streut bis England; Gesicht und Unterflügel weiß, aber OS dunkler und US kräftig rostgelb.

Status: Im Tiefland häufig, aber durch allgemeinen Rückgang teilweise selten geworden. Ganzjährig.

165

Schnee-Eule *Nyctea scandiaca* 53–66 cm

Weibchen/Jungvogel: Hauptsächlich weiß, kräftig braun gefleckt und gebändert. Junge ♀ sind besonders stark gebändert.

Männchen: Kleiner als ♀. Erscheint aus der Entfernung völlig weiß. Aus der Nähe sind kleine schwarze Flecken auf den Flügeldecken und an den Spitzen der Handschwingen erkennbar.

Status: Eine arktische Art, die gelegentlich in skandinavischen Gebirgen brütet. Wandert im Winter südlicher. In Mittel- und W-Europa seltener Gast.

❏ Riesige, teils tagaktive Eule der aktischen Tundren, Inseln und Küsten.
❏ Flug bussardähnlich, aber Vogel viel wuchtiger. ❏ Am Boden wie eine große weiße Katze mit stechenden, gelben Augen. ❏ In felsigem Gelände und Hochlandmooren, die sie bewohnt, schwer zu entdecken. ❏ Sitzt oft im Windschatten eines Grates, verraten nur durch die wiederholten Angriffe hassender Skuas, Möwen oder Krähen. ❏ Meist stumm. ❏ Ernährt sich vor allem von Lemmingen und Wühlmäusen.

Uhu *Bubo bubo* 60–75 cm

Viel größer als ein Bussard. Die langen, aufrichtbaren Ohrfedern und die glühend orangen Augen sind immer kennzeichnend – nur die Waldohreule sieht ähnlich aus, aber die Uhu ist etwa zehnmal so schwer. Ein an der Feldkante sitzender Uhu wirkt wie eine riesige Hauskatze.

Status: Vor allem in den Alpen und Mittelgebirgen. Durch Auswilderung auch in Städten und Steinbrüchen.

❏ Riesig. Größte europäische Eule, deren Fuß die Größe einer Männerhand hat. ❏ Brütet in vielfältigen Lebensräumen, von Steinbrüchen und gebüschreichen Hügeln bis zu Bergen und borealen Wäldern. ❏ Scheu; gewöhnlich nur in der Abenddämmerung zu bemerken, wenn er seinen Tagesrastplatz verläßt. ❏ Am stimmfreudigsten der Morgen- und Abenddämmerung, besonders im Spätwinter: ein mächtiges, tief dröhnendes »HUUU-o« (wie auf einer Flasche geblasen); wird alle 8–10 sec wiederholt und ist bis 5 km weit zu hören. ❏ Beute: Hasen, Enten, Birkhühner.

Sperbereule *Surnia ulula* 36–41 cm

Größe und allgemeine Erscheinung lassen weiblichen Sperber vermuten; man achte aber auf den größeren, typisch gezeichneten Kopf – der wie die Pelzmütze eines Trappers aussieht. Stechend gelbe Augen in einem weißen, kräftig schwarz umrahmtem Gesicht. Im übrigen hauptsächlich grau, mit sperberartiger Bänderung unterseits und auffällig hellen Flügeldecken.

Flug: Rasch und zielgerichtet wie Sperber oder wellenförmig wie Steinkauz, mit steilem Aufwärtsschwung vor der Landung auf einer Baumspitze.

Status: Zieht viel herum und ist schwer zu finden; im Winter gelegentlich invasionsartig in S-Skandinavien und Mitteleuropa, speziell wenn im Brutgebiet die Wühlmauspopulationen zusammenbrechen.

❏ Auffällig langschwänzige Eule, die in der borealen Taiga in Baumhöhlen nistet. ❏ Teilweise tagaktiv. ❏ Sitzt in lichtem Wald oder Heiden auffällig auf hohen Baumstümpfen, ohne Scheu vor dem Menschen. ❏ ♂ mit tönend-blubberndem Gesang, »hu hu hu uuuuuuuuuu« (kann sich wie entferntes Wummern der Bekassine anhören). ❏ Warnruf ein habicht-artiges »ki-ki-ki...« ❏ Wühlmäuse sind die fast ausschließliche Nahrung.

Rauhfußkauz *Aegolius funereus* 24–26 cm

Altvogel: Die hellen Flügeldecken und die gelben Augen im schwarz gerahmten, weißlichen Gesicht erinnern an Sperbereule. US jedoch gefleckt (nicht gebändert), Schwanz kürzer und völlig anderer Gesichtsausdruck, mit weit offenen Augen und erhobenen Augenbrauen.

Status: Im wesentlichen Standvogel, bei Nahrungsmangel aber auch ausgedehntere Wanderungen.

❏ Eine kleine, eckigköpfige Eule der nördlichen Taiga und der montanen Nadelwälder im Süden. ❏ Überwiegend nächtlich und daher öfter zu hören als zu sehen. ❏ Charakteristischer Gesang eine Serie hohler, manchmal vibrierender Pfeiftöne: »pu pu pu pu...«. Die Zahl der Töne je Serie ist variabel, von Januar bis April können die Strophen ständig wiederholt werden. Bis 2 km weit zu hören. ❏ Typischer Ruf ist ein schmatzendes »jiak« oder »zjuk«. ❏ Brütet in Schwarzspechthöhlen und Eulen-Nistkästen. ❏ Nahrung: kleine Nager.

Zwergohreule *Otus scops*   RL:R; 19–20 cm

Die einzige kleine Eule mit Federohren und zierlich gestreiftem Gefieder (ähnlich Baumrinde). Gesamtfärbung rostbräunlich oder grau, mit weißer Fleckenreihe auf den Schultern. Ohne die auffallenden Augenbrauen und den stechenden Blick des Steinkauzes.

Am ehesten zu sehen, wenn am Tagesschlafplatz in dicht belaubtem Baum oder Gebüsch überrascht; richtet sich dann auf, mit stehenden Ohren und halboffenen Augen in typischer »Kannst-mich-nicht-sehen«-Stellung.

Status: Nördlich ihres Brutgebietes selten; fehlt im gesamten Alpenbereich; überwintert in Afrika.

❏ Kleine, schlanke Eule mit Ohren. ❏ Brütet in lichten Waldungen, Obstgärten und Parks. ❏ Kommt neben Steinkauz vor und kann verwechselt werden, aber Zwergohreulen sind ausschließlich nachtaktiv. ❏ Der Gesang ist typisch für laue mediterrane Nächte: ein monotoner, melancholischer Pfiff (»wtjuuk«) alle 2–3 sec, der schwer zu orten ist. Das ♀ antwortet mit etwas höherem Pfiff. ❏ Ernährt sich von Insekten.

Sperlingskauz *Glaucidium passerinum*   16–17 cm

Schon an der Größe erkennbar. Ernster Ausdruck, gelbe Augen und graubraune, weiß gefleckte und gebänderte OS erinnern an kleinen Steinkauz. Aber Brust und Brustseiten sind braun gebändert, und die weiße US ist lockerer braun gestrichelt.

Status: Standvogel. Nicht besonders selten, aber leicht zu übersehen.

Schlägt viel mit dem länglichen, gebänderten Schwanz. Fliegt rasch ab, im Wellenflug mit schnellen Flügelschlagserien wie ein Fink.

❏ Winzige Eule von der Größe eines Kernbeißers. ❏ Bewohner alter Nadel- und Mischwälder in N-Europa und im mitteleuropäischen Bergland. ❏ Jagt tagsüber, meist abends und morgens, auf Nager und Vögel. ❏ Am besten abends (v.a. März/April) zu finden, wenn die ♂ besonders ruffreudig sind. ❏ Monotoner Gesang: eine rasche Folge gimpelähnlicher Pfiffe, 40–50mal pro Minute. ❏ Schwer zu lokalisieren, klingt oft wie aus niedriger Höhe, auch wenn der Vogel auf der Spitze einer hohen Fichte sitzt. ❏ Brütet in Spechthöhlen und Nistkästen.

Steinkauz *Athene noctua* RL:2; 21–23 cm

In NW-Europa die einzige kleine Eule, im Süden kommt die Zwergohreule, in Mitteleuropa kommen Rauhfuß- und Sperlingskauz dazu. Kaum größer als ein Star. Sitzt gewöhnlich morgens oder abends auf Telefonmast, Zaun, Scheunendach oder einem anderen hohen Ausguck. Der erste Eindruck ist unweigerlich der eines kauernden, graubraunen Klumpens mit einem oben deutlich abgeflachten Kopf. Aus der Nähe sind unter den markanten hellen Augenbrauen die glühendgelben Augen typisch.

Altvogel: Größe und finsterer Ausdruck sind kennzeichnend. OS graubraun, mit weißen Punkten auf dem Scheitel und kräftigen weißen Flecken auf Rücken und Flügeln. US weiß mit ausgedehnter schmutzig graubrauner Zeichnung. Man beachte die langen hellen Beine und den kurzen, graubraun und weiß gebänderten Schwanz.

Jungvogel: Unterscheidet sich von Altvögeln durch seinen ungefleckten, flaumiggrauen Scheitel (»Bürstenschnitt«), merklich bauschigere Flanken und verwaschenere Zeichnung unterseits.

Stumpfe, gerundete Flügel im gaukelnden Flug erkennbar.

Läßt sich bei Störung von seiner Warte nach vorne fallen und fliegt mit kräftigen Flügelschlagserien und kurzen Gleitflügen bei geschlossenen Schwingen rasch davon. Dieser spechtartige Wellenflug ist sehr charakteristisch. Wirkt oft erstaunlich groß.

Status: Im Tiefland meist häufig und verbreitet, jedoch vielerorts abnehmend und selten geworden. In England eingeführt.

❏ Tags und nachts aktiv.
❏ Hauptsächlich im Tiefland, wo er kleinbäuerliche Landschaften, Obstgärten, Hecken und Parks mit verstreuten alten Bäumen, Gebäuden, Ruinen und Steinwällen bevorzugt, wo er in Höhlungen ruht und brütet. ❏ Einzeln oder paarweise, oft fest an einen speziellen Ort gebunden. ❏ Streckt oder duckt sich, wenn man sich ihm nähert, und verschwindet dann im Efeu oder einer Höhlung. ❏ Ernährt sich von Würmer, Insekten, Mäusen und Kleinvögeln. ❏ Stürzt sich von der Warte auf die Beute und läuft manchmal am Boden. Kehrt dann zum gleichen oder einem nahen Ausguck zurück. ❏ Der monotone Gesang ist weit zu hören: ein weiches, gedehntes »kuuu-ik«, am Ende ansteigend (nicht unähnlich dem Ruf des Brachvogels). ❏ Andere Rufe hauptsächlich Variationen eine scharf kläffenden oder miauenden »kiau«.

Waldkauz Strix aluco   38 cm

Die häufigste Eule in W- und Mitteleuropa. Bewohnt Wälder, Parks, Friedhöfe und große Gärten (sogar in dicht besiedelten Gebieten), überall, wo es alte Bäume gibt. Strikt nächtlich und selten zu sehen, aber der laute, vibrierende Gesang, besonders von November bis März, ist allgemein bekannt: »PUUUH« (Pause von 1–4 sec) »pu hu'u'u'u'u'u'u«. Das ♀ antwortet scharf »keVICK«.

Altvogel: Kommt in rostbrauner oder grauer Färbung vor (manche mit Zwischentönen). Großer Kopf und weiche, lockere Flügel, die den kurzen Schwanz verdecken, geben ihm ein gedrungenes Aussehen. Von anderen Eulen durch sanfte dunkle Augen im grauen oder rotbraunen Gesicht unterschieden. Man beachte den breiten dunklen Streifen auf dem Scheitel und die weiße Schulterzeichnung. OS rotbraun, dunkler gebändert und gefleckt; US weißlich mit kräftiger dunkler Streifung. In Ruhestellung mit halb geschlossenen Augen und katzenartiger Haltung. Geschlechter gleich.

Brütet in Höhlen großer Laubbäume (oder in Nistkästen). Die flaumigen grauen Jungvögel verlassen das Nest im Mai und klettern ins nahe Geäst. Dunkle Augen, dichte, wellenförmige braune Bänderung und zischende »chii-ep«-Bettelrufe sind kennzeichnend.

Flug: Geräuschlos (wie alle Eulen); ziemlich rasch, auf breiten, gerundeten Flügeln. Fliegt selten weit.

Status: Weit verbreiteter Standvogel, auch in SO-Bayern.

❏ Das ganze Jahr über einzeln oder paarweise. ❏ Kaum tagsüber zu sehen, außer am Schlafplatz hoch in den Kronen von Laubbäumen, wo hassende Kleinvögel oft auf den Kauz aufmerksam machen. Darum achte man z.B. auf die Warnrufe der Amsel und auf Häher-Geschrei. ❏ Nachts betreibt er hauptsächlich Ansitzjagd auf Nager, Frösche, Würmer, Käfer, auf die er sich nach kurzem Gleitflug stürzt. Würgt unverdaubare Haare, Federn, Knochen usw. in größeren Gewöllen aus. ❏ Ruft hauptsächlich von November bis März (manchmal auch tags). ❏ Antwortet manchmal auf nachgeahmten Ruf (Blasen auf der hohlen Hand).

Habichtskauz *Strix uralensis* RL:R; 61 cm

Man kann ihn leicht an seinem cremeweißen Gesichtsschleier erkennen, wenn man ihn im Laubdach der Bäume entdeckt. Oder man wird auf ihn aufmerksam, wenn er als großer brauner Schatten durch die Baumwipfel verschwindet.

Mit seinen dunklen Augen und seinem hellen Gefieder gleicht er einem riesigen, verwaschenen Waldkauz. Der gelbe Schnabel fällt in dem sonst wenig gezeichneten Gesicht besonders auf. Die hellbraune Brust ist kräftig gestreift.

Flug: Bussardähnlich mit langem, gebänderten, keilförmigen Schwanz.

Status: Standvogel in östlichen Mittelgebirgen.

❏ Sehr groß. ❏ Bewohnt bergige Laubwälder in O-Europa sowie Misch- und Nadelwälder in Skandinavien. ❏ Ungewöhnlich aggressiv bei der Verteidigung seines Nestplatzes. ❏ Sehr wachsam; sein Aufenthalt wird oft durch das Warnen von Hähern und Amseln verraten. ❏ Nest meist in Baumhöhlen und Baumstümpfen; einige Populationen konnten durch große Nistkästen deutlich vermehrt werden. ❏ Ruf tief und kräftig: »WU hu« (4 sec Pause) »hu WUU hu«, ist das ganze Jahr über zu hören. ❏ Jagt Nager und Vögel.

Bartkauz *Strix nebulosa* 65–70 cm

Am Schlafplatz: Ein riesiges graues Tier mit einem unverwechselbaren Gesicht – mit konzentrischen Ringen, die den Jahresringen gefällter Bäume gleichen. Der durchdringende Blick der gelben Augen scheint hypnotisch. Die großen Flügel verdecken weitgehend den Schwanz (vgl. Habichtskauz).

Flug: Langsam, mit langen Gleitstrecken. Charakteristisch sind das flache Gesicht, die riesigen Flügel mit dem hellrotbraunen Fleck auf den Armschwingen und der lange Schwanz mit breiter dunkler Endbinde.

❏ Eine majestätische Eule alter borealer Wälder des nördlichen und östlichen Skandinaviens. Fehlt im übrigen Europa. ❏ Gewöhnlich abends und morgens zu sehen, Waldlichtungen, Waldheiden und Brandstellen. ❏ Sitzt auf Leitungsmasten an Straßen oder auf Buschspitzen und hält Ausschau nach Feldmäusen. ❏ Sieht so groß aus wie ein Uhu, wiegt aber nur halb so viel. ❏ Ohne Scheu. ❏ Der große graue Kopfe dreht und wendet sich leicht wie der Aufsatz eines Panzers. ❏ Brütet in gebrochenen Baumstümpfen und alten Habichtsnestern. ❏ Tiefer, dröhnender Gesang (wie 8–12 gedämpfte Schläge auf einem Trommelsynthesizer), erinnert an einen schweren, springenden Ball, der zur Ruhe kommt.

Waldohreule *Asio otus* 35–37 cm

Ähnlich dem sehr viel größeren Uhu, mit leuchtend orangen Augen und längeren Federohren, die in Ruhe nicht sichtbar sind. Am ehesten begegnet man ihr am Winterschlafplatz in dichten Nadelbäumen oder Weißdorndickichten; dort sammeln sie sich in lockeren Gruppen 2–4 m über dem Boden. Hervorragend getarnt; bleibt ruhig sitzen, wenn man sich vorsichtig nähert, aber verschwindet unauffällig, wenn gestört. Haltung mehr aufrecht als Sumpfohreule, im Flug sind die beiden jedoch leicht zu verwechseln.

Altvogel: Am Schlafplatz geduckt wie eine fette Katze, mit angelegten Ohren. Streckt sich bei Störung, richtet die Ohren auf und starrt einen an. Das satt gelbbraune Gesicht ist kennzeichnend, der Ausdruck ändert sich aber mit der Stimmung. OS hellbraun, gefleckt und gebändert. US sandfarben, mit gleichmäßigerer und kräftigerer Strichelung als Sumpfohreule.

Jungvogel: Flauschig. Die durchdringend orangen Augen im schwärzlichen Gesicht sind unverwechselbar.

Flug: Fliegt kaum tags, außer auf dem Zug oder abends beim Jungefüttern. Sucht den Grund im steifen, gaukelnden Flug ab, ähnlich Sumpfohreule, aber gleitet auf flacheren Flügeln. Von letzterer unterschieden durch (gewöhnlich) dunklere Erscheinung und Fehlen einer weißen Binde an der Hinterkante der Flügel und am Ende des feiner gebänderten Schwanzes. Die wichtigsten Merkmale sind die orangen Rundflecken auf den relativ dunklen Oberflügeln und die düstere Bänderung an der Spitze der hellen Unterflügel. Auf einen zufliegende Vögel zeigen manchmal weiße »Landelichter« an den Schultern.

Status: Dünn verteilter Standvogel im größten Teil des Gebietes; Junge wandern im Herbst meist ab; im Winter Zuzug von Populationen aus NO-Europa.

❏ Bewohnt Nadelwälder und Baumgruppen in offenen Landschaften. Jagt über Brachflächen, Anpflanzungen, Kahlschlägen, Gebüschheiden und am Rand von Mooren. ❏ Meist stumm. Gesang ein kurzes, tiefes, weitreichendes »uuh…« (wie wenn man kurz über eine Flasche bläst), im Abstand von 2–3 sec wiederholt. ❏ Die Jungen rufen (Mai bis Juli) monoton pfeifend »zieh-ii« oder »pii-e« – wie das Quietschen eines im Wind schaukelnden Wirtshausschildes.

172

Sumpfohreule *Asio flammeus*   RL: I; 34–42 cm

Tagaktive Eule, charakterisiert durch gelbe Augen, die aus dunklen Vertiefungen des kalkweißen Gesichtes leuchten. Hauptsächlich morgens und abends aktiv. Wirkt in schwankendem, weihenartigen Flug erstaunlich hell, die dunkle Flügelzeichnung unterscheidet sie aber immer von der geisterhafter wirkenden Schleiereule. Sitzt gewöhnlich auf Pfosten oder am Boden. Bei Störung fliegt sie mit typisch »vorwurfsvollem« Blick über die Schulter ab.

Altvogel: »Ohren« wenig bis gar nicht auffällig. OS heller braun als Waldohreule und gröber dunkelbraun und weiß gefleckt. US ebenfalls heller; man beachte, daß die massive Strichelung fast nur auf die obere Brust beschränkt ist (heller Bauch kaum gezeichnet).

Jungvogel: Dunkles Gesicht ähnlich junger Waldohreule, doch durch gelbe Augen unterschieden.

Flug: Fliegt mit langsamen, steifen Schlägen der langen Flügel, wie durch die Luft rudernd. Während des häufigen Kurvens und Gleitens werden die Flügel V-förmig hochgehalten (vgl. Waldohreule). Von letzterer durch weißeren Bauch und Unterflügel unterschieden, Handschwingen wie in Tinte getaucht. Der deutlicher gebänderte, keilförmige Schwanz endet hell; der schmale weiße Flügelhinterrand und die helleren, gelblichen Flecken am Ansatz der Handschwingen kontrastieren mit dem auffälligen Handwurzelfleck.

Status: Seltener, teilweise unregelmäßiger Brutvogel, v.a. im N; an der Küste auch Wintergast.

❏ Brütet am Boden in offener Landschaft, speziell in Heide und Moor, auf Kahlschlägen und in feuchten Niederungen. ❏ Im Winter weite Nahrungsflüge über Salzwiesen, Dünen und Heiden. ❏ Rastet am Boden, oft in kleinen Gruppen. An beutereichen Stellen oft Ansammlungen; Beute besteht aus Nagern und Vögeln. ❏ Gewöhnlich stumm. Gesang ein wiederholtes, hohles »buh-buh-buh...« (wie entfernte Schimpansen!), üblicherweise in hohem, kreisenden Balzflug, wobei das ♂ die Flügel rasch unterm Körper zusammenschlägt und sich fallen läßt.

Mauersegler *Apus apus* 16–17 cm

Dunkler, sichelflügliger, ausschließlich von Fluginsekten lebender Vogel, der in typischer Weise in schreienden Gruppen um Gebäude jagt. Fliegt niedrig v. a. morgens und abends und bei schlechtem Wetter. Verbringt tatsächlich das gesamte Leben (einschließlich Schlafen und Begattung) in der Luft, landet nur um zu brüten. Größer als Schwalbe; sitzt nie wie diese auf Drähten, am Boden oder auf Zweigen.

Altvogel: Einheitlich schwärzlich-braun, nur mit hellerer Kehle. Die sehr langen, schmalen, zurückgebogenen Flügel und der dicke, zigarrenförmige Körper lassen ihn größer erscheinen als er ist. Der deutlich gegabelte Schwanz (ohne die Schwanzspieße der Rauchschwalbe) wird oft geschlossen gehalten. Schnabel winzig. Geschlechter gleich; die ähnlichen Jungvögel haben schmale helle Federränder.

Status: Sehr häufiger und weit verbreiteter Brutvogel der Städte und Dörfer; von Ende Apr./Anfang Mai bis August.

Brütet in Kolonien unter Dachziegeln, seltener in Höhlen oder Baumlöchern. Verschwindet mit halsbrecherischer Geschwindigkeit im Nest, daher selten davor zu sehen, wenn er sich mit seinen winzigen Füßen anklammert (ungewöhnlicherweise sind alle vier Zehen nach vorn gerichtet).

❏ Brütet gemeinhin im Siedlungsbereich, fliegt aber riesige Strecken zur Nahrungssuche. ❏ Üblicherweise in kleinen Gruppen zu 10–100, im Frühjahr und Herbst auf dem Zug aber oft in großen Schwärmen, speziell über Wasserflächen. ❏ Fliegt entweder sehr schnell mit kleinen Flügelschlägen oder langsam mit eingeschobenen Gleitstrecken auf steif ausgestreckten oder leicht abwärts gebogenen Flügeln. Fliegt wendig und oft mit ausgebreitetem Schwanz bei der Jagd auf Insekten, die mit dem weit aufgerissenen Schnabel gefangen werden. ❏ Schriller, durchdringender Ruf, »srieh«, typisch für warme Sommerabende.

Alpensegler Apus melba RL:2; 20–22 cm

Aus der Entfernung ganz dunkel wirkend, aus der Nähe ist der helle Bauch aber auch bei fliegenden Vögeln gut zu erkennen. (Nicht zu verwechseln mit gelegentlich auftretenden teilalbinotischen Mauerseglern.)

Europas größter Segler mit einer Spannweite von 60 cm. Größe aber in der Luft schwer abzuschätzen; Flugbild kann mit Baumfalke verwechselt werden.

Status: Brutvogel in S-Europa (bis Oberrheintal), überwintert im tropischen Afrika.

Das Aussehen erinnert an große Uferschwalbe: Bauch und Kehle weiß, getrennt durch braunes Brustband. Das Weiß der Kehle ist oft wenig deutlich; im Gegensatz zur Uferschwalbe ist der Hinterbauch dunkel.

❏ Flügelschläge merklich langsamer als beim Mauersegler, Flug jedoch eher noch kraftvoller, reißender. ❏ Lokal häufig in Gebirgen oder Städten. ❏ Brütet in geräuschvollen Kolonien in Felswänden, an hohen Gebäuden und Brücken. ❏ Der rasche, vibrierende Ruf erinnert eher an Zwergtaucher als an Mauersegler; meist am Nistplatz zu hören, auch in Gruppen. ❏ Fliegt enorme Strecken zur Nahrungssuche.

Fahlsegler Apus pallidus 16–17 cm

Nahezu identisch mit Mauersegler, mit dem er sich auch kreuzt; jedoch etwas breitköpfiger und mit minimal stumpferen Flügelspitzen und Schwanzecken.

Bei gutem Licht und gegen dunklen Hintergrund wirken Schwungfedern und Bürzel heller und brauner als beim Mauersegler (Farbe von Uferschwalben). Diese hellere Färbung nimmt aber je nach Beleuchtung zu oder ab, so daß sie ein fragwürdiges Merkmal ist.

Status: Lokaler Brutvogel des südlichen Mittelmeers (Apr.–Nov.). Überwintert im tropischen Afrika.

US brauner als Mauersegler, die helleren Schwungfedern heben sich deutlicher gegen den dunkleren Vorderflügel und die äußeren Handschwingen ab. Weißliche Stirn und Kehle ausgedehnter als Mauersegler, getrennt durch dunkle Augenbinde. Bei guter Sicht ist auch die deutlichere helle Schuppung am Bauch erkennbar.

❏ Brütet in S-Europa, aber nur wenige Kolonien weiter vom Mittelmeer entfernt (dann leicht zu übersehen, wie kürzlich entdeckte Kolonien in der Schweiz). ❏ Nistet in Felswänden und Gebäuden. ❏ Stimme wie Mauersegler, aber etwas langsamer und voller (erinnert an Pfeifente).

175

Ziegenmelker *Caprimulgus europaeus* RL:2; 25–28 cm

Geheimnisvoller, bodenbrütender Vogel trockener Tieflandheiden, junger Nadelholzpflanzungen und Kahlschläge, öfter gehört als gesehen. Nächtlich lebend, fliegt selten vor Einbruch der Dunkelheit vom Tagesrastplatz ab; dann beginnt auch das unheimliche Schnurren des ♂.

Altvogel: Größe einer Misteldrossel, wirkt aber durch lange Flügel und langen Schwanz viel größer. Beide Geschlechter mit bemerkenswert tarnendem, »grobrindigen« Gefieder mit Grau, Braun und Ocker, was fast perfekten Schutz am Tagesrastplatz am Boden oder entlang eines Astes bietet. Selten in ausreichendem Tageslicht, um die Feinheiten der Gefiederzeichnung zu sehen; in der Dämmerung sind beim sitzenden Vogel oft nur die hellen »Lichter« an Schultern, Kehle und unterm Auge zu sehen. Schnabel und Füße winzig.

Männchen: Mit reinweißen Flecken an den Flügelspitzen und Schwanzecken; sie fehlen dem ♀.

Flug: Fliegt weich und lautlos, dabei rasch, mit steifen, ruckartigen Schlägen oder im Gleitflug mit zu flachem V erhobenen Flügeln. Flugbild bemerkenswert falkenähnlich, aber Flug typisch durch plötzliche Wendungen, kurzen Rüttelflug und vereinzelte fledermausartige Bewegungen, meist zwischen Boden und Baumgipfelhöhe.

Status: Lückenhaft verbreiteter Brutvogel des Tieflandes (teilweise abnehmend); seltener Sommergast.

❏ Man lausche an warmen, windstillen Abenden von Mai bis Aug. auf das weithin hörbare Schnurren: »rrrrrurrrrrurrrrrurrr...«. ❏ Den singenden Vogel wird man am ehesten auf einem Busch oder toten Ast entdecken. ❏ Schnurren fällt und steigt in Tonhöhe; kann viele Minuten andauern und bricht plötzlich mit einem gurgelnd-tropfenden Geräusch ab – als hätte man unversehens den Strom abgeschaltet. ❏ ♂ führt Balzflug mit Flügelschlagen aus. ❏ Beide Geschlechter äußern ein flüssiges »gu-ick« im Flug, während sie mit ihrem enorm aufgesperrten Rachen Jagd auf Nachtfalter und andere Nachtinsekten machen.
❏ Neugierig; kann durch ein Taschentuch angelockt werden, das man an einem langen Stock schwenkt.

Eisvogel *Alcedo atthis* RL: 3; 16–17 cm

Unverwechselbares Juwel ruhender oder langsam fließender Binnengewässer. Im Schatten kann das leuchtende Gefieder erstaunlich dunkel wirken. Langer, dolchartiger Schnabel, großer Kopf und kurzer Schwanz sind kennzeichnend; oft erhascht man aber nur einen kurzen Blick, wenn der Vogel vorbeisaust. Geschlechter ähnlich, Jungvögel matter.

Männchen: OS brillant türkisblau, US orangerot, mit auffallend weißem Kinn- und Nackenfleck. Winzige korallenrote Beine. Schnabel ganz schwarz.

Weibchen: Wie ♂, aber Unterschnabel ausgedehnt rot. Brütet in von beiden Partnern gegrabener Höhle im Steilufer von Flüssen.

Stoßtaucht nach Fischen von Warte oder aus dem Rüttelflug. Kehrt zum gleichen Ansitz zurück oder versucht es anderswo.

Meist sausen die Vögel auf schwirrenden Flügeln dicht überm Wasser vorbei. Der leuchtend »metallisch-blaue« Glanz auf dem Rücken ist das beste Merkmal.

Status: Seltener, stellenweise häufigerer, weit verbreiteter Brutvogel des Tieflandes; starke Bestandsschwankungen. Fehlt fast in ganz Skandinavien.

An Seen, in Kiesgruben, an Flüssen und Bächen mit überhängenden Ästen; im Winter manchmal an der Küste. ❏ Ruckt nervös mit dem Kopf und zuckt mit dem Schwanz, bevor er abfliegt. Folgt gewöhnlich dem Ufer von Flüssen, schlägt aber oft einen weiten Bogen über offenes Wasser, bevor er abrupt auf einer Sitzwarte landet. Überrascht manchmal durch Flüge über Land (sogar zwischen Bäumen). ❏ Sitzt offen auf Booten oder Pfählen, »verschwindet« aber leicht im fleckigen Schatten unter Bäumen. Man suche entsprechende Ufer nach Sitzwarten in 1–5 m Höhe ab. Man achte auf den verräterischen weißen Nackenfleck; manchmal sieht man den Vogel leichter als Spiegelbild im Wasser. ❏ Einzelgänger. Rivalen begegnen sich mit wütenden Pfiffen. ❏ Scheu und häufiger zu hören als zu sehen. Sehr charakteristischer Ruf, ein durchdringend schriller Pfiff »psii« oder »tsi-ki«, weittragend und den Vogel ankündigend.

Bienenfresser *Merops apiaster* RL:2; 28 cm

Flug: Man beachte die verlängerten mittleren Schwanzfedern der Altvögel sowie die dunkle Begrenzung der hell kastanienbraunen Unterflügel im Flug.

Status: Im Mittelmeergebiet häufiger Brutvogel, in Mittel und W-Europa nur einzelne Brutkolonien sowie Sommergast von Mai bis Anfang Sept.

Altvogel: Die Farbenvielfalt ist einmalig unter europäischen Vögeln. Man beachte den kastanienbraunen Rücken mit goldenen Schultern.

❏ Aufsehenerregend bunter Vogel, den jeder Vogelfreund in S-Europa zu finden hofft. ❏ Jungvögel sind matter gefärbt, mit grünem Rücken und Flügel und ohne Schwanzspieße. ❏ Brütet in kleinen Kolonien in offenen Landschaften, gräbt selbst Brutröhren in sandige Steilwände. ❏ Offener Ansitz auf Leitungen, Zäunen und toten Ästen. ❏ Jagt Bienen, Wespen und andere Fluginsekten in äußerst elegantem Bogen- und Segelflug. ❏ Wandert in Trupps (oft in unerkennbarer Höhe), wobei sich die Vögel durch ihre sehr typischen Rufe verraten, ein flüssiges »quilp, quilp« oder rollendes »schrrrück«, wohltönend und weitreichend.

Blauracke *Coracias garrulus* RL: 1; 32 cm

Altvogel: Von krähenähnlicher Gestalt, mit gedrungendem schwarzen Schnabel. Aber Gefieder hauptsächlich blau, mit hell kastanienbraunem Rücken. Jungvogel matter, mit weißlichem Gesicht und gestreifter Brust.

Flug: Noch farbiger wirkend, mit purpurfarbenem Bürzel und neonblauen Flecken im Flügel.

Status: Von Apr. bis Sept. sehr seltener Gast in Mittel- und W-Europa; früher hier Brutvogel.

❏ Farbenfroher Brutvogel des Mittelmeergebietes. ❏ Bevorzugt licht bewaldetes, offenes Land; brütet in Baumhöhlen und Ruinen. ❏ Gewöhnlich auf Telefonmasten oder Leitungsdrähten zu sehen. ❏ Läßt sich wiederholt zu Boden gleiten, um große Insekten und Eidechsen zu fangen. ❏ Aus der Nähe unverkennbar, aber aus der Ferne oft dunkel wirkend, besonders im Flug, wenn man sie sehr leicht mit Dohlen verwechseln kann. ❏ Im Frühjahr werden stürzende Balzflüge vollführt, begleitet von einem rauhen, krächzenden »rack-ack ...«; manchmal in Serien wie kurze Stöße eines Maschinengewehrs.

Wiedehopf *Upupa epops* RL: I; 26–28 cm

Etwa die Größe einer Drossel. Kräftig geflecktes und zimtrosa gefärbtes Gefieder, stattliche Haube und gebogener Schnabel sind unverkennbare Merkmale. Geschlechter gleich. Die Haube wird bei Landung und Erregung kurz aufgestellt.

Flatternd hüpfender Flug auf schwarz-weißen Flügeln.

❏ Brutvogel hauptsächlich in SO-Europa. Brütet in offenem Waldland, Plantagen und an Ortsrändern mit einer Mischung aus Wiesen, Baumgruppen und Gärten. ❏ Ein seltener, aber regelmäßiger Frühjahrs- und Herbstdurchzügler, vor allem in Dünen und Weiden der Küste. ❏ Ansitz auf Bäumen, Gebäuden und Drähten, aber Nahrungsaufnahme am Boden. ❏ Typischer, weitreichender Gesang ein hohl klingendes »puh-puh-puh«. ❏ Auf dem Zug meist Einzelgänger. ❏ Überwintert hauptsächlich in Afrika.

Halsbandsittich *Psittacula krameri* 38–42 cm

Hellgrüner Sittich mit korallenrotem, gebogenen Schnabel, düsteren Schwungfedern und langem, schlanken, blaugrünen Schwanz.

Männchen: Mit schwarzem Halsband, dünnem rosarotem Kragen und bläulichem Nacken.

Weibchen: Nur mit schwachem smaragdfarbenem Kragen. Jungvögel wie ♀, aber mit gelberen Schwungfedern.

Flug: Sehr schnell, mit flachen Schlägen der schmalen, spitzen Flügel. Neigt zu willkürlichen Schwenks und plötzlichen Sturzflügen.

Einige 1000 verwilderte Vögel.

❏ Der aus Indien stammende Vogel verwilderte aus Liebhaberhaltung. Vor allem in SO-England und Holland zahlreiche Brutpaare. ❏ Hauptsächlich in Städten, Parks und Gärten, oft am Futterhaus. ❏ Einzeln oder in kleinen Gruppen. ❏ Sehr geräuschvoll; laut kreischend »kii-ak, kii-ak«.

Wendehals *Jynx torquilla* RL:2; 16–17 cm

Erinnert oft an eine große Grasmücke. Schlanker und wendiger brauner Verwandter der Spechte, aber mit typischer einer Nachtschwalbe ähnlichen Färbung und fein gebändertem Rücken. Nicht scheu, aber unauffällig, was die Beobachtung erschwert. Der Name bezieht sich auf die Gewohnheit, den Kopf in merkwürdige Stellungen zu drehen und zu wenden.

Altvögel und **Jungvögel** haben gleichermaßen eine bräunlichweiße, fein gebänderte US. Ein kräftiger dunkler Streifen, der vom Nacken über den Rücken verläuft, ist das auffallendste Merkmal; er erscheint wie eine Schlange, wenn sich der Vogel bewegt. Die grauen Hals- und Mantelseiten bilden deutliche helle Bänder, besonders von hinten.

Flug: Wirkt ziemlich groß und langschwänzig im weichen Wellenflug. Dann leicht zu verwechseln mit ähnlich großer junger Sperbergrasmücke oder jungem Neuntöter (alle drei Arten können auf dem Herbstzug zusammen auftreten, besonders an der Nordseeküste).

Kopf: Man beachte den kurzen, spitzen Schnabel. Die Scheitelfedern werden bei Erregung gewöhnlich gesträubt.

Status: Vielerorts sehr selten gewordener Brutvogel von Apr. bis Okt.; auch auf dem Zug nur noch selten. Überwintert im tropischen Afrika.

Nahrungsuche hauptsächlich am Boden, wo er mit langer Zunge nach Ameisen sucht. Hüpft ungelenk mit erhobenem Schwanz.

❏ Brütet in Baumhöhlen, Mauern und Nistkästen, in lichten Wäldern, Obstgärten, Parks und Gärten. ❏ Der weitreichende Gesang ist im Frühjahr gewöhnlich der erste Hinweis auf seine Gegenwart, er besteht aus etwa einem Dutzend hoher Töne: »wähd-wähd-wähd…« oder »kju-kju-kju…«; klingt ähnlich wie Kleinspecht oder Baumfalke, aber mit merkwürdig »fernem« Klang. Vielleicht entdeckt man ihn in den obersten Ästen großer Bäume. ❏ Sitzt auch an Bäumen, aber bewegt sich nicht in typischer Spechtart. ❏ Durchzügler sind einzeln und stumm, was ihre Entdeckung doppelt erschwert.

Kleinspecht *Dendropos minor* 15 cm

Ein spatzengroßer Specht alter Laub- und Mischwälder, Parks und Baumreihen sowie in Ufergehölzen aus Weiden und Erlen. Die Kombination von leiterförmig gezeichnetem Rücken und dem Fehlen jeglichen Rots der US unterscheidet ihn von allen übrigen europäischen Spechten.

Männchen: Winzige Größe, roter Scheitel und ganz cremeweiße US (außer einigen Streifen an den Flanken) sind kennzeichnend unter den »bunten« Spechten. Im Gegensatz zum häufigeren Buntspecht ist das schwarze Band über der weißen Wange nicht mit dem Schwarz des Nackens verbunden.

Weibchen: Ohne Rot am Kopf. Stattdessen gelbliche Stirn (weniger ausgedehnt als männliche Kappe).

Jungvogel: Ähnelt ♀, aber matter und unterseits mehr gepunktet und gestreift. Rote Flecken am Scheitel lassen junge ♂ erkennen.

Flug: Wellenflug weniger übertrieben, weniger hüpfend als andere Spechte. Ohne die auffälligen weißen Schulterflecken anderer »Bunt-«Spechte.

Status: Vielfach selten gewordener Brutvogel des Tieflandes. Hat sehr unter dem Ulmensterben gelitten.

❏ Kleinster und mit einer der verstecktesten Spechte Europas. ❏ Hält sich hauptsächlich in Baumwipfeln auf, wo man ihn leicht übersieht, wenn er stumm, aber akrobatisch in den obersten Ästen herumturnt. ❏ Am besten sucht man sie im Febr. bis Apr., wenn die Vögel am ruffreudigsten sind und das Laub der Bäume noch nicht dicht ist. Im Winter oft zusammen mit Meisen und Kleibern. ❏ Kündigt sich an durch typischen hohen, aber ziemlich schwachen Ruf: »pi-pi-pi-pi...« oder durch sein häufiges Trommeln (beider Geschlechter). ❏ Trommelt länger (1–1,5 sec), aber leiser, mit etwas metallischer, klappernder Tönung als der Buntspecht (dieser mit kräftigem Maschinengewehr-Trommeln). Oft nur kurze Pause vor dem nächsten Wirbel. ❏ Der »tschik«-Ruf ähnelt dem des Buntspechts, ist aber stets zarter.

181

Grauspecht *Picus canus* 25–26cm

Im Flug dem Grünspecht ähnlich, etwas kleiner und gedrungener, mit matter gefärbtem, weniger kontrastreichem gelben Bürzel.

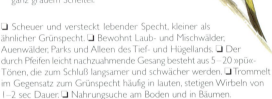

Status: Nicht häufig, aber verbreitet; nach W und S abnehmend.

Männchen: Gesicht und US grau, Zeichnung auf schmalen schwarzen Zügel und Bartstreif sowie rosarotes Schildchen auf Vorderscheitel beschränkt. Auge hellbraun. ♀ mit ganz grauem Scheitel.

❏ Scheuer und versteckt lebender Specht, kleiner als ähnlicher Grünspecht. ❏ Bewohnt Laub- und Mischwälder, Auenwälder, Parks und Alleen des Tief- und Hügellands. ❏ Der durch Pfeifen leicht nachzuahmende Gesang besteht aus 5–20 »pü«-Tönen, die zum Schluß langsamer und schwächer werden. ❏ Trommelt im Gegensatz zum Grünspecht häufig in lauten, stetigen Wirbeln von 1–2 sec Dauer. ❏ Nahrungsuche am Boden und in Bäumen.

Schwarzspecht *Dryocopus martius* 45–47cm

Männchen: Völlig schwarz bis auf weißes Auge, hellen Schnabel und roten Scheitel.

Flug: Deutlich gebogener Nakken; weicher, häherartiger Flug. Heller Schnabel oft sehr auffällig. Landet im steilen Aufwärtsflug am Baum.

Weibchen: Rot beschränkt auf Hinterkopf.

Status: Mäßig häufiger Standvogel, auch in SO-Bayern.

❏ Größter Specht (krähengroß). ❏ In alten Wäldern einigermaßen häufig, benötigt jedoch großes Revier. ❏ Flügelgeräusch deutlich vernehmbar. ❏ Landet oft hoch am Stamm und ist dann schwer zu sehen. ❏ Übernachtet im Winter oft in alter Nisthöhle mit großem, ovalen Einflugsloch. ❏ Zu den lauten, weitreichenden Rufen gehört ein durchdringendes »kli-ah« im Sitzen und ein kehliges »krüh, krüh...« im Flug. Gesang ein wildes Lachen »kly, kly, kly...«, ähnlich wie Grünspecht. ❏ Kräftige Trommelwirbel von 2–3 sec Dauer.

Grünspecht *Picus viridis* 31–33 cm

Großer grüner Specht von der Größe einer Dohle. Die »irren« weißen Augen der Altvögel, ihr karminroter Scheitel und ihr schwarzes Gesicht sind einmalig. Hat den steifen, spießförmigen Schwanz, den kräftigen Dolchschnabel und die lange Zunge der meisten Spechte, trommelt aber kaum.

Männchen: OS moosgrün; US heller und grauer. Man achte auf roten Bartstreif im schwarzen Gesicht – wie eine Rasierwunde.

Weibchen: Ohne roten Bartstreif.

Jungvogel: Unverkennbar, aber als ungewöhnliche Erscheinung oft verwirrend. Die Kombination von rötlichem Scheitel, zahlreichen hellen Punkten auf grünlicher OS sowie einer Vielzahl dunkler Streifen und Bänder auf Gesicht und weißlicher US sind kennzeichnend. Fleckiger roter Bartstreif bei jungen ♂.

Störanfällig, fliegt ab mit einem Schwall von klingenden Rufen: »kju-kju-kju...«. Leuchtend gelber Bürzel und gebänderte Schwungfedern sind in allen Kleidern zuverlässige Kennzeichen. Schwerer Wellenflug mit kurzen, geräuschvollen Flügelschlagserien im Wechsel mit Gleitstrecken bei geschlossenen Flügeln. Flüchtet in den Schutz von Bäumen, wo er sich gerne hinterm Stamm versteckt.

Status: Häufig und weit verbreitet, meist Standvogel. Stellenweise Abnahme. Fehlt in Irland sowie in Teilen der Alpen und im Bayerischen Wald.

❏ Wachsamer Vogel von Laub- und Mischwäldern, Heiden, Parks und offener Landschaften; auch an Küsten, weit entfernt von jeglicher Deckung. ❏ Lautes, klingendes »Lachen«: »kly-kly-kly...« (bis 20 mal) verrät den Vogel unweigerlich. Singt oft von bevorzugten »Gesangsstellen«, etwa von toten Wipfeln, die über das Walddach ragen. ❏ Sucht seine Nahrung (Ameisen) bevorzugt am Boden, stochert kraftvoll und blickt zwischendurch umher. Hüpft mit mächtigen Sprüngen und schleppendem Schwanz. ❏ Klettert in Spiralen und ruckartigen Bewegungen Stämme hinauf.

183

Buntspecht Dendrocopos major   22–23 cm

Der häufigste der 10 europäischen Spechte. Größe einer Drossel, aber mit auffallend farbigem Gefieder, kräftigem Schnabel und von erregbarer, aggressiver Art. Der durchgehende schwarze Streif vom Schnabel zum Nacken ist ein wichtiges Kennzeichen. Das rote Hinterteil hat er gemeinsam mit Mittel-, Blut- und Weißrückenspecht.

Männchen: Man beachte glänzend schwarzen Scheitel und OS; Bauch, Nackenfleck und Wangen weiß sowie zwei weiße Flecken auf dem Rücken. Das Rot des Kopfes ist auf einen kleinen Fleck am Hinterkopf beschränkt.

Weibchen: Ohne Rot am Kopf.

Jungvogel: Matter und »strubbeliger« als Altvogel, mit ganz rotem Scheitel und rosa Hinterteil.

Kräftig gestreifte Unterflügel mit weißen Unterarmdecken.

Flug: Tief wellenförmiger Spechtflug. Kurze Flügelschlagserien wechseln ab mit kurzem Gleiten bei völlig geschlossenen Flügeln.

Status: Weit verbreiteter Brutvogel. Einzelgänger und gewöhnlich Standvogel, gelegentlich aber Invasionen der skandinavischen Nominatform bis zu den Alpen und nach England.

❏ Häufig in Wäldern, Parks und Gärten. ❏ Geräuschvolles Klopfen macht auf den nahrungsuchenden Vogel aufmerksam. Am leichtesten entdeckt man ihn aber durch seinen explosiven Ruf: ein lautes, kurzes »tschick«, das häufig im Flug oder aus hohem Geäst zu vernehmen ist. ❏ Klettert mühelos mit ruckartigem Hüpfen die Stämme hoch, wobei der steife Schwanz gegen die Unterlage gestemmt wird. Gelegentlich klettert er auch in gleicher Weise abwärts (was sonst nur Kleiber können). ❏ Trommelt häufig, vor allem von Jan. bis Juli, wobei beide Geschlechter ihren Schnabel auf totem Holz vibrieren lassen, um den bekannten schnellen, hohl klingenden und weittragenden Wirbel zu erzeugen. Der Trommelwirbel ist lauter und kürzer als der des Kleinspechts, er dauert nur $1/2$ sec, wird aber 8–10 mal pro Minute wiederholt. Hört sich aus der Ferne wie ein knarrender Baum an. ❏ Im Frühjahr zieht hartes, erregtes Geschnatter die Aufmerksamkeit auf Balzjagden in den Baumwipfeln. ❏ Im Winter auch am Futterhaus.

Blutspecht *Dendrocopos syriacus* 22–23 cm

Weibchen: Wie ♂, aber Nacken ganz schwarz. (Junge haben roten Scheitel; sehr ähnlich dem Buntspecht, dem manchmal der schwarze Wangenstreif fehlt.)

Männchen: Auf den ersten Blick leicht mit Buntspecht zu verwechseln. Am besten durch weißeres Gesicht zu unterscheiden (schwarzer Bartstreif ist nicht mit Nacken verbunden), durch größeren roten Nackenfleck, wenig Weiß im schwarzen Schwanz und heller rosa gefärbtes Hinterteil. Bei manchen sind die Flanken leicht gestrichelt.

Status: Südöstliche Art, die stetig nach Westen vordringt (bis Österreich und Polen). Standvogel.

❏ Seit 1949 von SO-Europa einwandernde Art. ❏ Kommt neben dem sehr ähnlichen Buntspecht vor, bevorzugt aber das Tiefland und hier v. a. Statdparks, Dörfer, Obst- und Weingärten mehr als Wälder. ❏ Fällt oft durch seinen Ruf auf, der anfangs an das »tschick« des Buntspechts erinnert, aber deutlich weicher, weniger expolisiv klingt, wie djük« (wie tropfender Wasserhahn). ❏ Trommelwirbel gewöhnlich länger als der des Buntspechts.

Mittelspecht *Dendrocopos medius* RL:V; 20–22 cm

Altvogel: Die weißen ovalen Flecken auf dem Rücken geben Anlaß zu Verwechslungen mit Bunt- und Blutspecht, deren Jungvögel eine rote Kappe wie der Mittelspecht tragen. Am besten zu unterscheiden durch sein zartrosa Hinterteil, durch das helle Gesicht mit dem isolierten Wangenfleck (reicht nicht bis zum Schnabel) und deutliche Streifung der weißlichen US. Geschlechter ähnlich, Jungvögel matter.

Status: Abnehmender Standvogel. Inselartig verbreitet, lokal recht häufig.

❏ Der hübscheste unter den »bunten« Spechten. ❏ Lebt in alten Laubwäldern, besonders Eichenwäldern, aber auch in baumreichen Vororten und Parks. ❏ Ständig in Bewegung. ❏ Die typische Stimme verrät seine Anwesenheit, aber da er viel Zeit damit verbringt, stumm in der Wipfelregion nach Nahrung zu suchen, wird er leicht übersehen. ❏ Ruf mehr schnatternd als andere Spechte: »kyk-kyk-kyk…«. ❏ Trommelt selten, läßt im Frühjahr dafür aber seine quäkende Stimme hören: »kwäh, kwäh, kwäh…«, klingt greifvogelartig.

Weißrückenspecht *Dendrocopos leucotos* RL:R; 24–26 cm

Weibchen: Ohne Rot am Kopf.

Männchen: Der einzige Specht, bei dem ein ganz roter Scheitel mit einem Leitermuster auf dem Rücken kombiniert ist (ohne die auffälligen weißen Ovale von Blut-, Bunt- und Mittelspecht). Gestrichelte US mit rosa Anflug und rosa Hinterteil. Man beachte den nicht mit dem Nacken verbundenen Wangenstreif. Schnabel erscheint ungewöhnlich lang.

Status: Seltener und abnehmender Standvogel (in vielen Gebieten ausgerottet durch das Fällen alter Bäume). Heute beschränkt auf den N und O Europas.

❏ Größter, stillster und verstecktester der »bunten« Spechte, besonders nach der Brutzeit (Apr.–Mai). ❏ Auf alte (Berg-)Wälder beschränkt, v.a. solche mit Buche und Birke. ❏ Der weiße Rücken ist im Sitzen selten zu sehen – und bei der Pyrenäen-Rasse (*lilfordi*) überwiegend schwärzlich. ❏ Nahrungssuche vom Boden bis in die Wipfel, doch verrät oft nur leises Klopfen seine Anwesenheit. ❏ Ruf schwächer als der des Buntspechts, ein weiches, amselartiges »kjuk«. Trommelwirbel jedoch lauter und länger (2 sec); am Ende rascher, aber leiser werdend.

Dreizehenspecht *Picoides tridactylus* RL:R; 21–22 cm

Altvogel: Unterscheidet sich von allen anderen Spechten durch sein schwarz-weiß gestreiftes Gesicht und weitgehend schwarze Flügel, mit einem langen weißen Fleck auf dem Rücken (auffälliger als beim größeren Weißrückenspecht). US weiß, mit schwarzer Bänderung an den Flanken. Der Scheitel des ♂ ist golden gesprenkelt. (Die Rasse *alpinus* in Mitteleuropa ist dunkler.)

Status: Standvogel, am zahlreichsten in N-Europa.

Weibchen: Schwarzer, weiß (nicht gelb) gesprenkelter Scheitel.

❏ Unauffälliger Specht der skandinavischen Taiga sowie lokal in montanen Fichtenwäldern Mittel- und Osteuropas. ❏ Oft an abgebrannten oder abgestorbenen Waldstellen. ❏ Zutraulich, aber ziemlich stumm und schwer zu finden. ❏ Sucht bedächtig im unteren Bereich der Stämme nach Nahrung. ❏ Maschinengewehrartige Trommelsalven, länger und langsamer als beim Buntspecht. ❏ Ruf ein weiches »ptük«. ❏ Der deizehige Fuß ist einmalig unter europäischen Spechten.

Ohrenlerche *Eremophila alpestris* 16–17 cm

Am ehesten trifft man diese Lerche im Winter an den Küsten der Nordsee. Sie bevorzugt Dünen, Spülsäume, Salzwiesen und Brachflächen, sucht am Boden nach Nahrung, oft zusammen mit anderen Lerchen, Finken und besonders Schneeammern. Meist schwer zu entdecken – in der Regel erst, wenn man sie unabsichtlich aufscheucht. Im Flug sind Schwanz und Stimme die besten Kennzeichen. Am Boden ist das schwarz-hell gezeichnete Gesicht unverkennbar.

Männchen im Winter: Ohne die typischen »Vikinger-Hörner«, die den Kopf im Brutkleid zieren. Gesichtszeichnung durch frische Federn mit hellen Rändern undeutlich; durch Abnutzung wird das Muster zum Frühjahr hin deutlicher (unten). Bei verdecktem Gesicht unterscheidet sie sich von der Feldlerche durch einfarbigere, nur schwach gestreifte, rosabraune OS und Flanken, hellrosa Nacken, ungestreifte Brust und schwarze Beine.

Weibchen: Durch matter gefärbtes Gesicht und stärker gestreiften Rücken vom ♂ unterschieden.

Flug: Rasch und niedrig in dichten Trupps, die bei Störung umherfliegen und oft dicht am Beobachter vorbei nach neuer Deckung suchen. Der Schwanz ist das auffälligste Merkmal: Die helle Mitte wird auf jeder Seite durch ein breites dunkles Dreieck begrenzt. Die schmalen weißen Schwanzkanten sind weniger auffällig als der helle Bauch.

Status: Abnehmend. Brütet in Mooren und Bergplateaus in Skandinavien. Spärlicher Durchzügler und Wintergast (Okt.–Apr.) im übrigen Europa, v.a. an der Nordseeküste. Überwintern oft an traditionellen Plätzen. Im Binnenland sehr selten.

❏ Meist in Gruppen von 3–15 Vögeln. ❏ Läuft dicht am Boden, fast kriechend oder mit schnellen Läufen. ❏ Ernährt sich von Insekten und Samen kleiner Pflanzen, z.B. Queller. ❏ Flugruf ein helles, kristallklares Klingen: »tsieh-ie-it«; klingt etwas wie ein mit feuchtem Finger zum Klingen gebrachtes Weinglas. ❏ In Nordamerika weit verbreitet und häufig.

Kurzzehenlerche *Calandrella brachydactyla* 14 cm

Kleiner und heller als Feldlerche, mit hellem Überaugenstreif und ganz ungestreifter weißlicher US. Man achte auf kleine düstere Flecken an den Brustseiten; oft verdeckt durch helle Federränder im frischen Kleid. Viele erscheinen deutlich rostbraun auf dem Scheitel. Insgesamt helle Erscheinung, durch im Zentrum dunkle mittlere Deckfedern entsteht ein Band auf den Flügeln, ähnlich dem eleganten, langbeinigen Brachpieper; die Kurzzehenlerche ist aber eher untersetzt.

Status: Brutvogel im Mittelmeergebiet. Weiter nördlich seltener Durchzügler Sept. bis Okt.

❏ Kleine, finkenähnliche Lerche in trockenem, offenen Gelände mit geringer Vegetation. ❏ Gesang in sprudelnden 1-sec-Strophen im Abstand von 1-sec-Pausen. Man achte auf schlanken, hellbäuchigen Vogel, in auf- und absteigendem Balzflug hoch über einem. ❏ Gewöhnlich übersieht man sie am Boden, bis sie auffliegt; Trupps erheben sich plötzlich in dichtem Verband wie Hänflinge. ❏ Flugruf erinnert an Mehlschwalbe: ein kurzes trockenes »tschirrup«.

Kalanderlerche *Melanocorypha calandra* 19 cm

Flug: Schwarzer Unterflügel mit leuchtend weißem Hinterrand ist kennzeichend – besonders deutlich im Gesangsflug, hoch in der Luft stehend wie eine Feldlerche, oder niedriger fliegend auf breiten Flügeln mit langsamen, willkürlichen Schlägen. Kurzer Schwanz mit auffällig weißen Außenfedern.

Eine große, schwere Lerche, erkenntlich an ihrem kräftigen hellen Schnabel und den großen schwarzen Halsflecken. Letztere heben sich besonders deutlich von der ungezeichneten weißlichen US ab, wenn der Vogel aufrecht auf einem Felsen oder Zaun steht, um sein Revier zu überblicken. Brustflecken am deutlichsten bei ♂ im Frühjahr, bei frisch vermauserten Vögeln im Herbst oft verwaschen.

Status: Standvogel in SO-Frankreich. In Mitteleuropa seltener Gast.

❏ Brütet gemeinschaftlich in offenem Grasland und Feldern in S-Europa, ansonsten selten. ❏ Gesang und Flugruf erinnern an Feldlerche, aber lauter – als würden die Töne hervorgepreßt; ein ständiger Strom von Tönen unter Verwendung anderer Vogelgesänge, z. B. vom Star.

Haubenlerche *Galerida cristata* RL:3; 17 cm

Stämmiger als Feldlerche, mit längerem, kräftigerem Schnabel und ziemlich abgewetzt, staubig wirkendem Gefieder. Sehr ähnlich der Theklalerche, jedoch längerer Schnabel deutlich gebogen (nur Oberschnabel) und Streifen auf der mehr ockerfarbenen Brust etwas weicher braun.

Flug: Wirkt plump und kurzschwänzig, mit auffällig rostbraunen Schwanzseiten. Ohne den kontrastreichen Bürzel der Theklalerche.

Status: Inselartiges Vorkommen, am häufigsten im SO. Extrem standorttreu. Als Gast am ehesten im Apr./Mai.

❏ Wenig scheue Lerche trockenen, offenen Geländes; bevorzugt Tieflanddörfer, Straßenränder, Industrieflächen, Felder und Brachflächen. ❏ Leicht von allen anderen Lerchen, außer der Theklalerche, durch ihre lange, spitze, oft aufgerichtete Haube zu unterscheiden. ❏ Kennzeichnend ist ihr klarer, süß flötender Ruf: »tieh-tieh-wuih«. ❏ Der Gesang erinnert an langsame, zögernde Feldlerche, mit typischen Lerchentrillern und eingewobenen flötenden Tönen.

Theklalerche *Galerida theklae* 17 cm

Schwierig von Haubenlerche zu unterscheiden durch kürzeren, gedrungeneren Schnabel (Ober- und Unterschnabel leicht konvex), deutlichere, schwärzere Streifung auf der helleren Brust sowie auffälligeren hellen Ringen um die Augen.

Flug: Zimtrosa Bürzel kontrastiert mit merklich grauem Rücken, besonders auffällig, wenn der Vogel vor einem auffliegt oder niederflattert.

Status: Seltener Standvogel in SO-Frankreich.

❏ Sehr große Ähnlichkeit mit Haubenlerche, aber mit kürzerer, etwas unordentlicher Haube und stumpferem Schnabel. ❏ Bevorzugt wilderes, felsiges Gelände, besonders unkultiviertes, buschreiches Hügelland. ❏ Gesang verwirrend ähnlich dem der Haubenlerche, webt aber fröhliche Phrasen ein, mit Tönen wie das Quietschen eines nassen Leders auf Glas; oft von der Spitze eines Busches aus singend. ❏ Ruf weicher als Haubenlerche »tu-ti-wiehr...«.

Heidelerche *Lullula arborea*   RL:V; 15cm

Kleiner als Feldlerche, mit kürzerer Haube und deutlich abgeschnittenem Schwanz. Fällt meist durch ihren bemerkenswert schönen Gesang auf, oder wenn ein Paar oder eine Familie unerwartet vom Boden aufgescheucht wird. Der schwarz-weiße Fleck am Flügelbug ist ein gutes Kennzeichen, das im Sitzen und Fliegen sichtbar ist.

Unterscheidet sich von anderen Lerchen durch ihre auffällig langen, weißlichen Überaugenstreifen, die sich im Nacken mehr oder weniger zu einem V treffen, sowie durch fuchsrote Ohrdecken mit hellen Tränenflecken unterm Auge. Bauch ungezeichnet, mit scharf abgesetztem Brustmuster aus feinen dunklen Strichen auf warm gelblich-braunem Grund. Haube kaum sichtbar, wird nur bei starker Erregung etwas aufgestellt.

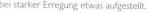

Flug: Charakteristisch, mit breiten Flügeln und sehr kurzem Schwanz. Der hüpfende Wellenflug kann an Kleinspecht erinnern. Ohne weiße Schwanzseiten und weißen Flügelhinterrand wie bei der Feldlerche.

Status: Hauptsächlich Standvogel im SW; die NO-Populationen wandern im Winter südwärts. Sehr lückenhaft und mit geringer Flächendichte verbreitet, meist abnehmend; regelmäßiger Durchzügler.

Steigt in weit kreisendem Gesangsflug 50–100 m hoch. Singt aber auch am Boden, von Leitungsdrähten oder Holzstapeln. Gesang hervorragend durch seine Klarheit und Süße, enthält kurze flötende Phrasen: »dilieh-dilieh-dilieh, lululu…«; kann mehrere Minuten andauern, aber der Ton scheint ab- und anzuschwellen, wodurch eine Ortung schwierig ist.

❑ Bewohnt hauptsächlich trockene Heiden und sandige Flächen mit verstreuten Bäumen sowie Kahlschläge und Aufforstungen auf mageren Standorten; aber auch in Weinbergen und auf alpinen Matten. Im Herbst und Winter versammeln sich kleine Trupps auf geschützten Stoppelfeldern. ❑ Selten entfernt von traditionellen Rastplätzen anzutreffen, wo sie an schönen Tagen schon im Februar zu singen beginnen. ❑ Im Gegensatz zur Feldlerche sitzt sie gerne auf Drähten und Bäumen. ❑ Sucht stumm am Boden nach Nahrung – man achte auf den typischen Ruf: »lit-luh-iet«. Die Töne sind schwer zu lokalisieren; man achte auf Vögel, die zwischendurch auf einem Baumstumpf oder Erdhügel sichern.

Feldlerche *Alauda arvensis* RL:V; 18–19cm

Gestreifter Luftsänger, häufig in allen offenen Landschaften. Größer als Heidelerche, mit merklich längerem Schwanz und auffälligerer Haube.

Altvogel: Gewöhnlich gelbbraune, schwärzlich gestreifte OS. Unterseits gelblich-weiß mit adrettem Halsband aus Streifen auf der Brust. Oberflächlich pieperähnlich, aber gedrungener, mit dicklichem Schnabel, kurzer Haube (oft aufgestellt) und langen Handschwingen, die die Schirmfedern im Sitzen weit überragen. Der schwache Überaugenstreif löst sich hinterm Auge auf (vgl. Heidelerche).

Jungvogel: Sieht getüpfelt aus, anfangs mit kurzem Schwanz und kann dann mit junger Heidelerche verwechselt werden (man achte auf deren typische Flügelbugzeichnung und V-förmige Augenbrauen). Nach der Augustmauser wie Altvögel.

Hängt hoch in der Luft (oft kaum noch zu sehen) in bekanntem Gesangsflug, oder steigt mit flatternden Flügel senkrecht vom Boden auf, wie von unsichtbarem Faden himmelwärts gezogen. Der bekannte Gesang ist ein lauter, anhaltender, fröhlicher Schwall von Tönen (kann 5 Min. und länger dauern); hält auch beim langsamen Abstieg noch an, aber endet abrupt in geringer Höhe, worauf der Vogel wie ein Stein zu Boden geht. Singt das ganze Jahr über.

Flug: Wirkt manchmal ungewöhnlich groß – fast wie eine Drossel. Von Hauben- und Heidelerche durch auffällige weiße Schwanzseiten und schmalen weißen Flügelhinterrand zu unterscheiden (letzterer schließt auch Pieper aus). Flug wellenförmig, mit kurzen Pausen zwischen Salven ziemlich schlapper Flügelschläge. Fliegt auf mit einem typischen kurzen Rüttelflug über dem Boden.

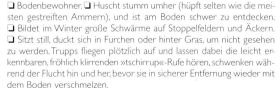

Status: Häufig und weit verbreitet, in W-Europa überwiegend Standvogel, verläßt aber rauhere Lagen im Winter. In NO- und Mitteleuropa meist Kurzstreckenzieher. In vielen Landschaften abnehmend.

❏ Bodenbewohner. ❏ Huscht stumm umher (hüpft selten wie die meisten gestreiften Ammern), und ist am Boden schwer zu entdecken. ❏ Bildet im Winter große Schwärme auf Stoppelfeldern und Äckern. ❏ Sitzt still, duckt sich in Furchen oder hinter Gras, um nicht gesehen zu werden. Trupps fliegen plötzlich auf und lassen dabei die leicht erkennbaren, fröhlich klirrenden »tschirrup«-Rufe hören, schwenken während der Flucht hin und her, bevor sie in sicherer Entfernung wieder mit dem Boden verschmelzen.

Uferschwalbe *Riparia riparia* RL:3; 12 cm

Die kleinste der europäischen Schwalben und nur eine von zwei Arten, die oberseits braun sind (vgl. Felsenschwalbe). Schwanz nur leicht gegabelt. Ein früh zurückkehrender Zugvogel, die ersten erreichen unser Gebiet im frühen März. Stets in Wassernähe, besonders an Seen, in Kiesgruben und Flüssen, an deren Ufern sie gewöhnlich brütet.

Altvogel: Matt erdbaune OS, unterseits weiß, mit auffälligem braunem Brustband (ein Muster, das sonst nur noch beim viel größeren, sichelflügeligen Alpensegler zu finden ist). Geschlechter gleich. Die dunklen Unterflügeldecken erleichtern die Unterscheidung von Rauch- und Mehlschwalbe.

Jungvogel: Wie Altvogel, aber aus der Nähe durch helle Federränder auf der OS zu unterscheiden, besonders auf Bürzel und Flügel (wirkt schuppig).

Status: Häufiger und weit verbreiteter Brutvogel, von März/Apr. bis Aug., einige bleiben bis Ende Sept. Oft starke Bestandseinbrüche durch Trockenheiten im Winterquartier (Sahel).

Flug: Schießt flatternd niedrig über die Wasserfläche. Der unstete Flug erinnert etwas an Fledermäuse. Dem gerichteten Flug mangelt die Anmut und das Segeln der größeren Rauch- und Mehlschwalben. Bürzel braun.

❏ Brütet in Kolonien (meist weniger als 50 Paare, manchmal mehr), in selbstgegrabenen Tunneln und Höhlen in sandigen Steilufern und Kiesgrubenwänden – unter europäischen Schwalben einzigartig. ❏ Kolonien neigen zu plötzlicher Panik, wobei die Neströhren in einer schwirrenden, zwitschernden Wolke verlassen werden. ❏ Der fröhliche Ruf ist von harter, riffelnder Qualität: »tschr« oder »tschrrp«. ❏ Die gleichen Laute sind die Grundlage des einfachen, zwitschernden Gesangs. ❏ Das ganze Jahr über gesellig. ❏ Auf dem Zug rastet sie zusammen mit anderen Schwalben im Röhricht. ❏ In Nordamerika weit verbreitet und häufig »Bank Swallow«.

Felsenschwalbe *Ptyonoprogne rupestris* — RL:R; 14.5 cm

Plumpe braune Schwalbe, die Felswände, Schluchten und Bergländer v. a. in S-Europa bewohnt. Gewöhnlich in kleinen Gruppen, die an sonnenwarmen Felswänden oder Brücken auf und ab fliegen. Nicht sehr stimmfreudig; Ruf ein kurzes »chrrrit«. Klebt ihr halbtassenförmiges Lehmnest unter felsige Überhänge und Strukturen wie Straßentunnel, Brücken und Gebäude.

Der schwach gekerbte Schwanz wird viereckig, wenn gespreizt, und läßt dann eine Reihe reinweißer Punkte am Ende erkennen (fehlt Uferschwalbe).

Status: Teilzieher. Einige kleine Kolonien auch am Alpennordrand.

Am ehesten mit Uferschwalbe zu verwechseln, jedoch größer, oberseits grauer und unterseits schmutzig-weißlich bis rauchbraun, ohne Brustband. Die sehr dunklen Unterflügeldecken kontrastieren mit braunen Schwung- und Körperfedern – ein gutes Merkmal. Jungvögel sind wärmer rötlich-braun gefärbt und haben gelblichen Schnabelwinkel (dunkel bei Altvögeln).

Rötelschwalbe *Hirundo daurica* — 17 cm

Eine Schwalbe mit mediterraner Verbreitung, deren nördliche Ausläufer gerade noch unser Gebiet berühren. Der helle Bürzelfleck und das lässige Gleiten und Segeln erinnern an Mehlschwalbe, aber Rötelschwalben haben den klassischen Schwalbenschwanz. Befestigt ihr typisches Lehmnest mit kurzer Einflugröhre an Dächern, Höhlen oder Ruinen, auch unter Brücken oder in Wasserröhren. Ruf ein kurzes, spatzenartiges »djweit«. Gesang nasal und gequetscht.

Von Rauchschwalbe durch helle Kehle und Brust, rostroten Nacken und hell rostgelblichen Bürzel unterscheiden; im Flug achte man auch auf das Fehlen von Schwanzflecken und dickere Schwanzspieße, die laierförmig nach innen gebogen sind.

Status: Brutvogel in S-Europa. Im übrigen Europa seltener Gast von Apr. bis Juni und Okt. bis Nov., in den letzten Jahren etwas häufiger.

Jungvogel mit kürzeren Schwanzspießen.

Der Schwanz wirkt wie mit dem Saugnapf am Körper befestigt. Cremegelbe US (fein gestreift aus der Nähe) mit schwarzen Unterschwanzdecken (bei Rauchschwalbe weiß) ist wichtiges Merkmal.

Rauchschwalbe *Hirundo rustica* RL:V; 17–19 cm

Die häufigste und bekannteste Schwalbe, die man von ihrem schwungvollen Flug dicht überm Wasser auf der Jagd nach Insekten kennt. Von Mehlschwalben und den größeren, aber nicht verwandten Mauerseglern zu unterscheiden durch ganz dunkle OS und Kehle, hellen Bauch und stark verlängerten äußeren Schwanzfedern – den typischen Schwalbenschwanz. Verwechslung am ehesten mit der seltenen Rötelschwalbe möglich.

Altvogel: Kastanienrote Stirn und Kehle, eingerahmt von metallisch-blauem Brustband und OS. Bauch und Unterflügeldecken rosa-cremefarben. ♂ (Abb.) im Durchschnitt mit längeren Schwanzspießen als ♀.

Jungvogel: Matter als Altvogel, mit hell rostfarbenem Gesicht, fleckigem Brustband und gelbem Schnabelwinkel. Gegabelter Schwanz ohne Spieße, im Sitzen kürzer als Flügel.

Brütet einzeln oder in lockeren Kolonien auf Vorsprüngen und Simsen in Wirtschaftsgebäuden, unter Brücken usw. Man achte auf die typischen weißen Flecken quer über den gefächerten Schwanz, wenn die Vögel im Anflug ans Nest bremsen – eine offene Halbschale aus Lehm, Stroh und Federn, festgemörtelt an die Unterlage.

Flug: Der pfeilschnelle, niedrige Flug ist gekennzeichnet durch plötzliche Wendungen. Die mühelosen, eleganten Flügelschläge werden unterbrochen durch Pausen mit zurückgelegten Schwingen. Der ziemlich kurze Schwanz läßt den Flug der Jungen etwas fledermausartig erscheinen.

Status: Weit verbreiteter Brutvogel (hauptsächlich Apr.–Okt.) und Durchzügler (Nachzügler bis in Nov./Dez.). Überwintert bis S-Afrika.

❏ Die frühsten Ankömmlinge erreichen das Mittelmeer im Febr. und Mitteleuropa ab Mitte März. Man findet sie dann meist dicht über Binnengewässern. ❏ Nistet in Dörfern und Bauernhöfen, man kann sie jedoch über allen Lebensräumen sehen. ❏ Der fröhliche »wit witk«-Ruf wird bei Alarm zu einem dringenderen, schneller wiederholten »si-wlit«. ❏ Gesang ein rasches, zwitscherndes, lebhaftes Geschwätz, in Abständen kontrapunktiert durch ein tiefes Schnarren. ❏ Bildet auf dem Zug große Schwärme mit Mauerseglern und Mehlschwalben über Feuchtgebieten, wo sie im Schilf nächtigen. ❏ Im Gegensatz zum Mauersegler setzen sie sich gerne auf Zweige oder den Boden.

Mehlschwalbe *Delichon urbica* 12.5 cm

Ankunft selten vor Mitte April; die Neuankömmlinge jagen dann gewöhnlich mit anderen Schwalben dicht über Seen nach Fluginsekten. Etwas kräftiger als Uferschwalbe, wirkt aus der Entfernung bemerkenswert schwarz und weiß. Schwanz deutlich gegabelt, aber ohne die Schwanzspieße der Rauchschwalbe. Ruf und schneeweißer Bürzel auf der sonst dunklen OS sind die wichtigsten Merkmale.

Altvogel: Leicht von Rauchschwalbe zu unterscheiden durch glänzend blauschwarze OS im Kontrast zu schneeweißer US und Bürzel. Ohne Brustband. Am Boden fallen die kurzen, weiß befiederten Beine auf. Geschlechter gleich. Die ähnlichen Jungvögel sind oberseits mehr bräunlich, mit schmutzigem Anflug an der Brust, was manchmal der Uferschwalbe ähnlich sieht.

Brütet gesellig in Städten und Dörfern, wo Ansammlungen von 4–6 (an günstigen Plätzen auch Dutzende) kugeligen Lehmnestern unter Dach- oder sonstige Vorsprünge geklebt werden (auch unter Brücken). Können noch bis in den Okt. Junge im Nest haben.

Flug: Jagt Fluginsekten mit charakteristischen kurzen und schnellen Flügelschlagserien; dazwischen längere Gleitstrecken auf ausgebreiteten Schwingen. Kurvt und gaukelt wie ein Kinderdrachen, mit plötzlichen Wendungen, um Beute zu fangen. Fliegt gewöhnlich höher als Rauch- oder Uferschwalbe. Kann mit verirrter Rötelschwalbe verwechselt werden, die auch einen hellen Bürzel hat.

Status: Häufiger und weit verbreiteter Brutvogel, hauptsächlich von Apr. bis Okt., bleibt oft bis November oder später. Überwintert im tropischen Afrika.

❏ Wiederholter Flugruf, ein hartes »pr-prt«, ist ein ausgezeichnetes Merkmal. Am Nistplatz entsteht daraus ein Chor ständigen Gewispers. ❏ Gesang im wesentlichen eine Aneinanderreihung von Rufen. ❏ Landet neben Pfützen oder Tümpeln, um Klümpchen von Lehm für den Nestbau zu sammeln. ❏ Äußerst gesellig. Im Herbst kann man sie mit anderen Schwalben in langen Reihen auf Leitungsdrähten sehen, bevor sie nach Süden aufbrechen. Jagt auch mit ihnen über Feuchtflächen, rastet aber selten im Röhricht.

Baumpieper *Anthus trivialis* 15 cm

In Gefieder und Verhalten oberflächlich einer Lerche ähnlich, aber mit relativ langem, schlanken Schwanz sind Pieper agile Vögel, die laufen oder rennen, während Lerchen schleichen. Wenn aufgescheucht, lassen sie stets ihren Ruf hören und fliegen in hüpfendem Wellenflug davon. Die Bestimmung nur nach dem Kleid ist oft schwierig, darum sind die Rufe wichtig. Der Baumpieper sieht dem Wiesenpieper sehr ähnlich, jedoch können Jahreszeit und Lebensraum (Baumpieper findet man gewöhnlich in baum-, busch- und krautreichem Gelände) die Bestimmung erleichtern.

Kräftiger und unterseits klarer gezeichnet als Wiesenpieper. Unterscheidet sich im deutlichen Kontrast zwischen weißem Bauch und warm gelbbrauner Kehle, Brust und Flanken; kräftigere, gleichmäßiger verteilte Streifen auf der Brust und schwächere, feinere Streifung an den Flanken.

Kürzere, stärker gebogene Hinterkralle ist gutes Merkmal (sichtbar bei Vögeln auf Drähten). Ab Hochsommer US weißer, und die groben Mantelstreifen schwächer durch Abnutzung.

Man beachte den etwas gedrungeneren Schnabel, den deutlicheren, hellbraunen Überaugenstreif und den weniger deutlichen Augenring gegenüber dem Wiesenpieper.

Status: Weit verbreiteter Brutvogel (Apr.–Sept.) und Durchzügler. Überwintert in Afrika.

Singt von Baumspitzen, vorragenden Ästen oder im Singflug, von dem er mit gehobenen Flügeln und Schwanz niedergleitet (wie ein Kinderdrachen) – ähnlich wie andere Pieper, aber nur der Baumpieper singt so in baumreicher Umgebung. Der fröhliche Gesang ist viel kräftiger als der des Wiesenpiepers; beginnt wie Buchfink und schließt mit typischem Endschnörkel: »tsia-tsia-tsia-tsia«.

❏ Brütet in offenem bis halboffenem Gelände mit hohen Singwarten und reich strukturierter Krautschicht. ❏ Sucht still unter Bäumen und Büschen nach Nahrung; auch am Rand naher Felder. ❏ Meist bemerkt man ihn erst, wenn er auffliegt, wobei er sein typisches, rauhes »pssip« hören läßt (ganz anders als andere Pieper). ❏ Wirkt beim Auffliegen plumper als Wiesenpieper, meist aus dichter Krautschicht, statt aus offenem Grasland. ❏ Oft einzeln, aber auf dem Zug in Gruppen von 4–5; ziehende Vögel sind leicht an ihren Flugrufen zu erkennen.

Wiesenpieper *Anthus pratensis* — 14,5 cm

Der am weitesten verbreitete unserer Pieper, den man bei winterlichem Wetter sogar in Städten antreffen kann. Gleichermaßen zu Hause in baumlosen Mooren und grasigen Feldern, an Seeufern und Küsten (wo er zusammen mit Berg- und Strandpieper zu finden ist). Sehr gesellig; bildet zur Zugzeit große Trupps auf küstennahen Feldern.

Etwas kleiner und kürzer als Baumpieper, mit kräftiger schwarzer Streifung, die an den Flanken zu groben Bändern verschmilzt. US ohne den Kontrast zwischen Brust und Bauch wie beim Baumpieper. Im abgenutzten Gefieder sind die Vögel unten schmutzig-weiß und oben grau-oliv, jedoch bleibt die Streifung deutlich (im Gegensatz zum Baumpieper, der oben ganz einfarbig werden kann). Aus der Nähe beachte man die längere, weniger gebogene Hinterkralle. ▸

Frisch vermauserte Vögel sind oberseits leuchtend ockeroliv und warm ocker unterseits, mit kräftiger schwarzer Strichelung oben und unten. Die rosa Beine sind bei Jungvögeln besonders leuchtend.

Hat etwas runderen Scheitel und schwächeren Schnabel als Baumpieper; der Überaugenstreif ist nur angedeutet, aber der kräftigere Augenring hebt das Auge stärker hervor. ▸

Flug: Kleiner als jede Lerche, Schnabel spitzer. Wie bei den meisten Piepern sind die äußeren Schwanzfedern weiß (gräulich bei Berg- und Strandpieper).

Status: Häufiger Standvogel und Teilzieher. Jahresvogel auch in SO-Bayern.

❏ Fliegt plötzlich aus Grasflächen auf und läßt dabei ein nervöses, lispelndes »sip-siep« oder »psit«, das bis zu 5mal wiederholt werden kann. Bemüht sich in schwachem, taumelndem Flug Höhe zu gewinnen.
❏ Ruf »psieht« (sehr ähnlich den Rufen von Berg- und Strandpieper).
❏ Der schwache Gesang ist einfacher als der des Baumpiepers und endet ohne dessen Schlußschnörkel; von zart klingender Qualität. Vorgetragen von niedrigem Ast oder im Singflug. ❏ Überwiegend am Boden, aber auch gern auf Baumspitzen.

Rotkehlpieper *Anthus cervinus* 14.5 cm

Altvogel: Mit deutlich ziegelrotem Gesicht/Kehle (am leuchtendsten und ausgedehntesten beim ♂). OS wärmer braun und kräftiger schwarz gestreift als bei anderen Piepern; im frischen Kleid mit hellen parallelen Linien auf dem Rücken. ▶

Jungvogel: Ähnelt dunklem, kräftig gestreiftem Wiesenpieper. US weißer als bei anderen Piepern, mit kräftigen schwarzen Strichen, die sich an den Flanken zu Streifen vereinigen. Typisch, aber selten zu sehen ist der gestreifte Bürzel.

❏ Brütet vom arktischen Skandinavien an ostwärts; überwintert größtenteils in Afrika. ❏ Durchzügler bevorzugen Seeufer und feuchtes Grasland. ❏ Auffliegende Vögel wirken etwas plumper und kurzschwänziger als Wiesenpieper; typischer Ruf ist ein dünnes, schrilles, durchdringendes »psiiih«, wie ein kurzer Pfiff auf der Hundepfeife. ❏ Regelmäßiger Durchzügler in Mittel- und W-Europa, vor allem an Küsten, von Apr. bis Juni und Sept. bis Okt.

Bergpieper *Anthus spinoletta* 16.5 cm

Schlichtkleid: US weißlich (ohne die okkerfarbenen Töne der anderen Pieper), mit dunkelbraunen Streifen auf der Brust und an den Flanken. Düster graubraune OS undeutlich dunkler gestreift. Weißliche Flügelbinden, Enden der Schirmfedern und Überaugenstreif sind wichtige Merkmale.

Prachtkleid: Im frischen Frühjahrskleid sind der blaugraue Kopf, der weiße Überaugenstreif und die völlig ungestreifte rosa Brust charakteristisch. Die weißen Flügelbinden und der rosa Hauch verschwinden durch Abnutzung, dann oben matt gräulich und unten schmutzigweiß.

Status: Vertikal- und Streckenwanderer, der in der alpinen Zone brütet; überwintert an Tieflandflüssen, an Wasserkresse-Gräben, Tümpeln und in Sümpfen. Zieht Apr./Mai und Sept./Okt.

Im gespreizten Schwanz sind die reinweißen äußeren Schwanzfedern zu sehen.

❏ Häufiger Brutvogel oberhalb der Baumgrenze in den Alpen/Pyrenäen. ❏ Wandert im Winter ins Tiefland, wo er bevorzugt Gewässerränder aufsucht. Dringt dann sogar bis S-England vor. ❏ Die dunklen Beine teilt er nur mit dem Strandpieper (früher als gleiche Art angesehen). ❏ Der Singflug von Felsen oder grasigen Abhängen aus erinnert an den des Wiesenpiepers. ❏ Ruf ein einzelnes, lautes »whiist«, etwas kräftiger als Wiesenpieper.

Strandpieper *Anthus petrosus* 16.5 cm

Ein plumper, dunkler Pieper felsiger Küsten und Inseln. Spitzer Schnabel, schwacher Überaugenstreif und dunkle, rötlich-braune Beine sind kennzeichnend. Deutlich kräftiger als andere kleine Pieper, mit matt hellgrauen oder bräunlichen äußeren Schwanzfedern (können an den Schwanzecken weißlich werden). Wurde früher mit dem Bergpieper als eine Art angesehen.

Nominatform (W-Europa/Großbritannien): OS düster oliv, US hell oliv-gelblich im frischen Kleid, mit Abnutzung grauer werdend. Die diffuse Streifung hebt sich oberseits kaum ab, bildet aber lange Linien rauchiger Streifen auf der US – ganz anders als die klare schwarze Streifung des Wiesenpiepers.

Wiesenpieper

Strandpieper

▲ **Wiesenpieper** (zum Vergleich): Bei der Nahrungssuche an Stränden zusammen mit Strandpieper, speziell im Winter; sie sind ober- und unterseits klar schwarz gestrichelt, viel wärmer olivbraun gefärbt und haben leuchtend rosa Beine.

Flug: Deutlich breitflügliger und eher kurzschwänziger als Wiesenpieper. Man achte auf die grauen Schwanzkanten (Wiesen- und Bergpieper haben reinweiße äußere Schwanzfedern).

Singflug in typischer Pieperart von felsigen Vorsprüngen oder Klippen aus. ▼

Rasse littoralis (Skandinavischer Strandpieper): Im Federkleid zwischen Strand- und Bergpieper, aber im Verhalten und mit den grauen Schwanzkanten ein typischer Strandpieper. Im Frühjahr ist diese Rasse variabel, die meisten werden grauer auf Scheitel und Nacken und sind oberseits fast ungestreift; die US wird heller, und es entsteht ein rosiger Hauch auf der Brust, die Streifung der Flanken bleibt jedoch arttypisch. Im SK von der Rasse *petrosus* nicht zu unterscheiden.

Status: Standvogel und Teilzieher. Im Küstenbereich häufiger Wintergast.

❏ Nahrungssuche allein oder paarweise auf tangbedeckten Felsen, an Gezeitentümpeln und im Spülsaum. ❏ Im Winter auch in Flußmündungen und an Binnenseen (solche Vögel gehören wohl hauptsächlich der Rasse *littoralis* an). ❏ Im allgemeinen wenig scheu (im Gegensatz zum Bergpieper). ❏ Abflug mit einzelnen oder wiederholten, schläfrigen »whiest«-Rufen, langsamer und tiefer als Wiesenpieper).

199

Spornpieper *Anthus richardi* 18cm

Seltener Durchzügler. Gewöhnlich auf dem Zug im struppigem Grasland der Küsten anzutreffen. Ein sehr großer, rundbäuchiger, langbeiniger Pieper, den man oft erst beim Auffliegen entdeckt; erhebt sich mit einem lauten spatzenähnlichen »schriep«. Die Größe läßt eine langschwänzige Lerche vermuten. Stolziert mit langen Beinen im Gras herum wie ein edles Reitpferd, zwischendurch anhaltend, um sich zu strecken oder übers Gras Ausschau zu halten. Alle Kleider sind gleich. Regelmäßiger Durchzügler an der Küste von Sept. bis Nov. Brütet in sibirischen Steppen und überwintert in Südasien.

Kennzeichend ist die Angewohnheit, vor dem Abflug stillzustehen (wie sichernd); ähnlich verhalten sich Feldlerchen, aber offensichtlich nicht Brachpieper.

Heller, weniger gezeichneter Zügel im Unterschied zu jungem Spornpieper; außerdem größer und rundbäuchiger, mit warm hellbraunen Flanken (können durch angelegte Flügel verdeckt sein) und kräftigerem, drosselartigen Schnabel. Man achte bei frei sitzenden Vögeln auf die sehr lange Hinterkralle.

Brachpieper *Anthus campestris* RL: 2; 16.5 cm

Lokal in trockenem, sandigen Gelände. Ein fast einheitlich hell sandfarbener Pieper mit langen rosa Beinen und langem Schwanz. Rennt verstohlen auf der Jagd nach Beute und wippt dabei mit dem Schwanz wie eine große helle Bachstelze. Ruf ein spatzenähnliches »schilip«, viel schwächer als das volltönende »schriep« des Spornpiepers; außerdem ein tifes »tschup«. Startet von Hängen oder Erdhügeln aus seine wellenförmigen Singflüge, die aus einem wiederholten »z'dieh-z'dieh-z'dieh...« bestehen.

Jungvogel: Oberseits schuppig gestreift, Brustband aus unregelmäßigen Punkten; vom Spornpieper durch dunklen Zügelstreif zu unterscheiden; die Flanken haben die gleiche Farbe wie die restliche US. Legt Alterskleid im Spätherbst an.

Status: Inselartig verbreiteter Brutvogel trockener Felder, sandiger Heiden und sogar nackter Bergrücken. Auf dem Durchzug hauptsächlich von Aug. bis Okt. an den Küsten.

Altvogel: Kaum zu verkennen in seiner nahezu einförmigen sandigen Erscheinung; vereinzelte Flecken auf der Brust können vorkommen oder fehlen. Die Flecken der mittleren Flügeldecken sind oft auffällig.

Bachstelze / Trauerbachstelze *Motacilla alba* 18 cm

Schlanker, schwarz-weißer Vogel mit langem, ständig wippenden Schwanz. Oft in Wassernähe, aber ebenso in Feldern, auf Bauernhöfen, in Parks, auf Sportplätzen, an Straßenrändern und auf Hausdächern. Auf den Britischen Inseln kommt die »Trauerbachstelze« (Rasse *yarellii*) vor, während auf dem Kontinent die Rasse *alba* lebt.

Männchen der Trauerbachstelze im Sommer: Schwarzer Rücken und Bürzel sowie rußgraue Flanken sind kennzeichnend. Man beachte das weiße Gesicht, die breiten weißen Ränder der Flügelfedern und die auffälligen weißen äußeren Schwanzfedern. Das schwarze Kinn erstreckt sich als dominierender schwarzer Latz bis auf die Brust.

Trauerbachstelze im Winter: Das Kinn wird weiß, aber ein schwarzes Brustband bleibt erhalten.

Jungvogel der Trauerbachstelze: OS olivgrau, US weiß. Gesicht rauchig gelbbraun, schmutzig dunkles Backen- und Brustband. Nicht von junger Bachstelze zu unterscheiden. Ab Sept. gleicht das Kleid dem SK der Altvögel, nur das Gesicht hat einen Anflug von hellem Gelbgrün. Rußfarbener Scheitel, Bürzel und Flanken schließen junge Bachstelze aus.

Weibchen der Trauerbachstelze im Sommer: Wie ♂, aber Rücken schiefergrau.

Bachstelze: Zu allen Jahreszeiten durch reingrauen Rücken, Bürzel und Flanken von der Trauerbachstelze zu unterscheiden.

Männchen der Bachstelze im Sommer: Man beachte den scharfen Kontrast zwischen kräftig schwarzem Nacken und silbrigen Rücken.

Adulte Bachstelze im Winter: Kinn weiß, aber schwarzes Brustband.

Status: Häufiger Standvogel. Beide Rassen tendieren im Winter zu Wanderungen in den Süden; N-Europäer ziehen sogar bis südlich des Mittelmeers.

Weibchen der Bachstelze im Sommer: Der schwarze Scheitel wird bereits im Nacken grau.

❏ Läuft oder rennt mit nickendem Kopf und macht plötzliche Sprünge bei der Jagd auf Insekten. ❏ Im Flug schon aus der Entfernung erkennbar am langen Schwanz sowie extremem Wellenflug mit auffälligen Flügelschlagserien. ❏ Flugruf typisch: ein lautes munteres »tsi-lit«, auch ein ausdrucksvolles »tsu-wiex«. ❏ Lebhafter, zwitschernder Gesang. ❏ Bildet im Winter große Ansammlungen an Ufern.

Schafstelze *Motacilla flava* RL:V; 17cm

Relativ kurzschwänziger als andere Stelzen; überwintert in Afrika. Fünf deutlich unterscheidbare Rassen brüten regelmäßig in unserem Gebiet, alle mit gelber US und schwarzem Schwanz mit auffällig weißen Seiten. Die ♀ sind bei allen Rassen gleich, die ♂ lassen sich an den verschiedenen Kopfmustern unterscheiden. Von der Gebirgsstelze deutlich unterschieden durch grünliche OS, kürzeren Schwanz, schwarze Beine, Stimme und Habitatansprüche.

Männchen *flavissima*: Diese Rasse brütet in Großbritannien und an der benachbarten kontinentalen Nordseeküste. Überaugenstreif und ganze US lebhaft gelb; Wangen und OS grünlich. Im Winterkleid (ab Sept.) variabel, ähnlich dem ♀, aber US kräftiger gelb.

Weibchen *flavissima*: Wie ♂, aber US blasser, OS bräunlicher.

Jungvogel: Trübe; OS erdbraun, US schmutzig gelbweiß. Verwaschener dunkler Bartstreif und Halsband erinnern an junge Bachstelze, aber OS bräunlich statt grau. Das 1. Winterkleid wird im August angelegt; die meisten sind unterseits bräunlich-gelb wie das ♀, aber manche irritierend hell – man achte immer auf den gelben Bürzel.

Andere Rassen: Die Verbreitungsgebiete überlappen sich und Hybriden sind nicht selten.

Die Nominatform *flava* (»blauköpfige«) besiedelt Mittel- und W-Europa: Kopf blaugrau, weißes Kinn, gelbe Kehle. Kräftiger weißer Überaugenstreif.

Status: Abnehmend. Brutvogel von Apr. bis Sept./Okt. Meist im Tiefland.

Die »Nördliche Schafstelze« *thunbergi* brütet im nördlichen Skandinavien: dunkelgrauer Kopf, schwärzliche Ohrdecken, gelbe Kehle. Kein Überaugenstreif.

Die Rasse *cinereocapilla* in Italien: aschgrauer Kopf, schwärzliche Ohrdecken, weiße Kehle. Gewöhnlich kein Überaugenstreif.

Die Rasse *iberiae* in Spanien/SW-Frankreich: aschblauer Kopf, schwärzliche Ohrdecken, weiße Kehle. Weißer Überaugenstreif meist nur hinter dem Auge.

❏ Brütet in Wiesen des Tieflands, am Rand von Feuchtgebieten (einschließlich Salzmarschen); seltener auf Feldern. ❏ Bildet im Spätsommer und auf dem Zug große Trupps. ❏ Folgt weidendem Vieh auf der Jagd nach Insekten. ❏ Kündigt sich durch lautes »tswiep« oder schrilleres »tsrie-rie« an. ❏ Einfacher Gesang besteht aus zwitschernder Mischung von Rufen. ❏ Typisch hüpfender Stelzenflug. Ohne weißen Flügelstreif der Gebirgsstelze.

Gebirgsstelze *Motacilla cinerea* 18–20 cm

Langschwänzigste Stelze. Elegant und lebhaft. Bevorzugt zur Brutzeit steinige, rasch fließende Bäche und Flüsse (vor allem wenn Laubbäume am Ufer wachsen), daher im Bergland am häufigsten. Im Winter mehr an Tieflandgewässern, Seeufern, Küsten. Das Gelb des Körpers variiert mit Alter, Geschlecht und Jahreszeit, aber gelber Bürzel, schiefergraue OS und rosa Beine (schwarz bei anderen Stelzen) sind kennzeichend.

Männchen im PK: Die Kombination von zitronengelber US (am blassesten an den Flanken, am kräftigsten am Hinterteil), weißem Bartstreif und schwarzem Latz ist kennzeichnend. Schmaler weißer Überaugenstreif. Flügel hauptsächlich schwarz, mit kräftigen weißen Rändern der Schirmfedern.

Weibchen im PK: Wie ♂, aber Kehle gelblich-weiß, mit mehr oder weniger schwarzer Fleckung.

Altvogel im SK: Beide Geschlechter mit heller Kehle und bräunlich-gelber Brust, wie verbleichtes Sommer-♀. Jungvogel (nicht abgebildet) unterscheidet sich vom SK der Adulten durch weicheren Ausdruck, einheitlicher pfirsich-gelblicher US und ockergelbem Hinterteil. Schwanz merklich kürzer.

Gebirgsstelze — Bachstelze

Flug: Deutlich hüpfend. Leicht unterscheidbar von Bachstelze (rechts) durch gelben Bürzel und langen Schwanz, dessen weiße Seiten stets erkennbar sind. Auch durch weiße Flügelbinde, die am besten von unten zu sehen ist.

Status: Weit verbreiteter Standvogel, fehlt aber in weiten Teilen Skandinaviens und Osteuropas.

❏ Ruf ein dünnes, metallisches »tsi-tit«, das auch bei stark rauschendem Wasser zu hören ist. Ähnelt dem bekannten »tsi-lit« der Bachstelze, ist aber schärfer und mit Erfahrung gut zu unterscheiden. ❏ Generell einzeln. ❏ Man achte auf den fliegenden, auf einem Stein im Wasser oder einem Ast überm Wasser sitzenden Vogel. ❏ Läuft gemächlich, langsam mit dem Schwanz wippend, oder zetert erregt mit gespreiztem Schwanz. ❏ Wenig eindrucksvoller Gesang, eine Mischung aus Rufen und kurzen, zaunkönigähnlichen Trillern.

203

Seidenschwanz *Bombycilla garrulus* 18 cm

Exotisch wirkender Wintergast, der beerentragende Sträucher und Bäume in Hecken und Gärten plündert. Plumpe Gestalt, Haube und seidiges Gefieder unterscheiden ihn von allen anderen europäischen Vögeln.

Altvogel: Lange Haube und glattes, rosabraunes Gefieder sind unverkennbar. Man achte auf schwarze Kehle und Maske, rostbraunes Hinterteil und schwärzlichen Schwanz mit auffallend gelber Spitze. Die Spitzen der Armschwingen enden (besonders bei ♂) in leuchtend roten Anhängseln, die wie Siegellack aussehen. Beide Geschlechter zeigen auffällige gelbe und weiße V-förmige Flecken an den Spitzen der Handschwingen. ♀ gewöhnlich matter, mit weniger kontrastreichem Latz und Schwanzspitze.

Flug: Wirkt im Flug bemerkenswert starenartig. Man achte auf den typischen Ruf, ein zischendes, trillerndes »sirrr«, das sich bei abfliegenden Schwärmen zu einem klingelnden Chor steigert.

Status: Wintergast aus einsamen Taigawäldern im Norden Eurasiens. Nomadisch; taucht in nicht voraussehbaren Zahlen, in manchen Jahren invasionsartig bei uns auf. In kleineren Gruppen alljährlich ab Ende Okt./Nov. und oft bis Apr.

Jungvogel: Düsterer, ohne V-förmige Zeichnung auf Handschwingen. Stattdessen gerade weiße Linie quer über die angelegten Handschwingen. Rote Wachsspitzen reduziert oder fehlend.

❏ Stets zutraulich. ❏ Sitzt gerne auf Leitungen, Fernsehantennen, Baumwipfeln. ❏ Gewöhnlich in Gruppen von 3–10, in Invasionsjahren aber auch hundert und mehr. ❏ Wendig und akrobatisch bei der Nahrungssuche. Die Gestalt ist in einem Augenblick lang und dünn, im nächsten dick und aufgeplustert. ❏ Überrascht bei schönem Wetter oft durch anmutige Kurzflüge, die sehr an Fliegenschnäpper oder Bienenfresser erinnern.

Wasseramsel *Cinclus cinclus* — 18cm

Ungewöhnlicher, gedrungener, schwärzlicher Vogel mit erstaunlich weißer Brust, stets an rasch fließenden Bächen oder Flüssen. Man sieht sie gewöhnlich auf einem Stein im Wasser knicksen, bevor sie wegtaucht, um Wasserinsekten und kleine Fische zu fangen. Eine rundbäuchige Gestalt mit kurzem, gestelzten Schwanz und rasch schwirrendem Flug, die an einen großen amphibischen Zaunkönig erinnert.

Altvogel: Erinnert an kleine dunkle Drossel, aber der weiße Latz ist ungewöhnlich. Die skandinavische Nominatform hat einen schwarzbraunen, die kontinentalen und britischen Vögel (Rasse *gularis*) haben einen rotbraunen Bauch. Das übrige Gefieder ist schwärzlich. Geschlechter gleich.

Jungvogel: Schuppig und gerupft wirkend; OS dunkel grau, schmutzig weißliche US, aber gleiche typische Gestalt und Verhalten wie Alte. Beine heller.

Zwischen Steinen und spritzendem Wasser gut getarnt. Leicht zu übersehen, besonders von hinten. Man beachte die weißen Augenlider, wenn die Vögel blinzeln.

Flug: Oft unabsichtlich aufgescheucht. Typischer Anblick ist ein dunkles Etwas, das auf schwirrenden Flügeln dicht übers Wasser saust, um hinter der nächsten Biegung zu verschwinden.

Status: Weit verbreiteter Standvogel (auch in Bayern), lokal häufig im Bergland. Im Winter auch an Flachlandflüssen und Seen.

❏ Man findet sie am ehesten, wenn man auf Brücken über geeignete Gewässer flußauf- und -abwärts schaut. ❏ Das durchdringende, ziehende »zih-itz«, deutlich hörbar auch an rauschenden Bächen, macht auf den Vogel aufmerksam. ❏ Saust gelegentlich auch über trockenes Gelände, wobei dunkler Körper und weißer Latz momentane Verwechslung mit Ringdrossel möglich machen. ❏ Brütet ab Februar; baut kugelförmige Moosnester unter Brücken und in Uferhöhlungen. ❏ Gesang ein leises, melodiöses Schwätzen.

Heckenbraunelle *Prunella modularis* — 14.5 cm

Unauffälliger Vogel der Wälder und Gärten, selten weit von Gebüsch entfernt. In alten Gärten kann man sie auf schattigem Rasen oder unter Hecken entdecken. Die braun gestreifte OS wirkt spatzenähnlich, aber der dünne spitze Schnabel, Verhalten und Stimme sind kennzeichend.

Altvogel: Leicht erkennbar am blaugrauen Gesicht und US (bräunlich an Scheitel und Ohrdecken) und warmen, rotbraun gestreiften Flanken.

Status: Weit verbreiteter Stand-, Strich- oder Zugvogel (Apr.-Sept.).

 Jungvogel: Unterscheidet sich durch weißliche Kehle, undeutliche helle Augenbrauen und ockerfarbene US mit vielen dunklen Strichen.

❑ Häufig in Hecken und dichten Gebüschen, unterholzreichen Wäldern, Parks und Gärten; im Gebirge bis zur Baumgrenze. ❑ Hüpft gemächlich und lüpft dabei ständig ihre Flügel. Pickt wählerisch nach Insekten und kleinen Samen. ❑ Schrilles, piepsendes »tseek« weckt die Aufmerksamkeit. ❑ Der ganzjährig zu hörende Gesang (wo sie Standvogel ist) wird meist von einer Baumspitze aus vorgetragen, ein eiliges, klingelndes Gezwitscher: »wied, sissi-wied, sissi-wied…«. ❑ Wird im Herbst merkwürdig unruhig, kreist hoch in der Luft und ruft aufgeregt.

Alpenbraunelle *Prunella collaris* — RL: R; 18 cm

Im Flug achte man auf die weißen Spitzen der Schwanzfedern. Klettert oft an Felsen und Mauern, was die Heckenbraunelle nie tut.

Wie große Heckenbraunelle, mit kennzeichnendem Flügelmuster: ein dunkles, von weißen Linien begrenztes Band und ein zimtbraunes Feld auf den Armschwingen – beides aus großer Entfernung sichtbar. Beine rötlich, Schnabel mit gelblicher Wurzel. Den Jungen fehlt der gebänderte Latz der Alten.

Status: Außerhalb der Brutgebiete sehr selten.

❑ Lokal häufig in den höheren Lagen der Alpen. ❑ Brütet über der Baumgrenze, in felsigem Gras- und Buschland. ❑ Wenig scheu, aber unauffällig. ❑ Sucht regelmäßig am Rand von Schneeflecken nach Nahrung. ❑ Ihr rollendes, dreisilbige »tijürüpp« erinnert an Feldlerche. ❑ Der Gesang ähnelt dem der Heckenbraunelle. ❑ Im Winter auch in tieferen Lagen, oft an Abfällen in Skizentren.

Zaunkönig *Troglodytes troglodytes* 9–10 cm

Winzige Größe und kurzer, häufig gestelzter Schwanz sind unverwechselbar. OS rotbraun, mit heller Augenbraue, Flügel und Schwanz fein gebändert. US grauocker, an den Flanken gebändert. Alt- und Jungvögel gleich.

Flug kurz und niedrig mit schwirrenden Flügeln.

Status: Häufiger und verbreiteter Standvogel. Revier 10 m Durchmesser.

❏ Häufig in niedriger, dichter Vegetation und nahezu überall, von Wäldern und Gärten bis zu Mooren und Steilküsten. ❏ Hüpft, kriecht, klettert oder huscht mäuseartig durch Dickichte, Efeu, Unterholz und sogar durch angeschwemmten Tang. ❏ Läuft Äste entlang mit ausgebreiteten Flügeln und erhobenem Schwanz, um Eindringlinge zu verjagen. ❏ Taucht in unmittelbarer Nähe auf, um einen mit einem steinigen »tit tit it« oder einem rollenden, schimpfenden »tschurr« zu vergrämen. Wirkt irritiert, hüpft bald hier bald dort hin. ❏ Der ganzjährige Gesang ist erstaunlich laut, explosiv, ein 5-sec-Ausbruch klarer hoher Töne und ratternder Triller.

Rotkehlchen *Erithacus rubecula* 14 cm

Huscht rasch davon. Knickst beim Landen und zuckt in typischer Weise mit Flügeln und Schwanz.

Altvogel: Sofort erkennbar an rotem Gesicht und Brust, hübsch blaugrau gesäumt. OS einfarbig olivbraun; Bauch weiß. Geschlechter gleich.

Jungvogel: Zuerst ohne Rot. OS kräftig hellbraun gefleckt, US hellbraun geschuppt. Bekommt aber rasch rote Flecken auf der Brust. Nach der Mauser Juli bis Sept. wie Alterskleid. Im ersten Winter ist die variable gelbbraune Flügelbinde am deutlichsten.

Status: Häufiger Stand- und Strichvogel. Mancherorts (z. B. in England) sehr zutraulich, in Mitteleuropa eher scheu.

❏ Bekannter Vogel der Wälder, Parks und Gärten. ❏ Munter und mit rundlicher Gestalt. ❏ Britische Vögel zutraulich, kontinentale weniger. ❏ Hüpft am Boden mit hängenden Flügeln, pickt und sichert dann aufgerichtet. ❏ Singt das ganze Jahr. Der hübsche Gesang besteht aus seelenvollen, plätschernden, kristallklaren Kaskaden von 2–3 sec Dauer. ❏ Beide Geschlechter singen und verteidigen kämpferisch ihr Revier. ❏ Häufigster Ruf ein hartes »tik tik tik«, meist aus niedrigem Gebüsch.

Nachtigall *Luscinia megarhynchos* 16.5 cm

Rundliche Gestalt mir rostbraunem Schwanz – mehr sieht man gewöhnlich nicht, bevor der Vogel im Dickicht verschwindet.

Jungendkleid: Schuppig, erinnert an junges Rotkehlchen, aber mit typisch rostbraunem Schwanz.

Status: Lückig vorkommender Brut- und Sommervogel von Apr. bis Sept. Überwintert im tropischen Afrika.

Altvogel: OS warmbraun, mit leuchtend rotbraunem Schwanz. Große schwarze Augen und pulsierende weiße Kehle sind beim singenden Vogel auffällig. US düsterer grau-ocker. Steht aufrecht auf langen hellen Beinen. Geschlechter gleich.

❏ Ein scheuer Vogel, berühmt für seinen bemerkenswerten Gesang. ❏ Lokal häufig in trockeneren Wäldern, Gebüschen, bewaldeten Heiden, oft in der Nähe von Flüssen. ❏ Führt im Unterwuchs ein verstecktes Leben. ❏ Sing nachts und tags, jedoch meist nach 23 Uhr. Fabelhaft reich mit raschen Sequenzen von »tschuuk«-Tönen, flüssigen und vibrierenden Trillern (manche erinnern an Ziegenmelker) und ein langsameres »piu piu...«, am Schluß ein charakteristische Crescendo. ❏ Rufe: ein tiefes, knarrendes »krrrk« und ein durchdringendes »huiet«.

Sprosser *Luscinia luscinia* 16.5 cm

Altvogel: Der Nachtigall sehr ähnlich, aber OS dunkler und grauer (ohne rötliche Tönung), dadurch stärkerer Kontrast zum rotbraunen Schwanz.

Status: Brutvogel (Mai bis Sept.) mit NO Verbreitung.

Matter, weniger reinweiß und hellbraun unterseits, mit diffuser grauer Fleckung auf der Brust und Schmutzstreif als Bart (fehlt meist der Nachtigall).

❏ Östliches Gegenstück zur Nachtigall, die er in S-Skandinavien ersetzt. ❏ Rufe und Verhalten wie Nachtigall, aber bevorzugt Auenwälder und sumpfige Dickichte. ❏ Am besten zu unterscheiden durch langsameren, aber noch lauteren und kraftvolleren Gesang, oft mit 1–3 klaren einleitenden »pjuh«-Tönen, typischen stotternd-galoppierenden »jok«-Phrasen und schnellen, »zähneklappernden« Geräuschen. Ohne Höhepunkt wie bei Nachtigall.

Blaukehlchen *Luscinia svecica* RL: 3; 14 cm

Ähnlich einem schlanken, langbeinigen Rotkehlchen, mit kräftigem, hellen Überaugenstreif. Die typische Kehlzeichnung variiert mit Alter, Geschlecht und Jahreszeit, aber die rostroten Keile an der Schwanzbasis sind immer kennzeichnend. Zwei deutlich unterscheidbare Rassen brüten in NW-Europa; nur ♂ im Brutkleid sind zu unterscheiden:

Rotsterniges B. (svecica): ♂ im PK mit glänzend blauem Latz, der vom weißen Bauch durch schwarze, weiße und rostrote Bänder getrennt ist. Roter Fleck (»Stern«) im Zentrum der Kehle. Brütet in Weidengebüschen und Birkenwäldern Skandinaviens und NO-Europas, bevorzugt an Flußufern und in Hochmooren; vereinzelt auch in den Alpen.

Weißsterniges B. (cyanecula): ♂ im PK mit leuchtend weißem Kehlfleck. In überwachsenen Kiesgruben und an röhrrichtreichen Seeufern Mittel- und W-Europas.

Weibchen: Cremegelbe Augenbrauen und Kehle, dunkler Bartstreif und Hufeisen auf der Brust. Unterschiedliche Mengen an Blau und Rot an der Kehle erschweren oft die Unterscheidung von jungen ♂.

Männchen im Herbst/1. Winter: Farbiger Latz teilweise verdeckt durch frische helle Federspitzen. Einjährige sind in beiden Geschlechtern an den hellbraunen Spitzen der großen Flügeldecken zu erkennen.

Status: Brutvogel (März–Okt.); fehlt in SW-Deutschland; überwintert im Mittelmeergebiet und tropischen Afrika. In Großbritannien seltener Durchzügler; hat in Schottland gebrütet.

Flug: Fliegt niedrig wie ein Rotkehlchen, aber die rostroten Schwanzflecken sind kennzeichnend.

❏ Im allgemeinen unauffällig, da meist in buschiger Deckung. ❏ Hüpft rasch in aufrechter Haltung, dabei oft den Schwanz stelzend. ❏ Leichter beim Singen von niedriger Warte aus oder im pieperartigen Balzflug zu sehen, dabei wird der Schwanz im Niedergleiten gespreizt, um die roten Flecken zu zeigen. ❏ Lauter, abwechslungsreicher Gesang (erinnert teilweise an Schilfrohrsänger), der zögern beginnt »jip,jip,jip...« und dann in rasche Kaskaden wiederholter Phrasen übergeht, manche hart, manche lieblich, durchmischt mit nachgeahmten Stimmen und langen »zwiiip«-Tönen. ❏ Ruf ein weiches »tschak«. ❏ Alarmruf: »hieht«. ❏ Hellbraun gesprenkelte Jungvögel ähneln jungen Rotkehlchen, aber mit roten Schwanzflecken.

209

Hausrotschwanz *Phoenicurus ochruros* 14.5 cm

In allen Kleidern dunkler als Gartenrotschwanz, aber mit gleichem auffälligem, ständig zitterndem rostroten Schwanz. In NW-Europa hauptsächlich in Verbindung mit Städten, Industrieanlagen, Abfallplätzen, Steinbrüchen und Klippen. Sein gequetschter Gesang von einem Dachfirst, einer TV-Antenne oder einer anderen Warte ist oft der erste Hinweise auf seine Gegenwart.

Männchen im PK: OS schieferschwarz, mit kohlschwarzem Gesicht und Kehle sowie rostrotem Bürzel und Schwanz. Variabler weißer Fleck im Flügel, bei manchen stärker als bei anderen. Wie Gartenrotschwanz hell rostfarbenes Hinterteil und dunkelbraune mittlere Schwanzfedern. Gleicht im Herbst dem ♀, aber schwärzliches Gesicht sowie Weiß an Bauch und Flügel.

Weibchen (und ähnlich ♂ im 2. Kalenderjahr): Matter, rußig graubraun, ohne Weiß im Flügel. Vom weiblichen Gartenrotschwanz durch allgemein dunklere Erscheinung, unauffälligen Augenring und matt rußige US unterschieden.

Gartenrotschwanz, Weibchen

Hausrotschwanz, Weibchen

Hausrotschwanz, Männchen

Status: Häufiger Brutvogel (März–Nov.), im Süden Standvogel. Überwintert v.a. im Mittelmeergebiet. In Großbritannien nur vereinzelt im SO Brutvogel.

❏ Brütet hauptsächlich in städtischer Umgebung; in den Alpen und in S-Europa auch im Gebirge. ❏ Sitzt gerne auf Felsen, Mauern, Zäunen und Dächern, aber geht still der Futtersuche nach und kann leicht übersehen werden. ❏ Typischer Gesang ein kurzes (manchmal ähnlich wie Rotkehlchen) Zwitschern mit einer Reihe kratzend-zischender Laute – als ob man eine Handvoll Kugeln aneinander reibt. ❏ Rufe leiser als die vom Gartenrotschwanz: »tsip« oder »tsip-tsip-tsip«. Alarmruf ein schmatzendes »tit-it-ic«. ❏ Jungvögel sehen dem ♀ ähnlich, sind aber brauner und schwach gebändert. Ohne die grobe helle Fleckung junger Gartenrotschwänze, aber mit dem gleichen zitternden orangen Schwanz.

Gartenrotschwanz *Phoenicurus phoenicurus* RL:V; 14cm

Ähnlich einem Rotkehlchen, aber schlanker. Von allen anderen europäischen Vögeln (außer vom Hausrotschwanz) durch seinen ständig zitternden rostroten Schwanz unterschieden. Beide Arten lassen sich wiederholt von niedriger Warte herunterfallen, um vom Boden Nahrung aufzunehmen, aber Gartenrotschwanz fast immer in der Nähe von Bäumen. Nur die ♀ können verwechselt werden.

Männchen im PK: Oberseits blaugrau, unterseits orange, mit auffalend schwarzem Gesicht und weißem Stirnfleck. (In der Ruhe ist der orange Schwanz teilweise von den braunen Mittelfedern verdeckt.)

Weibchen: Oberseits sandfarben, unterseits ockerweiß (oft mit rostigem Anflug). Unterscheidet sich von düsterem, rußigeren ♀ des Hausrotschwanzes durch seine insgesamt wärmere Tönung, helle Kehle und auffälligeren hellen Augenring.

Jungvogel: Hell gesprenkelt, erinnert an junges Rotkehlchen. Man beachte den zitternden orangen Schwanz.

Männchen im Herbst: Schwarze Kehle und weiße Stirn teilweise verdeckt durch frische helle Federränder (durch Abnutzung über den Winter werden bis zum Frühjahr die prächtigen Farben des PK freigelegt). **Männchen im 1. Winter:** Oberseits brauner, mit dunkler Kehle, aber wenig oder keinem Weiß an der Stirn.

Flug: Ziemlich ängstlich. Huscht rasch davon, mit verräterischem Aufblitzen des roten Schwanzes.

Status: Verbreiteter, aber vielerorts abnehmender Brutvogel und Durchzügler (Apr.–Okt.). Überwinterungsgebiet ist das tropische Afrika.

❏ Brütet in lichten Wäldern, Parklandschaften, Heiden mit verstreuten Bäumen und in Gärten. ❏ Der kurze klare Gesang beginnt mit verheißungsvoll flötendem »tüieh-tjutjutju«, franst dann aber in ein kurzes, eiliges Gezwitscher aus. ❏ Die Wipfel hoher Bäume werden als Singwarten bevorzugt – die auffallende weiße Stirn des ♂ zieht oft den Blick auf sich. ❏ Ruf ein lautes, jämmerliches »huiit« (ähnlich dem weicheren Ruf des Zilpzalps) oder ein längeres »huiit-tik-tik«. ❏ Auf dem Durchzug an den verschiedensten Orten anzutreffen.

211

Braunkehlchen *Saxicola rubetra* RL:3; 12–13 cm

Ruheloser, kurzschwänziger Schmätzer, der offen auf Buschspitzen, hohen Stauden und Zäunen sitzt und mit Flügeln und Schwanz zuckt. ♂ im Sommer unverkennbar. ♀ und Herbstvögel können mit weiblichem Schwarzkehlchen verwechselt werden, aber die cremeweißen Augenbrauen des Braunkehlchens, der kräftig gestreifte Bürzel und die weißen Keile an der Schwanzwurzel (oft zu sehen, wenn der Vogel den Schwanz spreizt, um im Wind zu balancieren) sind zuverlässige Kennzeichen.

Männchen im PK: Leicht an seinem Kopfmuster zu erkennen: schwärzlicher Scheitel und Wangen, eingerahmt durch kräftigen weißen Überaugenstreif und weißen Bartstreif. US hübsch rosaorange, in weißen Bauch übergehend. Rücken braun gestreift.

Weibchen: Eine verwaschene Ausgabe des ♂. Jungvogel (nicht abgebildet) ist dunkler; ähnelt jungem Schwarzkehlchen, hat aber hellbraun gefleckten Rücken und kein Weiß im Flügel. Ungewöhnlicher Ruf zieht die Aufmerksamkeit auf sich: ein kurzes, trockens, insektenartiges Summen.

Herbst- und Jungvögel: Mauser vor dem Wegzug (Juli–Sept.), dann sehen alle ähnlich aus. Gesamteindruck ist hellbraun, heller als Schwarzkehlchen; leicht rötliche US, mit schwacher Fleckung auf der Brust.

Status: Verbreiteter Brutvogel und Durchzügler (Apr.–Ende Sept.). Überwintert in W-Afrika.

Flug: Weißes Feld auf der Schulter wie Schwarzkehlchen, aber nur das Braunkehlchen hat weiße Dreiecke zu beiden Seiten des kurzen, dunklen Schwanzes und gleichmäßig kräftig gestreiften Bürzel.

❏ Brütet in Heiden, grasigen Mooren, Brachfeldern, verwilderten Wiesen und Schonungen. ❏ Stürzt sich wie Schwarzkehlchen zu Boden, um Insekten zu fangen, und wartet dann wieder auf erhöhtem Ausguck. ❏ Der gebrochene Gesang mischt kurze musikalische Phrasen mit trockenen »tschurrs« und deutlichen Pausen. ❏ Ruf ein ärgerliches »tu-tek, tu-tek-tek«. ❏ Auf dem Zug weit verbreitet, oft in größerer Zahl in küstennahen Gebüschen und Feldern.

Schwarzkehlchen *Saxicola torquata* RL: 3; 12.5 cm

Kecker, rundköpfiger Schmätzer des buschigen Brachlands, der Küsten, Heiden und anderen Ödlands. Oft paarweise zu sehen, aufrecht auf einem herausragenden Wipfel. Reagiert auf Annäherung mit anhaltendem, steinigen »tsak-tsak« – wie zwei aufeinander geschlagene Kiesel. Unterscheidet sich grundsätzlich vom Braunkehlchen durch fehlende weiße Augenbraue, gewöhnlich dunkle Kehle und längeren, ganz dunklen Schwanz mit runderer Spitze.

Männchen: Unverkennbar. Ganz schwarzer Kopf mit breitem weißen Halbkragen, rotorange US und reinweißes Flügelfeld (im Sitzen oft verdeckt). Im Winter mattere Farben durch frische bräunliche Federränder, aber Grundmuster gleich. (Die britisch-irische Rasse *hibernans* ist dunkler als die kontinentale Rasse *rubicola*.)

Weibchen: Heller und gestreifter oberseits. Kopf graubraun, Kehle gesprenkelt. Kleines und unauffälliges weißliches Feld am Hals und im Flügel.

Jungvogel: Erinnert an junges Rotkehlchen, ist aber viel dunkler; man achte auf die zahlreichen hellen Flecken oberseits, die unordentlich gestreifte Brust, den leuchtend rötlichen Flügelbug und das weiße Flügelfeld.

Weibchen im Herbst: Oft mit heller Kehle und sogar mit Andeutung heller Augenbrauen – aber nie mit dem auffälligen hellbraunen Überaugenstreif des Braunkehlchens.

Flug: Man achte auf hell-rötlichen oder gestreift-weißlichen Bürzel sowie auf weißes Schulterfeld im Flug. Schwanz stets dunkel.

Status: In Mitteleuropa Zugvogel, in W-Europa Stand- und Strichvogel. Seit 1985 wachsende Population in SO-Bayern.

❏ Fliegt rasch auf schwirrenden Flügeln von einer niedrigen Warte zur nächsten. ❏ Zuckt im Sitzen mit Flügeln und Schwanz. ❏ Dem steinklickenden Ruf geht oft ein klägliches »hwieht« voraus. ❏ Der kurze, mißtönende Gesang kann mit dem der Heckenbraunelle verwechselt werden. Manchmal wird er in tanzendem Singflug gebracht, wobei das ♂ senkrecht bis 6 m hoch steigt, mit gespreiztem Schwanz und nach unten gehaltenen Flügeln. ❏ Die östliche Rasse (»Sibirisches Schwarzkehlchen«) kann im Herbst als seltener Gast erscheinen; seine helle Kehle und Augenbraue erinnert an Braunkehlchen, Bürzel jedoch ungezeichnet bräunlich-weiß und Schwanz schwarz.

213

Steinschmätzer *Oenanthe oenanthe* RL:V; 15–16 cm

Vogel offenen Geländes. Brütet gewöhnlich in felsigen Mooren, hügeligem Weideland, sandigen Flächen und Küsten, besonders wo der Rasen von Kaninchen oder Schafen kurzgehalten wird. Das Federkleid variiert individuell stark, aber der leuchtend weiße Bürzel und das umgekehrte schwarze ›T‹ auf dem Schwanz ist immer kennzeichnend.

Männchen im PK: OS blaugrau, mit weißem Überaugenstreif, schwarzer Maske und Flügeln. Die orangebraune Brust bleicht im Lauf der Saison und wird fast weiß. Vögel im 2. Sommer haben (abgenutzt) braunschwarze Flügel.

Weibchen: Düsterer, mit bräunlich-grauer OS und entweder hellen oder schmutzig-braunen Wangen. Der helle Überaugenstreif wird vor dem Auge gelbbraun.

Herbst- und 1. Winter: Kleid für ♂ und ♀ gleich. US warm bräunlich, mit auffällig hellen Rändern der Schwungfedern. Alte ♂ (nicht abgebildet) sind oft an kontrastreicherem Gesicht zu erkennen (schwarzer Zügel und weißer Überaugenstreif).

Jungvogel: Wirkt schuppig; OS gefleckt bräunlich-weiß, Schwungfedern mit deutlich rostfarbenen Rändern. Schwanz wie Altvögel.

Status: Brutvogel sowie Durchzügler (März–Ende Okt.). Gebietsweise selten oder fehlend; im Kulturland Abnahme. Fehlt in S-Deutschland.

Der sehr auffällige weiße Bürzel und Schwanz wird im niedrigen Flug sichtbar. Das Muster des schwarz-weißen Schwanzes und die grauen Unterflügel unterscheiden ihn vom Mittelmeer-Steinschmätzer und anderen seltenen Steinschmätzern.

❏ Einer unserer frühesten Zugvögel. Die ersten kommen schon im frühen März, aber der Durchzug hält bis Ende Mai an; dann kann auch die größere Grönlandrasse *leucorrhoa* beobachtet werden, bei der die ♂ dunkler und unterseits intensiver orange sind. ❏ Steht aufrecht auf großen Steinen, Zäunen und Mauern. ❏ Nahrungssuche am Boden im raschen Lauf; zuckt ständig mit dem Schwanz. ❏ Gesang (der oft mit einem scharf pfeifenden »wieht« beginnt) ein kurzes Gezwitscher, vermischt mit harten, quietschenden Tönen – manchmal im tanzenden Flug. ❏ Warnruf »tschack«, wie aufeinander geschlagene Kiesel.

Mittelmeer-Steinschmätzer *Oenanthe hispanica* 14.5 cm

Sandfarbener Steinschmätzer, der nur in S-Europa brütet. Schlanker als unser Steinschmätzer und Gefieder noch variabler, beide Geschlechter können helle oder ganz dunkle Kehle haben. Bürzel weiß. Im Herbst sind ♀ und Junge nicht leicht von unserer Art zu unterscheiden. Hier ist genau auf die Schwanzmuster zu achten.

Männchen im PK: Unverkennbar; prächtig sandbraun mit weißem Scheitel (auch der Mantel wird durch Anbutzung weißer), rabenschwarze Flügel und entweder ganz schwarzes Gesicht oder schwarze Maske mit weißer Kehle. ♂ im 2. Sommer haben bräunlichere Flügel.

Weibchen im Brutkleid: Nicht so sauber und kontrastreich wie ♂. Unterscheidet sich von unserer Art durch wärmer sandbraunen Rücken und Brust, weißere US sowie dunklere Flügel und Schulterfedern.

Herbst/1. Winter: Oberseits mehr grau-bräunlich, US warm honig-braun. Sorgfältig unterschieden vom Steinschmätzer durch Schwanzmuster und schwächeren Überaugenstreifen; die Gewohnheit, mehr auf Vegetation (als auf Steinen) zu sitzen, kann ein Hinweis sein.

Gewöhnlich mehr Weiß an Bürzel und Schwanz als unsere Art; das Schwarz der Schwanzseiten ist ausgedehnter, aber die schwarze Endbinde ist schmaler, oft gebrochen und gezackt.

Status: Brutvogel im Mittelmeergebiet (März–Sept.). Bei uns seltener Gast.

❏ Bewohnt steinige, macchienbedeckte Hänge und andere trockene, baumlose Landschaften mit verstreutem Gebüsch (einschließlich Weinbergen). ❏ Warte gewöhnlich auf niedrigem Busch, von hier aus rasche Sturzflüge auf Insektenbeute (Steinschmätzer läuft mehr am Boden herum). ❏ Rüttelt oft vor dem Abflug und zeigt dabei seine tintenschwarzen Unterflügeldecken. ❏ Gesang besteht aus kurzen, gleichmäßig abgesetzten Phrasen (manche kratzend, andere lerchenähnlich oder summend wie Uferschwalbe); vorgetragen von erhöhter Warte oder im Singflug. ❏ Ruf ein kurzes, rauhes »tscheck« (wie Feilen eines Fingernagels).

Ringdrossel *Turdus torquatus* 24 cm

Die Amsel der Berge. Brütet in Großbritannien und Skandinavien in wildem, spärlich bewaldeten Moorland und Geröll; auf dem Kontinent auch in montanen Bergwäldern. Man achte auf Durchzügler auch im Tiefland, in küstennahen Feldern und Gebüsch. Halbmondförmiger weißer Latz, lange Handschwingen und breite helle Ränder der Schwungfedern unterscheiden sie von der oberflächlich ähnlichen Amsel.

Männchen im Sommer: Rußiger als Amsel. Weißer Latz, silbriges Flügelfeld und zitronengelber Schnabel sind kennzeichnend. Helle Federränder geben der US ein schuppiges Aussehen, besonders deutlich im frischen Herbstkleid und bei der bräunlicheren Alpenrasse *alpestris*.

Weibchen im Sommer: Gewöhnlich brauner als ♂, mit schmutzigerem Latz.

Jungvogel: Ohne Latz. Lautäußerungen wie Amsel, aber kräftig schokoladebraune und cremefarbene Bänderung der gesamten US sind typisch. (In diesem Kleid wird man sie nur am Brutplatz sehen.)

Herbst/Winter: Der weiße Latz ist durch frische, rauchige Federränder nur undeutlich und bei einigen ♀ im 1. Winter (Abbildung) kaum erkennbar. Die silbrigen Schwingen lassen die Ringdrossel erkennen, wenn auch eine Geschlechtsbestimmung schwierig ist.

Flug: Fliegt hurtig auf langen Flügeln, typischerweise in mäßiger Höhe ein Tal kreuzend oder einen Hang hinunterfliegend. Vögel sind von unten am weißen Latz und den dunklen Unterflügeldecken zu erkennen, die sich deutlich von den silbrigen Schwungfedern abheben.

Status: Generell Zugvogel, der in S-Europa und N-Afrika überwintert. Hat in manchen Gegenden abgenommen.

❏ Verhalten amselähnlich, aber wachsam. Zieht sich rasch zurück mit charakteristischem »tschuk-tuk-tuk« (steiniger, metallischer als der Warnruf der Amsel). ❏ Gesang besteht aus kurzem Kichern (ähnlich wie Wacholderdrossel) und rauhen, drosselartigen Phrasen (nur aus der Nähe zu hören), unterbrochen durch regelmäßige Wiederholung von 2–4 durchdringend klaren, tönenden Noten – diese weittragenden Töne sind oft der erste Hinweis auf die Gegenwart von Ringdrosseln (klingt zuerst wie entfernt singende Singdrossel). Den singenden Vogel kann man mit einiger Vorsicht auf der Spitze eines Baums oder Felsens entdecken. ❏ Durchzügler oft in Gesellschaft mit anderen Drosseln oder in der Vegetation versteckt, aus der sie plötzlich lärmend abfliegen. Man achte auf Durchzügler von März bis Mai und Sept. bis Nov.

Amsel (Schwarzdrossel) *Turdus merula* 24–25 cm

Bekannte Drossel, häufig in Städten, Dörfern, Feldern und Wäldern. Man achte auf die typische Gewohnheit, beim Landen den Schwanz zu heben. Sehr territorial, verbringt viel Zeit mit der Vertreibung von Rivalen; im Winter geselliger.

Männchen: Ganz schwarz, mit krokusgelbem Schnabel und Augenring.

Weibchen: Dunkelbraun, mit weißlicher Kehle und gescheckter, rotbrauner Brust. Schnabel orange oder dunkel. Manche Vögel sind auf der Brust deutlicher gefleckt, was zu Verwechslung mit Singdrossel führen kann, aber letztere hat rosa Beine und ist viel heller, mit deutlichen dunklen Flecken unterseits.

Jungvogel: Ziemlich ♀-ähnlich, aber Kopf und Körper gelblich-braun, unterseits kräftig gescheckt und mit rotbraunen Flecken auf dem Mantel. Mausert Juli bis Okt. ins 1. Winterkleid.

2. Kalenderjahr: Unterscheidet sich von Altvögeln durch schwärzlichen Schnabel und deutlich braune Flügel, die sich vom mattschwarzen Körper abheben.

Teilalbinos: Vor allem in Städten nicht selten. Manche können mit Ringdrossel verwechselt werden. Amseln sind aber im Sitzen an den deutlich kurzen Handschwingen und am Fehlen der silbrigen Schwungfedern zu erkennen.

Status: Überwiegend Standvogel. Vögel aus NO-Europa ziehen im Winter nach SW. Gehört zu den häufigsten Vögeln.

Flug: Rasch, mit Serien flatternder Flügelschläge und einer Tendenz zu kurvendem Flug (nicht steigend und fallend wie Mistel- und Wacholderdrossel). Taucht ohne zu zögern in Deckung.

❏ Nahrungsuche am Boden und in Beerensträuchern. Hüpft oder läuft, manchmal mit hängenden Flügeln und erhobenem Schwanz. Stochert geräuschvoll in Fallaub. ❏ Bei Beunruhigung (z. B. durch Katze oder ruhende Eule) zuckt sie wiederholt mit den Flügeln, stelzt den Schwanz und läßt ihr nervendes »tuuk« oder ihr aufgeregtes »tschink-tschink-tschink« hören. Aufgescheucht, fliegt sie in Panik ab, rasch und niedrig zur nächsten Deckung, und läßt dabei ihr bekanntes hysterisches Geschrei hören. ❏ Singt von erhöhter Warte. Gesang ein reiches, entspanntes, sanftes Flöten, ohne die Wiederholungen der Singdrossel.

217

Wacholderdrossel *Turdus pilaris* 25.5 cm

Eine robuste und gesellige Drossel, etwas größer als Amsel, leicht erkennbar an ihrem auffälligen Kleid und ihren aggressiven, schnatternden Rufen. In W-Europa nur Wintergast. Gegen einen winterlichen Hintergrund ist der kennzeichnende Kontrast zwischen dunkler Brust und weißem Bauch besonders schön zu sehen – wie eine Weste.

Altvogel: Die einzige Drossel mit blaugrauem Kopf, kastanienbraunem Rücken und grauem Bürzel. Kräftige schwarze Fleckung auf der ockerfarbenen Brust, Bauch weiß mit markanter dunkler Pfeilzeichnung. Aus der Nähe sind die kurzen hellen Augenbrauen und dunklen Zügel zu erkennen. Der gelbe Schnabel hat im Winter eine dunkle Spitze. Geschlechter gleich. 1. Winterkleid (nicht abgebildet) trüber als Altvögel.

Grauer Bürzel und schwarzer Schwanz fallen im Abflug besonders auf – eine Besonderheit unter Drosseln.

Flug: Gemächlich, steigend und fallend im Wechsel von Flügelschlagphasen und kurzen Pausen. Von unten gesehen, ist das auffallend weiße vordere Flügelfeld ein ausgezeichnetes Kennzeichen. Nur die rundbäuchige Misteldrossel sieht ähnlich aus – man achte auf die schlankere Gestalt der Wacholderdrossel sowie ihre deutliche dunklere Weste und Unterschwanz.

Wacholderdrossel

Misteldrossel

Status: Häufiger Brutvogel in Mittel-, Ost- und Nordeuropa; Areal wird nach Westen ausgedehnt.

❑ Brütet in einer Vielfalt waldiger Lebensräume, von Gärten und Parks bis zu Bergwäldern. ❑ Im Winter an Beerensträuchern und in offenen Landschaften; typischerweise in großen, lockeren Flügen auf Feldern verteilt, oft in Gesellschaft der kleineren Rotdrossel. Besucht in schneereichen Wintern auch Futterhäuschen mit Äpfeln und Abfällen. ❑ Hüpft keck und mit amselartigen Pausen bei gesenkten Flügeln. ❑ Trupps sind recht scheu und fliegen mit kiebitzartigen Flügelschlägen und »wäip«-Rufen oder schimpfendem »tschak-tschak-tschak« ab. ❑ Gesang ein enttäuschendes Geschwätz unmusikalischer Quietscher und Krächzer, oft im Flug von Baum zu Baum. Warnruf ein hart kratzendes Rattern, ähnlich Misteldrossel.

Rotdrossel *Turdus iliacus* RL: R; 21 cm

Ähnelt am meisten der Singdrossel, aber etwas kleiner und dunkler, mit deutlich gezeichnetem Gesicht, das einen ärgerlichen Ausdruck hat. Brütet nur in N-Europa (bevorzugt in bergigen Birkenwäldern), wandert aber im Herbst in südlichere Teile Europas. Im Winter sehr gesellig mit deutlicher Bevorzugung von heckenreichen offenen Landschaften, in denen sie weit herumstreichen, oft in Gesellschaft der größeren Wacholderdrosseln, oder auch in Feldern zusammen mit Kiebitzen und Goldregenpfeifern.

Rostrote Flanken, deutliche gelbweiße Augenbrauen und gewinkelter Bartstreif, der die Ohrdecken einrahmt, sind kennzeichend. US silbriger als Singdrossel, die Flecken auf der Brust verschmelzen zu langen schwarzen Strichen. Helle Federränder auf Rücken und Flügel (wie hier abgebildet) sind Merkmale frisch vermauserter Jungvögel im 1. Winter. Geschlechter gleich.

Schnabel hauptsächlich dunkel mit gelber Basis. Die hellen Augenbrauen schließen Verwechslung mit Singdrossel aus.

US dunkler, mehr schokoladebraun als Singdrossel, Flügel deutlich heller.

Flug: Rasch und direkt, auf schnellen Flügeln – erinnert an eine Mischung aus Singdrossel und Star. Die rostroten Achseln sind kennzeichnend (bei der Singdrossel warm gelbbraun).

Status: Brütet in Skandinavien; überall sonst häufiger Wintergast. Hat vereinzelt auch in Mittel- und Westeuropa gebrütet.

❑ Verläßt das Brutgebiet im Sept./Okt., zieht hauptsächlich nachts. Wellen von Neuankömmlingen fallen aus morgendlichem Himmel in tief wellenförmigem Sinkflug ein, um in den Wipfeln von Feldbäumen zu rasten. Von den Beerensträuchern wird Weißdorn bevorzugt. ❑ Bei Störung fliehen die Vögel in alle Richtungen. Man achte auf die feinen »tzieh«-Rufe, die man besonders häufig von nachts ziehenden Vögeln hört. ❑ Bei schlechtem Wetter oft mit Wacholderdrosseln in Gärten an Falläpfeln und Abfällen. ❑ Im Spätwinter lassen die Trupps oft einen Chor von leisem Gesang hören. ❑ Der volle Gesang, meist von der Spitze einer Birke, ist ziemlich abwechslungsreich; er beginnt gewöhnlich kräftig mit 5–7 lauten Flötentönen »tschirieh-tschirieh-tschirieh, tschiru-tschri«, verläuft sich dann aber in ein langes, schwaches, kratzendes Schwätzen.

Singdrossel *Turdus philomelos* 23cm

Etwas größer als Star. Die häufigste der gefleckten Drosseln, brütet in Parks, Gärten und den verschiedensten Wäldern. Kann am ehesten mit der erheblich größeren Misteldrossel verwechselt werden; man vergleiche auch Rotdrossel und weibliche Amsel.

Altvogel: Von Misteldrossel durch geringe Größe, kürzeren Schwanz und wärmer olivbraune OS zu unterscheiden. US weiß mit einem kräftigen goldbraunen Anflug auf der Brust und auffälligen V-förmigen Flecken, die an den Flanken weich oliv verwaschen sind. Beine rosa. Geschlechter gleich. (Stets ohne die dunklen Brustflecken, die hellen Ränder der Schwungfedern und die weißen Schwanzecken, die die wichtigsten Merkmale der Misteldrossel sind.)

Jungvogel: Zu erkennen an den reichlichen hellbraunen Flecken auf Mantel und Flügeldecken. Alterskleid nach der Mauser Juli bis Sept.

Nahrungssuche hauptsächlich am Boden. Läuft und hüpft rasch – die Haltung ist aufrechter als bei der Amsel. Hält oft inne, um auf Würmer zu lauschen, wobei der Kopf in typischer Weise zur Seite gelegt wird.

Flug: Schnell und direkt. Goldbraune Unterflügeldecken schließen alle anderen Drosseln aus. Man achte auf das leise »tsip« (ganz verschieden vom trocken hölzernen Rasseln der Misteldrossel).

Status: In W-Europa Standvogel, im übrigen Europa ziehen die Singdrosseln im Winter nach SW und überwintern bis N-Afrika. Wegzug der Jungvögel bereits ab Mitte Aug., sonst Sept./Okt.; Rückkehr Febr./März.

❏ Sucht allein oder in lockeren Gruppen mit anderen Drosseln nach Nahrung. Ernährt sich von einer Vielfalt von Insekten, Würmern und Früchten, zieht aber Schnecken vor. ❏ Waldbrutvögel oft scheu. Hält sich gewöhnlich in der Nähe von ausreichender Deckung auf und zieht sich rasch mit amselartigem Gezeter dahin zurück. ❏ Der laute, klare Gesang trägt bis zu 1 km weit. Singt meist von Baumspitzen oder anderen hohen Warten. Charakterisiert durch kurze verschiedenartige Phrasen, von der jede 2–5mal wiederholt wird, z.B. wie die englische Wortfolge: »cherry-tea, cherry-tea, cherry-tea; wake-me-up, wake-me-up, wake-me-up; quick, quick, quick, quick...«.

Misteldrossel *Turdus viscivorus* 27 cm

Unsere größte Drossel, leicht erkennbar an ihrem harten, rasselnden Ruf. Die deutlichen weißen Schwanzecken sind am besten im An- und Abflug zu sehen. Brutvogel lichter, hochstämmiger Nadel- und Mischwälder, teilweise auch Besiedlung offener Landschaften, Parks und Gärten. In Mitteleuropa Stand-, Strich- oder Zugvogel.

Altvogel: Unterscheidet sich von Singdrossel durch stattlichere Größe, längeren Schwanz und kühler-grauere OS mit hell ockerfarbenem Bürzel und auffällig hellen Schwungfederkanten. Außerdem durch cremeweiße US mit kräftigeren, runderen Flecken, die an den Brustseiten zu einem kennzeichnenden dunklen Schmutzfleck verschmieren – am besten direkt von vorn zu sehen. Beine gelblich. Geschlechter gleich.

Jungvogel: Vielfach falsch bestimmt. Hat extrem hellgrauen Kopf, hell gerändete Schwungfedern und zahlreiche schwarze und weiße Tropfen auf der OS.

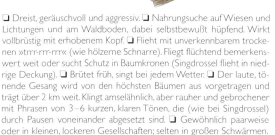

Flug: Kräftig, meist auf Baumwipfelhöhe. Kraftvolle Flügelschlagphasen wechseln mit kurzem Anlegen der langen Flügel ab, wodurch ein wellenförmiger Flug entsteht. Man achte auf runden Bauch und auffallend weiße Unterflügeldecken – letzteres nur gemeinsam mit Wacholderdrossel (die sich durch deutlichen Kontrast von dunkler Brust und hellem, ungezeichneten Bauch unterscheidet).

Status: Weit verbreiteter, aber nirgends häufiger Brutvogel; in W- und ME Standvogel, teilweise Zugvogel.

❏ Dreist, geräuschvoll und aggressiv. ❏ Nahrungssuche auf Wiesen und Lichtungen und am Waldboden, dabei selbstbewußt hüpfend. Wirkt vollbrüstig mit erhobenem Kopf. ❏ Flieht mit unverkennbarem trockenen »trrr-rrr-rrr« (wie hölzerne Schnarre). Fliegt flüchtend bemerkenswert weit oder sucht Schutz in Baumkronen (Singdrossel flieht in niedrige Deckung). ❏ Brütet früh, singt bei jedem Wetter. ❏ Der laute, tönende Gesang wird von den höchsten Bäumen aus vorgetragen und trägt weit 2 km weit. Klingt amselähnlich, aber rauher und gebrochener mit Phrasen von 3–6 kurzen, klaren Tönen, die (wie bei Singdrossel) durch Pausen voneinander abgesetzt sind. ❏ Gewöhnlich paarweise oder in kleinen, lockeren Gesellschaften; selten in großen Schwärmen.

Steinrötel *Monticola saxatilis* RL:0; 19cm

Scheue, kurzschwänzige Drossel felsübersäter Berghänge, gewöhnlich über 1000 m. Bei freisitzenden Vögeln fallen der lange Schnabel und der ziemlich kurze Schwanz auf. Der klare, flötende Gesang ähnelt dem der Blaumerle, Phrasen aber länger, fließender. Ernährt sich von Wirbellosen, Eidechsen, Beeren.

Männchen im PK:
Oben blau, mit dunkleren Flügeln und weißem Fleck auf dem Rücken. Schwanz und US orangerot. Im Herbst kräftig geschuppt und gebändert sowie mit Andeutung eines weißlichen Sattels und mit rostrotem Steiß.

Weibchen: Graubraun, mit hell gepunkteter OS und dunkel gebänderter US mit warm rostbraunem Hauch.

Status: Brütet in S-Europa (Apr.-Sept.), vereinzelt auch N-Alpen.

Im Singflug steigt das ♂ auf und schwebt wie ein Fallschirm wieder nieder.

Blaumerle *Monticola solitarius* 20cm

Bewohnt Ruinen, Klippen und Felsschluchten, von Meereshöhe bis etwa 800 m. Gestalt ähnlich wie Steinrötel, aber längerer Schnabel und Schwanz lassen sie größer erscheinen; Schwanz dunkel. Sichert stumm von alten Gebäuden oder Felsvorsprüngen aus. Der Gesang verbindet Elemente von Misteldrossel und Amsel, ist aber kurz, wobei die Flötenphasen eiliger wirken.

Männchen: Schieferblau, aber Farbe und Intensität ändern sich mit Licht und Entfernung; wirkt oft schwarz. Erscheint auf den ersten Blick wie Amsel, aber schlanker Schnabel ist auffällig – sogar als Silhouette. Im Herbst schwach geschuppt.

Weibchen: Dunkelbraun, aber kräftig geschuppt und US hellbraun gebändert.

Status: Standvogel im Mittelmeergebiet, überwintert aber in geringerer Höhe und wandert auch nach Afrika.

222

Seidensänger *Cettia cetti* 14cm

Versteckt lebender, schwer zu sehender Vogel; gewöhnlich erhascht man von ihm nur einen kurzen Blick, wenn der Vogel in niedriger, dichter Vegetation am Rand überwachsener Gewässer oder Sümpfe nach Nahrung sucht. Sofort zu erkennen an seinem explosiven Gesang (ganzjährig zu hören), den der Vogel dem Vorbeigehenden entgegenschmettert.

Altvogel: Bis auf hellen Überaugenstreif ungezeichnet, OS kräftig braun, US grauweiß. Zuckt oft mit gerundetem Schwanz, spreizt und stelzt ihn (man beachte gefleckte Unterschwanzdecken). Kopf wirkt ähnlich wie beim Zaunkönig, wogegen graue Brust und Herumschlüpfen im Astgewirr an Heckenbraunelle erinnern. Beine hellrosa.

Wird allgemein übersehen, wenn nicht der extrem laute Gesang aufmerksam macht: ein variables »tschutschewitschu! tscheti-tscheti-tscheti!« – vorgetragen wie eine Maschinengewehrsalve. Singt gewöhnlich aus dichter Deckung, manchmal von der Spitze eines niedrigen Busches (am besten am frühen Morgen zu hören).

Flug: Schwirrender Flug auf kurzen, gerundeten Flügeln, typischerweise von einem niedrigen Busch zum anderen.

Status: Im W Vorstöße nach N bis S-England; Standvogel mit schwankenden Beständen.

❏ In S-England hat sich die Art rasch und erfolgreich angesiedelt, wird aber durch harte Winter immer wieder dezimiert. ❏ Bevorzugt dichte Vegetation und feuchtes Gestrüpp am Rand langsam fließender Flüsse und Kanäle sowie Ufer von Gruben und Seen mit einem hohen Anteil von Schilf und Weiden. ❏ Kann manchmal mit zischenden Lauten aus der Deckung gelockt werden. ❏ Ruf ein explosives »tschick«. Daneben ein stotterndes Schimpfen, ähnlich wie Zaunkönig. ❏ Der lockere Schwanz enthält nur 10 Federn (alle anderen Singvögel haben 12).

Gelbspötter *Hippolais icterina* — 13.5 cm

Das zuverlässigste Unterscheidungsmerkmal zwischen Gelb- und Orpheusspötter ist die unterschiedliche Handschwingenprojektion (s.u.); erinnert an ausgebleichten oder gelblichen, baumbewohnenden Teichrohrsänger, typisch sind aber der gerade abgeschnittene Schwanz und die kurzen Unterschwanzdecken. Wesentliche Spöttermerkmale sind eckige Scheitelform, auffälliger fleisch-orangefarbener Schnabel und einfarbiges Gesicht (ohne dunklen Augenstreif).

Herrlich abwechslungsreicher Gesang, aus dem Kronenbereich vorgetragen. Erinnert an Sumpfrohrsänger, Stimme aber voller, viele Nachahmungen anderer Gesänge. Häufig zu hörender nasaler »giijä«-Ruf ist gutes Erkennungsmerkmal.

Status: Verbreiteter, häufiger Brutvogel, v.a. in der Tiefebene, nach W abnehmend; Anfang Mai bis Sept.

Lange Flügel, Handschwingenprojektion (s. S. 240) fast so lang wie Schirmfedern. Altvogel: Kombination von hellgelber US, blaugrauen Beinen und hellem Flügelfeld (schwächer durch Abnutzung) ist typisch. Jungvögel oft ohne deutliches Gelb, eher olivbraun und weißlich, mit weißlichem Flügelfleck.

❏ Kann mit durchziehenden Teichrohrsängern verwechselt werden, die gerne im Laub von Büschen und Bäumen nach Nahrung suchen, auch mit Gartengrasmücken (mit viel kürzerem Schnabel). ❏ Frisch vermauserte Fitisse sind auffallend gelb, haben aber schwachen Schnabel und dunklen Augenstreif. ❏ Hält sich meist in laubreicher Deckung von Gebüschen und Bäumen auf, wo er schwer zu sehen ist.

Orpheusspötter *Hippolais polyglotta* — RL:R; 13 cm

Status: Brutvogel in SW-Europa mit Ausdehnungstendenz nach NO (Saarland); ab Anfang Mai.

Minimal kürzerer Schnabel; kürzere Flügel (Handschwingenprojektion kaum die Hälfte der Schirmfedern), braunere Beine und kein Flügelfleck.

❏ Gesang variabel, aber allgemein weniger volltönend und wiederholend als Gelbspötter. ❏ Sperlingsähnlicher Ruf typisch (manchmal auch im Gesang). ❏ Manche haben weniger gelbliches Gefieder und können verwechselt werden, aber Gesicht, Schnabel und Schwanzende sind entscheidende Feldmerkmale.

Cistensänger *Cisticola juncidis* 10cm

Flug: Hüpfender Singflug mit gespreiztem Schwanz und stoßweisen Flügelschlagserien, bei jedem Anstieg ist ein rauhes »zip« zu hören.

Status: Standvogel in SW-Europa mit Ausdehnungstendenz nach N (nach kalten Wintern wieder Rückzug).

Geringe Größe und kräftig gestreifter Rücken sind typisch; man achte aber auch auf schwarze und helle Flecken am Ende des gestuften Schwanzes.

❏ Winziger, hellbeiger, aber deutlich gestreifter Sänger offenen Graslands. ❏ Sofort zu erkennen, wenn er in charakteristischer Weise über Kornfeldern, Wiesen, Seeufern, Ödland usw. seinen hüpfenden, kreisenden Singflug zeigt. ❏ Hält sich sonst in dichter Bodenvegetation auf oder singt von einer Warte aus; dann sind die relativ großen Augen und großen rosa Beine oft auffallend. ❏ Bei Aufgescheuchten auf dunkle und helle Flecken am Schwanzende achten. ❏ Läuft am Boden wie Miniaturpieper.

Schlagschwirl *Locustella fluviatilis* 14cm

Ähnelt Rohrschwirl, ist aber mehr olivbraun als rotbraun, Unterschwanzdecken sind kräftiger hell geschuppt, und die Brust ist undeutlich gefleckt oder diffus grau gestrichelt (manchmal auch die Kehle).

Status: Brutvogel in O-Europa bis Deutschland; kehrt im Mai aus dem Winterquartier zurück.

❏ Kaum zu sehen, außer beim Singen. ❏ Ähnelt in Größe und Kleid sehr dem Rohrschwirl, aber Habitat und Gesang anders. ❏ Der ungewöhnliche, meist von der Spitze eines Busches aus vorgetragene Gesang zieht die Aufmerksamkeit auf sich: ein rhythmisches »tze-tze-tze-tze...«, ähnlich einer Nähmaschine. Gesang beginnt plötzlich und kann lange anhalten, ist aber schwer zu lokalisieren. ❏ Bevorzugt Waldränder und Dickichte in Flußnähe (während der Rohrschwirl nur ausgedehnte Schilfgebiete bewohnt).

Feldschwirl Locustella naevia   13 cm

Versteckt lebender Vogel, der durch seinen bemerkenswerten Gesang auf sich aufmerksam macht – klingt wie eine ablaufende Angelschnur. Singt hauptsächlich morgends und abends (auch nachts), oft minutenlang ohne Unterbrechung. Sonst begegnet man ihm kaum, es sei denn, man scheucht ihn vor sich auf. Schlüpft mäuseartig durch dichte Bodenvegetation. Alt- und Jungvögel gleich.

Allgemeine Erscheinung unordentlich. Weiche dunkle Striche auf olivbrauner OS meist nur aus der Nähe zu sehen. Man achte auf schmalen hellen Augenring, schwachen Überaugenstreif und düsterweiße Kehle und Bauch. Restliche US bräunlich-weiß (manche gelblich); unterschiedlich schwach gestreift, aber gewöhnlich ungezeichnet, außer Streifen auf Unterschwanzdecken (aus der Nähe). Beine hell.

Singt aus buschiger oder krautiger Deckung, oft nahe der Spitze eines niedrigen Busches. Der breite, gerundete Schwanz hängt ziemlich schwer, nahezu verdeckt von langen, breiten Schwanzdecken (typisch für Schwirle). Schnabel bleibt beim Singen ständig geöffnet (eine weitere Eigenart der Schwirle), wobei die kurzen Flügel und der lange Schwanz ständig vibrieren.

Flug: Der füllige Schwanz scheint im Flug nachzuschleppen.

Status: Verbreiteter Brutvogel von Apr. bis Sept. Überwintert in W-Afrika.

❏ Brütet in verfilztem Gras, Kraut und dichtem, niedrigen Gebüsch von Schonungen, Heiden und Sumpfrändern mit Brombeeren. ❏ Schnurrender Gesang nicht besonders laut, aber weittragend (bis 500 m); kann unter windigen Verhältnissen verloren gehen, darum am besten bei Windstille zu hören. ❏ Singende Vögel haben die typische Schwirl-Angewohnheit, den Kopf zu drehen, wodurch der Gesang zu kommen und gehen scheint; schwirig zu lokalisieren: Man versuche mögliche Singwarten zwischen 30 und 150 cm überm Boden zu finden. ❏ Der hohe, metallische, an Insekten erinnernde Klang des Gesangs macht ihn für manche schwierig zu hören. ❏ Ruf ist ein scharfes »tchitt«. ❏ Der viel weniger versteckte Schilfrohrsänger ist unterseits einfarbiger, mit hellbraunem Bürzel und kräftigem, cremefarbenen Überaugenstreif.

226

Rohrschwirl *Locustella luscinioides* RL:V; 14 cm

Seltener, scheuer Schwirl, den man allenfalls beim Singen sieht. Gesang ein weittragendes, summendes Schwirren (klingt mehr nach Insekt als nach Vogel). Schlüpft sonst unsichtbar durch verfilzte Vegetation am Grund dichten Schilfbewuchses. Alle Kleider gleich.

Ähnelt in Färbung sehr dem Teichrohrsänger, aber die langen, breiten, leicht geschuppten Unterschwanzdecken verdecken fast die Schwanzunterseite; manchmal ist die schmale, weißliche, gebogene Kante des Außenflügels zu sehen. US stärker bräunlich-gelb als beim Teichrohrsänger, weißlich nur an der Kehle. Ohne die graue Färbung der Brust wie Seidensänger. Stelzt am Boden den breiten Schwanz hoch, hüpft auf großen hellen Beinen herum.

Singt gewöhnlich von einem Schilfhalm dicht unter der Spitze. Der füllige, gerundete Schwanz scheint beim singenden Vogel wie ein Pendel zu hängen. Singt wie andere Schwirle mit drehendem Kopf und weit offenem Schnabel; alle Rohrsänger singen mit sich ständig öffnendem und schließenden Schnabel, wobei ein leuchtend oranger oder roter Schlund sichtbar wird; der des Rohrschwirls ist düster rosa.

Flug: Gestufter Schwanz deutlich erkennbar.

Status: Recht selten in ausgedehnten Schilfbeständen von Ende Apr./Mai bis August. Brütet auch in SO-Bayern. Überwintert im tropischen Afrika.

❏ Bevorzugt ausgedehnte Schilfbestände. ❏ Singt hauptsächlich am frühen Morgen und Abend. ❏ Gesang charakteristisch; beginnt langsam, aber beschleunigt rasch, dann rascher und tiefer, mehr summend als Feldschwirl – wie das Summen von Starkstromleitungen. ❏ Gewöhnlich dauern die Strophen 5–30 sec, oft in rascher Folge. ❏ Scharfes »tschink-tschink« (wie Seidensänger) oder amselähnliches Warngezeter machen manchmal auf den Vogel aufmerksam.

Mariskensänger *Acrocephalus melanopogon* 13 cm

Kräftig gefärbt, erinnert an Schilfrohrsänger, aber mit breiterem, stumpferen, kalkweißen Überaugenstreif (Schilf-R. hat spitzeren, cremefarbenen Überaugenstreif), der sich kräftig von schwärzlichem Scheitel und Augenstreif abhebt (abgetragene Schilf-R. können düsteren Scheitel haben).

Status: Sehr lokaler Standvogel (Binnenlandvögel ziehen auch). Bei uns sehr seltener Gast.

Verwaschen bräunlich-roter Afterbereich, Flanken und Brustseiten kontrastieren mit gräulich-weißer Kehle und zentraler Unterseite.

❑ Insgesamt rötlich-braun und kurzflüglig, der füllig wirkende Schwanz beim aufgescheuchten Vogel läßt eher an Seidensänger als an Schilf-R. denken. ❑ Versteckt in Ufervegetation, besonders in Rohrkolbenbeständen. ❑ Neigt zu auffälligem Schwanzstelzen beim Hüpfen im Pflanzenbestand. ❑ Gesang ist charakteristisch; ähnlich Schilf-R., aber weniger intensiv und unterbrochen von typischen Serien ansteigender Töne: »lü-lü-lü-lü...«. ❑ Ruf ein tiefes, weiches »tschk«.

Seggenrohrsänger *Acrocephalus paludicola* RL: I; 13 cm

Altvogel: Markante Kopfzeichnung im Frühling typisch (wenn Schilf-R. mit ganz dunklem Scheitel); klare, feine Strichelung an Brustseiten und Flanken. Zügel kann bei Adulten dunkel sein.

Status: Selten und lokal in Seggenbeständen O-Europas (einige Paare in Ostdeutschland); Apr./Mai bis Aug./Sept. Zugwege unklar, selten über W-Europa.

❑ Sehr lokaler Brutvogel seggenreicher Wiesen in offenen Landschaften. ❑ Am ehesten auf dem Zug zu sehen, gewöhnlich in sumpfiger Vegetation, an Röhrichträndern. ❑ Ein kräftig gestreifter kleiner Rohrsänger. ❑ Scheitel mit kräftig schwarzen Seiten, cremegelbem Zentral- und Überaugenstreif (junger Schilf-R. kann ähnlich aussehen, hat aber schwache Strichelung im zentralen Scheitelstreif). ❑ Strohfarbene Streifen an den Mantelseiten sind im Kontrast zur fast schwärzlichen Mantelmitte oft erkennbar; Bürzel ist deutlich, aber schwächer gestreift. ❑ Extrem heimlich; einer der im Feld am schwierigsten zu beobachtenden Vögel. ❑ Gesang erinnert an Schilf-R., aber ausdauernder, kontinuierlicher; wird häufig durch charakteristische tonlose Triller »trrrr« (wie das Schwirren eines Lineals auf der Tischkante) unterbrochen.

Schilfrohrsänger *Acrocephalus schoenobaenus* RL: 2; 13 cm

Ein Rohrsänger mit dunkler Kappe und weißem Überaugenstreif. Weniger versteckt als Teich-R., mit lebhaftem Gesang, oft im erregt wirkenden Balzflug. Geschlechter ähnlich.

Altvogel: Rasch von anderen Rohrsängern zu unterscheiden durch kräftige cremefarbene Augenbrauen im Kontrast zu schwarzen Scheitelseiten und dunklem Augenstreif. Im frischen Gefieder Rücken deutlich gestreift (aber fast einfarbig bei abgenütztem Gefieder im Frühling). Ungestreifter gelbbrauner Bürzel oft auffallend – besonders im Flug. US cremeweiß, Flanken verwaschen olivbeige.

Jungvogel: Merklich heller, beiger und klarer gestreift als Altvogel, mit schwachem, hellen mittleren Scheitelstreif und undeutlich punktierter Brust aus der Nähe (erinnert an seltenen Seggen-R.).

Junger Seggenrohrsänger: Heller, gelber (oder strohfarben), mit deutlicherer Streifung und spärlicherer Flankenstrichelung als Adulte (junge Schilf-R. haben schwache Flecken an den Brustseiten). Man beachte die hellen Zügel (dunkel beim Schilf-R.).

Seggenrohrsänger

Flug: Wie Teich-R., fliegt niedrig, ruckartig und selten weit, bevor er in der Deckung verschwindet.

Status: Häufiger, aber inselartig verbreiteter Brutvogel des Tieflandes (lokal abnehmend); Mitte Apr. bis Sept. Überwintert im tropischen Afrika.

❏ Brütet in einer Vielfalt sumpfiger Lebensräume, einschließlich verwachsener Gruben, nasser Wiesen, buschiger Kanalufer, in Schilfbeständen an Seen und Flüssen usw. ❏ Ziehende Vögel sind auch in trockeneren, buschigeren Habitaten zu finden. ❏ Gesang ähnlich Teich-R., aber rascher, erregter und abwechslungsreicher: eine eiligere, fröhlichere Mischung aus musikalischen Phrasen und Trillern, hartem Zetern und gelegentlichen quietschenden Pfeiftönen – wie ständig leise schimpfend und fluchend. ❏ Singt von der Spitze eines Schilfhalms oder Busches, oft zu kurzem, flatterndem Singflug aufsteigend (was der Teich-R. nie tut): steigt steil 3–5 m hoch und gleitet langsam im Spiralflug zurück. ❏ Ruf ein hartes »teck, teck« (wie warnender Zaunkönig).

Sumpfrohrsänger *Acrocephalus palustris* 13 cm

Teich- und Sumpf-R. unterscheidet man am besten an ihren sehr verschiedenen Gesängen und Vorkommen (der Sumpf-R. ist in W-Europa selten und kommt nur lokal vor). Eine Unterscheidung nach dem Aussehen allein ist unsicher.

OS olivbraun; wirkt insgesamt hell (besonders Bürzel), ohne die rotbraune Tönung des Teich-R. US: bleich gelbbraune Brust und Flanken. Etwas längere Flügel und hellere Ränder an Schirmfedern und Handschwingenspitzen.

Status: Verbreitet und in geeigneten Lebensräumen häufig; Mitte Mai bis Aug./Sept. Überwintert in SO-Afrika.

Beine gewöhnlich heller, rosa-gelblich, zumindest bei Vögeln im 1. Winter (Altvögel oft mit dunkleren Beinen, aber Krallen heller als beim Teich-R.). Ruf ein kurzes »tschet«.

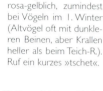

❏ Das wichtigste Feldmerkmal ist der Gesang.
❏ Sumpf-R. kraftvoll und an Schilf-R. erinnernd; ein hervorragender Imitator, ein lebendiges Geschwätz mit einem Strom von gespotteten Gesängen sowie charakteristischen Einlagen von stieglitzartigem Gezwitscher und nasalen »tsä-bii«-Rufen. ❏ Bevorzugt verschiedene feuchte Habitate wie Flußufer, staudenbewachsene Gräben, aber auch Nesseldickichte und sogar Getreidefelder fernab von Wasser.

Teichrohrsänger *Acrocephalus scirpaceus* 13 cm

Wärmer getönt als Sumpf-R., mehr rötlich-braun, mit rostfarbenem Bürzel; Flanken dunkler, mehr rötlich-hellbraun und Beine gewöhnlich dunkler, graubraun (aber variabel). Reagiert sehr auf Zischen, kommt dann oft sehr nah. Ruf ein tiefes »krrrr«.

Auf dem Zug können beide Arten auch in Hecken und Küstengebüsch vorkommen. Die ziemlich langen Unterschwanzdecken und die gestufte Schwanzspitze sind wichtige Hinweise, um Spötter auszuschließen.

Status: Häufiger Schilfbewohner; Ende Apr. bis Sept./Okt. Überwintert im tropischen Afrika.

❏ Mürrisches, monotones »tschurr tschurr tschurr, jäg jäg jäg, tschirruk tschirruk tschirruk...« – wie ein ausgehender Motor. Hauptsächlich an Schilfflächen und angrenzende Vegetation gebunden. ❏ Singt gewöhnlich von einem Schilfhalm und klettert dabei immer höher.

Drosselrohrsänger *Acrocephalus arundinaceus* RL:2;18cm

Auffälliger Überaugenstreif (weit bis hinters Auge), kräftiger Schnabel und längere gräuliche Beine als Teich-R. (Junge Vögel im Herbst tragen ein frisches rötlich-braunes und hellbraunes Gefieder, im Gegensatz zu den grauer abgetragenen Altvögeln.)

Hüpft auffällig im Schilf herum, klettert an den Halmen empor und singt laut von der Spitze.

Status: In Wasserschilf oft in kleinen Kolonien; in ME aber stark abnehmend; Apr./Mai bis Aug./Sept. Überwintert in Afrika.

❏ Ein drosselgroßer Rohrsänger. ❏ Gibt sich durch Ausbrüche seines kraftvollen Gesangs zu erkennen, viel lauter als Teich-R.: »karre-karre, kiet-kiet, görk-görk, siep-siep...«. ❏ Rufe, ein grollendes »görrk«, ein tiefes »tschak« und ein Krächzen. ❏ Aufgescheucht fliegen schwerfällig mit etwas gespreiztem Schwanz, wobei ein leichter Kontrast zwischen rötlich-hellbraunem Bürzel und einfarbiger restlicher OS erkennbar wird.

Buschrohrsänger *Acrocephalus dumetorum* 13cm

Vögel im Frühjahr im allgemeinen mit oliver oder gräulich-brauner OS, mit dunkelgrauen Beinen; Vögel im 1. Herbst variabler, viele oben recht warmbraun, mit helleren, rosagrauen Beinen. Zuverlässigste Feldmerkmale sind die kurze Handschwingenprojektion (s. S. 240) und die relativ einfarbigen Schirmfedern; der Schnabel erscheint oft spitzer und ist dunkler als bei Sumpf- oder Teich-R. (Schnabel des Sumpf-R. ist am hellsten).

❏ Eine asiatische Art, die allmählich nach NO-Europa vordringt. ❏ Sehr ähnlich Sumpf- und Teich-R. ❏ Bevorzugt Waldränder, Flußdickichte und Parklandschaften; meidet Röhrichte, aber ziehende Teich-R. können auch in Wäldern auftauchen. ❏ Hüpft mit leicht gestelztem Schwanz im niedrigen bis mittleren Kronenbereich von Laubbäumen herum und ruft trocken »tack« und gelegentlich »tschrrk«. ❏ Gesang charakteristisch; vielfältig, melodisch und langsam, bei stetigem, mühsamen Vortrag; einschließlich einiger Imitationen und Wiederholungen (wie Singdrossel), oft ist ein typisches »swiedliduh« eingeflochten. ❏ Überlappt im Habitat mit Sumpf-R., bevorzugt aber höhere Bäume. ❏ Von Mai bis Sept. im östlichen Ostseegebiet; überwintert in SO-Asien. Weiter westlich seltener Gast, v.a. Ende Aug. und Sept.

Brillengrasmücke *Sylvia conspicillata* 13cm

Männchen im Frühling: Erinnert an winzige Dorn-G., hat aber schwärzlichen Zügel, unterbrochenen weißen Augenring, und der gesamte Flügel erscheint sand-rötlichbraun, nur Schirmfedern und Flügelbug mit schwärzlichen Zentren (nicht große Deckfedern).

Status: Relativ häufig in Macchie und Weideland S-Europas; März/Apr. bis Aug./Sept.

Jungvögel und frisch vermauserte ♀ können fast einheitlich düster mausgrau oder hellbraun erscheinen, mit sand-rötlichbraunen Flügeln.

❏ Sitzt gern mit halbgestelztem Schwanz auf Buschspitzen und taucht dann rasch in dichte Vegetation oder saust eilig zwischen Büschen herum. ❏ Gesang ein hurtiges Geschwätz, erinnert an Dorn-G., doch rascher und etwas höher, oft im Flug. ❏ Zu den Rufen gehört ein kurzes »taktak« und ein typisch raspelnd-ratterndes »scharrr«.

Weißbart-Grasmücke *Sylvia cantillans* 13cm

Weibchen: Düster braune OS und matt rosabraune US, mit auffallend weißen Unterschwanzdecken. Vögel im 1. Herbst haben oft rotbraune Schwungfederränder (vgl. Brillen-G.) und kein Weiß an den Schwanzkanten.

Männchen: Deutlicher Kontrast zwischen blaugrauer OS und rosa bis rostoranger Kehle und Brust, mit auffallendem weißen Bartstreif.

❏ Eine kleine Grasmücke waldiger und buschiger Hügel und Berge des Mittelmeergebiets.
❏ Heimlich, wenn nicht singend, hält sich in der Deckung von Büschen und kleinen Bäumen, sucht Nahrung nah am Boden und hoch im Geäst; oft mit gestelztem Schwanz wie Provence-G.
❏ Gesang erinnert an eilige Dorn-G., aber etwas dünner und musikalischer; oft im Flug. ❏ Rufe: ein weiches »dche-dche-dche«, das oft zu einem Gezeter verschmilzt. ❏ März/Apr. bis Aug./Sept., weiter nördlich gelegentlich im Apr./Mai.

Samtkopf-Grasmücke *Sylvia melanocephala*   13 cm

Weibchen: Erinnert an düstere, gedrungene Dorn-G., aber ohne Rotbraun im Flügel und mit rotem Augenring (fehlt Vögeln im 1. Herbst) und bräunlich-beiger US.

Männchen: Schwarze Kappe, reinweiße Kehle, gräuliche US und rote Augen sind kennzeichnend.

Jungvögel ohne Weiß im Schwanz.

Status: Standvogel in S-Europa.

❏ Lokal häufig in buschreichem Gelände mit vereinzelten Bäumen, besonders in Küstennähe. ❏ Maschinengewehrartiges, lautes, stotternd ratterndes Gezeter verrät den Vogel. ❏ Oft zuerst erblickt, wenn der Vogel taumelnd über niedriges Gebüsch fliegt, wobei er die schmalen weißen Schwanzseiten und -ecken des gespreizten Schwanzes zeigt. ❏ Gesang ein anhaltendes musikalisches Schwätzen, ähnlich Dorn-G., aber mit Ausbrüchen von ratternden Rufelementen.

Orpheusgrasmücke *Sylvia hortensis*   15.5 cm

Die Augen der Altvögel sind hell, die jüngerer Vögel braun, die Irisfarbe ist jedoch im Feld erstaunlich schwer zu sehen.

Männchen: Mit dunkler Kappe, die sich von der weißen Kehle abhebt.

Weibchen und Jungvögel wie große Klapper-G.

Status: Lokal häufiger Brutvogel in S-Europa; Zugvogel.

❏ Große graue Grasmücke bewaldeter Hügel, Gärten und Olivenhaine in S-Europa. ❏ Hält sich im Laub von Büschen und Bäumen versteckt. ❏ Am besten an seinem Gesang zu lokalisieren: ein langsames, drosselartiges Trillern, mit geringen Änderungen nach kurzer Pause wiederholt. ❏ Die weißen Schwanzseiten scheinen um die Ecken zu reichen, wenn der Vogel mit gespreiztem Schwanz auffliegt. ❏ Ruf ein hartes »tak-tak« (ähnlich Mönchs-G.) und ein rauhes »trrrrr«.

Sperbergrasmücke *Sylvia nisoria* 15.5 cm

Jungvogel: Sandgraue OS und weißliche US. Ähnelt Garten-G., aber schwerer, mit kräftigerem Schnabel und deutlich längerem Schwanz. Leichte Bänderung an den Flanken, helle Ränder der Schwungfedern (besonders der Schirmfedern) und schwache doppelte Flügelbinden sind kennzeichnend.

Status: Brutvogel in O-Europa von Mai bis Sept., selten westlich davon.

Altvogel: Grau, mit halbmondförmiger Bänderung unterseits und starrend gelbem Auge – wie ein winziger Kuckuck.

❏ Große, lethargische Grasmücke. ❏ Brütet im östlichen Deutschland in etwa 8000 Paaren; bevorzugt offene, buschreiche Landschaften. ❏ Kann stundenlang im dichten Gebüsch unsichtbar bleiben; verrät sich nur durch langsames Knattern, wie schimpfender Sperling. ❏ Gesang erinnert an Garten-G. und wird manchmal in kurzem Balzflug vorgetragen.

Gartengrasmücke *Sylvia borin* 14 cm

Die Stimme und das Fehlen auffälliger Feldmerkmale sind der Schlüssel zur Bestimmung der Garten-G. Plumper als Mönchs-G., mit kürzerem Schnabel und runderem Scheitel. Das auffällige dunkle Auge gibt dem Gesicht einen freundlichen Ausdruck.

Alt- und Jungvogel: Gleichermaßen einfarbig graubraune OS (keine Kappe) und bräunlich-weiße US (am wärmsten an Brust und Flanken).

Status: Verbreiteter Brutvogel von Mitte Apr. bis Okt. Überwintert in Zentral- und S-Afrika.

Aus der Nähe sind dünner weißer Augenring, Andeutung eines hellen Überaugenstreifs, graue Schattierung der Halsseiten und helle Spitzen der Schirmfedern und Handschwingen wichtige Merkmale.

❏ Brütet gewöhnlich in dichtem Gestrüpp und offenen Mischwäldern mit reichem Unterwuchs, in verkrauteten Anpflanzungen und verbuschten Kahlschlägen. ❏ Lebt meist versteckt, aber taucht periodisch auf, um von erhöhter Warte aus zu singen. ❏ Gesang ähnlich Mönchs-G., aber weicher und anhaltender, ohne deren flötende Höhepunkte. Hat mehr den Charakter eines plätscherndes Baches, ein munterer, gleichmäßiger Gesang, der mehrere Minuten anhalten kann.

Mönchsgrasmücke *Sylvia atricapilla* 14cm

Grauer Waldsänger mit deutlicher Kappe. Bildet mit Garten-G. ein Artenpaar; beide hört man öfter als man sie sieht. Gesänge klingen anfangs verwirrend ähnlich, doch mit einiger Übung sind sie gut zu unterscheiden.

Männchen: OS graubraun, US grauweiß, mit silbergrauem Gesicht und Nacken. Typisch schwarze Kappe endet sauber im Augenbereich. (Hat niemals schwarzen Latz wie oberflächlich ähnliche Sumpf- und Weidenmeise.)

Weibchen/Jungvogel: Etwas bräunlicher als ♂, mit leuchtend rostroter Kappe. ♂ im 1. Winter an zunehmendem Schwarz auf dem Scheitel erkennbar.

Sperbergrasmücke: Man achte auf helle Schwanzecken.

Gartengrasmücke: Im Flug kurzer Schwanz ohne Weiß.

Garten-G.

Sperber-G.

Flug: Im Wald schwer zu sehen, fliegt hüpfend zwischen den Bäumen. Länglicher Schwanz ohne Weiß.

Mönchs-G.

Status: Weit verbreiteter Brutvogel (Apr.–Okt.), überwintert (im Gegensatz zur langflügligen Garten-G.) im Mittelmeergebiet und teilweise in England und Frankreich.

❏ Häufig in offenen Laubwäldern, Parks und Gärten mit großen Bäumen und üppigem Unterwuchs. ❏ Singt kraftvoll aus der Deckung, gelegentlich aus Baumkronen; allgemein weniger heimlich als Garten-G. ❏ Der volle Gesang ist lieblicher, kräftiger und abwechslungsreicher als Garten-G., vorgetragen in kürzeren, prägnanteren Phrasen: ein volltönender, melodiöser Gesang mit klaren, flötenden Tönen am Ende. ❏ Auf dem Zug an den verschiedensten Orten anzutreffen (manchmal gehäuft an der Küste). ❏ Im Herbst oft an beerentragenden Büschen. ❏ Die harten »tackk-Warnrufe (ganzjährig) können mit zwei aneinandergeschlagenen Kieseln imitiert werden.

235

Klappergrasmücke *Sylvia curruca* 13.5 cm

Schlanker, unscheinbarer, aber attraktiver Sänger mit der Gewohnheit, unauffällig in laubigen Hecken und Büschen herumzuschlüpfen. Verrät sich oft durch ihren langweilig klappernden Gesang oder ihr hartes »tack«, ähnlich Mönchsgrasmücke (wie zwei aufeinandergeschlagene Kiesel). Taucht gelegentlich aus der Deckung auf und zeigt dann ihre auffällig helle, silberweiße Kehle. Der graue Kopf mit den dunkler grauen Ohrdecken macht einen charakteristisch (wenn auch variabel) maskierten Eindruck.

Altvogel im Brutkleid: Etwas kleiner und kurzschwänziger als Dorn-G. Von dieser zu unterscheiden durch mattere, mehr graubraune OS, dunklere Augen, stahlgraue Beine und Fehlen von Rotbraun im Flügel. Schnabel schwärzlich.

Im frischen Herbstkleid (ab Ende Aug.): Altvögel und Junge im 1. Winter sehen sich sehr ähnlich, manche zeigen einen schmalen weißen Überaugenstreif und Augenring. Vögel im 1. Winter (abgebildet) aus der Nähe durch bläuliche Basis des Unterschnabels und heller graue Augen zu erkennen.

Status: Relativ häufiger Brutvogel (Mitte Apr.–Sept.), nach W seltener. Manche Vögel bleiben bis Oktober und ziehen dann durchs östliche Mittelmeergebiet nach O-Afrika.

US wirkt im Flug silbrig, Schwanzseiten weiß.

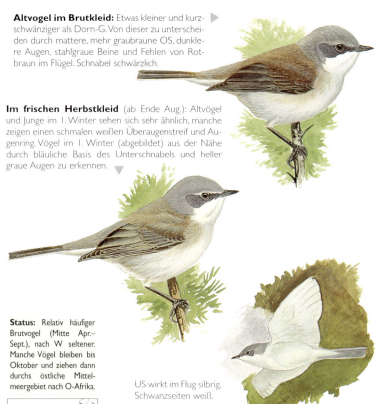

❏ Bevorzugt im allgemeinen höheres Gebüsch als Dorn-G.: Weißdorn- und Schlehendickichte, hohe Hecken und Waldränder. ❏ Charakteristischer Gesang ein lautes, ziemlich tonloses Klappern (ähnlich wie Anfangstöne der Goldammer), manchmal von einem leisen, musikalischen Gesang gefolgt, den man nur aus der Nähe hört. ❏ Stimme ertönt meist aus dichter Gebüschdeckung; singt auch gelegentlich im kurzen Flug zwischen zwei Büschen, aber nie im tanzenden Singflug wie Dorn-G. ❏ Im Herbst weniger heimlich (jedenfalls hört man den Ruf öfter), wenn Vögel von reifen Holunderbeeren angezogen werden.

Dorngrasmücke *Sylvia communis* RL:V; 14cm

Etwa Rotkehlchengröße, aber schlanker und Haltung viel weniger aufrecht. Auf den ersten Blick oberseits hellrötlich-braun und unterseits bräunlich-weiß, mit weißer Kehle. Unterscheidet sich von Klapper-G. durch leuchtend rostbraune Flügelränder, dunklere und kontrastreichere Zentren der Schirmfedern, helle Beine und hellbraune Iris. Geschlechter unterschiedlich (bei Klapper-G. gleich).

Männchen zur Brutzeit: Aschgrauer Kopf und rosa getönte Brust. Die weiße Kehle wird beim Singen gesträubt, wirkt dann zottig oder bärtig. Die helle Iris verleiht dem Gesicht einen verstörten Ausdruck.

Jungvögel und 1. Winter: Ähneln ♀, aber weichere, gleichmäßigere hellbraune Färbung und dunkelbraune Augen.

Weibchen: Insgesamt brauner als ♂. Dunklere Augen mit weniger intensivem Ausdruck.

Gesang eine kurze, kratzende Strophe, vielfach wiederholt. Gewöhnlich von offener Warte aus vorgetragen (Buschspitze, Pfahl oder Draht) oder in charakteristischem kurzen Singflug.

Status: Verbreiteter Brutvogel, Anfang Mai bis Aug./ Sept. Im Zusammenhang mit Trockenheiten in den afrikanischen Winterquartieren brechen die Bestände immer wieder zusammen. Vielerorts abnehmend.

❑ Leicht erregbare und ziemlich langbeinige Grasmücke, bevorzugt Brennessel- und Brombeerdickichte, buschige Heiden und Weiden, Hecken und gebüschreiche Ufer. ❑ Sträubt in der Erregung die Scheitelfedern. ❑ Taucht plötzlich aus Brombeeren oder niedrigem Gebüsch auf, zuckt nervös mit dem Schwanz, wenn man sich nähert, und taucht dann wieder in die Deckung, oft mit erhobenem Schwanz. ❑ Beschimpft den Eindringling aus dem Versteck mit typischem tiefen »tschärr« oder raschem »wät-wät«. ❑ Bei Bedrängnis fliegt sie niedrig und ziemlich taumelnd davon und zeigt ihren länglichen Schwanz mit auffallend weißen Seiten; kehrt rasch in Deckung zurück.

237

Provencegrasmücke *Sylvia undata* · 13 cm

Winzige Grasmücke in Ginster und Tieflandheiden Frankreichs und S-Englands. Wirkt auf den ersten Blick ganz dunkel – fast wie Silhouette – mit bemerkenswert langem, dünnen Schwanz (körperlang), der häufig hoch über dem Rücken getragen wird.

Männchen: OS dunkelgrau bis schieferbraun; US matt weinrot mit weißlichem Bauch. Aus der Nähe ist die feine weiße Sprenkelung der Kehle zu sehen, die wie ein verwaschener Bart wirkt. ♂ hat orange oder rote Augen und Augenringe. Beine gelblich oder rötlich.

Weibchen: Gewöhnlich etwas braunere und hellere OS, US mehr rosa und rötlich-ocker. Augen und Augenring allgemein matter und brauner. Jungvögel noch heller sandfarben unterseits.

Status: Stand- und Zugvogel vom Mittelmeergebiet bis S-England (zunehmend). Kalte Winter führen zu Verlusten. In ME Ausnahmegast.

Flug: Fliegt kraftlos auf schwirrenden Flügeln mit hängendem Schwanz. Fliegt selten weit, huscht über die Bodenvegetation, ehe sie im nächsten Ginsterbusch verschwindet.

❏ Rastlos und flüchtig (kann aber recht zutraulich sein); gewöhnlich einzeln oder paarweise in Ginsterdickichten der Küste oder in Binnenlandheiden mit viel Ginster und hohem Heidekraut. ❏ Am besten an ihrem leisen Gesang erkennbar: kurze, kratzende Strophe, ähnlich einer entfernten Dorngrasmücke. ❏ Erhebt sich bis zu 6 m in kurzem, rüttelndem oder tanzenden Singflug, singt aber meist von der höchsten Spitze eines niedrigen Busches aus, mit erhobenem Schwanz und gesträubten Scheitelfedern. Geht nach kurzer Zeit wieder in Deckung. ❏ Kann sich auch in lockerer Vegetation bestens verstecken und ärgert den Beobachter durch ein tiefes, langgezogenes »djarr« oder ein klapperndes »trtrtektek«.

Waldlaubsänger *Phylloscopus sibilatrix* 12.5 cm

Weniger häufig als Zipzalp und Fitis, häufiger in östlichen Wäldern. Größer und allgemein lebhafter gefärbt als Fitis, obwohl gelegentlich matter gefärbte Individuen vorkommen. Ankunft Mitte April, verschwindet fast unmerklich ab Ende Juli (selten ziehend zu beobachten).

Kontrast zwischen primelgelbem Gesicht/Brust und schneeweißem Bauch ist kennzeichend. OS grün wie Buchenlaub, mit deutlichem gelben Überaugenstreif. Helle Beine und rosa Unterschnabel. Man beachte die kräftig gezeichneten Flügel: Schirmfedern mit sehr dunklem Zentrum und Schwingen mit gelben Rändern.

Der ganze Vogel zittert beim Singen, die recht langen, hängenden Flügel und der kurze Schwanz ergeben ein sogar als Silhouette unverkennbares Bild.

Nahrungsuche hoch im Laubdach, wo man ihn leicht übersieht, jedoch verrät ihn die typische Stimme. Hat verschiedene Singwarten, zu denen er immer wieder zurückkehrt, aber auch charakteristische Singflüge, fallschirmartig von einem Ast zum nächsten flatternd.

Status: Verbreiteter Brutvogel von Mitte Apr. bis Sept. Überwintert in Zentralafrika.

Brütet in alten Laub- und Mischwäldern, gewöhnlich mit geringem Unterwuchs; bevorzugt Eiche, Birke und Buche. ❏ Hat zwei verschiedene Gesänge: Am häufigsten beginnt er mit stotternden Tönen, die sich zu einem hübschen Schwirren beschleunigen – wie eine kreiselnde Münze auf einem Teller. Jede Strophe dauert etwa 3 sec, aber kann bis zu 8mal in der Minute wiederholt werden. ❏ Der zweite Gesang ist seltener zu hören, eine Serie von 4–20 klar pfeifenden Tönen, »pju pju pju...«. Wird manchmal als Auftakt zum Schwirren gebracht. ❏ Ruf ist ein weiches, melancholisches »pjuh«, leicht zu verwechseln mit dem bekannten pfeifenden Ruf des Gimpels (aber ganz anders als der ängstliche »huit«-Ruf vom Fitis).

Zilpzalp *Phylloscopus collybita* 10–11 cm

Benannt nach seinem kennzeichnenden Gesang. Einer der frühesten Zugvögel (die frühesten Heimkehrer findet man oft in Büschen und Bäumen am Ufer). Zögert auch mit seinem Abzug oft bis spät in den Herbst. Laubsänger, die man von Nov. bis März in NW-Europa antrifft, gehören meist dieser Art an. Grauer als Fitis, mit runderem Scheitel, kürzerer Handschwingenprojektion (s.u.), undeutlichem Überaugenstreif, dunklen Beinen und anderer Stimme.

Frühjahr: Unterscheidet sich vom Fitis durch bräunlich-olive OS, bräunlich-weiße US und schwärzliche Beine und Schnabel. Der dünne, unterbrochene Augenring ist meist deutlicher als der Überaugenstreif (umgekehrt bei Fitis).

Herbst: Ab Sept. sind Alt- und Jungvögel gleich; viel frischer, stärker oliv oben und ledergelb unten.

Skandinavische Rasse *abietinus* (auf dem Zug) ist oben grauer und unten weißer als Nominatform. **Sibirische Rasse** *tristis* (abgebildet; selten, aber jährlich im Spätherbst) noch kühler, ohne jedes Oliv oder Gelb, mit recht auffälliger Flügelbinde im frischen Gefieder (Binde länger und diffuser als beim Grün-L., der fleischfarbenen Unterschnabel und anderen Ruf hat).

Singt von der Spitze hoher Bäume. Bewegt bei jedem Ton den Schwanz, als pumpe er seine Stimme.

Sibirische Rasse

Status: Häufiger Brutvogel (März–Nov.). Überwintert hauptsächlich im Mittelmeergebiet, seltener auch in England.

Handschwingenprojektion kürzer als beim Fitis (Länge A kaum die Hälfte von B), ein Ausdruck seiner kürzeren Zugwege.

❏ Monotoner Gesang (an günstigen Tagen ständig zu hören) gerät oft aus dem Takt: »tschip-tschap, tschip-tschap...«, am Anfang kann man tiefe stotternde Töne hören »tarr, tarr...«, als ob er sich bemühte, den Gesang in Schwung zu kriegen. ❏ Hüpft unruhig im Laub herum und zuckt dabei mit den Flügeln. Die Eigenschaft, den Schwanz nach unten zu drücken, ist ein nützliches Merkmal. ❏ Ruft lauter, kräftiger und einsilbiger als der Fitis: »wieht...«; außerdem ein kläglicheres »piehp« und ein lockeres »swieho« im Herbst und Winter zu hören (viele Durchzügler tragen Merkmale östlicher Rassen). ❏ Brütet in offenem Waldland und Gebüschen mit dichtem Unterwuchs, bevorzugt ältere Baumbestände als Fitis.

Fitis *Phylloscopus trochilus* 11 cm

Häufiger Brutvogel von Apr. bis Aug./Sept. Hat die für Laubsänger typische schlanke Gestalt, den zierlichen Schnabel und das matt grünliche Aussehen. Ähnelt sehr dem Zilpzalp, von dem er am besten durch Stimme, längere Handschwingenprojektion und (gewöhnlich) hellere Beine zu unterscheiden ist. Viele nördliche Vögel jedoch ohne gelblichen Farbton und sehr braun und weiß.

Frühjahr: Vom Zilpzalp durch hellere OS und frischere Olivtöne sowie sauberere US unterschieden, meist mit zartgelber Tönung im Gesicht und an der oberen Brust. Deutlicherer, gelber Überaugenstreif, stärker orange Schnabelbasis und rosabraune Beine sind wichtige Merkmale. Einige haben dunkle Beine, aber (im Gegensatz zum Zilpzalp) meist helle Zehen.

Herbst: Vögel im 1. Winter sind kräftiger gefärbt, unterseits deutlich gelb oder ledergelb, mit kräftig gelber Augenbraue (lebhafter als jeder Zilpzalp). Frisch vermauserte Altvögel ähnlich, aber am Bauch weißer.

Der Fitis ist ein langflügliger Langstreckenzieher, und die Handschwingenprojektion ist entsprechend länger, besonders bei ♂ (Längen A und B etwa gleich). ♀ sind kleiner und relativ kurzflügliger, leichter mit Zilpzalp zu verwechseln.

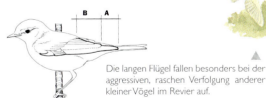

Die langen Flügel fallen besonders bei der aggressiven, raschen Verfolgung anderer kleiner Vögel im Revier auf.

Status: Verbreiteter Brut- und Zugvogel (Apr.–Sept./Okt.). Überwintert im tropischen Afrika.

❏ Brütet in offen bewaldeten Lebensräumen (einschließlich Heiden mit einzelnen Bäumen, Waldrändern, Anpflanzungen, Kahlschlägen mit buschigem Nachwuchs). ❏ Auf dem Zug überall zu erwarten, manchmal in großer Zahl an der Küste. ❏ Verhalten behende und ruhelos, aber ohne das Schwanzsenken des nahrungssuchenden Zilpzalps. Rüttelt und fängt Insekten aus der Luft, sucht aber in der Regel das Laub nach Nahrung ab. ❏ Sehr kennzeichnender Gesang: eine liebliche, weiche Strophe von 3–5 sec Dauer, die sanft abfällt wie ein fallendes Blatt und mit einem Schnörkel endet. ❏ Zweisilbiger, klagender »hu-iet«-Ruf klingt fragend; bei genauem Hinhören vom ausdrucksvollen, einsilbigen »wieht« des Zilpzalps zu unterscheiden.

241

Berglaubsänger *Phylloscopus bonelli* 11 cm

Leuchtende weiße US und matt graubraune OS erinnern an bleichen Zilzalp, aber die gelblich-grünen Flügel sind kräftiger gezeichnet, mit besonders dunklen Zentren der Schirmfedern.

Gelblicher Bürzel und Oberschwanzdecken sind gewöhnlich schwer zu sehen, außer der Vogel rüttelt kurz während der Nahrungssuche.

Status: Relativ häufig in Bergwäldern mit Eiche (ab April). In Deutschland nur Schwarzwald, S-Bayern.

❏ Ein sehr heller, lebhafter kleiner Waldbewohner. ❏ Brütet in Laub-, Misch und reinen Nadelwäldern, speziell im Bergland. ❏ Kennzeichnender Gesang (nicht unähnlich einem trillernden Grünling): ein trockener, stotternden Triller, tiefer, von stetigerer Tonhöhe und kürzer als das Schwirren des Wald-L. Typischer Ruf ein ansteigendes, liebliches »pr-ieh« oder »duh-iehk«. ❏ Kopffärbung eintöniger als bei den meisten anderen Laubsängern; auffällig das sehr dunkle Auge und der rosa Unterschnabel. Beine oft sehr hell. ❏ Zilpzalpe der Rasse *tristis* ähnlich matt und weißlich, aber mit schwärzlichem Schnabel und Beinen, kürzeren Handschwingen, kräftigerem Überaugenstreif und schwächer gezeichneten Flügeln. ❏ Ein in Bäumen lebender Laubsänger, sehr aktiv, häufig kurz rüttelnd und insektenfangend bei der Jagd im Laubdach.

Grünlaubsänger *Phylloscopus trochiloides* 11 cm

Im frischen Kleid oben olivbraun mit grau getöntem Mantel, damit kontrastierende cremeweiße US, Überaugenstreif und Flügelbinde.

Abgenutzte Gefieder (Einjährige im Frühjahr, Adulte im Spätsommer und Herbst) sind insgesamt düster graubraun, mit einer auf eine Reihe von Punkten reduzierten Flügelbinde, die auch fehlen kann.

Status: Seltener Brutvogel im Baltikum und östlich davon. Überwintert in SO-Asien. Bei uns Ausnahmeerscheinung, v.a. im Aug./Sept.

In allen Alterskleidern Unterschnabel rosa-orange, oft verstärkt durch erhobenen Schnabel, wodurch dieser kräftiger und fleischfarbener erscheint als der von Zilpzalp und Fitis.

❏ Eine asiatische Art, die ihr Areal langsam nach NW-Europa ausdehnt. ❏ Bevorzugt Laubwälder, Parks und große Gärten. ❏ Singt und sucht nach Nahrung im Kronenbereich. ❏ Gesang kennzeichnend: ein fröhliches »si ti twieh, si ti twie, si ti twie, si twie, siwesitisittisti«. ❏ Ruf ein liebliches spatzenähnliches, ansteigendes »tsch-wieh« oder »tsilieh«.

Goldhähnchen-Laubsänger *Phylloscopus proregulus* 9 cm

Gelber Scheitelstreif oft erkennbar, wenn der Vogel unter Blättern nach Nahrung sucht – kann aber verborgen bleiben, wenn der Vogel durchs Geäst jagt. Die helleren, reineren Wangen, der schwärzere Augenstreif und der dunklere Unterschnabel sind dann hilfreiche Kennzeichen.

Der gelbe Bürzelfleck ist nur im Flug, vor allem beim Rütteln sichtbar.

❏ Kleinster Laubsänger. ❏ Ähnelt sehr dem Gelbbrauen-L., aber hat charakteristischen gelben Scheitelstreif und Bürzelfleck. Außerdem gewöhnlich oben heller grün, mit gelberen Flügelbinden und breiterem, gelberem Überaugenstreif. ❏ Neigt zu wiederholtem Rütteln bei der Nahrungsuche (Gelbbrauen-L. rüttelt nur gelegentlich). ❏ Ruf ein dünnes »wiest« oder »tsieh«, flacher und weniger durchdringend als Gelbbrauen-L. ❏ Zunehmend häufiger Gast aus Sibirien. ❏ Fast alljährlich im späten Oktober.

Gelbbrauen-Laubsänger *Phylloscopus inornatus* 10 cm

Kräftige, bandförmige Binde zieht sich über die ganze Flügelbreite, aber dieses Muster teilt auch der seltenere Goldhähnchen-L., der bei schlechtem Licht von unten sehr ähnlich aussieht. Obwohl Gelbbrauen-L. die Andeutung eines hellen Scheitelstreifs zeigen kann, ist dieser nie rein gelb, wie der des Goldhähnchen-L., und der Bürzel ist immer oliv.

❏ Lebhafter kleiner Laubsänger mit auffällig langem, cremeweißen Überaugenstreif und doppelter Flügelbinde. ❏ Auf der Nahrungsuche oft in Weiden oder Platanen, manchmal in Gesellschaft von Goldhähnchen und Meisen – bewegt sich aber viel lebhafter im Geäst. ❏ Etwas längerer Rumpf als Sommergoldhähnchen, von dem er sich sofort durch breiten Flügelstreif unterscheidet. ❏ Ruf ein typisches, ansteigendes »tswiiht«, sehr ähnlich dem Ruf der Tannenmeise. ❏ Regelmäßiger Gast aus Sibirien, überwintert in SO-Asien. Alljährlich Mitte Sept. bis Okt.

Wintergoldhähnchen Regulus regulus 9 cm

Kleinster heimischer Vogel. Bevorzugt Nadelbäume; Nahrungsuche in Baumwipfeln, wo es durch sein ständiges »si-si-si« die Aufmerksamkeit auf sich zieht. Typischer Anblick: trüb gelbbrauner Bauch und kurzer gekerbter Schwanz, oder als rastlose, flügelzuckende Silhouette. Winzig und rundlich, mit nadelförmigem Schnabel, goldener Scheitelstrich mit schwarzen Seiten – das schließt alle anderen Vögel aus, außer dem Sommer-G. (s.u.).

Krone erscheint bei beiden Geschlechtern gelb, wenn »geschlossen«. Großes Auge und dünner, abfallender Bartstrich machen traurigen Eindruck. OS düster oliv, mit weißen Flügelbinden.

Status: Häufiger Brut- und Jahresvogel (im Winter weniger); fehlt in fichtenfreien Tieflagen.

Leuchtend orange Krone des ♂ wird sichtbar, wenn bei Erregung geöffnet.

Jungvogel: Hat einfarbigen Kopf (keine Krone). Ab Sept. wie Altvogel.

❏ Hüpft gewöhnlich im Kronendach herum oder rüttelt kurz an Zweigenden. ❏ Extrem hoher Gesang mit auf- und absteigenden Wiederholungen, ein verschnörkeltes »sitatuti, sitatuti, sitatuti… sissi-suit«. ❏ Ohne Scheu; beachtet nahe Menschen kaum. ❏ Beide Arten können von Sept. bis Apr. in Meisentrupps beobachtet werden.

Sommergoldhähnchen Regulus ignicapillus 9 cm

Heller als Winter-G., US weißer und OS grüner. Auffallende Kopfzeichnung: breiter, kalkweißer Überaugenstreif scharf abgesetzt gegen dunklen Augenstreif und graue Wangen. ♂ (links) hat in der Erregung flammend orangen Scheitelstreif, beim ♀ (rechts) gelb.

Status: In ME verbreitet und in Nadelwäldern recht häufig

Jungvogel: Jugendkleid ohne Krone, aber mit weißlichem Überaugenstreif.

❏ Verbringt weniger Zeit in einem Baum, eilt nach heimlicher Suche im Laub weiter (Winter-G. ist ausdauernder bei der Suche). ❏ Ruf weniger schrill (tiefer und langsamer) »tsi-tsi-tsiehp« oder ein einzelnes »tsiehp«. Gesang ähnlich, beschleunigend und ansteigend, aber ohne Endschnörkel: »zizizizizitt«. ❏ Mancherorts sehr häufig auf dem Durchzug, gelegentlich überwinternd.

Grauschnäpper *Muscicapa striata* 14 cm

Rotkehlchengroßer Vogel des Kronenbereichs. Lange, schlanke Gestalt, schwach gestrichelter Scheitel, weich gestreifte Brust und Fehlen von Weiß in Flügel und Schwanz unterscheiden den Altvogel von anderen Fliegenschnäppern. Jungvögel gefleckt. Sitzt aufrecht auf Zäunen, Aststümpfen oder sonnigen Stellen der Vegetation, wo der Glanz der seidenweißen US oft zuerst auffällt. Hält nach Insekten Ausschau, die er im Flug mit hörbarem Klappen des Schnabels fängt.

Altvogel: Mausbraune OS mit hellen Rändern der Schwungfedern, große dunkle Augen, spitzer schwarzer Schnabel (deutlich verbreitert an der Basis, wenn von unten gesehen) und kurze dunkle Beine sind immer kennzeichnend.

Jungvogel: Kräftig gezeichnet, mit hellbraunen Flecken an Kopf und besonders Mantel/Schulter. Ähnelt nach der Mauser (Juli–Sept.) ins 1. Winterkleid den Altvögeln, hat aber breitere hellbraune Ränder an den Schwungfedern, was oft deutlichen Eindruck einer hellen Flügelbinde macht. (Nie so deutlich wie die weiße Flügel- und Schwanzzeichnung des ähnlichen jungen Trauerschnäppers.)

Flug: Die langen Flügel fallen im eleganten, schnellen Flug auf. Dreht und wendet sich mit großer Beweglichkeit bei der Verfolgung fliegender Insekten und kehrt dann mit nervös zuckenden Flügeln zu einem seiner Ansitze zurück. Kurze Zeit später saust er wieder los.

Status: Verbreiteter Brut- und Zugvogel (Mai–Sept.). Überwintert im tropischen Afrika.

Brütet in lichten Wäldern, an Waldrändern, in alten Parks und Gärten.
❏ Das sehr hohe, dünne »tsieh« (wie das Quietschen einer rostigen Schubkarre) ist oft das erste Anzeichen seiner Gegenwart (leicht mit dem Ruf des Rotkehlchens oder bettelnder Jungvögel zu verwechseln).
❏ Der kümmerliche Gesang wird oft überhört – nur eine Erweiterung des Rufs, eine kurze Serie von leisen Quietschern mit kurzer Pause zwischen jedem Ton. ❏ Warnruf »tsieh-tsuk«. ❏ Gewöhnlich einzeln oder paarweise.

Zwergschnäpper *Ficedula parva* 11,5 cm

Männchen: Roter Latz und große Augen erinnern an kleines Rotkehlchen, aber Augenring, Schwanzzeichnung, grauer Kopf und Fliegenschnäpperverhalten sind kennzeichnend.

Status: Im O relativ häufig, nach W hin seltenerer (Ende Mai–Sept./Okt.).

Weibchen und Einjährige: Brauner Kopf und cremefarbene Brust. Einjährige unterscheiden sich geringfügig durch unterschiedlich hellbraune Spitzen der Schirmfedern und Flügeldecken; manche junge ♂ haben rosa überhauchte Brust.

❏ Kleinster und heimlichster der europäischen Fliegenschnäpper; in allen Kleidern durch deutlichen hellen Augenring und leuchtend weiße Außenflecken an der Basis des dunklen, oft gestelzten Schwanzes zu erkennen. ❏ Brütet nicht in W-Europa. ❏ Eilt rastlos im schattigen Kronenbereich feuchter Misch- und Laubwälder herum. ❏ Trockenes, zaunkönigartiges Klappern, »zrrrrt« verrät oft Durchzügler. ❏ Flötender, abfallender Gesang erinnert an traurigen Fitis.

Halsbandschnäpper *Ficedula albicollis* RL: 1; 13 cm

Männchen zur Brutzeit: Vom Trauerschnäpper durch großen weißen Stirnfleck, breiten weißen Kragen, hellen Bürzel und ausgedehnten weißen Fleck am Grund der Handschwingen zu unterscheiden.

Weibchen: OS in der Regel mehr hellbraun als ähnliches Trauerschnäpper-♀, oft mit Andeutung des männlichen Kragens und Bürzelflecks.

Status: Seltener Brut- und Zugvogel (Mai–Sept.).

Man beachte den keulenförmigen weißen Fleck an der Basis der Handschwingen (fehlt oder ist viel schmaler beim Trauerschnäpper-♀).

❏ Kontrastreicher als Trauerschnäpper, mit dem er oft gemeinsam in alten Laubwäldern des südlichen und östlichen ME (auch Ostsee) vorkommt. ❏ Verhalten wie Trauerschnäpper, aber Gesang und durchdringender »siep«-Ruf (ganz anders als T.) sind kennzeichnend. ❏ Phantasieloser Gesang eine Mischung aus langsamen, quietschenden Tönen, »siep«-Rufen und gelegentlich wohltönenderen Passagen. ❏ Nach Sommermauser ♂ nicht mehr von ♀ zu unterscheiden.

Trauerschnäpper *Ficedula hypoleuca* 13 cm

Stets vom größeren Grauschnäpper zu unterscheiden durch gedrungenere Gestalt und auffällige weiße Zeichnung in Flügel und Schwanz. ♂ im Frühjahr unverkennbar gefleckt, aber nach der Mauser im Juli/Aug. praktisch identisch mit dem graubraneneren ♀. Sehr ähnlich ist nur der mehr östliche Halsbandschnäpper, aber vgl. auch Bachstelze und Buchfink-♀, die beide zeitweilig Insekten fangen.

Männchen: Schwarz mit weißer US, Flügelflecken und Schwanzseiten. Kleiner Stirnfleck.

Weibchen: Gesamtzeichnung erinnert an ♂, aber OS düster olivbraun und weniger Weiß im Flügel. Kein Weiß auf der Stirn. (Das ♂ der selten auftretenden grauen Form hat weißen Stirnfleck.)

Jungvogel: Gefleckt wie junger Grauschnäpper. Man achte auf kräftige weiße Flügel- und Schwanzzeichnung.

Flug: Das Weiß in Flügeln und Schwanz wird im Flug am besten sichtbar und beim Auffliegen, wenn der Vogel den Schwanz stelzt und nervös mit den Flügeln (ähnlich der Heckenbraunelle) zuckt.

Status: Verbreiteter Brut- und Zugvogel (Mai–Aug./Sept.). Schwerpunkt der Verbreitung im NO.

❏ Brütet in Baumhöhlen und Nistkästen, hauptsächlich in Laubwäldern, Parks und Gärten. ❏ Kurzer, melodischer, aber ziemlich variabler und wenig spezifischer Gesang, der auf einer Folge von Doppeltönen beruht: »ziecha« oder »tsieplie« (kann an Rohrammer, Kohlmeise oder Gartenrotschwanz erinnern). ❏ Offene Sitzwarten, aber meist wird die Deckung des Laubdachs bevorzugt; kaum bemerkt, es sei denn durch plötzliche Insektenjagd. ❏ Man achte auf die ständigen scharfen »pik, pik...«-Rufe. ❏ Kehrt meist nicht zur gleichen Warte zurück (wie Grauschnäpper). ❏ Während der Hochsommermauser still und schwer zu finden.

247

Bartmeise *Panurus biarmicus* RL:V; 16.5 cm

Akrobatischer, gelbbrauner Vogel mit sehr langem Schwanz. Beschränkt auf Röhrichte, wo man sie öfter hört als sieht. Ruf ein lautes, nasales »tsching«, wie zwei zusammenstoßende Münzen (sehr kennzeichnend, kann aber vom Teichrohrsänger perfekt nachgeahmt werden). Pflegt einen Halm emporzuklettern, um kurz Ausschau zu halten, und huscht dann weg.

Männchen: Auffallend hübsch, mit hell gelbbraunem Körper und einmalig gezeichnetem, blaugrauen Kopf, mit langem hängenden schwarzen Bart, orangen Augen und leuchtend gelborangem Schnabel. Flügel mit attraktiven Binden in Schwarz, Weiß und Hellbraun. US hell; schwarze Unterschwanzdecken sind typisch.

Weibchen

Männchen

Jungvogel: Junge gleichen in beiden Geschlechtern dem ♀, aber sind satter orangebeige, mit kräftig schwarzem Sattel und Schwanzkanten.

Weibchen: Schlicht brauner Kopf und matter Schnabel, aber die hellbeige Gesamtfärbung und der lange Schwanz sind kennzeichnend. Unterschwanzdecken beige.

Status: Hauptsächlich Standvogel, aber periodische Ausbreitung; im Gebiet inselartig; brütet auch am Bodensee; an Röhrichte gebunden. Im Winter manchmal an Stauseen.

Flug: Rasch und niedrig über die Schilfspitzen hinweg, mit schwirrenden Flügeln und langem, weich nachgeschlepptem Schwanz. Taucht plötzlich in die Vegetation ab.

❏ Vermehrt sich rasch, Bestände schwanken aber stark in Abhängigkeit von Kälteverlusten; in guten Jahren plötzliche Ausbreitung im Herbst. Solche Bewegungen werden durch hoch überm Schilf fliegende Gruppen angekündigt. ❏ Wenig scheu, aber rastlos. ❏ Am besten an ruhigen, hellen Tagen zu beobachten; dann kann man die Vögel an schlammigen Ufern oder im Halmgewirr von Röhrichträndern bei der Nahrungssuche sehen. ❏ Vorsichtiges Zischen kann sie aus der Deckung locken. ❏ Gehören nicht zu den Meisen, sondern zu den asiatischen Timaliden.

Schwanzmeise *Aegithalos caudatus* 14cm

Rastloser, kleiner Vogel der Laub- und Mischwälder, Hecken und buschigen Heiden, gewöhnlich paarweise oder in erweiterten Familiengruppen bis zu 20. Wirkt aus jeder Entfernung schwarz und weiß, mit winzigem Schnabel und forschenden Knopfaugen. Der außergewöhnlich lange Schwanz – der mehr als die Hälfte der Gesamtlänge ausmacht – ist einmalig unter kleinen Waldvögeln.

Altvogel (der britischen Rasse *rosaceus*): Rosa Schultern, Bürzel und Unterschwanz sowie weißer Scheitel, begrenzt von einem dicken schwarzen Steifen überm Auge.

Jungvogel: Anfangs Schwanz deutlich kürzer als der der Adulten (und oft gebogen wie ein Löffel, eine Folge der Nestform). Gefieder dunkler und flauschiger als das der Alten, ohne jedes Rosa; breite schokoladenbraune Maske sowie weißes Strahlenmuster auf den dunkelbraunen Flügeln sind kennzeichend. Nach der Mauser (Aug./Sept.) wie Altvögel.

Die Rasse *caudatus* aus Skandinavien/Osteuropa hat schneeweißen Kopf.

Status: Häufiger Stand- und Strichvogel. Mehrere Rassen in Europa.

❏ Keine echte Meise, aber ähnlich akrobatisch. ❏ Schließt sich gewöhnlich umherstreifenden Meisentrupps an – ihr ständiger Ruf ist oft der Hinweis auf eine sich nähernde Gruppe. ❏ Man achte auf das charakteristische, trockene, schwirrende »tsirrup« und das leisere, zungenklickende »tick, tick«. ❏ Ein Chor von aufgeregten, hohen, goldhähnchenartigen »tsieh-tsieh-tsieh«-Rufen signalisiert Abflug des Trupps. Man achte dann auf die Prozession in langer Kette von einer Baumgruppe zur nächsten. ❏ Der Flug ist schwach, taumelnd und hüpfend, wobei der lange Schwanz nachgezogen wird. ❏ Nahrungsuche von den höchsten Wipfeln bis zum niedrigsten Busch, ohne Scheu vor Menschen. ❏ Baut in niedrigen Dornbüschen oder Astgabeln bemerkenswerte Kugelnester aus Spinnweben, Moos, Flechten und Federn.

Sumpfmeise *Parus palustris* 11.5 cm

Sumpf- und Weidenmeise sind schwer zu unterscheiden und können sogar erfahrene Vogelkenner irritieren (in England war bis 1900 die Anwesenheit von Weidenmeisen unbekannt). Die geringen Unterschiede im Gefieder sind nur aus der Nähe erkennbar. Zunächst sollte man auf Flügel und Kopf achten. Ort und Lebensraum sind manchmal hilfreich, das beste Unterscheidungsmerkmal ist aber die Stimme. Die kleinere Tannenmeise zeigt deutliche Flügelbinden und Nackenfleck.

Rasse *palustris* (NW- und M-Europa): Ohne helles Flügelfeld. Erscheint oberseits graubraun, mit weißen Wangen; US grauweiß. Sieht adrett und schlanker aus als Weidenmeise, mit glänzenderer schwarzer Kappe und kleinerem schwarzen Latz, hübsch gestutzt wie ein Charlie-Chaplin-Bärtchen. Aus der Nähe zeigt die schwarze Kappe einen blauen Schimmer, am deutlichsten auf der Stirn.

Rasse *dresseri* (S-England und NW-Frankreich): OS deutlich warmbraun, US einheitlich beige getönt. (Andeutung eines Flügelfelds im frischen Kleid.)

Bevorzugt trockene und feuchte lichte Laub- und Mischwälder sowie Parks und Gärten mit alten Bäumen. Selten in Nadelgehölzen.

Status: Häufiger, ortstreuer Brut- und Jahresvogel.

❏ Einzeln oder in Paaren auf Nahrungssuche, aber mehr als Weidenmeise auch in herumstreifenden gemischten Meisentrupps. ❏ Sucht oft Samen und Beeren unter den Bäumen und im Unterwuchs. ❏ Scheint scheuer als Weidenmeise, mit charakteristischem, laut platzenden Ruf »sitschu« (oft gefolgt von wiederholten, rauh schimpfenden Rufen). ❏ Verschiedene Gesänge, einschließlich einer schnellen, monotonen Serie von Tönen: »chip-chip-chip-chip...«, anders als jede andere Meise. ❏ Brütet in geeigneten Baumhöhlen oder Nistkästen. ❏ Jungvögel haben matte Kappe, von Weidenmeise nur durch die Stimme zu unterscheiden.

Weidenmeise *Parus montanus*   11.5 cm

Anders als bei der Sumpfmeise bilden die Ränder der Armschwingen ein typisches helles Feld auf dem geschlossenen Flügel. Großer Kopf mit mattschwarzer Kappe, etwas längerer schwarzer Latz mit ausgefransteren Ecken (wie Stoppelbart), flauschigere Flanken, manchmal die Andeutung hellerer äußerer Schwanzfedern – aber am besten durch die Stimme zu unterscheiden.

W-Europa und Alpen: Braune OS und rostbeige Flanken. Im allgemeinen einzeln oder paarweise.

Skandinavien: Hellste und am le Rasse (*borealis*); OS grauer, US weißer, mit reinweißen Wangen und deutlicherem Flügelfeld. Bildet größere Trupps und vereinigt sich im Winter mit anderen Meisen.

Status: Verbreiteter, mäßig häufiger Standvogel.

❏ Bevorzugt in NW-Europa feuchte Wälder, Birkendickichte am Ufer, Weiden und Erlen. In Skandinavien und mitteleuropäischen Gebirgen jedoch mehr an Nadel- und Mischwälder gebunden. ❏ Fällt gewöhnlich durch ihren charakteristischen Ruf auf: ein rauhes, gedehntes, nasales »si-si-TSCHÄH-TSCHÄH« (die beiden einleitenden Töne sind dünn und hoch). ❏ Seltener Gesang ein klares, absteigendes »tju-tju-tju…«, wie der flötende Gesang des Waldlaubsängers. ❏ Gesang der alpinen Rasse *montanus* ganz anders: ein reines, weiches, melancholisches Pfeifen: »üh üh üh…«. ❏ Baut eigene Nesthöhle in vermodertem Stamm.

Lapplandmeise *Parus cinctus*   13.5 cm

Größer als Weidenmeise, mit längerem Schwanz, düster brauner Kappe und größerem, struppigerem schwarzen Latz.

❏ Die struppig wirkende Meise ist auf die nördlichsten borealen Wälder beschränkt. ❏ Zimtbrauner Mantel und hellrostige Flanken (im Sommer verbleichend) sind typisch. ❏ Rauhe Rufe mit wiederholtem »tschie tschie tschie«. ❏ Zutraulicher, aber spärlich verbreiteter Standvogel.

Haubenmeise *Parus cristatus* 11,5 cm

Der einzige kleine Waldvogel mit einer auffälligen Federhaube. Eng gebunden an alte Nadelwälder (besonders Kiefer und Fichte), oft mit Heideunterwuchs und eingestreuten Laubbäumen. Am leichtesten zu finden, wenn man auf stillen Waldwegen geht und auf den charakteristischen Trillerruf horcht, ein trockenes, rollendes »tschürrrr« (erinnert an Blaumeise).

Altvogel: Die spitze, schwarz-weiß gescheckte Haube, isolierte schwarze C-Zeichnung an den Ohrdecken und breiter schwarzer Latz, der sich als dünnes Band bis in den Nacken zieht, sind die wichtigsten Kennzeichen. Geschlechter gleich, aber Jungvögel (nicht abgebildet) mit kürzerer Haube und unterbrochenem Halsband.

Nahrungsuche hauptsächlich in Nadelbäumen, aber manchmal im Heidekraut oder am Boden. Man achte auf einfarbig braune OS (keine Flügelbinden) und düster-weißen Bauch mit beige angehauchten Flanken.

Status: Verbreiteter, standorttreuer Jahresvogel, vielerorts aber die seltenste Meise, da an alte Baumbestände gebunden.

Flug: Wellenförmiges Geflatter.

❏ Oft paarweise, im Winter auch in gemischten Meisentrupps.
❏ Nahrungsuche meist in den Kronen alter Nadelbäume, aber gibt sich durch häufigen Triller oder dreisilbigen Ruf, »tsieh-tsieh-tsieh«, zu erkennen (letzterer nicht mit Ruf der Schwanzmeise zu verwechseln).
❏ Kann ärgerlich schwer zu beobachten sein: typischer Anblick ist eine ruhelose kleine Silhouette gegen den Himmel, im Halbdunkel eines alten Fichtenwaldes. Mit einiger Geduld wird man sie dann vielleicht einmal kurz auf der Spitze eines Astes sehen, wobei oft der Eindruck einer blassen Blaumeise entsteht. ❏ Gesang ist eine Erweiterung des Trillerrufes. ❏ Baut eigene Nisthöhle in modernden Baumstämmen.

Tannenmeise *Parus ater* 11,5 cm

Kleinste Meise. Häufig in Misch- und besonders Nadelwäldern, einschließlich herangewachsener Pflanzungen. Besucht gerne Futterhäuschen (unweigerlich als Minorität unter Kohl- und Blaumeisen), aber trägt typischerweise das Futter zum Fressen meist in die Deckung. Charakteristische Stimme.

Altvogel: Leuchtend weißer Nackenfleck und doppelte weiße Flügelbinde unterscheiden sie sofort von allen anderen Meisen.

Altvogel: Beide Geschlechter haben grauen Rücken und beigeweiße US, hübsch glänzend schwarzen Kopf und weiße Wangen. Die irische Rasse *hibernicus* ist insgesamt heller und gelblicher.

Das allgemein etwas schäbige Erscheinungsbild kann kurzzeitig zu Verwechslung mit Sumpf- oder Weidenmeise führen, aber der schwarze Latz der Tannenmeise ist viel größer, breiter und deutlich dreieckig – letzteres ist ein gutes Kennzeichen bei Vögeln, die über einem im Geäst nach Nahrung suchen.

Jungvogel: Düsterer als Adulte; Wangen, Nacken, Flügelbinden und US verblichen schmutzig-gelb.

Status: Verbreiteter Jahresvogel, in Nadelwäldern häufig. Fehlt nur in baumlosen Hochlagen und auf küstenfernen Inseln.

❏ Hurtige, rastlose, agile Meise mit ziemlich dünnem Schnabel, mit dem zwischen den Nadeln und in Zapfen nach Nahrung gesucht wird. ❏ Gewöhnlich bei der emsigen Nahrungsuche in den Baumkronen zu sehen, wo ihr oft wiederholter, lebhafter, pfeifender Gesang, ein wetzendes »wiitzu, wiitzu, wiitzu…« (hört sich wie eine beschleunigende Kohlmeise an), oder dünne, goldhähnchenähnliche Piepser ihre Anwesenheit verraten. ❏ Im Winter gern in Gesellschaft von anderen Meisen und Waldbaumläufern, auf der Nahrungsuche im Geäst und am Boden. ❏ Singt oft von der höchsten Spitze eines Nadelbaums, oder gibt sich durch ein durchdringendes »tsui« oder »tsieht« zu erkennen. ❏ Brütet in Baumwurzelhöhlen, Stümpfen, Mauern, Nistkästen und sogar im Boden.

253

Blaumeise *Parus caeruleus* 12 cm

Eine häufige Meise, die Laub- und Mischwälder, Hecken, Parks und Gärten bewohnt. Bekannter Besucher von Futterhäuschen. Hellblaue Kappe und ganz blauer Schwanz sind einmalig.

Altvogel: Weißes Gesicht mit schmalem schwarzen Augenstreif und adrettem schwarzen Latz und »Zaumzeug«. Grüner Rücken und blaue Flügel mit einfacher weißer Flügelbinde erinnern an deutlich größere, langschwänzigere Kohlmeise, aber Blaumeise mit kürzerem Schnabel und kurzem dunklen Streif, der auf die Mitte der gelben Brust beschränkt ist (vgl. kräftigen Bauchstreif der Kohlmeise). Geschlechter sehr ähnlich; in direktem Vergleich zeigt das ♂ (unten) ein breiteres, tiefer blaues Halsband und dunklere Flügeldecken als ♀ (rechts).

Weibchen

Männchen

Jungvogel: Wirkt mürrisch. Matte Version des Altvogels mit hellgelbem Gesicht und graugrüner Kappe.

Flug: Typischer Meisenflug, rasch und wellenförmig, mit kurzen Phasen flatternder Flügelschläge. Fliegt selten über größere Strecken, ist auch auf Wanderungen stets bemüht, von Baum zu Baum zu fliegen. Kein Weiß im Schwanz (vgl. Kohlmeise). Im Frühling achte man auf schmetterlingsartigen Balzflug, wobei das ♂ zwischen den Bäumen niederschwebt.

Status: Überwiegend recht ortstreuer Standvogel. Weit verbreitet und häufig, fehlt nur in baumlosen Hochlagen und auf küstenfernen Inseln.

❏ Farbenfrohe, kompakte Meise der Wälder, im Winter mit anderen Meisen in gemischten Trupps; kann im Garten recht zutraulich werden.
❏ Hängt akrobatisch an Zweigspitzen oder bearbeitet Nahrung zwischen den Zehen. ❏ Das Repertoire der Rufe ist hauptsächlich eine Variation eines Grundthemas: »tsieh-tsieh-tsieh dju« (oder ähnlich).
❏ Gesang besteht aus 2–3 eiligen Tönen, denen ein langer Triller folgt: »psitsi-sirrrrr«. ❏ Warnruf ein schnelles, schimpfendes »tschurrrr« bei aufgestellten Scheitelfedern. ❏ Höhlenbrüter (auch in Nistkästen), eine Jahresbrut mit 7–16 Jungen.

Kohlmeise *Parus major* 14cm

Größte und auffallendste Meise, häufig in Wäldern, Parks, Gärten und fast überall anzutreffen. Stammgast am Futterhäuschen, leicht zu erkennen an auffälligem Federkleid und lauten, verschiedenartigen Rufen.

Altvogel: Glänzend blauschwarzer Kopf mit schneeweißen Wangenflecken und kräftigem schwarzen Streifen in der Mitte der leuchtend gelben US sind kennzeichnend. Von hinten erinnert ein gelblicher Nackenfleck an Tannenmeise, aber grüner Rücken und stahlblaue Flügel mit weißer Binde. Geschlechter ähnlich, aber ♂ (unten) mit breiterem Bauchstreif (besonders zwischen den Beinen); matter gefärbtes ♀ (rechts) mit schmalerem Bauchstreif, der sich zwischen den Beinen ganz auflösen kann.

Männchen

Weibchen

Jungvogel: Viel matter gefärbt, Kopf und Bauchstreif rußiger; Wangen gelblich getönt, Halsband unterbrochen.

Flug: Wellenförmig, kräftiger als andere Meisen, mit aus der Nähe hörbaren, schwirrenden Flügelschlagphasen. Der stahlblaue Schwanz zeigt auffällige weiße Ecken.

Status: Weit verbreiteter und sehr häufiger Stand- und Strichvogel. Fehlt als Brutvogel nur in baumlosen Hochlagen und auf küstenfernen Inseln.

❑ Geräuschvolle, kecke, selbstsichere Meise, die auf Zischen rasch näherkommt. ❑ Höhlenbrüter, der gerne Nistkästen bezieht. ❑ Streift außerhalb der Brutzeit mit anderen Meisen und Kleibern durch Wälder und Buschland und sucht Nahrung von den Baumwipfeln bis zum Boden. ❑ Zieht oft die Aufmerksamkeit auf sich, indem sie geräuschvoll Samen aufhämmert. ❑ Vielzahl von Rufen (über 60 sind bekannt). ❑ Frühjahrsgesang (ab Januar) ein klingendes »tie-tsa, tie-tsa, tie-tsa….«. Weitere häufige Rufe sind ein buchfinkähnliches »tsink, tsink«, ein trauriges »tie tu-tuh« und ein ärgerliches Gezeter bei Alarm.

255

Kleiber (Spechtmeise) *Sitta europaea* 14cm

Lebhafter Baumkletterer, der seine Anwesenheit verrät durch geräuschvolles Hämmern auf in die Rinde geklemmte Samen oder durch plötzliche und unverwechselbare Ausbrüche lauter erregter Rufe: »twiet, twiet, twiet...«. Blaugraue OS mit heller Kehle und schwarzer Maske sind einmalig unter den Vögeln unserer Region.

Die west- und mitteleuropäische Rasse *caesia* ist unterseits orangebeige, kastanienbraun an den Flanken und weiß gefleckt im Afterbereich. Jungvögel und ♀ sind blasser. Bei der skandinavischen Rasse *europaea* ist das ♂ unterseits weiß, das ♀ blaß rötlich-beige.

Status: Weit verbreiteter Standvogel, gebietsweise häufig.

Flug: Der kurze, rechteckige Schwanz und der kräftige Meißelschnabel tragen zu seinem gedrungen, frontlastigen Aussehen im Flug bei. Man achte auf die scharfen »tsieht«-Rufe, wenn der Vogel wendig zwischen den Bäumen dahinsaust.

❏ Bevorzugt ältere Laub- und Mischwälder, Parks und Gärten, besonders mit Eichen. ❏ Verschiedene laute Gesänge, darunter ein rasches, trillerndes »tchi-tchi-tchi...« und ein klares, gepfiffenes »piiu, piiu...«. ❏ Brütet in Baumhöhlen, deren Eingang er mit Lehm auf passende Größe zumauert. ❏ Äußerst aktiv; hüpft ruckartig an Ästen und Stämmen auf und nieder – der einzige spechtartige Vogel, der kopfüber abwärts klettern kann. ❏ Mutig und neugierig – durch Zischen kann man ihn anlocken. ❏ Im Winter auch in Meisentrupps und am Futterhäuschen.

Waldbaumläufer *Certhia familiaris* 12,5 cm

Ruheloser, aber unauffälliger Waldvogel, der mausartig die Stämme hochkriecht. Schlanker, gebogener Schnabel und rindenähnliches Gefieder sind für beide Baumläuferarten kennzeichnend. Alt- und Jungvögel sind gleich.

OS braun und beige gestreift, mit rostfarbenem Bürzel und komplexer, beiger und schwarzer Zeichnung auf den Flügeln. OS vorzügliche Tarnfarbe an Bäumen, aber die seidenweiße US und der lange, weiße, bis zum Schnabel reichende Überaugenstreif sind im Profil auffallend. Die britisch/westeuropäischen Rassen sind düster im Vergleich zur deutlich frostiger gefärbten Rasse *familiaris* N- und Mitteleuropas.

Klettert ruckartig die Bäume hinauf und benutzt dabei die an der Spitze versteiften Schwanzfedern als Stütze.

Übernachtet als flauschiger Ball in Rindenhöhlen; man achte auf verräterische Kotspuren am Stamm.

Status: Etwas lückenhaft verbreiteter Standvogel; im NO teilweise Zugvogel.

❏ Häufig in altwüchsigen Wäldern und Parks. ❏ Wo sein Areal mit dem des Garten-B. überlappt (vgl. Karten), bevorzugt er mehr Nadelwälder in höheren Lagen. ❏ Dünner, zischender, etwas vibrierender Ruf: »tsrrie«. ❏ Der blaumeisenähnliche hohe Gesang (3 sec) beginnt »tsieh-tsieh-tsieh...« und endet mit einem eiligen Schnörkel. ❏ Wandert oft mit Meisentrupps.

Gartenbaumläufer *Certhia brachydactyla* 12,5 cm

Wirkt einfarbiger als Wald-B. Düsterer Überaugenstreif endet vor dem Auge, die schmutzigere US ist an den Flanken beige verunreinigt. Geringe Unterschiede der Flügelzeichnung, längerer, stärker gebogener Schnabel und kürzere Hinterkralle sind als Feldmerkmale von fragwürdiger Bedeutung.

Praktisch identisch mit Wald-B., außer der Stimme.

Status: Ortstreuer Standvogel.

❏ Kennzeichnender Ruf ein kräftiges, kristallklares »zieht« in Abständen oder Serien gebracht (wie Schlag auf winzigen Amboß). ❏ Gesang ein kurzes, lautes, temperamentvolles Liedchen: »tüt-tüt-titeroi-sri« (1 sec). ❏ Bevorzugt Laubwälder, Parks und Alleen unterhalb 1000 m.

Mauerläufer *Tichodroma muraria* RL:R; 16cm

Durch grauen Körper extrem schwer zu finden, wenn er ruckartig an Felswänden herumklettert, wo er mit seinem schlanken, gebogenen Schnabel nach Insekten sucht. Man achte auf das schnelle Aufleuchten von Rot (und kräftigen weißen Flecken) auf den ruhelos zuckenden Flügeln. ♂ hat im Sommer schwarze Kehle; im Winter hell wie ♀.

Status: Seltener Standvogel.

Männchen

❏ Alpiner Felskletterer, gewöhnlich nur zu sehen, wenn er wie ein großer, karmesinroter Schmetterling von einem Felsvorsprung zum nächsten gleitet. ❏ Brütet im Hochgebirge. Im Winter in tieferen Lagen an alten Gebäuden und in Steinbrüchen.

Beutelmeise *Remiz pendulinus* 11cm

Altvogel: Gefiederzeichnung ähnlich Neuntöter. ♂ hat hellgrauen Scheitel und Nacken, mit schwarzer Maske, rotbraunem Rücken, leicht gefleckter Brust sowie silbrigen Rändern der schwarzen Schwung- und Schwanzfedern.

♂ baut typisches, flaschenförmiges Nest aus Pflanzenfasern, das an Zweigenden oft über dem Wasser hängt.

Männchen

Status: Südosteuropäische Art, die ihr Areal nach NW-Europa ausdehnt; Apr. bis Sept. In ME lückenhaft verbreitet, fehlt in SW- und SO-Deutschland.

◁ **Jungvogel:** Blasse Gesamterscheinung und einfarbiger Kopf können zu Verwechslungen mit Laubsängern führen. Flügelzeichnung ähnlich wie bei Adulten.

❏ An Flußufern, verwachsenen Altwassern und anderen Feuchtstellen mit Pappeln, Weiden, Rohrkolben und Schilf. ❏ Kleiner als Blaumeise, mit spitzem, silbrigem Schnabel. ❏ Gewöhnlich entdeckt man die Vögel durch ihren typischen Ruf: ein hohes, gezogenes »siiu«, das sowohl im Flug als auch beim Fressen in Baumkronen und Röhrichten zu hören ist. ❏ Neugierig; kann durch Zischen angelockt werden.

Pirol *Oriolus oriolus* 24 cm

Ein schlanker, drosselgroßer Vogel mit bemerkenswert langen Flügeln, roten Augen und kräftigem, rötlichen Schnabel. Das schwarz-goldene ♂ ist unverwechselbar. Man hüte sich aber davor, den leuchtend gelben Bürzel des Grünspechts mit der ähnlich gefärbten Schwanzwurzel des ♀ und Jungvogels zu verwechseln.

Männchen: Leuchtend gelber Kopf und Körper heben sich von glänzend schwarzen Zügeln und Flügeln ab. Das auffällige gelbe Strahlenmuster auf den Handschwingendecken ist im Sitzen und Fliegen erkennbar.

Weibchen: Recht variabel. In der Regel leuchtend gelblich-grüne OS mit dunklen Flügeln, und weißliche US mit feinen dunklen Strichen auf Brust und gelben Flanken. Irritierend, daß manche ältere ♀ so gelb sind wie ♂, Flügel aber weniger schwarz.

Jungvogel/2. Kalenderjahr: Wie ♀, aber weißere US mit unterschiedlicher dunkler Strichelung. Schnabel bräunlich.

Flug: Leicht, elegant, rasch und weich wellenförmig, oft beendet durch einen anmutigen Aufschwung ins Geäst. Alle Vögel haben einen dunklen Schwanz mit goldenen Ecken plus lebhaft gelben Bürzel und Unterflügeldecken.

Status: Im kontinentalen W-Europa weit verbreiteter, aber nicht häufiger, stellenweise abnehmender Brutvogel (Mai–Sept.); in Großbritannien und Skandinavien nur im äußersten Süden.

❏ Heimlicher Baumvogel, viel häufiger zu hören als zu sehen. ❏ Lebt in Laubwäldern, Parks, Gebüschen, Alleen und Windschutzhecken. Hält sich meist im Kronenbereich auf, mit ungewöhnlichem Talent, unentdeckt durchs Geäst zu schlüpfen. ❏ Am ehesten wird man einen Pirol beim Überfliegen einer Lichtung zu Gesicht bekommen. Manchmal verläßt er die Deckung, um eine Krähe oder einen Greif zu verfolgen. ❏ Der schöne, weittragende Gesang des ♂ ist ein kurzer, flötender Pfiff: »düd düdelüdlio«. Aus der Ferne leicht zu verwechseln mit dem weichen Flöten der Amsel. ❏ Die harten, häherähnlichen Warnrufe sind ebenfalls typisch, werden aber oft überhört.

Raubwürger *Lanius excubitor* RL:1; 24–25 cm

Altvogel: Heller als Schwarzstirn-W., mit längerem Schnabel, schmalerer Maske, grauer Stirn, dünnem weißen Überaugenstreif und auffällig weißen Schultern. Ohne rosa Brust anderer grauer Würger. (Jungvogel oben und unten schwach gebändert.)

Flug: Der weiße Flügelfleck bildet eine schmalere, aber auffallend längere Flügelbinde als bei anderen grauen Würgern.

Status: Weit verbreiteter, aber seltener Brut- und Jahresvogel. Die Bestände sind stark zurückgegangen. In S-Deutschland fast nur noch Wintergast.

Jagt Insekten, kleine Säuger und Vögel, fängt letztere im Flug. Unterbricht seinen Bogenflug oft zum Rütteln, wie ein Miniaturfalke.

❏ Großer heller Würger. ❏ Sitzwarten offen auf Spitzen kleiner Bäume, wobei die weiße Brust weithin leuchtet. ❏ Schwanz länger als Schwarzstirn-W., aber merklich kürzere Handschwingen. ❏ Bewohnt offenes Land mit Bäumen und Büschen, einschließlich Heiden, Mooren und Anpflanzungen. ❏ Verschiedene Rufe, darunter wiederholte, schluckaufähnliche »quick-ik«-Rufe. ❏ Warnruf ein hartes häherähnliches Kreischen.

Südlicher Raubwürger *Lanius meridionalis* 24–25 cm

Altvogel: Wirkt dunkel und stämmig, mit deutlich kräftigerem Schnabel. Ähnelt Schwarzstirn-W., aber dunkler, mit aschrosa US und dunkelgrauer OS, Schultern schmal weiß gerändert. Andere Merkmale wie Raub-W.: kurze Handschwingen, schmale Maske und dünner Überaugenstreif (der im Gegensatz zum Raub-W. knapp hinterm Auge endet).

Weißer Flügelfleck schmaler als beim Schwarzstirn-W., aber ähnlich begrenzt auf Handschwingen (nicht bis in die Armschwingen reichend wie beim Raub-W.).

Status: Standvogel.

❏ Bisher als Rasse des Raub-W. angesehen.
❏ In mancher Beziehung wie eine Kreuzung zwischen Schwarzstirn- und Raub-W., ersetzt letzteren in trockenen, offenen Landschaften des südlichsten Frankreichs, Spaniens und N-Afrikas. ❏ Gesang ein monoton wiederholtes »schik-schik«.

Schwarzstirnwürger *Lanius minor* — RL:0; 20cm

Altvogel: Plumper, kompakter Würger. Von anderen grauen Würgern unterschieden durch kürzeren Schnabel, breite, bis auf die Stirn reichende, schwarze Maske (kein weißer Überaugenstreif), hauptsächlich graue Schultern und lange Handschwingenprojektion (s.S. 240). Unterschiedlicher rosa Anflug unten (weniger deutlich bei ♀).

Jungvogel: Fein geschuppte OS. Graue Stirn führt zur Verwechslung mit anderen grauen Würgern, aber dicker Schnabel und lange Flügel mit auffällig hellen Federrändern sind wichtige Merkmale.

Status: In ME seltener Sommergast Mai bis Nov.

Flug: Auffallender, weißer Handschwingenfleck, kürzer, aber breiter als bei anderen grauen Würgern.

❏ Eine südliche und östliche Art, die in Mittel- und NW-Europa nahezu alle Brutplätze aufgegeben hat. ❏ Bewohnt offene Graslandschaften mit Baum- und Buschgruppen. ❏ Gesang eine längere, zeternde Mischung (wie abgewürgte Drossel) mit gespotteten Einschüben. ❏ Hüpft aufrecht auf dem Boden und erinnert dann erstaunlich an Steinschmätzer.

Rotkopfwürger *Lanius senator* — RL:1; 19cm

Altvogel: Unverwechselbar; kräftig gefärbt, mit einmalig kastanienrotem Scheitel. ♂ mit schwarzer Maske; ♀ (gewöhnlich) mit mehr gesprenkelter Stirn und braunerem Mantel.

Flug: Weiße Schultern, Flügelfleck, Bürzel und Schwanzkanten ergeben ein augenfälliges Muster.

Männchen

Status: In ME seltener Sommergast Apr. bis Sept.

Jungvogel: Leicht mit jungem Neuntöter zu verwechseln, aber mit Andeutung von weißem Bürzel und Schulterfleck sowie weiße Strahlen auf den Handschwingen (deutlich im Flug).

Häufig im Mittelmeergebiet, sonst inselartig. ❏ Brütet in trockenem, offenen Gelände mit locker verteilten Bäumen und Büschen, Olivenhainen und alten Obstgärten. ❏ Der laute, etwas kratzende Gesang kann schwer zu orten sein; anhaltend und schwätzend, mit viel Nachahmung. ❏ Sitzt auf exponierter Warte oder schlüpft durchs Dickicht, oft verraten durch leuchtend weiße US.

Neuntöter *Lanius collurio* — RL:V; 17cm

Kleinster Würger der Region, mit der dunklen Maske, dem kräftigen, gekrümmten Schnabel, dem langen Schwanz und der räuberischen Lebensweise ein typischer Würger. Die Geschlechter unterscheiden sich und sind beide leicht erkennbar. Jungvögel können leicht mit jungen Rotkopfwürgern verwechselt werden, sind aber oberseits mehr rostfarben, mit warm braunem Schwanz (dunkelbraun beim Rotkopf-W.) und ohne helle Zeichnung an Schulter, Bürzel und Flügel.

Männchen: Leicht erkennbar an hellgrauem Scheitel und Bürzel, schwarzer Maske, kastanienbraunem Rücken und weißer Brust mit rosa Hauch.

Weibchen: Ziemlich variabel. Einige wie ♂, aber die meisten haben bräunlichen bis grauen Scheitel, verwaschene braune Maske und matter rotbraunen Rücken. US cremeweiß, immer mit deutlicher brauner Schuppung aus der Nähe.

Jungvogel: Ähnelt ♀, aber OS fein schwarz wellig gebändert (aus der Entfernung schwer zu erkennen). Der Effekt ist auf den Flügeln am stärksten, betont durch breite helle Federränder.

Das matt rotbraune ♀ hat einen überwiegend braunen Schwanz mit einer Andeutung von Weiß an den Seiten.

Status: Weit verbreiteter, aber vielerorts abnehmender Brutvogel (Mitte Mai–Sept.). Überwintert im tropischen Afrika.

Männchen: Im Flug ist der schwarze Schwanz mit viel Weiß an der Basis ein auffallendes Merkmal.

❏ Brütet in offenen Landschaften, Ödländern, Heiden und Lichtungen; bevorzugt Stellen mit Brombeere und Weißdorn. ❏ Trifft ziemlich spät ein (ab Mai). ❏ Gibt seine Anwesenheit durch hartes »tschev, tschev...« oder zeternden Alarm kund. ❏ Gesang eine vielfältige Mischung aus leisen, stotternden Tönen und eingestreuten Nachahmungen. ❏ In O-Europa oft neben Sperbergrasmücke zu finden (beide können sich im Flug erstaunlich ähnlich sehen). ❏ Sitzt offen, um nach Beute zu spähen, stürzt sich auf Insekten, kleine Säuger, Eidechsen und Vögel.

Star *Sturnus vulgaris* 21 cm

Über die ganze Region verbreitet; ein geräuschvoller, reizbarer Vogel, dessen schwärzliches Gefieder purpurgrün schimmert. Kleiner als Amsel-♂, mit spitzerem Schnabel, kürzerem Schwanz, rötlichen Beinen und eiligem, watschelndem Gang.

Sommer: Schimmerndes Gefieder mit goldenen Flecken und Rändern. ♂ mit struppigem »Bart«, dunkelbraunen Augen und bläulicher Schnabelwurzel. Das stärker gefleckte ♀ hat heller braune Augen und hell fleischfarbene Schnabelbasis.

Jungvogel: Düster graubraun, mit weißlicher Kehle und Rändern der Schwungfedern.

Winter: Beide Geschlechter mit schwarzem Schnabel und reicher weißer Fleckung, die am Kopf am dichtesten ist. Die hellen Federränder nützen sich mit der Zeit ab, wodurch der Schimmer des hübschen Sommerkleides entsteht.

Status: Sehr häufiger Stand-, Strich- und Zugvogel (Nahzieher, Feb.– Nov.).

❏ Häufig in Städten, Dörfern und offenem Land. ❏ Läßt ständig pfeifende, klickende, gurgelnde Töne von Dächern und Bäumen hören; ein Experte der Nachahmung. ❏ Im Frühling üben sich die ♂ in ungewöhnlicher, flügelschlagender Singbalz. ❏ Große, geräuschvolle Schwärme konkurrieren nach der Brutzeit um Futter. ❏ Im Winter bilden sich in Städten, Röhrichten und Wäldern riesige Schlafgesellschaften.

Einfarbstar *Sturnus unicolor* 21 cm

Ölig purpurglänzendes Gefieder mit typischen, wie naß gekämmten Strähnen, ohne grünlichen Glanz, helle Fleckung und Schwungfederzeichnung unseres Stars. Beine grellrosa.

Status: Standvogel in Spanien und N-Afrika.

❏ Ersetzt unseren Star auf der Iberischen Halbinsel. ❏ Seit 1985 in kleiner Zahl auch in SO-Frankreich. ❏ Im Winter nur schwache helle Fleckung. ❏ Jungvögel dunkler als Star. ❏ Geräuschvoller als Star; Gesang enthält plötzliche bebende »siii-uuu«-Rufe.

Eichelhäher *Garrulus glandarius* — 34 cm

Taubengroß. Farbiger Krähenvogel der Wälder, notorisch scheu und wachsam; gewöhnlich zu sehen als farbiger Vogel mit schwarzem Schwanz und weißem Bürzel, der rauh und schrill warnend zwischen den Bäumen davonfliegt. Typischer Ruf ist ein trockenes, kratzendes »schaak«, ein vertrautes Waldgeräusch.

Die rosabraune Gesamtfärbung wird aufgelockert durch wunderschön glänzende blaue Schulterflecken und kräftige schwarze Bartstreifen.

Geräuschvoll und erregbar; die kurze, schwarz gestrichelte Federhaube wird oft gesträubt.

Flug: Zögernd, wellenförmig, auf breiten, stumpfen Flügeln; auffliegende Vögel zeigen kräftigen Kontrast zwischen schwarzem Schwanz und weißem Bürzel und weißen Flügelflecken in schwarzem Umfeld sowie die blauen Schulterflecken. Kaum zu verwechseln, allenfalls mit ähnlich großem Wiedehopf oder (im Bergland) mit dem Tannenhäher.

Status: Stand- und Strichvogel; in manchen Jahren ziehen große Trupps nahrungsuchend übers Land.

Von unten kontrastiert der schwarze Schwanz mit dem rosabraunen Körper.

❏ Häufiger Waldvogel, aber bevorzugt in der Nähe von Eichen, da Eicheln wichtiger Nahrungsbestandteil. ❏ In den letzten Jahrzehnten zunehmend auch in Städten; in manchen Parks ganz furchtlos. ❏ Sucht Nahrung am Boden, hüpft dabei merkwürdig seitwärts. ❏ Die Verfolgung durch Jäger steht im Widerspruch zu seinem Nutzen als »Förster des Waldes«; Häher vergraben im Herbst tausende von Eicheln. ❏ Selten weit von schützenden Bäumen zu sehen. Trupps überfliegen offene Stellen meist nur einzeln. ❏ Neben seinem ärgerlichen Rätschen schließt sein breites Repertoire an Rufen auch bussardähnlich miauende Töne ein.

Elster *Pica pica* 46cm

Unverkennbar und ein vertrauter Anblick in Stadt und Land. Ebenso leicht an ihrem lauten, maschinengewehrartigen Schäckern »schack-schack-schack...« zu erkennen. Ist in den letzten Jahrzehnten vielerorts zu einem Gartenvogel geworden, der hier die Vorteile des Schutzes vor Jägern und Greifen wahrnimmt. In allen Kleidern gleich.

Die kurzen, breiten Flügel und der lange, nachschleppende, gestufte Schwanz sind sogar als Silhouette leicht erkennbare Merkmale. Der Flug besteht aus kurzen Serien schneller Flügelschläge, unterbrochen von Gleitstrecken.

Altvogel: Ein hübscher Vogel mit seinem sehr langen, grün und bronze-purpur schillernden Schwanz, den schwarz-weißen Flügeln und Körper. Jungvögel haben kürzere Schwänze und matter schwarzes Gefieder mit wenig Glanz.

Das große, dornig überdachte Nest mit seitlichem Eingang ist im Winter in Hecken und kahlen Baumspitzen ein ebenso vertrauter Anblick wie die Vögel selbst. Alte Nester werden oft mehrere Jahre lang benutzt.

Status: Häufiger und weit verbreiteter Stand- und Strichvogel.

❏ Bewohnt eine Vielfalt von offenen Landschaften, von Feldern mit Hecken bis zu Stadtparks und küstennahen Inseln, vermeidet aber weite baumlose Flächen und dichte Wälder. ❏ Raubt im Frühjahr Eier und Junge von Gartenvögeln und wird über Gebühr für den Rückgang bestimmter Singvogelarten verantwortlich gemacht. ❏ Zu den Rufen gehört ein fragendes »tsch-schak« und ein bestätigendes »tschi-uk«. Am bekanntesten ist aber das Stakkatogezeter, das ausgiebig gegen Katzen, Eulen und andere potentielle Feinde eingesetzt wird. ❏ Oft paarweise; Nichtbrüter bilden lockere Gruppen von 20 und mehr; winterliche Schlafgesellschaften können über 100 Vögel umfassen. ❏ Nahrungsuche hauptsächlich am Boden, beseitigt oft die Reste von überfahrenen Tieren. ❏ In S-Europa werden Elsternester vom Häherkuckuck parasitiert.

Tannenhäher *Nucifraga caryocatactes* 33 cm

Flug: Flugverhalten und Größe erinnern an kurzschwänzigen Eichelhäher; die weißen Unterschwanzdecken und die größtenteils weiße Schwanz-US heben sich vom dunklen Gefieder ab.

Status: Lokal Standvogel, aber sporadisch Wanderungen; außerhalb der Brutgebiete selten.

Alle Kleider gleich. Die weiße Fleckung kann den Eindruck eines grauen Vogels mit dunklebraunem Scheitel und schwarzen Flügeln erwecken.

❑ Bewohnt Nadelwälder des Berglands. ❑ Gewöhnlich einzeln. ❑ Häufig als kurzschwänzige, spitzschnäblige, großköpfige Silhouette auf Baumspitzen zu entdecken. ❑ Rauher, weittragender Ruf: »kraaaak«. ❑ Ernährt sich von Zapfensamen und Nüssen. ❑ In Jahren des Nahrungsmangels kommen Teile der sibirischen Population nach ME. ❑ Alpenpopulation mit Ausläufern bis Belgien.

Unglückshäher *Perisoreus infaustus* 31 cm

Wird oft erst bemerkt, wenn er schwungvoll von Baum zu Baum fliegt und dabei rost-orangen Bürzel, äußere Schwanzfedern und Flügelflecken zeigt.

Status: Standvogel im NO, stellenweise häufig.

Alle Kleider gleich. Weiches, flauschiges Gefieder, großer Kopf und kurzer Schnabel machen einen seltsamen Eindruck, wenn der Vogel frei sitzt; die dunkle Kappe ist dann das auffälligste Merkmal.

❑ Graubrauner Häher skandinavischer Nadel- und Birkenwälder. ❑ Oft sehr zutraulich, aber zur Brutzeit schwer zu finden. ❑ Wird durch Rauch von Lagerfeuern angezogen. ❑ Gewöhnlich in kleinen Gruppen; beim Niedergehen auf den Boden zeigen die Vögel ihren rostfarbenen Schwanz. ❑ Sitzt auch wie ein großer Fliegenschnäpper im Wipfel hoher Bäume. ❑ Verschwindet so plötzlich wie aufgetaucht wieder im Waldesdunkel. ❑ Verschiedene Rufe, darunter ein bussardähnliches Miauen und Schreie ähnlich dem Eichelhäher.

Alpenkrähe *Pyrrhocorax pyrrhocorax* 40 cm

Altvogel: Beine und gebogener Schnabel rot. Flügel im Sitzen so lang wie Schwanz.

Flug: Flügel und Schwanz rechteckig.

Status: Lokal Standvogel. Brutvogel an den W-Küsten Irlands und Großbritanniens sowie in den W-Alpen.

❏ Lebhafter, leichtflügliger Krähenvogel der Küsten- und Bergklippen.
❏ Brütet in Felshöhlen, alten Gebäuden und Minen. ❏ Hauptsächlich Insektenfresser; bevorzugt Ameisen und Käfer, die mit dem schlanken Schnabel ausgegraben werden. Aus großer Entfernung ist das kraftvolle Grab- und Stocherverhalten hilfreich zur Unterscheidung von Dohlen.
❏ Zuckt mit Flügeln und verbeugt sich beim Rufen. ❏ Typischer Ruf, der häufig im Flug ertönt, ein rauhes, oft wiederholtes »tsia«.

Alpendohle *Pyrrhocorax graculus* 38 cm

Kennzeichnend ist der kleine gelbe Schnabel. Bei Jungvögeln Beine und Schnabel düster, letzterer wird bald nach dem Ausfliegen gelblich.

Flug: Schwanz länger und runder als bei Alpenkrähe.

Flügelspitzen schmaler, die gefingerten Handschwingen weniger gleich lang.

Status: Standvogel.

❏ Bewohnt hohe Berge, alpine Matten und Geröllhalden; in alpinen Touristenorten zutraulich. ❏ Ersetzt in ME weitgehend die Alpenkrähe, in den Pyrenäen kommen aber beide vor.
❏ Lebt mehr von Aas und Abfällen als Alpenkrähe und bildet große Trupps. ❏ Zu den Rufen gehören ein angenehm klirrendes »priiip« und ein pfeifendes »swiiiuu« – ganz anders als andere Rabenvögel.

Dohle *Corvus monedula* 33–34 cm

Kleine, gesellige Krähe (etwa haustaubengroß), die man paarweise auf Dächern, Kirchtürmen und alten Gebäuden oder in Trupps, oft mit Krähen, auf Äckern antrifft. Läuft mit erhobenem Kopf lebhaft und geschäftig. Charakteristische Stimme.

Altvogel: Sofort zu erkennen an grauem Nacken (beim ♀ matter), kleinem Schnabel und hellen, gläsernen Augen. Wirkt aus der Entfernung ganz schwarz, aber aus der Nähe ist oberseits ein schwacher blauer Glanz und unterseits ein grauer Ton zu erkennen.

Kurzer Schnabel und helles Halsband sind im Flug typisch. Oft zusammen mit Krähen, wobei die geringere Größe, die kompaktere Gestalt und die schnellen Flügelschläge deutlich werden.

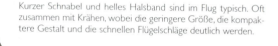

Dohle

Jungvogel: Ohne graue Kapuze und mit matteren Augen.

Status: Weit verbreitet und (trotz lokaler Abnahme) nicht selten. Im Winter ziehen die meisten nach Westen.

Flug: Trupps segeln und luftspielen im Einklang. Dann leicht mit seltener Alpenkrähe (unten) zu verwechseln; Dohle mit spitzeren Flügeln und runderem Schwanz.

Alpenkrähe

❏ Helläugiger und neugieriger Opportunist, der auch Abfalltonnen durchwühlt. ❏ Häufig auf Feldern und Weiden (besonders Schaf- und Kuhweiden), in Parks, Wäldern, Städten, Ruinen und Felswänden; meidet hohe Berge. ❏ Brütet kolonieweise in Felshöhlungen, alten Bäumen, Steinbrüchen, Gebäuden, Kaminen. ❏ Bildet im Winter große Schlafgesellschaften, gewöhnlich mit Krähen, mit denen sie morgens und abends in großen, geräuschvollen Scharen ab- und anfliegen. ❏ Man achte auf die scharfen, hallenden Rufe: »kia« oder »kiak-kiak«. (Einzelne Vögel haben die unnachahmliche Fähigkeit, wie ein Schwarm zu klingen.) ❏ Manche Rufe ähneln sehr denen der Alpenkrähe: »kiau«.

Kolkrabe *Corvus corax* 65 cm

Viel größer als Krähe (bussardgroß), Spannweite 100–130 cm. Kündigt sich durch laute, weittragende Rufe an. Am häufigsten im Flug zu sehen, gewöhnlich paarweise oder in kleinen Gruppen am Horizont eines fernen Hangs patrouillierend oder hoch im Aufwind segelnd. Riesiger Schnabel, großer, trapezförmiger Schwanz und langfingerige Flügel sind wichtige Kennzeichen. Flügelspitzen wirken oft schmal und zurückgebogen (besonders im Frühling und Sommer, wenn durch Mauser Lücken im äußeren Flügel entstehen).

Altvogel: Massiver, gebogener Schnabel und zottiger Bart. Das völlig schwarze Gefieder zeigt aus der Nähe typischen Purpurglanz.

Flug: Meisterhaft akrobatisch. Taucht, rollt und gaukelt wie zum Spaß durch die Luft. Kreist und gleitet auf flachen Flügeln und wirkt oft greifvogelartig.

Kolkrabe   **Rabenkrähe**

Jungvogel: Ähnlich, aber das rußbraune Gefieder ohne Glanz.

Flug: Größe, deutlicher gefingerte, längere Flügel und keilförmiger Schwanz unterscheiden ihn von Rabenkrähen (rechts). Leichter mit Saatkrähen zu verwechseln.

Status: Standvogel (zunehmend), aber vielfach nur lückige oder inselartige Vorkommen.

❏ Menschenscheu. ❏ In NW-Europa hauptsächlich an wilden Steilküsten und im Hochland, v.a. wo Schafe und Hirsche weiden. ❏ Brütet früh (Feb.–Mai); der grobe Horst wird auf hohen Felsvorsprüngen oder in alten Bäumen errichtet. ❏ Rufe unverkennbar: ein tiefes, hohles »pruk, pruk« oder ein schallendes, kehliges »kronk«, sehr weit zu hören. ❏ Ernährt sich hauptsächlich von Schaf- und Wildkadaver; tötet auch kleine Säuger und Vögel. An Müllplätzen oder größerem Aas sowie an Schlafplätzen versammeln sich oft größere Gruppen.

269

Saatkrähe *Corvus frugilegus* 44–46 cm

Außerordentlich gesellige Krähe, stets scharenweise auf Feldern zu sehen, manchmal in Gesellschaft der kleineren Dohlen. Bekannter Aas- und Müllbeseitiger an Straßenrändern. Wirkt aus der Ferne ganz dunkel und ist dann schwer von Rabenkrähe zu unterscheiden. Wichtige Merkmale sind ihr ungewöhnlich dreieckiger Körperumriß mit lockerem (schlecht passendem) Federkleid, zottigen Hosen, steiler Stirn und längerem, spitzerem Schnabel.

Altvogel: Nackte weißliche Schnabelwurzel und Gesicht einmalig bei Krähen. Aus der Nähe glänzt das Gefieder kräftig blau/purpur.

Jungvogel: Während der ersten 12 Monate, haben jungen Saat-K. dunklen Schnabel/Gesicht und einen borstigen Nasenfleck – genau wie Raben-K. Aber Saat-K. haben massigeren Kopf und spitzeren Schnabel sowie eine »Beule« in der Scheitelkontur, die den Eindruck einer Kappe noch verstärkt.

Flug: Obwohl schwer von Raben-K. im Flug zu unterscheiden, ist die Saat-K. ein begabterer Flieger – schneller, wendiger, oft spielerischer. Man achte auf den längeren, spitzeren Kopf, fast keilförmigen Schwanz und stärker gefingerte Flügelspitzen (kann an Kolkrabe erinnern). Wenn mit Nahrung gefüllt, kann der geschwollene Kehlsack unterm Schnabel ein gutes Merkmal sein (nicht bei Raben-K.).

Status: Stand- und Strichvogel mit Schwerpunkt im Tiefland von Polen bis N-Frankreich; fehlt in Mittelgebirgen und Alpen.

Brütet in Kolonien mit vielen sperrigen Nestern, die auffällig in den Wipfeln von Laubbäumen errichtet werden. (Raben-K. brütet einzeln.)

❏ Häufig in Landschaften mit einem Mosaik aus Äckern, Wiesen, Wäldern und Gebüschen. Fehlt nur in ausgedehnteren Hochlagen und Innenstädten. ❏ Geht aufrecht und watschelnd; hüpft auch. ❏ Hat wie alle Krähen ein vielfältiges Vokabular; der gewöhnliche Ruf ist ein schroffes, angenehmes »kaarg«. Die Stimme der Jungen ist höher. ❏ Bildet im Winter riesige Schlafgesellschaften, oft zusammen mit Dohlen.

Rabenkrähe und Nebelkrähe (Aaskrähe) *Corvus corone* 47 cm

Die bekannte Krähe. Es gibt zwei gut unterscheidbare Rassen der Aaskrähe (vgl. Karten); in W-Europa ist überall die Raben-K. (*C.c. corone*) heimisch. In Schottland, Irland und Europa östlich Dänemarks wird sie durch die Nebelkrähe (*C.c. cornix*) ersetzt. Im Überlappungsbereich gibt es häufig Kreuzungen.

Rabenkrähe: Altvogel völlig schwarz (Junge aus der Nähe oft unterscheidbar durch matteres, fast braunen Kopf und OS). Manche soeben flügge Junge zeigen eine weißliche Binde über die volle Länge des Flügels (Reste der wachsigen Federhüllen). Leicht mit Saat-K. zu verwechseln, besonders aus der Ferne, wenn das nackte Gesicht der Saat-K. nicht erkennbar ist.

Status: Häufiger, weit verbreiteter Stand- und Strichvogel. Außerhalb ihres Brutgebietes tauchen auch im Winter selten Nebel-K. auf.

Man beachte, daß einjährige Saat-K. auch ganz dunkles Gesicht und Schnabel haben. Man achte auf stumpferen Schnabel, runderen Scheitel, glatteres Gefieder und sauber gestutzte »Hosen« der Raben-K. (vgl. zugespitzten Schnabel, erhobenen Scheitel und struppige »Hosen« der Saat-K.).

Flug: Gewöhnlich langsamer als spielerische Saat-K. Rechteckigerer Schwanz und Flügel der Raben-K. nicht immer deutlich, aber können nützliches Merkmal sein; vgl. keilförmigen Schwanz und spitzere Flügel von Saat-K. und viel größerem Kolkraben.

Nebelkrähe

Rabenkrähe

Nebelkrähe: Unverwechselbar. Kopf, Flügel und Schwanz schwarz, aber Körper grau (kann im frischen Gefieder rosa Anflug haben).

Status: Häufiger Stand- und Strichvogel.

❏ Wachsamer, aggressiver Allesfresser, den man in den verschiedensten Lebensräumen findet, von Stadtzentren bis Küsten, von Wäldern bis Berggipfeln. ❏ Bildet auch zur Brutzeit größere Trupps von (jungen) Nichtbrütern; an Schlafplätzen und im Winter oft große Ansammlungen, auch mit Dohlen und Saat-K. zusammen. ❏ Man achte auf das für Raben-K. typische nervöse Flügelzucken im Sitzen. ❏ Verschiedene Rufe. Typisch ist ein lautes, ärgerliches »kraa«, gewöhnlich in Serien von 2–6 Rufen. ❏ Im Gegensatz zur Saat-K. nisten Aas-K. allein (meist in Bäumen).

Haussperling *Passer domesticus* 14.5 cm

Einer der bekanntesten und am weitesten verbreiteten Vögel Europas – ein geselliger, frecher und aggressiver Opportunist, der die Nähe des Menschen sucht. Robuste Statur, mit kräftigem, konischen Körnerfresserschnabel. Hüpft auf dem Boden, stelzt und zuckt mit dem Schwanz, aber hängt auch manchmal merkwürdig an Samenständen, Fütterhäuschen oder rauhen Wänden.

Männchen zur Brutzeit: Der schwarze Schnabel kontrastiert mit den weißlichen Wangen. Vom Feld-Sp. durch seinen viel größeren, bis auf die Brust reichenden schwarzen Latz, leberbraunen Nacken, grauen Scheitel und die einzelne weiße Flügelbinde unterschieden.

Männchen im Winter: Hell gelblicher Schnabel und kleinerer Latz (Schwarz teilweise verdeckt von frischen beigen Federrändern).

Weibchen/Jungvogel: Farblos, mit heller Binde hinterm Auge, schwachen beigen Flügelbinden und ganzjährig gelblichem Schnabel. Das Fehlen einer Strichelung auf der einfarbig-staubig wirkenden US schließt die meisten anderen Körnerfresser aus, aber vgl. ♀ von Grün- und Buchfink.

Status: Häufiger (aber durchaus nicht häufigster) Standvogel, eng an Siedlungen gebunden und in Wäldern fehlend.

Flug: Im Winter gern mit anderen Körnerfressern zusammen. Im Flug lassen sich Haussperlinge an ihrem rechteckig abgeschnittenen Schwanz erkennen (Finken und Ammern haben gekerbten Schwanz). ♂ mit erkennbar grauem Bürzel.

❏ Verbreiteter Bewohner von Städten, Dörfern und angrenzendem Land, fehlt nur in den höchsten Lagen, fernab von menschlichen Gebäuden. ❏ Nistet oft in Kolonien, brütet unter Dächern und in Löchern von Gebäuden; baut manchmal sein schlampiges, überdachtes Nest auch in Baumspalten oder offener in Büsche. ❏ Versammelt sich zur Erntezeit und an Schlafplätzen in Efeu und dichten Hecken in großen, geräuschvollen Trupps. ❏ Stets schwatzhaft, läßt seine bekannten »tschirrup«- und »tschissip«-Rufe auch im Flug hören. ❏ Der unmusikalische Gesang ist nur eine zufällige Serie der gleichen Töne. Kann in schimpfendes Gezeter oder ängstliche Warnrufe (»tju, tju...«) umschlagen.

Feldsperling *Passer montanus* — RL:V; 14cm

Ungewöhnlich bei echten Sperlingen (*Passer*) ist, daß beide Geschlechter gleich sind. Wie Haussperling-♂, aber mit ganz schokoladenbrauner Kappe, schwarzen Ohrflecken und weißem Kragen (im Nacken nicht ganz geschlossen).

Männchen zur Brutzeit: Schwarzer Schnabel. Glatter als Haussperling-♂, mit runderem Scheitel, zwei schmalen weißen Flügelbinden und gelblichbraunem (nicht grauem) Bürzel. Der weiße Kragen ist auch aus der Entfernung ein gutes Kennzeichen.

Jungvogel: Weniger adrett als Altvogel, hellerer Scheitel, dunklerer Kragen und matt grauer Latz sowie weniger deutliche Ohrflecken.

Feldsperling

Winter: Gelbliche Schnabelwurzel. Unterscheidet sich vom Haussperling-♂ im Winter (unten) durch ganz braunen Scheitel, weißere Wangen und kleineren schwarzen (auf das Kinn beschränkten) Latz.

Die saubere, helle US fällt ins Auge, wenn ein Trupp auf einer Hecke auftaucht.

Haussperling

Flug: Schneller als Haussperling, fliegt oft in beachtlicher Höhe vorbei. Flugruf ein charakteristisches, hartes »tek, tek…«.

Status: Häufiger und weit verbreiteter Standvogel. Gebietsweise abnehmend (offenbar schwanken manche Kolonien sehr stark und können ganz verschwinden).

❏ Ein Vogel landwirtschaftlicher Flächen, bevorzugt Äcker, Waldränder, Parks und dörfliche Gärten. ❏ Bezieht gerne Nistkästen, aber brütet hauptsächlich in Baumhöhlen. ❏ Obwohl gesellig, neigt er dazu, kleine lokale Gemeinschaften zu bilden und kann daher schwer zu finden sein. ❏ Im Winter weiter verbreitet, in Stoppel- und Unkrautfeldern mit anderen Samenfressern zu 50 und mehr. Besucht gelegentlich Futterhäuschen. ❏ Bei der Nahrungssuche am Boden stumm, flüchtet schon bei geringen Störungen. ❏ Ruf ein kurzes, scharfes »tschik« oder »tschup«, klarer und metallischer als Haussperling.

Steinsperling *Petronia petronia* RL: 0; 14 cm

Altvogel: Breiter, cremeweißer Überaugenstreif, dunkle Scheitelseitenstreifen und braune Streifen auf Brust und Flanken sind eindeutige Kennzeichen. Kleiner gelber Fleck an der unteren Kehle ist im Feld schwer zu sehen.

Flug: Relativ großer Kopf und kurzer Schwanz machen im Flug gedrungenen Eindruck. Man achte auf weiße Schwanzflecken, wenn der Vogel auffliegt.

Status: Seltener, lokaler Standvogel.

❑ Ähnelt Hausperling-♀, aber kräftiger, mit großem, gelblichen Schnabel kräftig gestreiftem Kopf und deutlich gestreifter Brust. ❑ Weiße Schwanzflecken sind kennzeichnend. ❑ Brütet in felsigem Bergland, Schluchten und Ruinen. ❑ Gesellig. Nahrungsuche auf steinigem Boden; sitzt gerne auf alten Gebäuden, Leitungen und Felsen. ❑ Wenn er am Boden herumhüpft, kann das braun gestrichelte Aussehen zu Verwechslung mit Heidelerche führen. ❑ Läßt verschiedene sperlingsähnliche Tschilprufe hören, typisch ist ein nasales »swey-i« (oder länger »swey-ii-i«).

Schneefink *Montifringilla nivalis* RL: R; 18 cm

Weibchen im Sommer: Unterscheidet sich vom ♂ durch melierten Latz und gelblichen Schnabel.

Flug: Der einzige Vogel in seinem Gebiet, der so viel Weiß in Flügeln und Schwanz zeigt.

Status: Standvogel; fehlt in N-Europa.

Männchen im Sommer:
Grauer Kopf und satt brauner Rücken unterscheiden ihn von Schneeammer. Man beachte schwarzen Latz und Schnabel.

❑ Großer, stämmiger Fink, beschränkt auf die höchsten Alpengipfel, oberhalb der Baumgrenze, selten unter 1800 m. ❑ Nur Schneeammer sieht ähnlich aus, aber Verbreitung überlappt nicht. ❑ Zutraulich. Oft in Skigebieten und neben Alpenstraßen, auf weiten Hochflächen aber schwer zu finden. ❑ Gewöhnlich in kleinen Trupps, die auf flackernd gescheckten Flügeln wie ein Wirbel großer Schneeflocken einfallen. ❑ Ruf ein rauhes »tswiik«. ❑ Hüpfend wiederholter Gesang »sit-ti-cher, sit-ti-cher…«.

Kernbeißer *Coccothraustes coccothraustes* 18 cm

Scheuer, versteckter Fink der Laub- und Mischwälder, Parks, Obstgärten und großen Gärten, besonders wo Hainbuche, Pappel und Wildkirsche vorkommen. Wesentlich größer als Buchfink, mit großem Kopf, »Stiernacken« und massivem Kegelschnabel, der im Sommer stahlblau, im Winter hell gelblich ist. Beide Geschlechter mit adrettem schwarzen Latz, grauem Kragen, kräftigem weißen Flügelfleck und kurzem, rechteckigem Schwanz mit weißer Spitze (besonders deutlich beim ♂).

Männchen: Leuchtenderes, rötlich-brauneres Gefieder als ♀ (besonders Kopf und Bürzel). Schwungfedern ganz glänzend blauschwarz.

Weibchen: Verblichener als ♂ (insgesamt heller und grauer). Aschgraue Handschwingen bilden im angelegten Flügel ein deutliches helles Band.

Jungvogel: Übergroßer heller Schnabel und beige, schwarz geschuppte US sind einmalig. Flügelfärbung der Geschlechter wie bei Altvögeln.

Flug: Wirkt schwer im raschen Wellenflug über den Baumwipfeln. Die breite weiße Flügelbinde ist durchscheinend – ein ausgezeichnetes Merkmal von unten.

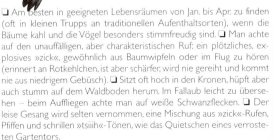

Status: Spärlich verbreiteter Standvogel, etwas häufiger in O-Europa. Wird aber oft übersehen und überhört. Brütet auch in ganz Österreich.

❏ Am besten in geeigneten Lebensräumen von Jan. bis Apr. zu finden (oft in kleinen Trupps an traditionellen Aufenthaltsorten), wenn die Bäume kahl und die Vögel besonders stimmfreudig sind. ❏ Man achte auf den unauffälligen, aber charakteristischen Ruf: ein plötzliches, explosives »zick«, gewöhnlich aus Baumwipfeln oder im Flug zu hören (erinnert an Rotkehlchen, ist aber schärfer, wird nie gereiht und kommt nie aus niedrigem Gebüsch). ❏ Sitzt oft hoch in den Kronen, hüpft aber auch stumm auf dem Waldboden herum. Im Fallaub leicht zu übersehen – beim Auffliegen achte man auf weiße Schwanzflecken. ❏ Der leise Gesang wird selten vernommen, eine Mischung aus »zick«-Rufen, Pfiffen und schrillen »tsiiih«-Tönen, wie das Quietschen eines verrosteten Gartentors.

275

Buchfink *Fringilla coelebs* 15 cm

Einer der häufigsten Vögel Europas. Das farbenprächtige ♂ ist leicht zu erkennen, aber das bräunliche ♀ wirkt sperlingsähnlich. Die doppelte weiße Flügelbinde, der grünliche Bürzel und die auffälligen weißen äußeren Schwanzfedern sind jedoch im Sitzen und Fliegen unverkennbare Merkmale.

Männchen im Sommer: Der einzige Fink mit blaugrauem Scheitel und Nacken sowie rosarotem Gesicht und US. Schnabel blau, mit schwarzer Spitze.

Männchen im Winter: Nach der Herbstmauser erzeugen die frischen beigen Federränder eine etwas mattere Gesamtfärbung; durch Abnutzung kommen bis zum Frühjahr die Farben voll zur Geltung. Schnabel hellbraun.

Weibchen: Oben und unten ungestreift bräunlich. Kopf mit Andeutung eines Nackenflecks, aber nie mit den kräftigen Streifen des Bergfink-♂. Schnabel ganzjährig hellbraun. Jungvögel ähnlich, aber junge ♀ zeigen ab Aug./Sept. rosa Flecken.

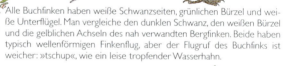

Alle Buchfinken haben weiße Schwanzseiten, grünlichen Bürzel und weiße Unterflügel. Man vergleiche den dunklen Schwanz, den weißen Bürzel und die gelblichen Achseln des nah verwandten Bergfinken. Beide haben typisch wellenförmigen Finkenflug, aber der Flugruf des Buchfinks ist weicher: »tschup«, wie ein leise tropfender Wasserhahn.

Status: Häufiger Stand- und Strichvogel, nordosteuropäische Populationen ziehen weiter.

Bergfink / Buchfink

❏ Brütet in nahezu jedem Lebensraum mit Bäumen. ❏ Zieht im Winter in Schwärmen über die Äcker, oft mit anderen Finken, Sperlingen und Ammern. ❏ Trippelt stumm mit nickendem Kopf. ❏ Der laute, fröhliche Gesang endet mit einem Schnörkel: »tschip tschip tschip cherry-cherry tissi-chu-wiuh«. Manche enden mit einem scharfen »tsick« – sehr ähnlich dem Ruf des Buntspechts. ❏ Gewöhnlicher Ruf ist ein lautes (namengebendes) »tschink« (fink). Manchmal ein monotones, durchdringendes »hriiit« (Regenruf).

Bergfink *Fringilla montifringilla* RL:R;15cm

Robustes nördliches Gegenstück zum Buchfink. Brütet in Skandinavien, aber überwintert in weiten Teilen Europas, wo man ihn gewöhnlich im Schlichtkleid sieht. Langer weißer Bürzel und weißer Bauch im Kontrast zu oranger Brust und Schultern sind Hauptmerkmale.

Winter: Beide Geschlechter haben schwarz und beige schuppigen Rücken, gelben Schnabel mit schwarzer Spitze und je einen schwarzen Streifen an den Seiten des hellgrauen Nackens. Kontrast zwischen oranger Weste und Schultern sowie weißem Bauch ist ein nützliches Kennzeichen. ♂ (abgebildet) ist kräftiger gefärbt mit schwärzlichem (fleckigem) Gesicht.

Männchen im Sommer: Die Kombination von glänzend schwarzer Kapuze und »Umhang« sowie oranger Brust und Schultern ist einmalig. Schnabel blauschwarz.

Weibchen: Gefieder ganzjährig ähnlich dem Winterkleid. Reineres Gesicht, düsterer Schnabel und weniger ausgedehnte, etwas bleichere orange Brust und Schultern als ♂.

Buchfink: Unterschieden durch grünlichen Bürzel, doppelte weiße Flügelbinde und auffällige weiße Schwanzseiten.

Buchfink Der Kopf des Buchfinken ♀ ist viel einfarbiger.

Bergfink

Buchfink

Flug: Bergfink wirkt kräftiger als Buchfink, mit reinweißem Bürzel und ganz schwarzem, tiefer gekerbtem Schwanz.

Status: Wintergast aus Skandinavien und N-Europa (Sept.–Mai). Nomadisch, in manchen Jahren viel häufiger als in anderen. Oft in Schwärmen zu Tausenden.

❏ Häufig in nördlichen Birkenwäldern und Taiga, wo sein gedämpftes, wiederholtes, grünfinkähnliches »dzwiii« ein typisches Sommergeräusch ist. ❏ Kennzeichnender Flugruf verrät vorbeifliegende Vögel: ein weiches »djuk-djuk« und ein rauhes, nasales »wäh-iik«. ❏ Nahrungssuche hauptsächlich am Boden, hüpft ruckartig wie Buchfink. ❏ Erscheint im Winter manchmal in großen Schwärmen. Sehr oft in Gesellschaft anderer Finken, sucht unter Bäumen (v.a. Buchen) oder auf gepflügten oder verunkrauteten Äckern (oben) nach Nahrung.

277

Girlitz *Serinus serinus* 11 cm

Männchen: Gestreifte OS und leuchtend zitronengelbes Gesicht sowie Brust sind unverkennbar. Bauch weiß mit kräftiger Streifung (nicht bis zur Brust wie beim ♀).

Flug: Kombination von gelbem Bürzel und einfarbig braunen Flügeln und Schwanz schließt alle anderen grünen Finken aus.

Status: In S-Europa Standvogel, in ME verbreiteter Brutvogel (Okt.–Apr.).

Weibchen: Unscheinbare, grob gestrichelte Erscheinung, mit gelbem Bürzel und kurzem Schnabel. Man achte auf schwach gelbe Färbung im Gesicht und an oberer Brust (fehlt fast ganz bei ähnlich braunen Jungen).

❏ Kleiner, deutlich gestreifter Fink mit munterem Charakter und gelbem Bürzel. ❏ Der kurze Schnabel und das Fehlen von Gelb in Flügel und Schwanz unterscheiden ihn vom Erlenzeisig. ❏ Der klirrend-plätschernde Gesang des ♂ ist typisch – erinnert an Goldhähnchen oder schnelle Grauammer. Oft im herumflatternden Balzflug auf langsam schlagenden Flügeln, wie großer Schmetterling. ❏ Flugruf kennzeichnend flüssig: »tri-li-lit«.

Zitronengirlitz *Serinus citrinella* 11.5 cm

Weibchen: Unscheinbarer als ♂, mit schwach gestreiftem Rücken. Jungvogel bräunlich, kräftig gestreift; gelblich-weiße Flügelbinden.

Männchen: Erinnert an kleinen Grünfink, aber weicher gefärbt, mit typisch grau getöntem Nacken und breiten gelben Flügelbinden. (Anders als Girlitz US ganz gelbgrün; ohne gelbe Schwanzstrahlen wie Erlenzeisig.)

Status: Brutvogel der Alpen und SW-Europas.

❏ Schlanker, alpiner Vetter des Girlitz (beide können zusammen vorkommen). ❏ Beschränkt auf Nadelbäume der Baumgrenze und alpine Matten, allgemein über 1000 m (im Winter tiefer). ❏ Unterscheidet sich durch längeren Schnabel, doppelte gelbe Flügelbinde und ungestreiftes Gefieder mit weicher grauer Tönung. ❏ Gesang und Flugruf ähnlich Stieglitz, aber ungewöhnlich flüssig und nasal – wie geschüttelte Glasscherben. ❏ Gewöhnlich in kleinen Gruppen, oft nahrungsuchend am Boden.

Erlenzeisig *Carduelis spinus* 12cm

Kleiner, spitzschnabliger Fink (kaum größer als Blaumeise) mit charakteristisch schwarz-gelbem Muster in Flügeln und Schwanz. Das leuchtend gefärbte ♀ ist leicht erkennbar; das unscheinbarere ♂ kann schwierig vom Birkenzeisig zu unterscheiden sein, wenn im hohen Geäst hängend, aber die Flügelbinden des Zeisigs sind breiter. Man vergleiche auch Girlitz. Klarer, durchdringender Flugruf ein klägliches »tii-ju«.

Männchen: Europas einziger grüner Fink mit adretter schwarzer Kappe und Latz. OS grünlich und gestreift, Brust gelb mit schwarzer Strichelung an den Flanken. Leuchtend gelbe, doppelte Flügelbinde und Federkanten sind wichtige Merkmale.

Weibchen: Grauer, ohne schwarze Kappe und Latz, viel gröber gestreift. Breite Flügelbinden (können fast weiß wirken) und hell zitronengelbe Tönung der Brust unterscheiden vom Birkenzeisig. Jungvogel ist brauner und kräftiger gepunktet und gestreift, aber Flügelbinden typisch.

Häufig am Futterhäuschen im Winter, besonders gern an roten Erdnüssen.

Flug: Rasch und wellenförmig. Kräftige gelbe Flügelbinden, Bürzel und Schwanzseiten fallen auf, aber Außenflügel dunkel (vgl. Grünfink).

Status: Weit verbreiteter Standvogel und Wintergast. In England starke zunahme, nachdem Nadelholzpflanzungen älter werden. Bevorzugt Bergland.

❑ Brütet in Nadelwäldern. ❑ Bevorzugt im Winter wassernahe Erlen und Birken. ❑ Taucht oft plötzlich als aufgeregt zwitschernde und tanzende Wolke in Baumwipfeln auf. ❑ Oft zusammen mit Birkenzeisigen und Stieglitzen. ❑ Hängt akrobatisch und meisenartig kopfüber, um die Samen von Erlen und Fichten zu ernten. ❑ Schneller, zwitschernder Gesang, oft unterbrochen von unerwartet mechanisch klingendem »kriiee« – wie rückspulende Kamera am Filmende. ❑ ♂ vollführen im Frühjahr ähnlich wie Grünfinken Singflüge.

Grünling (Grünfink) *Carduelis chloris* 15 cm

Stämmiger, sperlingsgroßer Fink mit kräftigem hellen Schnabel und grimmigem Ausdruck. Leuchtend gelbe Flügel- und Schwanzflecken sind wichtige Kennzeichen, besonders auffallend im Flug. Das insgesamt grüne Erscheinungsbild des ♂ kann zu Verwechslungen mit kleinerem Erlenzeisig, Girlitz und Zitronengirlitz führen, während matteres ♀ und Jungvogel spatzenähnlich wirken – aber nur der Grünling hat einen so kräftigen gelben Flügelrand (weniger deutlich bei Jungvögeln).

Männchen: Olivgrüne OS mit hübschem grauen Feld im Flügel; US heller und mehr gelblich-grün. Ausgedehnte gelbe Zeichnung in Flügel und Schwanz. Durch Abnutzung werden die Farben zum Frühjahr hin kräftiger.

Weibchen: Matter und mehr bräunlich. Aus der Nähe wirken Brust und Mantel schwach gefleckt oder gestreift.

Jungvogel: Das schlichteste der drei Kleider; oben und unten deutlich gestreift, mit düsterer Zeichnung an den Wangen. Die gelben Federränder an den Handschwingen können undeutlich sein. Geräuschvolles »jip, jip...«, manchmal von Familiengruppen zu hören, kann im Sommer leicht mit dem Ruf des Fichtenkreuzschnabels verwechselt werden.

Flug: Wirkt untersetzt und recht spatzenähnlich, aber Schwanz deutlich gekerbt (Spatzen haben gerade abgeschnittenen Schwanz). Gelbe Schwanzseiten legen ähnlichen Erlenzeisig nahe, aber nur der Grünling hat Gelb an den Handschwingen. Flugruf ein hüpfendes »djürürrüp«.

Status: Häufiger und weit verbreiteter Stand- und Strichvogel.

❏ Brütet in gebüschreichen Gärten und Parks, in Hecken und an Waldrändern. ❏ Besucht im Winter zusammen mit Sperlingen und Finken Stoppel- und Unkrautfelder sowie Salzwiesen. Häufig am Futterhäuschen, wo er etwas streitbar auftritt. ❏ Der einfache Gesang ein gedehntes, nasales »dzwiih« (sehr ähnlich dem Bergfink), im Wipfel eines Baumes in Abständen mehrfach wiederholt. Oft durchsetzt mit einem abwechslungsreicheren, kanarienartigen Gezwitscher. ❏ Im Frühling zeigen die ♂ ihren fledermausartigen Singflug.

Stieglitz (Distelfink) *Carduelis carduelis* 11,5–12,5 cm

Kleiner, zierlicher Fink mit scharf zugespitztem Schnabel zum Ernten der Samen von Löwenzahn, Karde und Distel. Die augenfällige rot-weiß-schwarze Kopfzeichnung der Altvögel ist unverwechselbar, sie fehlt aber den blasseren, »mehlköpfigen« Jungvögeln. In allen Altern an der goldgelben Flügelbinde im schwarzen Flügel (deutlich im Sitzen und im Flug) zu erkennen. Stimme bezeichnend.

Altvogel: Farbenfrohe Maske einmalig. OS goldbraun; US papierweiß, mit satt gelbbraunen Flanken; die »Brandflecken« zu beiden Seiten der Brust erinnern von vorn an eine offene Weste. Schnabel rosaweiß, mit dunkler Spitze. Beide Geschlechter gleich.

Jungvogel: Unterscheidet sich vom Altvogel durch einfarbiges Gesicht, leicht gefleckte Brust und hellbraune Punkte (bei Alten schneeweiß) an den Spitzen der Hand- und Armschwingen. Am leichtesten an gelben Flügelbinden zu erkennen. Typische Gesichtszeichnung wird im Aug. bis Okt. angelegt.

Flug: Leicht und hüpfend. Weißer Bürzel und Schwanzflecken auffallend, wenn die Vögel akrobatisch Nahrung suchen.

Status: Sehr häufiger, weit verbreiteter Brut- und teilweise Jahresvogel.

❏ Gewöhnlich paarweise oder in kleinen Gruppen, gelegentlich in größeren Schwärmen über gepflügten Feldern, Brachland, Straßenrändern mit vielen Disteln. ❏ Im Winter mit anderen Finken vergesellschaftet, manchmal in Bäumen (Birken und Erlen) mit Erlen- und Birkenzeisig. ❏ Hängt meisenartig, um an Samen zu gelangen. ❏ Brütet in Parks, Gärten und kleinen Straßenbäumen. ❏ Häufig wiederholter Ruf leicht zu merken: ein fröhliches, hüpfendes, flüssig-zwitscherndes »stiglitt, stiglitt...« wie Schritte auf Glassplittern. ❏ Gesang eine Fortsetzung des Rufs, gemischt mit kurzen, zaunkönigartigen Trillern und kratzenden Tönen; oft von erhöhter Warte aus.

281

Berghänfling *Carduelis flavirostris* 14 cm

Glatter, gelbbrauner, gestreifter Fink offener Landschaften (Hochlagen im Sommer, Küste im Winter); am leichtesten zu verwechseln mit Bluthänfling, aber mit einigen Merkmalen des Birkenzeisigs. Etwas langschwänziger als Bluthänfling, Kopf stärker gestrichelt, Gesicht und Kehle warm beige und gleichfarbige Flügelbinde (wie Birkenzeisig).

Winter: OS gelbbraun, grob schwarz gestreift. Beine dunkel. Hellbraune Flügelbinde oft auffallend (Bluthänfling hat ähnliche Binde nur im Jugendkleid). ♂ hat rosa Bürzel (sehr schwer zu sehen); ♀ und Jungvögel haben gestreiften, hellbraunen Bürzel, Junge mit rosa Beinen.

Berghänfling

Sommer: Durch Abnutzung OS dunkler, mit staubgrauem Schal. Schnabel grau oder gelblich.

Bluthänfling

Auf den ersten Blick ohne deutliche Kennzeichen, doch das Gesicht ist der Schlüssel: kurzer gelber Schnabel, warm beige Augenbrauen und »glühend« honiggelbes Gesicht und Kehle sind immer kennzeichend.

Man vergleiche die schwächere Strichelung des winterlichen Bluthänflings, seinen mehr grauen Kopf und Schnabel sowie das weißliche Kinn. Der gestreifte junge Birkenzeisig hat gelben Schnabel, aber lebt mehr in Wäldern; hat auch nicht das warme Gesicht und die weißen Flecken in Flügeln und Schwanz wie Berghänfling.

Status: In Großbritannien und Skandinavien lokal recht häufiger Stand- und Strichvogel; brütet in Mooren, auf Bergwiesen und Inseln. Im Winter zahlreich an der Küste.

❏ Gesellig. Im Winter mit anderen Finken und Ammern an Flachküsten auf Salzwiesen und gepflügten Äckern. ❏ Verschwindet in krautiger Vegetation und wird erst beim Aufscheuchen sichtbar, wobei die Schwärme als geschäftige, zwitschernde, tanzende Wolke erscheinen, die hin und her schwenkt oder hüpfend in der Ferne oder in der nächsten Bodendeckung verschwindet. ❏ Man achte besonders auf das charakteristische hänflingartige (aber etwas härtere) Zwitschern. ❏ Schwärme versammeln sich »wie Wäscheklammern« auf Leitungen und wechseln mit kurzen, tanzenden Flügen endlos die Plätze. ❏ Vom Bluthänfling im Flug zu unterscheiden durch reineren Bauch, weniger Weiß im Flügel und etwas längeren Schwanz; letzterer gibt ihm ein schlankeres »Torpedoprofil«.

Birkenzeisig *Carduelis flammea* — 12–13 cm

Kleiner, gestreifter brauner Fink mit niedlichem gelben Schnabel und tief eingekerbtem Schwanz. Die Kombination von roter Stirn und schwarzem Kinnfleck ist für Altvögel kennzeichnend. In hohem Maße baumbewohnend mit Vorliebe für Birken- und Erlenwälder (auch junge Nadelbäume), aber auch am Boden. Fällt durch seine typischen (grünfinkenartigen) Triller und abgehackten Flugrufe auf: »chut-ut-ut-ut« (wie Anschläge einer Schreibmaschine). Die heimische Rasse *cabaret* ist hellbraun und braun.

Männchen: Mit rosaroter Brust und Bürzel. Hellbraune Flügelbinden werden durch Abnutzung schmaler und weißer. Kräftige braune Strichelung auf hellbraunen Flanken.

Jungvogel: Ohne rote Stirn und schwarzes Kinn (tritt gewöhnlich während der Mauser im Juli-Okt. auf). Heller Schnabel und meisenartige Akrobatik schließen Verwechslungen aus.

Weibchen/Männchen 1. Jahr: Gestreifter, bräunlicher Bürzel; kein oder kaum erkennbares Rosa an der Brust.

Nichtbrüter: Im frischen Winterkleid OS (einschließlich Bürzel) blasser hellbraun, Flügelbinden breiter und bräunlicher; Brust verwaschen rosa.

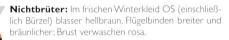

Flug: Ohne deutliche Kennzeichen. Stimme und übertrieben hüpfender Flug typisch.

Die etwas größere skandinavische Rasse *flammea* ist regelmäßiger Wintergast in ME, manchmal in großer Zahl. Heller und grauer, mit klareren und weißeren Flügelbinden und kontrastreicher Streifung an den weißeren Flanken. Bürzel gestreift, aber im Flug weißlich erscheinend.

❏ Gewöhnlich paarweise im Sommer. Zu anderen Zeiten Trupps von 10–100, meist auf Nahrungssuche in Bäumen, wo sie wenig auffallen bis sie als eilige, wirbelnde Wolke davonfliegen – man achte auf den typischen »summenden« Chor. ❏ Gewandt; hängt wie Weihnachtsbaumschmuck vom kleinsten Zweig. ❏ Im Winter oft mit Zeisigen. ❏ Macht durch ansteigenden »djuieh«-Ruf auf sich aufmerksam. ❏ Singt von Bäumen oder in hüpfendem Balzflug.

Status: Häufiger Brut- und Jahresvogel (Tendenz zur Arealerweiterung); im Winter oft Invasionen.

Bluthänfling *Carduelis cannabina* 14 cm

Kleiner Fink der Tieflandheiden, Heckenlandschaften und Ödländereien. Das ♂ hat im Frühling hellgrauen Kopf mit Rot auf Stirn und Brust. ♀ und Winter-♂ sind mit ihrer beigen Brust leicht zu übersehen, aber feine Gesichtszeichnung gibt dem leicht grauen Kopf ein ganz eigenes Aussehen. Der graue Schnabel schließt Verwechslung mit Birkenzeisig und Berghänfling aus.

Männchen: Im Sommer unterscheidet der ungestreifte rotbraune Rücken von allen europäischen Finken. Im Winter (wenn das Rot unter frischen beigen Federrändern verborgen ist) dem ♀ sehr ähnlich, aber Brauntöne wärmer.

Weibchen: Dunkler, brauner und gestreifter (stets ohne Rot), aber mit deutlichem Kontrast zwischen gräulichem Kopf und braunerem Mantel. Das weich gezeichnete Gesicht ist kennzeichnend: mit hellem Streif über und unter dem Auge, hellem Wangenfleck und heller, leicht gestreifter Kehle.

Im Frühling sitzen die ♂ offen auf Buschspitzen und singen. Gesang ein lebhaftes, liebliches, musikalische Gezwitscher – weswegen der Hänfling früher ein beliebter Käfigvogel war.

Jungvogel: Heller, beige, mit kaum gezeichnetem Gesicht. Körper mehr gepunktet als gestreift.

Bluthänfling

Flug: Rasch und hüpfend, mit ständig zwitschernden Rufen. Beide Geschlechter mit weißen Strahlen in dunklen Handschwingen und Schwanz (weniger deutlich im Sitzen).

Status: Relativ häufiger Stand- und Strichvogel, nördliche Populationen ziehen südwärts (Sept.–Apr.).

Berghänfling

▶ Dunklerer Berghänfling (unten) wirkt mehr »torpedoförmig«.

❑ Im Winter sehr gesellig, auf unkrautreichen Feldern, verwilderten Weiden und Salzwiesen der Küste. ❑ Die Schwärme erheben sich periodisch als zwitschernde Wolke vom Boden, schwenken hin und her und lassen sich wieder nieder. ❑ An der Küste oft mit Berghänflingen zusammen; letzterer wird dann häufig nicht erkannt, hat aber gelben Schnabel und ist viel kräftiger gestreift.

Gimpel (Dompfaff) *Pyrrhula pyrrhula* 15 cm

Ein plumper Fink mit »Stiernacken«, schwarzer Kappe und kurzem schwarzen Schnabel. Fast immer paarweise zu sehen oder (im Spätsommer) in Familien, aber selten mehr als 10 Vögel zusammen, sogar im Winter. Die roten ♂ fallen zuerst auf.

Männchen: Leicht an seiner lachsroten US und dem blaugrauen Rücken zu erkennen.

Weibchen: Ähnlich gemustert, aber matter; US aschrosa, OS graubraun, am hellsten im Nacken. Bei beiden Geschlechtern sind Flügel und Schwanz glänzend blauschwarz, Bürzel und eine breite Flügelbinde sind weiß.

Jungvogel: Ohne schwarze Kappe, mit dunklen Knopfaugen. Sonst dem ♀ ähnlich, aber mehr beige, mit beiger Flügelbinde und Steiß. (Ähnlich sehen die Altvögel nach der Mauser, Juli bis Okt., aus.)

Fliegt selten weit; meist begegnet man ihnen, wenn ein Paar aus der Deckung erscheint – einer nach dem anderen – niedrig abfliegt und bald wieder in einem Gebüsch verschwindet.

Flug: Leuchtend weißer Bürzel (auffallender als bei jedem anderen Fink) ist das am meisten ins Auge springende Merkmal, das selbst bei kurzem Anblick eine rasche Identifikation ermöglicht.

Status: Weit verbreiteter, standorttreuer Standvogel. Vögel aus N-Europa erscheinen bei uns in geringen Zahlen im Winter.

❏ Scheu und zurückgezogen. ❏ Bevorzugt Hecken, buschige Anpflanzungen, Waldränder, Schwarzdorndickichte, große Gärten und Obstgärten; liebt besonders Obstbaumknospen (und verursacht manchmal erheblichen Schaden). ❏ Geht in Hecken und hohen Stauden still der Nahrungssuche nach und knabbert an Knospen, Beeren und Samen. ❏ Am leichtesten zu finden, wenn man auf den typischen, traurigen, weich pfeifenden Ruf achtet: »pjiu« oder »hju-hjuӔ. Partner antworten sich oft mit sanften, bestätigenden Tönen. ❏ Der leise Gesang (der selten wahrgenommen wird) ist ein merkwürdig unzusammenhängendes Geschwätz, als ob er geölt werden müßte. ❏ Skandinavische Rasse *pyrrhula* etwas größer, oben etwas heller grau und unten leuchtender.

285

Fichtenkreuzschnabel *Loxia curvirostra* 16.5 cm

Kreuzschnäbel sind stämmige Finken mit kräftigem Schnabel, dessen Spitzen in ungewöhnlicher Weise gekreuzt sind. Lange dunkle Flügel hängen oft neben dem tief gekerbten Schwanz und legen dadurch den leuchtend gefärbten Bürzel frei. Die Schnabelgröße ist individuell verschieden, aber beim Fichten-K. erscheint er gewöhnlich länger als hoch, und die Spitze des Unterschnabels überragt im Profil meist deutlich das Schnabeldach.

Männchen: Ziegelrot, mit leuchtendem Bürzel.

Weibchen: Graugrün, unten etwas gelblicher. Bürzel leuchtend grünlichgelb. (Ohne Gelb in Flügeln und Schwanz wie beim oberflächlich ähnlichen Grünling.)

Einjähriges Männchen: Außerordentlich variabel. Manche ähneln ♀, andere insgesamt goldener oder gelb und rot gefleckt.

Jungvogel: Oben und unten mit grober dunkler Strichelung. Doppelte beige Flügelbinde, bei manchen deutlicher. (Der kleinere Erlenzeisig hat deutliches Gelb in Flügeln und Schwanz.)

Status: Standvogel. Die Zahlen schwanken enorm von Jahr zu Jahr, da die Vögel auf der Suche nach fruchtenden Nadelbäumen weit herumstreifen.

Flug: Ruft häufig während des ausgeprägt wellenförmigen Fluges, oft hoch über den Bäumen. Dicker Kopf und kurzer Schwanz bewirken typisch frontlastigen Eindruck.

❏ Nomadischer Vogel alter Nadelwälder und Forste. Gewöhnlich in geräuschvollen Familiengruppen oder Trupps zu 10–50 Vögeln, manchmal zu Hunderten. ❏ Der laute, klickende Ruf ist sehr typisch: »jip, jip« (manchmal klingen einzelne Vögel wie ein Schwarm). Dann achte man auf vorbeifliegende oder in Baumwipfeln rastende Vögel. ❏ Recht zutraulich. ❏ Klettert wie Papagei in den Ästen und hängt wie eine Meise an den Zweigen. ❏ Ernährt sich fast ausschließlich von Zapfensamen (ein ständiger Regen von Abfällen kann die Anwesenheit verraten). ❏ Gesang eine abwechslungsreiche, hüpfende Komposition aus klickenden Rufen und klaren, kohlmeisenähnlichen Tönen.

Kiefernkreuzschnabel *Loxia pytyopsittacus* 17.5 cm

Typische Schnabelform: kräftiger, stark gekrümmter Unterschnabel. Der Schnabel wirkt rechteckig, mit ziemlich stumpfer Spitze. Die Spitze des Unterschnabels ist gewöhnlich nicht sichtbar.

Männchen

Weibchen

Bindenkreuzschnabel: Zwei breite weiße Flügelbinden und weiße Spitzen der Schirmfedern unterscheiden diesen seltenen Gast vom Kiefern-K.

Status: Beschränkt auf skandinavische Fichtenwälder. Überall sonst seltener Gast, gelegentlich in größeren Zahlen.

❏ Größter Kreuzschnabel. ❏ Unterscheidet sich hauptsächlich durch dickeren Kopf und papageiartigen Schnabel sowie besonderen Ruf. ❏ Kräftiger als Kiefern-K., mit dickerem Hals und größerem, eckigerem Kopf. ❏ Dem Schottischen K. ähnlich (zumindest einige Kiefern-K. lassen sich aber durch ihren ungewöhnlich großen Kopf und Schnabel unterscheiden). ❏ Der Ruf ist das beste Merkmal im Feld, ein ziemlich tiefes »tjuup, tjuup...« (kann an Amsel erinnern).

Schottischer Kreuzschnabel *Loxia scotica* 16.5 cm

Kopf des Männchens: In allen Kleidern wie Fichten-K.; aber etwas größerer Kopf, flauschigere Wangen und höherer, stumpferer Schnabel als die meisten Fichten-K., Kopf und Schnabel aber stets kleiner als beim Kiefern-K.

Status: Seltener Standvogel. Gelegentliche Wanderungen scheinen sich auf Schottland zu beschränken.

❏ Die einzige endemische Vogelart Großbritanniens, kommt ausschließlich in schottischen Kiefernwäldern vor. ❏ Aussehen und Lautäußerungen liegen zwischen Fichten- und Kiefern-K. (wurde deshalb auch als Unterart der einen oder anderen Art angesehen). ❏ Häufig nicht mit Sicherheit zu unterscheiden; Ort und Lebensraum können ein Hinweis sein, aber sowohl Fichten- wie (seltener) Kiefern-K. können in den selben Wäldern vorkommen. ❏ Selten in Gruppen von über 15–20 Vögeln.

Karmingimpel *Carpodacus erythrinus* 14.5 cm

Männchen: Das Scharlachrot an Kopf, Brust und Bürzel hebt sich vom weißlichen Bauch ab. Übrige OS braun mit roter Tönung. Die unscheinbareren einjährigen ♂ gleichen den ♀, singen aber.

Status: Eine östliche Art, die sich bis Holland und Frankreich ausgedehnt hat. Brütet im bayerischen Alpenvorland. Mai bis Sept.; überwintert in Asien.

Weibchen: Unscheinbar graubraun, OS schwach gestreift; US weißer, mit weichen grauen Streifen. Vögel im 1. Herbst haben oliv getönte OS, kräftigere Streifung und erkennbare Flügelbinden.

❑ Sperlingsgroßer Fink mit hellem, kräftigen Schnabel. ❑ Bevorzugt Dickichte und Wälder in Wassernähe. ❑ Weit reichender Gesang typisch: ein klarer, weicher Pfiff »wiidje-wiidju«. ❑ Ruf ein klares, ansteigendes »jiu-iik«. ❑ Junger Grünling hat viel kürzeren Schwanz, größeren Kopf und grüngelbe Ränder der Schwungfedern.

Hakengimpel *Pinicola enucleator* 20 cm

Weibchen: Wie ♂, aber Rot durch ein prächtiges Goldgelb ersetzt. ▶

Männchen: Himbeerrot, mit sanft grauen Flecken und grauem Steiß.

Status: Standvogel im hohen Norden. Gelegentlich im Winter auch südlicher.

❑ Größter Fink (Größe einer Rotdrossel), stets mit auffällig weißer, doppelter Flügelbinde und weißen Schirmfederrändern. ❑ Spärlicher und oft versteckter Bewohner borealer Wälder. ❑ Ohne Scheu. ❑ Auf den ersten Blick wie Fichten-K., aber mit viel längerem Schwanz und kräftigem (aber erstaunlich kleinem) ungekreuzten Schnabel. ❑ Flötender Gesang erinnert sehr an Misteldrossel, aber etwas eiliger. ❑ Ruf ein weiches »tju-tju«. ❑ Sucht still in Bäumen und am Boden nach Knospen, Beeren und Samen. ❑ Wirkt im Flug massig, drosselartig, aber stärker wellenförmig.

Grauammer *Miliaria calandra* RL:2; 18 cm

Unsere größte Ammer. Ähnelt in Gesamtfärbung und Größe einer Feldlerche, aber ohne jedes Weiß in Flügel und Schwanz. Im Sommer sitzen die ♂ auffällig auf Drähten oder Buschspitzen und singen in typischer Ammernart mit nach hinten geworfenem Kopf. Das unverwechselbare klirrende Gezwitscher kann man bis weit in den August hören.

Altvogel: Das gestrichelte, lerchenähnliche Gefieder ist oben graubraun und unten beigeweiß, ohne auffällige Merkmale. Die besten Kennzeichen sind der kräftige helle Schnabel und die massive Streifung der US, die sich auf der Brust zu einem dunklen Fleck vereinigen kann. Das Winterkleid ist ähnlich, aber bräunlicher mit stärkerer Streifung unten. Geschlechter gleich.

Fliegt bei Störung oft in einem großen Bogen, bevor sie wieder auf einem Busch oder Draht landet. Sehr typisch ist ein kurzes Flattern oder Rütteln vor dem Niedergehen.

Sitzende Vögel wirken groß und plump, mit dickem Kopf und kräftigem Körnerfresserschnabel. Die rosa Beine können auffallend hell sein.

Status: Weit verbreitet, aber rasch abnehmend und vielfach nur noch inselartige Vorkommen. Stand- und Strichvogel.

❏ Lokal häufiger Vogel der Niederungen, in Feldfluren mit verwilderten Randstrukturen. ❏ Im Winter gesellig (oft mit Goldammern); manchmal in größeren Schlafgesellschaften in Röhrichten und Salzmarschen. ❏ Kurzer, aber monoton wiederholter Gesang besteht aus einer sich beschleunigenden Reihe von »tik«-Tönen, die in einem klirrenden Schnörkel enden, der an das Rasseln eines Schlüsselbundes erinnert. ❏ Gelegentlicher Singflug mit flatternden Flügeln und hängenden Beinen. ❏ Wirkt schwer, aber ziemlich spatzenähnlich am Boden und im Flug, der kraftvoll und wellenförmig über größere Entfernung ist. ❏ Der typische »quit-it-it«-Flugruf klingt wie weich platzende Blasen.

Spornammer *Calcarius lapponicus* 15.5 cm

Kräftige, gern am Boden sich aufhaltende Ammer, die man im Winter auf verwilderten Wiesen, Stoppelfeldern und Salzmarschen antrifft. Kann mit Rohrammer-♀ verwechselt werden, aber unterscheidet sich durch hellen Schnabel, lange Handschwingenprojektion (s.S. 240) und viel weniger Weiß im Schwanz. Charakteristischer Flugruf.

Männchen zur Brutzeit: Die Kombination von schwarzem Kopf und Brust mit fuchsrotem Nacken, breitem weißen Band, das sich vom Auge zu den Schultern zieht, und gelbem Schnabel mit dunkler Spitze ist kennzeichnend.

Weibchen: Unterscheidet sich von Rohrammer-♀ durch rein beigen Überaugenstreif, hellen Mittelscheitelstreif (variabel), fuchsroten Nacken und gelben Schnabel.

Winter: Die rotbraunen großen Flügeldecken sind von zwei weißen Flügelbinden eingefaßt (sie bilden auf dem geschlossenen Flügel ein auffälliges rostfarbenes Feld) und zusammen mit hellem, rosa-gelblichem Schnabel die Hauptmerkmale.
♂ erkennt man gewöhnlich an ihrer fleckigen dunklen Brustzeichnung.

Weibchen/1. Winter: Nacken heller und stärker gestreift, breiter beiger Mittelscheitelstreif (fehlt Rohrammer und Spornammer-♂).

Status: Seltener Gast aus Grönland und Skandinavien auf dem Herbstzug und im Winter (Sept.–Apr.).

❏ Brütet auf hügeligen skandinavischen Tundren, wo das ♂ seinen reinen, musikalischen Gesang von niedrigen Warten aus oder im Kreisen den Singflug hören läßt. ❏ Einzelnen Durchzüglern kann man an der Küste begegnen, meist aber im Winter, oft zusammen mit Ammern, Finken und Lerchen. ❏ Hält sich meist dicht am Boden und läuft unauffällig und mäuseartig wie Lerche oder Schneeammer (die meisten anderen Körnerfresser hüpfen). ❏ Entgeht oft der Beobachtung, bis man sie zufällig aufscheucht; erhebt sich schnell und fliegt kraftvoll ab (vgl. Rohrammer). ❏ Wirkt im Flug schwer (wie Grauammer), aber läßt typischen trockenen, rasselnden Flugruf hören: »ticki-tik«.

Schneeammer *Plectrophenax nivalis* 16–17 cm

Kräftige, gern am Boden sich aufhaltende Ammer mit auffällig weißen Feldern auf Flügel und Schwanz. Vertrauter Wintergast an Sand- und Kiesufern mit kurzer, spärlicher Vegetation. Gefieder variabel, aber immer kennzeichnend, sowohl bei am Boden herumhuschenden Schwärmen als auch im Flug, wenn sie wie weiße Papierfetzen im Wind erscheinen. Schnabel im Winter orange, im Sommer schwarz.

Männchen im Winter: Mit ausgedehntem Weiß im Flügel. Kopf, Rücken und Brust weich mit sattem Beige, Schwarz und Weiß gezeichnet. Mit Abnutzung der beigen Federränder wird das Gesicht weißer, aber nie so kräftig gezeichnet wie im Sommer.

Weibchen im Winter: Im Gesicht und auf der Brust beiger, viel weniger Weiß im Flügel. Junge im 1. Winter ähnlich, aber beiger, oft ohne erkennbares Weiß im Flügel.

Weibchen im Sommer: Im Gegensatz zum ♂ grauer Kopf und dunkel gestreifter Mantel.

Männchen im Sommer: Weiß, mit entweder schwarzem oder blaugrauem Sattel. Die schwarzen Augen und der Schnabel wirken wie Kohlestücke in einem winzigen Schneemann.

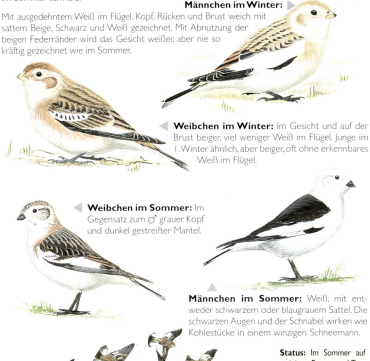

Status: Im Sommer auf steinigen Bergen und Tundren im Norden. Überwintert an den Küsten, gelegentlicher Gast im Binnenland.

Flug: Die langen, schwarzweißen Flügel sind charakteristisch und flackern im tanzenden Wellenflug.

❏ Nicht sehr scheu, aber im scheckigen Winterkleid am Boden leicht zu übersehen. ❏ Nahrungssuche in geschäftigen Schwärmen, dicht am Boden. ❏ Die typischen Rufe machen auf vorbeifliegende Vögel aufmerksam. Klirrendes »tir-rrr-ipp« ist kennzeichnend, doch ein weiches, reines »tjiu« klingt wie Spornammer (man achte auf die weißen Flügel). ❏ Im Sommer vollführt das ♂ einen hübschen Singflug mit kristallklaren Tönen. ❏ Die grauköpfigen Jungen ähneln Schneefinken, die Verbreitungsgebiete überlappen sich jedoch nicht.

291

Goldammer *Emberiza citrinella* — 16.5 cm

Schlanke gelbe Ammer mit kräftigem grauen Schnabel, langem gekerbtem Schwanz und leuchtend kastanienbraunem Bürzel. Ein vertrauter Anblick und Klang in allen offenen Landschaften. Metallischer »tsik«-Ruf lenkt oft die Aufmerksamkeit auf den offen sitzenden Vogel, der nervös mit dem Schwanz zuckt und dabei die weißen Außenfedern zeigt.

Männchen zur Brutzeit: Der einzige Vogel mit leuchtend gelbem Kopf und US sowie gestreiftem, rotbraunem Rücken. Die Ausdehnung des rotbraunen Brustbands und der dunklen Kopfzeichnung variiert.

Weibchen: Unscheinbarer und viel weniger gelb als ♂, mit ausgedehnterer dunkler Zeichnung am Kopf und stärker gestreifter US.

Schlichtkleid: ♂ ähnelt ♀ (das Gelb von Kopf und US ist weitgehend verdeckt durch düster olivfarbene Federränder), aber mit leuchtendem gelbem Bauch. Manche ♂ im 1. Winter (nicht abgebildet) sind irritierend unscheinbar: unten grau-beige mit ausgedehnter Streifung und kaum Gelb, der rotbraune Bürzel ist jedoch kennzeichnend.

Flug: Rasch und gerade oder wellenförmig, wobei das Weiß der Schwanzkanten deutlich sichtbar ist. Flugruf ein flüssiges »tillip«.

Status: Häufiger und weit verbreiteter Stand- und Strichvogel.

❏ Ein häufiger Brutvogel der Felder und Hecken, Heiden und verbuschten Lichtungen sowie junger Anpflanzungen. ❏ Brütet spät (oft bis in den August); ihr charakteristischer, monotoner Gesang kann noch zu hören sein, wenn die meisten anderen Vögel schweigen. ❏ Der von einer Buschspitze, von einem Pfosten oder einem Leitungsdraht aus vorgetragene Gesang ist etwas klappernd, mit hoher, gezogener Endnote: »tsche-tsche-tsche-tsche-tsche-tsche, tschiii« (in manchen Versionen fehlt die Endnote). ❏ Im Winter oft zusammen mit anderen Ammern, Finken und Sperlingen auf Stoppelfeldern, Äckern und Bauernhöfen. ❏ Nahrungssuche am Boden, mit sperlingshaftem Hüpfen.

Zaunammer *Emberiza cirlus* RL: 2; 16.5 cm

Südliches Gegenstück zur Goldammer. ♂ unverkennbar. ♀ und Jungvögel von Goldammer nur durch gräulichen oder olivbraunen (nicht leuchtend rotbraunen) Bürzel sicher zu unterscheiden. Stimme charakteristisch, aber schwach.

Männchen: Kräftig gelb, schwarz und oliv gestreifter Kopf mit breitem schwarzem Latz. Im Winter weniger auffällig gezeichnet, aber das Grundmuster bleibt.

Weibchen/Jungvogel: Man achte auf Bürzelfärbung. Kopfzeichnung kontrastreicher als bei weiblicher Goldammer, wirkt bleichwangiger zwischen dunklem Auge und Bartstreif, Überaugenstreif leuchtender – ähnlich ♂-Zeichnung. Man achte auf olivgrauen Anflug auf Brust und schwache kastanienbraune Flecken an den Brustseiten – wieder ähnlich ♂. US hell, braungelb mit feiner dunkler Streifung. Im Vergleich sind Goldammern-♀ unten gelber, mit gröber gestreifter Brust und Flanken; junge Goldammern sind aber matter und deshalb irritierend – Bürzelfarbe und Ruf bleiben die wichtigsten Unterscheidungsmerkmale.

Männchen im Winter: Kopfzeichnung matter, aber Grundmuster gleich.

Flug: Der matter gefärbte Bürzel unterscheidet im Flug von der Goldammer.

Status: Seltener, wärmeliebender Brut- und Jahresvogel im S und W.

Typische Ansicht eines singenden ♂, dessen gebänderter Kopf aus einem Baumwipfel schaut.

❏ Bevorzugt alte Hecken in geschützten Niederungen. Unkrautreiche Stoppelfelder sind im Winter wichtig, wenn mit anderen Körnerfressern vergesellschaftet. ❏ Unauffällig; huscht still am Boden herum. ❏ Fällt gewöhnlich durch Gesang auf: ein kurzes, monotones Rasseln, am ehesten zu verwechseln mit schepperndem Gesang der Zaungrasmücke, kann aber auch Goldammern-Gesang vortäuschen, jedoch ohne dessen langezogene Endnoten. ❏ Rufe mit irritierendem, hohen, fledermausartigen »sit« (anders als das metallische »zik« der Goldammer) und ein schwaches, klagendes »siah«.

293

Zippammer *Emberiza cia* RL: 1; 16 cm

Männchen: Leuchtend zimtbrauner Körper mit schwarzen Streifen auf dem Rücken. Kopf und obere Brust silbergrau, mit auffallend schwarzem Scheitelseitenstreif und Rahmen um die Ohrdecken.

Weibchen: Unscheinbarere, weniger farbige Version des ♂; Brust fein gestrichelt. Die noch einfarbigeren Jungen tragen eine unsaubere Strichelung am sonst ungezeichneten bräunlichen Kopf und Brust.)

Status: Hauptsächlich Standvogel, der im Winter tiefere Lagen aufsucht.

❏ Langschwänzige Ammer mit kräftig gezeichnetem Kopf. ❏ Beschränkt auf felsige Berge im Süden, bevorzugt an Hängen mit Bäumen und Büschen. ❏ Sitzt oft still und läßt nur gelegentlich ihren dünnen Ruf hören: »siia« (als rufe sie ihren wissenschaftlichen Namen *cia*). Außerdem ein irritierend hohes »sit«, nicht zu unterscheiden von Zaunammer. ❏ Pickt an Feldwegen Samen und Steinchen und fliegt ab mit leuchtend rostbraunem Bürzel und sehr weißen Schwanzseiten – ähnlich nur der Goldammer. ❏ Gesang erinnert an Heckenbraunelle: 7–10 schnelle, stockende Töne, aus Gebüschen oder Bäumen vorgetragen. ❏ Vereinzelt in S-Deutschland.

Ortolan *Emberiza hortulana* RL: 2; 16.5 cm

Altvogel: Rosa Körper erinnert an Zippammer, aber graugrüne Kapuze mit hellgelbem Bartstreif und Kehle sind typisch.

Einjährige: Unscheinbarer als ♀, an Kopf und Brust stärker gestrichelt. ♀ ähnelt dem ♂, jedoch Kopf mehr oliv, mit Strichelung auf dem Scheitel.

Status: In ME sehr lokaler Brutvogel (Apr./Mai–Aug./Sept.), häufiger im Süden.

❏ Plumpe, rundköpfige Ammer mit charakteristischem, aber schwach gezeichnetem Gesicht. ❏ Rosa Schnabel und gelblicher Augenring sind einmalig unter den Ammern ME. ❏ Brütet auf buschigen Hügeln, Berghängen und Wiesen sowie in kultiviertem Land mit verstreuten Bäumen. ❏ Der liebliche Gesang besteht aus 4–7 klaren, tönenden Noten mit melancholischem Ende: »sii-sii-sii drü-drü-drü« (in Variationen). ❏ Nahrungsuche unauffällig am Boden. ❏ Im Flug ziemlich einfarbig, mit düster braunem Bürzel und gewöhnlich wenig Weiß im Schwanz. ❏ Ruf ein knappes »plitt«.

Waldammer *Emberiza rustica* 14.5–15.5 cm

Brutkleid: ♂ unverkennbar; US seidenweiß, Kopf schwarz-weiß gestreift, weißer Nackenfleck und leberbrauner Kragen, Brustband und Flanken gestreift. Das unscheinbarere ♀ hat brauneren, weniger kontrastreichen Kopf.

Status: Zunehmend Sommergast, v.a. Sept./Okt. an der Küste. Überwintert im Fernen Osten.

Schlichtkleid: Erinnert an Rohrammer-♀, aber unterscheidet sich durch hellen Ohrfleck und obere Flügelbinde, grobe, rotbraune Fleckung an Brust und Flanken (deutlicher beim ♂) und rotbraunen Bürzel.

❑ Hübsche nördliche Ammer, brütet jetzt in S-Skandinavien (häufiger weiter im NO). ❑ Bevorzugt die sumpfigeren Ränder der Taigawälder. ❑ Ruhelos und ziemlich scheu; hoher und etwas struppiger Scheitel, in Erregung gesträubt, kann wichtiges Merkmal sein. ❑ Fliegt bei Störung direkt in die Deckung und läßt dabei ein typisches, hohes »tsip« hören (wie Flugruf der Singdrossel). ❑ Gesang kurz und klar, erinnert an Heckenbraunelle und Mönchsgrasmücke.

Zwergammer *Emberiza pusilla* 13–14 cm

Brutkleid: Von Rohrammer unterschieden durch satt rotbraunes Gesicht und Scheitel, kräftige schwarze Seitenscheitelstreifen und dunkle Umrandung der Ohrdecken, die nicht bis zum Schnabel reicht. Dünner gelblich-weißer Augenring, weiße obere Flügelbinde und fein gestreifte Brust und Flanken sind wichtige Merkmale. ♂ mit kastanienbraunem Kinn (♀ weiß).

Schlichtkleid:
Allgemein unscheinbarer; Rotbraun des Gesichts weniger ausgedehnt und Flügelbinde hellbräunlich.

❑ Brütet verstreut in feuchten Taigawäldern, bei uns nur selten. Herumziehende Vögel im Herbst besonders auf küstennahen Feldern. ❑ Ähnelt Rohrammer-♀, aber kleiner und glatter, mit recht feinspitzigem Schnabel, rötlicherem Gesicht und anderer Stimme. ❑ Heimlicher, rasch auffliegender Bodenvogel. Oft erst zu bemerken, wenn aufgescheucht, zieht sich dann rasch ins Gebüsch zurück, läßt rotkehlchenähnliche »tzik«-Rufe hören und zuckt mit dem Schwanz, dessen äußere Federn wenig Weiß tragen (vgl. Rohrammer). ❑ Gesang kurz, ein wenig wie Zaunkönig, aber melodischer. ❑ Seltener Sommergast. Überwintert in SO-Asien. ❑ Seltener Durchzügler, hauptsächlich Sep./Okt. an der Küste; gelegentlich im Winter im Binnenland.

Rohrammer *Emberiza schoeniclus* 15.5 cm

Unruhige Ammer der Feuchtgebiete mit streifig-braunem, sperlingsähnlichen Rücken, dunklem kurzen Schnabel und länglichem Schwanz, der häufig gezuckt und gefächert wird, wobei die auffälligen weißen Kanten zu sehen sind. Der typische Ruf zieht oft die Aufmerksamkeit auf den Vogel: ein trauriges »siiu« (abfallend), das im Sitzen und Fliegen erklingt. Man vgl. auch seltenere Zwerg- und Waldammer.

Männchen im Sommer: Der schwarze Kopf mit dem kräftig weißen Kragen und Bartstreif ist einmalig unter europäischen Vögeln – ein auffallendes Muster, das man auch über große Entfernung und im Flug erkennt.

Weibchen im Sommer: Oberflächlich sperlingsähnlich, aber unterschieden durch kräftig gezeichnetes Gesicht und dunkle Streifen auf Brust und Flanken. Kopf braun, mit hellem Überaugenstreif und deutlichem dunklen Bartstreif am Rand der weißlichen Kehle. Ähnliche Jungvögel haben bräunlichere US und sind dichter gestrichelt.

Im Spätwinter tritt die Kopfzeichnung des ♂ zunehmend durch Federabnutzung und Mauser hervor.

Rohrammer

Spornammer

Status: Häufiger Stand-, Strich- und Zugvogel, in ME Feb. bis Nov. Im Osten Zugvogel.

Flug: Wirkt zögernd und reicht selten weit. Die uaffallenden Schwanzseiten sind das wichtigste Merkmal. Kann im Winter auf küstennahen Feldern mit Spornammer (rechts) verwechselt werden, doch die kräftigere, versteckere Spornammer ist ohne auffälliges Weiß im Schwanz, hat eine andere Stimme und fliegt – aufgescheucht – kräftig und oft weit davon.

❏ Brütet in Röhrichtsümpfen, an See- und Flußufern, gelegentlich in trockeneren Lebensräumen. ❏ Im Winter oft mit anderen Ammern und Finken auf Feldern. Manchmal am Futterhäuschen. ❏ Hüpft still am Boden oder erscheint hoch an Schilfhalmen und spreizt nervös den Schwanz. ❏ Gesang ein monotones Liedchen »zink-zink-zink-tsirrr« (oder ähnlich) von erhöhter Warte aus.

Register

Wichtige Sachbegriffe finden Sie in der »Erklärung von Fachwörtern«, S. XIII—XVI

Aaskrähe 271
Accipiter gentilis 64
Accipiter nisus 65
Acrocephalus arundinaceus
  231
Acrocephalus dumetorum
  231
Acrocephalus melanopogon
  228
Acrocephalus paludicola 228
Acrocephalus palustris 230
Acrocephalus schoeno-
  baenus 229
Acrocephalus scirpaceus
  230
Actitis hypoleucos 123
Aegithalos caudatus 249
Aegolius funereus 167
Aix galericulata 55
Alauda arvensis 191
Alca torda 155
Alcedo atthis 177
Alectoris graeca 77
Alectoris rufa 78
Alle alle 157
Alopochen aegyptiacus 33
Alpenbraunelle 206
Alpendohle 267
Alpenkrähe 267
Alpenschneehuhn 81
Alpensegler 175
Alpenstrandläufer 109
Amsel 217
Anas acuta 40
Anas clypeata 41
Anas crecca 38
Anas penelope 35
Anas platyrhynchos 37
Anas querquedula 39
Anas strepera 36
Anser albifrons 28
Anser anser 29
Anser brachyrhynchos 27
Anser caerulescens 31
Anser erythropus 28
Anser fabalis 26
Anser indicus 30
Anthus campestris 200
Anthus cervinus 198
Anthus petrosus 199
Anthus pratensis 197
Anthus richardi 200
Anthus spinoletta 198
Anthus trivialis 196
Apus apus 174
Apus melba 175
Apus pallidus 175
Aquila chrysaetos 58
Aquila clanga 68
Aquila pomarina 68
Ardea cinerea 20
Ardea purpurea 21
Ardeola ralloides 18
Arenaria interpres 111
Asio flammeus 173

Asio otus 172
Athene noctua 169
Auerhuhn 83
Austernfischer 94
Aythya ferina 43
Aythya fuligula 44
Aythya marila 45
Aythya nyroca 42

Bachstelze 201
Bartgeier 59
Bartkauz 171
Bartmeise 248
Baßtölpel 13
Baumfalke 73·
Baumpieper 196
Bekassine 115
Bergente 45
Bergfink 277
Berghänfling 282
Berglaubsänger 242
Bergpieper 198
Beutelmeise 258
Bienenfresser 178
Birkenzeisig 283
Birkhuhn 82
Bläßgans 28
Bläßhuhn 91
Blaukehlchen 209
Blaumeise 254
Blaumerle 222
Blauracke 178
Bluthänfling 284
Blutspecht 185
Bombycilla garrulus 204
Bonasia bonasia 77
Botaurus stellaris 16
Brachpieper 200
Brachschwalbe 94
Brandgans 34
Brandseeschwalbe 150
Branta bernicla 32
Branta canadensis 30
Branta leucopsis 31
Braunkehlchen 212
Brillenente 51
Brillengrasmücke 232
Bruchwasserläufer 125
Bubo bubo 166
Bubulcus ibis 18
Bucephala clangula 49
Buchfink 276
Buntspecht 184
Burhinus oedicnemus 93
Buschrohrsänger 231
Buteo buteo 66
Buteo lagopus 67

Calandrella brachydactyla
  188
Calcarius lapponicus 290
Calidris alba 104
Calidris alpina 109
Calidris canutus 103
Calidris ferruginea 108

Calidris maritima 110
Calidris melanotos 105
Calidris minuta 106
Calidris temminckii 107
Calonectris diomedea 10
Caprimulgus europaeus 176
Carduelis cannabina 284
Carduelis carduelis 281
Carduelis chloris 280
Carduelis flammea 283
Carduelis flavirostris 282
Carduelis spinus 279
Carpodacus erythrinus 288
Cathararacta skua 131
Cepphus grylle 156
Certhia brachydactyla 257
Certhia familiaris 257
Cettia cetti 223
Charadrius alexandrinus 98
Charadrius dubius 96
Charadrius hiaticula 97
Charadrius morinellus 99
Chlidonias hybridus 151
Chlidonias leucopterus 153
Chlidonias niger 152
Chrysolophus amherstiae 85
Chrysolophus pictus 85
Ciconia ciconia 22
Ciconia nigra 22
Cinclus cinclus 205
Circaetus gallicus 59
Circus aeruginosus 61
Circus cyaneus 62
Circus pygargus 63
Cistensänger 225
Cisticola juncidis 225
Clamator glandarius 163
Clangula hyemalis 48
Coccothraustes
  coccothraustes 275
Columba livia 160
Columba oenas 161
Columba palumbus 162
Coracias garrulus 178
Corvus corax 269
Corvus corone 271
Corvus frugilegus 270
Corvus monedula 268
Coturnix coturnix 90
Crex crex 88
Cuculus canorus 164
Cygnus columbianus 25
Cygnus cygnus 25
Cygnus olor 24

Delichon urbica 195
Dendrocopos leucotos 186
Dendrocopos major 184
Dendrocopos medius 185
Dendrocopos syriacus 185
Dendropos minor 181
Diamantfasan 85
Dickschnabellumme 155
Distelfink 281
Dohle 268

Dompfaff 285
Doppelschnepfe 114
Dorngrasmücke 237
Dreizehenmöwe 132
Dreizehenspecht 186
Drosselrohrsänger 231
Dryocopus martius 182
Dunkler Sturmtaucher 10
Dunkler Wasserläufer
  120
Dünnschnabelmöwe 144

Egretta alba 19
Egretta garzetta 19
Eichelhäher 264
Eiderente 46
Einfarbstar 263
Eisente 48
Eismöwe 143
Eissturmvogel 9
Eistaucher 3
Eisvogel 177
Elster 265
Emberiza cia 294
Emberiza cirlus 293
Emberiza citrinella 292
Emberiza hortulana 294
Emberiza pusilla 295
Emberiza rustica 295
Emberiza schoeniclus 296
Eremophila alpestris 187
Erithacus rubecula 207
Erlenzeisig 279

Fahlsegler 175
Falco cherrug 74
Falco columbarius 72
Falco naumanni 71
Falco peregrinus 75
Falco rusticolus 74
Falco subbuteo 73
Falco tinnunculus 70
Falco vespertinus 71
Falkenraubmöwe 130
Fasan 84
Feldlerche 191
Feldschwirl 226
Feldsperling 273
Felsenschwalbe 193
Felsentaube 160
Ficedula albicollis 246
Ficedula hypoleuca 247
Ficedula parva 246
Fichtenkreuzschnabel 286
Fischadler 76
Fitis 241
Flamingo 23
Flußregenpfeifer 96
Flußseeschwalbe 146
Flußuferläufer 123
Fratercula arctica 157
Fringilla coelebs 276
Fringilla montifringilla 277
Fulica atra 91
Fulmarus glacialis 9

297

Galerida cristata 189
Galerida theklae 189
Gallinago gallinago 115
Gallinago media 114
Gallinula chloropus 90
Gänsegeier 60
Gänsesäger 53
Garrulus glandarius 264
Gartenbaumläufer 257
Gartengrasmücke 234
Gartenrotschwanz 211
Gavia adamsii 3
Gavia arctica 2
Gavia immer 3
Gavia stellata 1
Gebirgsstelze 203
Gelbbrauen-Laubsänger 243
Gelbschnabel Sturmtaucher 10
Gelbschnabeltaucher 3
Gelbspötter 224
Gelochelidon nilotica 151
Gerfalke 74
Gimpel 285
Girlitz 278
Glareola pratincola 94
Glaucidium passerinum 168
Goldammer 292
Goldfasan 85
Goldhähnchen-Laubsänger 243
Goldregenpfeifer 100
Grauammer 289
Graubrust-Strandläufer 105
Graugans 29
Graureiher 20
Grauschnäpper 245
Grauspecht 182
Großer Brachvogel 119
Großer Sturmtaucher 10
Großtrappe 92
Grünfink 280
Grünlaubsänger 242
Grünling 280
Grünschenkel 122
Grünspecht 183
Grus grus 23
Gryllteiste 156
Gypaetus barbatus 59
Gyps fulvus 60

Habicht 64
Habichtsadler 69
Habichtskauz 171
Haematopus ostralegus 94
Häherkuckuck 163
Hakengimpel 288
Haliaeetus albicilla 58
Halsbandschnäpper 246
Halsbandsittich 179
Haselhuhn 77
Haubenlerche 189
Haubenmeise 252
Haubentaucher 4
Hausrotschwanz 210
Haussperling 272
Heckenbraunelle 206
Heidelerche 190
Heringsmöwe 139

Hieraaetus fasciatus 69
Hieraaetus pennatus 69
Himantopus himantopus 95
Hippolais icterina 224
Hippolais polyglotta 224
Hirundo daurica 193
Hirundo rustica 194
Höckerschwan 24
Hohltaube 161
Hydrobates pelagicus 12

Ixobrychus minutus 17
Jynx torquilla 180

Kalanderlerche 188
Kampfläufer 112
Kanadagans 30
Karmingimpel 288
Kernbeißer 275
Kiebitz 102
Kiebitzregenpfeifer 101
Kiefernkreuzschnabel 287
Klappergrasmücke 236
Kleiber 256
Kleines Sumpfhuhn 89
Kleinspecht 181
Knäkente 39
Knutt 103
Kohlmeise 255
Kolbenente 42
Kolkrabe 269
Korallenmöwe 144
Kormoran 14
Kornweihe 62
Krabbentaucher 157
Krähenscharbe 15
Kranich 23
Krickente 38
Kuckuck 164
Kuhreiher 18
Kurzschnabelgans 27
Kurzzehenlerche 188
Küstenseeschwalbe 147

Lachmöwe 137
Lachseeschwalbe 151
Lagopus lagopus lagopus 80
Lagopus lagopus scoticus 80
Lagopus mutus 81
Lanius collurio 262
Lanius excubitor 260
Lanius meridionalis 260
Lanius minor 261
Lanius senator 261
Lapplandmeise 251
Larus argentatus 140
Larus audouinii 144
Larus cachinnans 141
Larus canus 135
Larus delawarensis 134
Larus fuscus 139
Larus gene 144
Larus glaucoides 142
Larus hyperboreus 143
Larus marinus 138
Larus melanocephalus 136
Larus minutus 137
Larus ridibundus 137
Larus sabini 134
Limicola falcinellus 105
Limosa lapponica 117

Limosa limosa 116
Locustella fluviatilis 225
Locustella luscinioides 227
Locustella naevia 226
Löffelente 41
Löffler 21
Loxia curvirostra 286
Loxia pytyopsittacus 287
Loxia scotica 287
Lullula arborea 190
Luscinia luscinia 208
Luscinia megarhynchos 208
Luscinia svecica 209
Lymnocryptes minimus 114

Mandarinente 55
Mantelmöwe 138
Mariskensänger 228
Mauerläufer 258
Mauersegler 174
Mäusebussard 66
Meerstrandläufer 110
Mehlschwalbe 195
Melanitta fusca 51
Melanitta nigra 50
Melanitta perspicillata 51
Melanocorypha calandra 188
Mergus albellus 54
Mergus merganser 53
Mergus serrator 52
Merlin 72
Merops apiaster 178
Miliaria calandra 289
Milvus migrans 57
Milvus milvus 57
Misteldrossel 221
Mittelmeer-Steinschmätzer 215
Mittelmeer-Sturmtaucher 11
Mittelsäger 52
Mittelspecht 181
Mönchsgrasmücke 235
Monticola saxatilis 222
Monticola solitarius 222
Montifringilla nivalis 274
Moorente 41
Moorschneehuhn 80
Mornell 99
Motacilla alba 201
Motacilla cinerea 203
Motacilla flava 202
Muscicapa striata 245

Nachtigall 208
Nachtreiher 17
Nebelkrähe 271
Neophron percnopterus 60
Netta rufina 42
Neuntöter 262
Nilgans 33
Nonnengans 31
Nucifraga caryocatactes 266
Numenius arquata 119
Numenius phaeopus 118
Nyctea scandiaca 166
Nycticorax nycticorax 17

Oceanodroma leucorhoa 12
Odinshühnchen 126
Oenanthe hispanica 215
Oenanthe oenanthe 214
Ohrenlerche 187
Ohrentaucher 6
Oriolus oriolus 259
Orpheusgrasmücke 233
Orpheusspötter 224
Ortolan 294
Otis tarda 92
Otus scops 168
Oxyura jamaicensis 55

Pandion haliaetus 76
Panurus biarmicus 248
Papageitaucher 157
Parus ater 253
Parus caeruleus 254
Parus cinctus 251
Parus cristatus 252
Parus major 255
Parus montanus 251
Parus palustris 250
Passer domesticus 272
Passer montanus 273
Perdix perdix 79
Perisoreus infaustus 266
Pernis apivorus 56
Petronia petronia 274
Pfeifente 35
Pfuhlschnepfe 117
Phalacrocorax aristotelis 15
Phalacrocorax carbo 14
Phalaropus fulicarius 127
Phalaropus lobatus 126
Phasianus colchicus 84
Philomachus pugnax 112
Phoenicopterus ruber 23
Phoenicurus ochruros 210
Phoenicurus phoenicurus 211
Phylloscopus bonelli 242
Phylloscopus collybita 240
Phylloscopus inornatus 243
Phylloscopus proregulus 243
Phylloscopus sibilatrix 239
Phylloscopus trochiloides 242
Phylloscopus trochilus 241
Pica pica 265
Picoides tridactylus 186
Picus canus 182
Picus viridis 183
Pinicola enucleator 288
Pirol 259
Platalea leucorodia 21
Plectrophenax nivalis 291
Pluvialis apricaria 100
Pluvialis squatarola 101
Podiceps auritus 6
Podiceps cristatus 4
Podiceps grisegena 5
Podiceps nigricollis 7
Polarmöwe 142
Polysticta stelleri 47
Porzana parva 89
Porzana porzana 88
Porzana pusilla 89
Prachteiderente 47
Prachttaucher 2

298

Provencegrasmücke 238
Prunella collaris 206
Prunella modularis 206
Psittacula krameri 179
Pterocles alchata 163
Ptyonoprogne rupestris 193
Puffinus gravis 10
Puffinus griseus 10
Puffinus puffinus 11
Puffinus yelkouan 11
Purpurreiher 21
Pyrrhocorax graculus 267
Pyrrhocorax pyrrhocorax 267
Pyrrhula pyrrhula 285

Rabenkrähe 271
Rallenreiher 18
Rallus aquaticus 87
Raubseeschwalbe 145
Raubwürger 260
Rauchschwalbe 194
Rauhfußbussard 67
Rauhfußkauz 167
Rebhuhn 79
Recurvirostra avosetta 95
Regenbrachvogel 118
Regulus ignicapillus 244
Regulus regulus 244
Reiherente 44
Remiz pendulinus 258
Ringdrossel 216
Ringelgans 32
Ringeltaube 162
Ringschnabelmöwe 134
Riparia riparia 192
Rissa tridactyla 132
Rohrammer 296
Rohrdommel 16
Rohrschwirl 227
Rohrweihe 61
Rosenseeschwalbe 148
Rostgans 33
Rotdrossel 219
Rötelfalke 71
Rötelschwalbe 193
Rotflügel-Brachschwalbe 94
Rotfußfalke 71
Rothalstaucher 5
Rothuhn 78
Rotkehlchen 207
Rotkehlpieper 198
Rotkopfwürger 261
Rotmilan 57
Rotschenkel 121

Saatgans 26
Saatkrähe 270
Säbelschnäbler 95
Samtente 51
Samtkopf-Grasmücke 233
Sanderling 104
Sandregenpfeifer 97
Saxicola rubetra 212
Saxicola torquata 213
Schafstelze 202
Scheckente 47
Schelladler 68
Schellente 49
Schilfrohrsänger 229

Schlagschwirl 225
Schlangenadler 59
Schleiereule 165
Schmarotzerraubmöwe 129
Schmutzgeier 60
Schnatterente 36
Schnee-Eule 166
Schneeammer 291
Schneefink 274
Schneegans 31
Schottischer Kreuz-
  schnabel 287
Schottisches Moorschnee-
  huhn 80
Schreiadler 68
Schwalbenmöwe 134
Schwanzmeise 249
Schwarzdrossel 217
Schwarzhalstaucher 7
Schwarzkehlchen 213
Schwarzkopf-Ruderente 55
Schwarzkopfmöwe 136
Schwarzmilan 57
Schwarzschnabel-
  Sturmtaucher 11
Schwarzspecht 182
Schwarzstirnwürger 261
Schwarzstorch 22
Scolopax rusticola 113
Seeadler 58
Seeregenpfeifer 98
Seggenrohrsänger 228
Seidenreiher 19
Seidensänger 223
Seidenschwanz 204
Serinus citrinella 278
Serinus serinus 278
Sichelstrandläufer 108
Silbermöwe 140
Silberreiher 19
Singdrossel 220
Singschwan 25
Sitta europaea 256
Skua 131
Somateria mollissima 46
Somateria spectabilis 47
Sommergoldhähnchen 244
Spatelraubmöwe 128
Spechtmeise 256
Sperber 65
Sperbereule 167
Sperbergrasmücke 234
Sperlingskauz 168
Spießente 40
Spießflughuhn 163
Spornammer 290
Spornpieper 200
Sprosser 208
Star 263
Steinadler 58
Steinhuhn 77
Steinkauz 169
Steinrötel 222
Steinschmätzer 214
Steinsperling 274
Steinwälzer 111
Stelzenläufer 95
Stercorarius longicaudus 130
Stercorarius parasiticus 129
Stercorarius pomarinus 128

Sterna albifrons 149
Sterna caspia 145
Sterna dougallii 148
Sterna hirundo 146
Sterna paradisaea 147
Sterna sandvicensis 150
Sterntaucher 1
Stieglitz 281
Stockente 37
Strandpieper 199
Streifengans 31
Streptopelia decaocto 158
Streptopelia turtur 159
Strix aluco 170
Strix nebulosa 171
Strix uralensis 171
Sturmmöwe 135
Sturmschwalbe 12
Sturnus unicolor 263
Sturnus vulgaris 263
Südlicher Raubwürger 260
Sula bassana 13
Sumpfläufer 105
Sumpfmeise 250
Sumpfohreule 173
Sumpfrohrsänger 230
Surnia ulula 167
Sylvia atricapilla 235
Sylvia borin 234
Sylvia cantillans 232
Sylvia communis 237
Sylvia conspicillata 232
Sylvia curruca 236
Sylvia melanocephala 233
Sylvia nisoria 234
Sylvia hortensis 233
Sylvia undata 238

Tachybaptus ruficollis 8
Tadorna ferruginea 33
Tadorna tadorna 34
Tafelente 43
Tannenhäher 266
Tannenmeise 253
Teichhuhn 90
Teichrohrsänger 230
Temminckstrandläufer 107
Tetrao tetrix 82
Tetrao urogallus 83
Tetrax tetrax 92
Theklalerche 189
Thorshühnchen 127
Tichodroma muraria 258
Tordalk 155
Trauerente 50
Trauerschnäpper 247
Trauerseeschwalbe 152
Triel 93
Tringa erythropus 120
Tringa glareola 125
Tringa nebularia 122
Tringa ochropus 124
Tringa totanus 121
Troglodytes troglodytes 207
Trottellumme 154
Tüpfelsumpfhuhn 88
Turdus iliacus 219
Turdus merula 217
Turdus philomelos 220

Turdus pilaris 218
Turdus torquatus 216
Turdus viscivorus 221
Türkentaube 158
Turmfalke 70
Turteltaube 159
Tyto alba 165

Uferschnepfe 116
Uferschwalbe 192
Uhu 166
Unglückshäher 266
Upupa epops 179
Uria aalge 154
Uria lomvia 155

Vanellus vanellus 102

Wacholderdrossel 218
Wachtel 86
Wachtelkönig 88
Waldammer 295
Waldbaumläufer 257
Waldkauz 170
Waldlaubsänger 239
Waldohreule 172
Waldschnepfe 113
Waldwasserläufer 124
Wanderfalke 75
Wasseramsel 205
Wasserralle 87
Weidenmeise 251
Weißbart-Grasmücke 232
Weißbart-Seeschwalbe 151
Weißflügel-Seeschwalbe 153
Weißkopfmöwe 141
Weißrückenspecht 186
Weißstorch 22
Weißwangengans 31
Wellenläufer 12
Wendehals 180
Wespenbussard 56
Wiedehopf 179
Wiesenpieper 197
Wiesenweihe 63
Wintergoldhähnchen 244
Würgfalke 74

Zaunammer 293
Zaunkönig 207
Ziegenmelker 176
Zilpzalp 240
Zippammer 294
Zitronengirlitz 278
Zwergadler 69
Zwergammer 295
Zwergdommel 17
Zwergergans 28
Zwergmöwe 133
Zwergohreule 168
Zwergsäger 54
Zwergschnäpper 246
Zwergschnepfe 114
Zwergschwan 25
Zwergseeschwalbe 149
Zwergstrandläufer 106
Zwergsumpfhuhn 89
Zwergtaucher 8
Zwergtrappe 92

Vögel beobachten und schützen

Einhard Bezzel
BLV Handbuch Vögel
Ornithologisches Wissen auf aktuellem Stand: alle Brutvögel Mitteleuropas mit vielen Farbfotos, Farbzeichnungen und Informationen zu Aussehen, Lebensweise, Biologie, Verbreitung Gefährdung und vielem mehr.

Bestimmen auf einen Blick
Michael Lohmann
Vögel
Heimische Vogelarten: Männchen, Weibchen, Jungvögel, Nester, Eier; Merkmale, Vorkommen, Verbreitung, Lebensraum, Brut, Zugverhalten, Nahrung. Mit Faltplan: die Arten auf einen Blick mit Eiern und Jungvögeln.

Einhard Bezzel
Vögel beobachten
Praktische Tips, Vogelschutz, Nisthilfen
Das Praxisbuch für alle Vogelfreunde: die heimischen Arten beobachten und schützen – mit vielen Farbfotos, fundierten Informationen und praktischen Tips.

Benny Génsbøl / Walther Thiede
Greifvögel
Alle europäischen Arten, Bestimmungsmerkmale, Flugbilder, Biologie, Verbreitung, Gefährdung, Bestandsentwicklung: das umfangreiche, kompetente und bestens ausgestattete Fachbuch mit den aktuellen Bestandszahlen und Verbreitungsangaben.

Vogelstimmen-Edition
auf 7 CD oder MC mit integrierten Texten und Musik, Beschreibungen im Beiheft und Farbfotos: Gesänge und Rufe heimischer Vögel, geordnet nach Lebensräumen.
1. Vogelstimmen in Park und Garten
2. Vogelstimmen in Feld und Flur
3. Vogelstimmen am Wasser
4. Vogelstimmen im Wald
5. Vogelstimmen in Heide, Moor, Sumpf
6. Vogelstimmen am Meer
7. Vogelstimmen im Gebirge

Im BLV Verlag finden Sie Bücher zu folgenden Themen: Garten und Zimmerpflanzen • Wohnen und Gestalten • Natur • Heimtiere • Jagd • Angeln • Pferde und Reiten • Sport und Fitneß • Tauchen • Reise • Wandern, Alpinismus, Abenteuer • Essen und Trinken • Gesundheit und Wohlbefinden

 Wenn Sie ausführliche Informationen wünschen, schreiben Sie bitte an:
**BLV Verlagsgesellschaft mbH • Postfach 40 03 20 • 80703 München
Telefon 089 / 127 05-0 • Telefax 089 / 127 05-543**